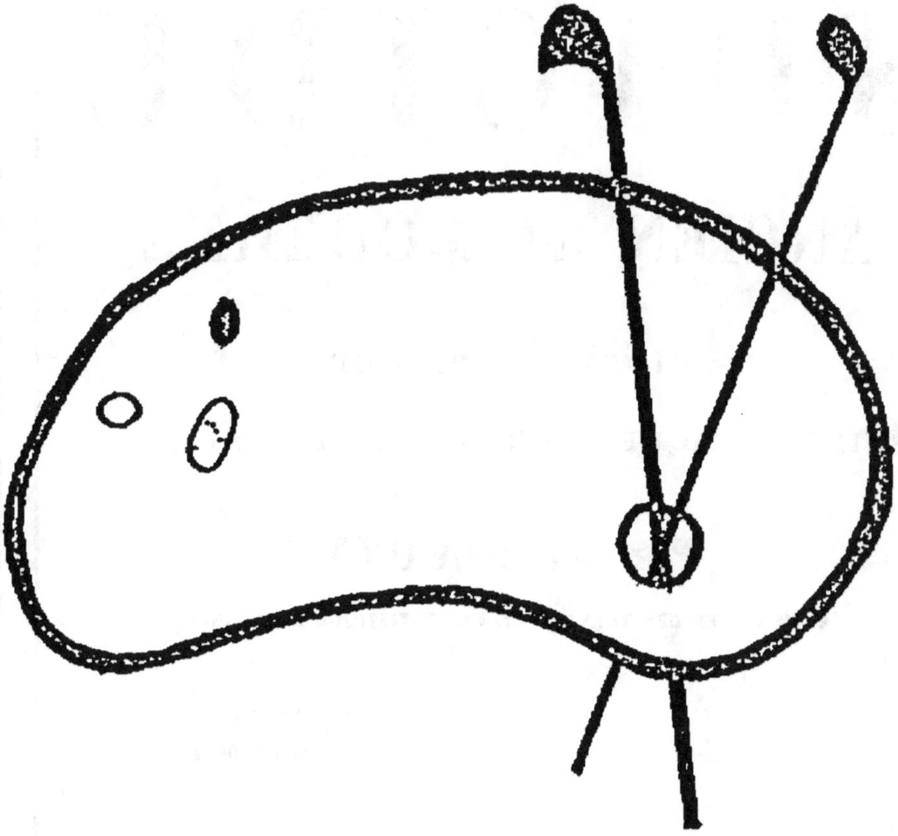

COUVERTURE SUPERIEURE ET INFERIEURE
EN COULEUR

LE
SUICIDE

ANCIEN ET MODERNE

ÉTUDE HISTORIQUE

PHILOSOPHIQUE, MORALE ET STATISTIQUE

Par A. LEGOYT

ANCIEN CHEF DES TRAVAUX DE LA STATISTIQUE DE FRANCE

Tu ne tueras point
DÉCALOGUE

PARIS
LIBRAIRIE A. DROUIN
28, RUE JACOB, 28

M D CCC LXXXI
Tous droits réservés

LE
SUICIDE

ANCIEN ET MODERNE

ÉTUDE HISTORIQUE

PHILOSOPHIQUE, MORALE ET STATISTIQUE

Par A. LEGOYT

ANCIEN CHEF DES TRAVAUX DE LA STATISTIQUE DE FRANCE

Tu ne tueras point
DÉCALOGUE

PARIS
A. DROUIN, LIBRAIRE-ÉDITEUR
28, RUE JACOB, 28

M D CCC LXXXI
Tous droits réservés.

LE

SUICIDE

OUVRAGES DU MÊME AUTEUR :

La France statistique. — Curmer éditeur, Paris, 1843, 1 vol. très grand in 8° (ouvrage qui a partagé, en 1845, le prix de Statistique décerné par l'Académie des Sciences).

Le Livre des chemins de fer, ou Essai Statistique sur les chemins de fer français et étrangers, Ledoyen éditeur, Paris, 1845, 1 vol. in-12.

La Charité légale et privée en Angleterre (tirage à part des *Annales de la Charité*), 1 vol in-8°, 1847

La Centralisation administrative en France, origines et état actuel. (Tirage à part de la *Revue administrative*) 1 vol in-8°, 1849.

Compte rendu du congrès international de statistique de Paris 1 vol. in-4°, 1855 (publié aux frais de l'Etat).

Ressources comparées de l'Autriche et de la France. Guillaumin, éditeur, 1859, 1 vol in-12.

L'Emigration européenne 1 vol. in-8°, 1861 (ouvrage couronné, après concours, par la Société de statistique de Marseille)

La Suisse (en collaboration avec M Vogt de Berne), Berger-Levrault éditeur, 1 vol in-18, 1864.

La France et l'Etranger, études de statisque comparée ; 2 vol. très grand in 8° de 600 pages chacun, Berger-Levrault et Guillaumin éditeurs, (1re édition, 1865, 2e édition, 1870)

Du morcellement de la propriété en Europe. 1 vol in 8°, 1866, Guillaumin éditeur (ouvrage couronné par la Société de statistique de Marseille et par la Société centrale d'Agriculture de France)

Des immunités biostatiques de la race juive. Mémoire couronné et imprimé par la Société israélite *l'Alliance universelle*, 1866

Du Progrès des agglomérations urbaines en Europe et particulièrement en France 1 vol. in-12, 1870, (ouvrage couronné, après concours, par la Société de Statistique de Marseille), Guillaumin éditeur

Forces matérielles de l'Empire d'Allemagne d'après les documents officiels, Dentu, éditeur, 1876, 1 vol. in 12 (Ouvrage honoré de la souscription des ministres des Affaires Etrangères de l'Instruction Publique, des Travaux Publics, etc, etc)

A MESSIEURS

ALFRED THOMEREAU

ET

ANTOINE VAUSANGES

Témoignage de profonde gratitude,

A. L.

INTRODUCTION

Un moraliste et statisticien allemand du dernier siècle, auteur d'un livre rare et curieux, qui a pour titre *Das Gœttliche Ordnung* (l'Ordre divin), a écrit ce qui suit :

« Nous sortons de cette vie par trois portes : l'une, immense, aux proportions colossales, par laquelle passe une foule de plus en plus considérable, c'est la porte des maladies ; — la seconde, de moindre dimension, et qui semble se retrécir graduellement, c'est celle de la vieillesse ; — la troisième, sombre, d'apparence sinistre, toute maculée de sang et qui s'elargit chaque jour, c'est la porte des morts violentes, et notamment au suicide. »

Ce qu'écrivait Sussmilch en 1742, a pris, de nos jours, un caractère de vérité frappant. La mortalité par les maladies s'accroît ; — la mortalité par la vieillesse diminue ; — la mortalité par les accidents et le suicide s'élève rapidement.

Nous ferons connaître, dans le cours de ce livre, notre opinion sur les causes générales de ce triste phénomène. Bornons-nous à dire ici que l'accroissement exceptionnel du suicide, depuis un demi-siècle, a fini par émouvoir les gouvernements, et que, dans les principaux États de l'Europe, il est l'objet d'une enquête permanente. Or cette enquête a déjà mis en lumière des faits assez nombreux, assez précis et concordants pour qu'il soit possible d'écrire aujourd'hui, sans crainte d'être démenti par des observations ultérieures, ce que nous appellerions volontiers, si le sujet était moins grave, la *physiologie* du suicide.

Le suicide est certainement aussi ancien que le monde. Le sentiment religieux, aux époques de foi ardente, les législations répressives, les sévérités de l'opinion, rendant toute une famille solidaire de la faute d'un seul, ont bien pu prévenir un grand nombre de morts volontaires ; mais on peut affirmer que, partout et toujours, dans des mesures diverses il est vrai, le suicide a surmonté tous les obstacles, dominé toutes les influences préventives, jusqu'au moment où les doctrines matérialistes ayant affirmé le droit absolu, pour l'homme, de disposer de sa vie, il s'est donné libre carrière.

Oui, partout et toujours, mais surtout depuis la

perte du sentiment religieux, le suicide s'est présenté a l'esprit de l'homme comme le remède suprême a des souffrances physiques ou morales jugées incurables. Seulement, dans des temps déjà loin de nous, pour éviter aux meres, aux épouses, aux enfants soit la honte, soit la douleur, soit la conséquence de penalités sévères (confiscation des biens, privation de la sépulture chrétienne, outrages au cadavre, etc., etc.), il a dû l'exécuter dans le plus profond secret et loin du séjour de la famille. Puis, la constatation juridique de la mort violente n'existant pas, comme de nos jours, un grand nombre de suicides sont restés inconnus, grâce surtout à la discrétion intéressée des parents et à la dissémination des habitations.

Il est difficile, d'ailleurs, d'admettre qu'à des époques où les institutions civiles, sociales, politiques consacraient des abus énormes, vouant le plus grand nombre a une oppression souvent intolérable, l'homme n'ait pas céde a l'irrésistible désir de s'y soustraire par la mort. L'existence de ces abus, de ces oppressions est, d'ailleurs, suffisamment attestée par les fréquentes *jacqueries*, par les nombreuses séditions qu'enregistre l'histoire.

Mais, d'un autre côté, l'insensibilité morale relative qui naît et de l'habitude de la souffrance et du défaut de culture de l'esprit, a dû rendre plus rares ces découragements profonds, ces défaillances douloureuses qui, de nos jours, sous le nom de *dégoût de la vie*, sont une des causes premières du suicide.

En tout temps, le suicide a dû s'accomplir, au nombre près, dans les mêmes conditions extérieures que de nos jours; c'est-à-dire qu'une enquête, faite comme celle dont nous rendrons compte, aurait également signalé l'influence, sur sa fréquence, du sexe, de l'âge, de l'état civil, de la profession, de la condition sociale, des saisons, de la captivité ou de la liberté, du degré de civilisation générale, du degré de culture individuelle, du degré d'agglomération de la population, de l'intensité du sentiment religieux, des crises économiques et politiques, et des autres causes morales ou matérielles dont les documents officiels signalent aujourd'hui l'action plus ou moins sensible, plus ou moins évidente.

C'est que les lois du monde moral sont peut-être aussi immuables que celles du monde physique; seulement l'effet des premières, moins visible, moins ostensible, a besoin, pour être mis en lumière, d'une plus longue série d'observations.

Est-ce à dire, pour cela, que l'humanité soit vouée à l'immobilité et que nos passions, restant toujours les mêmes, détermineront toujours les mêmes résultats? Non; ce serait nier son évolution dans le sens du progrès. Ce que nous voulons dire, c'est qu'étant donnée l'identité des circonstances dans lesquelles s'accomplissent certains actes de la volonté humaine, ces actes se produiront toujours sous les mêmes formes et dans les mêmes conditions.

Nous venons de parler du progrès de l'humanité; dans quel sens, avec quels résultats s'accomplit-il? Tout le monde répondra qu'il se manifeste sous la forme de l'amélioration du sort des masses, de l'adoucissement des mœurs, de la suppression des despotismes, de l'abolition des monopoles, de l'affranchissement du travail, de l'égalité civile et politique, de la participation de plus en plus grande de tous les membres d'une société au gouvernement de cette société, en un mot, de la démocratisation de toutes les institutions. Ces avantages sont incontestables et, à ces divers points de vue, oui, l'humanité est bien réellement en voie de progrès. Mais ce progrès n'est pas sans certaines compensations douloureuses. Ainsi les crimes — commis, si ce n'est jugés — ont plutôt augmenté que diminué; seulement leur perpétration est moins brutale, moins violente qu'autrefois; ils sont plus habilement préparés et s'attaquent plus en outre aux propriétés qu'aux personnes.

Les peuples, ou plus exactement les gouvernements de ces peuples, n'ont pas cessé de se faire la guerre, pour les motifs les plus frivoles, souvent les plus coupables, et ils la font plus sanglante, plus meurtrière, plus ruineuse pour les vaincus que jamais. Nos passions sont restées les mêmes ; seulement elles ont changé de mobiles ; elles se sont portées sur le domaine politique et nous assistons à des revolutions, quelquefois compliquées de guerre étrangère et civile, dont, au moins pour certains pays, on peut à peu près calculer le retour, par suite des compétitions ardentes dont le pouvoir et les jouissances materielles qu'il comporte y sont l'objet.

Nous sommes plus libres, c'est vrai, la pensée a un plus libre essor que par le passé, nous jouissons de la liberté d'écrire, de la liberté de parler, de la liberté de nous réunir, nous aurons bientôt celle de nous associer. D'un autre côté, la science appliquée a l'industrie a produit des merveilles, nous possédons la vapeur, l'électricité et leurs applications de plus en plus ingénieuses et fecondes. Nous avons, notamment, en quelque sorte doublé la durée de la vie par la facilité, par la rapidité fabuleuse des voies et moyens de communication. Tout cela est vrai ; mais — et, pour nous, toute la question est la — les moyens d'arriver a la satisfaction de nos besoins, tels que la civilisation moderne les a faits, sont-ils plus abondants qu'a d'autres époques? Arrivonsnous plus facilement au but? Les voies qui y conduisent sont-elles moins obstruees, moins herissees d'obstacles? les déceptions, les desillusionnements sont-ils moindres? Et puis, en definitive, sommes-nous devenus meilleurs? L'esprit de concorde, de confraternité, de charité est-il plus répandu? Les membres de la famille sont-ils plus etroitement unis? Enfin, nous aimons-nous mieux les uns les autres? Helas! il est permis d'en douter, quand on assiste au jeu terrible de nos haines politiques, haines aussi violentes, aussi impitoyables que les haines religieuses d'autrefois, haines qui ont penetre jusque dans les moindres hameaux, provoquant quelquefois dans la même famille, d'irremédiables antipathies Il est permis d'en douter, quand on est temoin des luttes incessantes du capital et du travail, de l'ouvrier et du patron, de ceux qui possedent contre ceux qui veulent posseder a tout prix, de cet antagonisme croissant qui tend a se generaliser et armera bientôt, les unes contre les autres, toutes les classes d'une société en dissolution.

Nous sommes plus riches, nous dira-t-on, mieux vêtus, mieux loges, mieux nourris. Soit, mais, d'un autre côté, notre amour du bien-être ne s'est-il pas accru dans une proportion supérieure aux moyens de l'acquerir, et notre indigence, notre indigence relative, n'est-elle pas plus grande qu'autrefois?

Enfin, il existait, a des époques deja loin de nous, pour les desherites des joies de ce monde, pour les victimes d'une destinee mauvaise, une consolation puissante, une force morale d'une énergie extrême, la foi dans un monde meilleur, dans un monde réparateur. Aujourd'hui cette sainte croyance n'est plus, d'après les docteurs de la loi nouvelle, qu'un chapitre de plus a l'histoire des aberrations, des superstitions humaines...

Si cette doctrine est vraie, il ne restera bientôt plus aux affligés que le choix entre la folie et le suicide.

A. L.

PREMIÈRE PARTIE

ESQUISSE D'UNE HISTOIRE DU SUICIDE

CHAPITRE PREMIER

LES SUICIDES LES PLUS MARQUANTS TANT ANCIENS QUE MODERNES.

Asie.

La Bible nous a conservé le souvenir des suicides de Samson, Architophel, Éléazar, Razias, Zambri, Abimelech, Hircan, du roi Saül, de Ptolémée Macron.

Samson, douzième juge d'Israël, ébranle le temple de Dagon, où se trouvent réunis les chefs des Philistins, ses plus impitoyables ennemis, et s'ensevelit avec eux sous ses ruines. Éléazar sacrifie sa vie surtout pour délivrer son peuple, mais aussi, dit le livre saint, pour se faire un nom éternel. Razias évite, en se tuant, de tomber entre les mains des soldats qui le poursuivent et se soustrait ainsi aux tortures qu'on lui prépare pour l'obliger à changer de religion. Des éloges lui sont donnés pour son courage dans le 2ᵉ livre des Macchabées (chap. XIV). Architophel, conseiller d'Absalon, ayant conspiré avec ce dernier contre le roi David, et la conspiration ayant échoué, se pend soit de desespoir, soit pour echapper au dernier supplice Zambri incendie le palais de son roi et perit volontairement dans les flammes qu'il a allumees. Le roi Saul est represente par la Bible comme un roi réprouve de Dieu, que la vengeance divine poursuit et à qui l'ombre de Samuel a predit une mort prochaine Abimelech, fils naturel de Gedeon, se fait tuer pour se soustraire a la honte de mourir de la main d'une femme.

Dans le livre de Job, au contraire, le patriarche est represente comme acceptant avec la plus touchante resignation les maux dont Dieu l'accable pour l'eprouver A sa femme, qui lui conseille de se donner la mort, il repond : « Tu parles comme une insensee. Quoi ! nous recevrions de Dieu les biens et nous n'en recevrions pas les maux ! »

En Asie, le suicide remonte a la plus haute antiquite. Dans l'Inde, la religion de Brahma, non seulement justifiait le suicide, mais encore le tenait en honneur. On cite le suicide de plusieurs partisans d'une des sectes issues de cette religion, les *Gymnosophistes*, suicide accompli publiquement avec une certaine solennité. Ainsi l'un d'eux, du nom de Calanus, monte sur un bûcher qu'il a allume lui-même et perit en presence d'Alexandre, que revolte un pareil spectacle, et de l'armee Macedonienne. Un autre se tue devant Cesar ; un troisieme devant l'empereur Auguste, à Athenes. Les Brahmanes continuent d'ailleurs a se tuer comme par le passe. Malgré les efforts des Anglais, l'idole de Djaggernat se promene, comme par le passe, sur les corps ecrasés de ses adorateurs. Ils n'ont pas réussi davantage à empêcher les femmes de mourir sur le bûcher qui a réduit en cendres les restes de leurs maris.

Remarquons à ce sujet que, dans l'Inde, et en dehors de cet acte de dévouement au souvenir de leurs époux, les femmes, sous l'influence d'un profond chagrin, n'ont pas reculé devant le suicide. Plutarque raconte en détail celui de Panthée, femme d'Abradah, qui se tua sur le corps de son mari trouvé mort sur le champ de bataille où il avait combattu pour Cyrus. Le même historien nous apprend qu'un prince du nom de Spargapirez, fils de la reine Tomyris, reine des Scythes, ayant été fait prisonnier, puis relâché par ce roi, ne profita de sa liberté que pour venger sur lui-même la honte de sa défaite.

N'oublions pas, dans cette même partie du monde, le suicide de Sardanapale et de ses femmes, ainsi que celui du premier mari de la reine Sémiramis.

En Perse, sous l'influence d'une religion qui condamnait le suicide, il fut toujours fort rare.

En Chine, les grands fonctionnaires condamnés à mort se tuent eux-mêmes, depuis les temps les plus reculés, pour éviter la honte du supplice public. Il en a été longtemps, et peut-être en est-il encore de même aujourd'hui, au Japon. Dans ce dernier pays, d'après Voltaire et de son temps, quand un homme d'honneur avait été outragé par un autre, il s'ouvrait le ventre en sa présence, lui disant : « Fais autant, si tu as du cœur, » et l'agresseur était déshonoré s'il ne l'imitait.

Un écrivain moderne raconte, comme un fait bien connu en Chine, que cinq cents philosophes de l'école de Confucius, ne voulant pas survivre à la perte de leurs livres, brûlés par ordre de l'empereur Chi-Koang-Ti, se précipitèrent tous dans la mer.

Parmi les suicides racontés par les historiens romains comme ayant été le résultat de victoires remportées, en Asie, par les armées de la République, le plus remarquable est celui de Mithridate, roi de Pont. Battu et poursuivi par les Romains, il tente vainement de s'empoisonner avec des substances toxiques qu'il porte habituellement sur lui. Il se jette alors sur son épée, et ne reussissant pas à se tuer, se fait achever par un Gaulois.

Afrique.

En Egypte, Plutarque cite le suicide du grand Sésostris, qui se tua, dans sa vieillesse, du chagrin d'avoir perdu la vue.

C'est dans le même pays que devait s'accomplir plus tard le suicide de Cléopâtre. Cette reine y avait fondé, quelque temps avant sa mort, la Société dite des *Synapothanumènes,* composée de personnes resolues à se tuer après avoir joui largement de la vie.

Les généraux Carthaginois expient leurs défaites par le suicide. A la suite d'une bataille perdue contre Gélon, roi de Sicile, Amilcar, qui commande sous les ordres de son père, monte sur le bûcher sur lequel, pour se rendre les destins propices, il a sacrifié un grand nombre de victimes. De retour d'une autre campagne infructueuse contre les Siciliens, Hamilcon, autre general carthaginois, se tue pour ne pas survivre à ses nombreux compagnons d'armes qui ont péri dans cette guerre.

Un troisième, nommé Magon, qui a été mis en jugement pour avoir battu en retraite devant les Corinthiens, se croît déshonoré et se tue.

Annibal, lâchement trahi par Prusias, roi de Bithynie, qui lui a donné un asile contre les Romains, et prêt à leur être livré, avale le poison dont il ne s'est jamais séparé.

Les suicides colectifs ou en masse n'étaient pas rares chez le même peuple. Menacés d'un siege rigoureux, par Agathocle, autre roi de Sicile, les Carthaginois, pour calmer Saturne qu'ils croient avoir irrité, immolent deux cents enfants choisis dans les familles les plus illustres. Cette expiation n'ayant pas paru suffisante, trois cents habitants font, dans la même intention, le sacrifice de leur vie.

C'est encore à Carthage que deux jeunes gens, du nom de Philenes, consentent à se laisser enterrer vivants sur la limite qui sépare le territoire de cette ville de celui de Cyrene, limite favorable à leur patrie et qui n'est consentie par les Cyreneens que sous la condition du double sacrifice.

Sur la même terre, Tite-Live signale un suicide justement célèbre, celui de Sophonisbe, fille d'Asdrubal, femme de Syphax, roi de Numidie. Après la défaite de ce dernier, par les Romains, Sophonisbe, qui est tombée entre leurs mains, a consenti à épouser le roi Massinissa, allié des vainqueurs, mais avec la pensée de le détacher de leur alliance. Scipion, instruit de ce projet, réclame la reine comme sa captive, et Massinissa, qui ne peut résister sans danger pour lui, consent à s'en séparer ; mais, en même temps, il lui envoie du poison qu'elle avale sans hésiter.

L'Afrique a été témoin de véritables hécatombes, de véritables holocaustes, car nous ne pouvons appeler autrement le suicide de populations entières, inspiré par l'amour de la patrie. Ainsi, les Sagontins, pour échapper aux Romains, mettent le feu a un immense bucher et s'y laissent consumer, eux et leurs objets mobiliers les plus précieux. Vivement pressés par Scipion l'Africain, les Phocéens se tuent avec leurs femmes et leurs enfants.

Les Numides, assiégés par le même général et prêts a succomber, jettent dans les flammes leurs femmes et leurs enfants, et marchent tout nus au devant des Romains qui les égorgent.

Europe.

Un profond mépris de la mort caractérisait les Gaulois, mépris inspiré par cette pensée que la vie sur cette terre n'est qu'une préparation a une vie meilleure. « Aucun peuple, dit Buonafede *(Histoire du Suicide*, 1761*)*, quelque brave et audacieux qu'il fût, ne prodigua autant sa vie. Nous lisons qu'ils célébraient les naissances par des pleurs, et les funérailles par des chants. Donner sa vie n'était pas pour eux un sacrifice, sans cesse disposés a hâter leur mort, et pleins de mépris pour la vieillesse, ils croyaient avoir dans leurs mains et dans leurs épées le moyen d'y mettre un terme. » — « Souvent, dit Henri Martin dans son *Histoire de France*, chez les Elliens, les *dévoués* du chef de clan se livraient spontanément à la mort pour sauver celui-ci et s'en allaient joyeusement dans l'autre monde, jamais un *dévoué* ne survivait à son chef »

Nous retrouvons en Europe les suicides collectifs que nous avons signalés en Afrique. Ainsi les habitants d'une ville d'Espagne du nom d'Astapa, se jugeant incapables de résister aux romains, tuent, eux aussi, femmes et enfants, brûlent leurs objets précieux, puis font une sortie dans laquelle ils savent qu'ils succomberont jusqu'au dernier.

Citons encore, parmi les devouements de même nature, inspirés par les mêmes sentiments, le suicide de 27 sénateurs de la ville de Capoue (Italie) au moment où cette ville, qui, sur leur conseil, a embrassé le parti d'Annibal, va être prise par les Romains.

Tant en Asie qu'en Europe, les Turcs, obéissant aux préceptes du Coran, n'ont jamais attenté à leur vie. Chez eux on ne signale aucun suicide.

Nous arrivons à l'ancienne Grèce.

Citons d'abord les suicides de souverains.

Codrus, roi d'Athènes, instruit par l'oracle de Delphes, que les maux de la guerre dont souffre son pays, ne finiront que s'il périt de la main de l'ennemi et informé que ce dernier a donné l'ordre de le prendre vivant, se rend sous un déguisement au camp des assiégeants, frappe un soldat et en reçoit le coup mortel.

Menecee, roi de Thèbes, apprenant que les oracles réclament, pour le salut de cette ville, la vie du dernier survivant de la race de Cadmus, se croit désigné comme tel et se jette sur son épée.

Cléomène III, roi de Sparte, qui, défait par les

Achéens, s'est réfugié à la cour de Ptolémée Evergète, avec sa femme et ses enfants, se soustrait, par la mort, aux mauvais procédés de son successeur. Treize de ses compagnons d'armes se suicident après lui.

Aristodème, roi de Messénie, a donné sa fille en sacrifice, pour calmer les dieux auxquels il attribue les maux de son pays. Poursuivi en songe par l'ombre de sa victime, il se tue de remords et de desespoir.

Le suicide d'un autre Cleomene et de Thericion est celèbre. Défaits et poursuivis par Antigone, roi de Macedoine, et desesperant de la cause qu'ils soutiennent, ils se percent de leurs epées. Un grand nombre des partisans de Cléomène, qui lui sont restes fidèles, ne veulent pas lui survivre.

Les suicides les plus connus d'orateurs politiques et d'hommes d'etat, sont les suivants :

Le plus remarquable est celui de Themistocle. Ce grand homme, oblige par l'ingratitude de ses concitoyens de chercher un refuge a la cour d'un souverain ennemi d'Athenes, auquel il a, sous l'influence du ressentiment, promis son concours en cas de guerre contre cette Republique, se voit place entre sa fidelite a sa parole, et la cruelle necessite d'agir contre sa patrie Il n'hesite pas apres avoir offert un sacrifice aux dieux, il avale du poison.

Apres la perte par les Atheniens de la bataille de Cheronee contre Philippe de Macédoine, Isocrate, le grand orateur, se laisse mourir de faim a l'âge de 90 ans.

Selon les historiens, Antipater et Cratere, generaux d'Alexandre, s'etant, apres plusieurs victoires, approches d'Athenes, exigerent qu'on leur livrât tous les orateurs. Démosthenes se réfugia, avec ses partisans, dans le temple de Neptune, à Calaurie, et, se croyant perdu, avala le poison qu'il portait toujours sur lui. Il avait soixante ans. Les Athéniens lui érigèrent une statue, avec l'inscription, passablement ironique, dont voici la traduction latine :

> Si tibi par menti robur, magne vir, fuisset,
> Græcia non Macedo, non sucubuisset, hero

Les philosophes dont les noms suivent se sont suicides.

Socrate, ou degouté de la vie, ou pour donner plus d'éclat à ses doctrines philosophiques, provoqua, dit-on, par son système de defense devant ses juges, la sentence de mort portée contre lui. Par les mêmes raisons, il aurait refusé les moyens d'évasion, à peu près certains, qu'avaient organisés ses amis.

Viennent ensuite :

Le philosophe Hégésippe, un des représentants les plus distingués de la secte des Cyreneens, et dont les discours ou conferences sur l'immortalité de l'âme impressionnent si vivement ses auditeurs que beaucoup vont se tuer apres l'avoir entendu, — le grand philosophe Zénon, fondateur du stoicisme, si favorable au suicide, — Cleanthe, un des hommes les plus illustres du Portique ; — Antipater, le stoicien ; — le philosophe Corneado, se tuant après avoir appris la mort d'Antipater, — Denis d'Heraclee, qui, bien que transfuge du stoicisme, se laisse mourir de faim ; — Stilpont de Megare, un des principaux chefs de la secte des stoiciens, et Menodème, son disciple ; — Onésicrite, Métroclès, Ménippe et Diogène de Sinope, appartenant à l'école cynique ; — Démonax et Pérégrin, de la même secte¹ ; — le philosophe Clitomachus ; — Empédocle ; — Damon et Phintas, deux pythagoriciens ; — Speusippe, le disciple préféré de Platon.

Buonafede *(loco citato)* mentionne aussi, d'après les meilleures autorités, un certain nombre de suicides célèbres, motivés, les uns par la crainte du ridicule, les autres par des maladies incurables. Parmi les premiers, il cite ceux des deux sculpteurs Bupalus et Athénis, qui, ayant fait la caricature en buste du poète grec Hipponax, en sont punis par une satire ardente à laquelle ils ne veulent pas survivre ; de Lycambe, de Paros, qui, sur son refus de donner la main d'une de ses filles au poète Archiloque, est couvert de ridicule dans une pièce de vers d'une extrême violence, et se pend avec ses trois filles, dont une était la fiancée de leur vindicatif auteur ; — de Polyagre qui, bafoué publiquement dans une comédie à grand succès, se pend comme Lycambe.

Les plus connus des seconds (atteints de maladies incurables), sont le critique Aristarque, le médecin Erosistrate, le philologue Erotosthène.

La Grèce compte un certain nombre de suicides de femmes célèbres. Phila, fille d'Antipater, épouse de Démétrius Poliorcète, se tue en voyant son mari vaincu. Alcinoé, de Corinthe, après avoir quitté son mari pour suivre un amant, en éprouve un tel re-

---

1 Pérégrin, ou Peregrinus, monta solennellement sur un bûcher, aux jeux olympiques, en face de la Grèce affranchie Lucien a raillé très spirituellement cette mort pleine d'ostentation

gret, qu'elle se jette à la mer. Clité, fille de Mérops et femme de Cytique, se donne la mort, comme Phila, en apprenant que son mari a été tué dans un combat. Qui n'a présent à l'esprit le suicide de Sapho Calise, se jetant à la mer, au Saut de Leucade, pour avoir été dédaignée de l'homme qu'elle aimait. Le Saut de Leucade avait déjà été rendu célèbre par le suicide de la reine Arthémise.

Deux derniers traits à ce tableau rapide du suicide en Grèce. Strabon raconte sérieusement que les habitants de l'île de Ceos, dans l'archipel grec, s'empoisonnaient dès qu'ils avaient dépassé 60 ans, pour qu'il restât des vivres aux plus jeunes et plus valides. Plus tard, probablement à la suite d'une plus grande aisance, il ne fût plus permis aux vieillards de se tuer, sans des motifs puissants qu'appréciaient les magistrats.

Montaigne raconte dans ses *Essais,* d'après Valère Maxime, que le sénat de la ville de Marseille, qui appartenait alors à la Grèce, tenait du poison à la disposition de ceux qui voulaient se suicider, mais seulement après avoir approuvé les motifs de leur résolution.

A Rome, nous trouvons le suicide au début de la république et vers son déclin. Nous le trouvons bien plus fréquent encore sous l'empire.

Peu de temps après la fondation de la ville, nous assistons au dévouement de Decius et Curtius, donnant leur vie pour la patrie naissante. Jusqu'à Caton, les historiens romains ne signalent que très peu de morts volontaires qui méritent d'être reproduites; sauf peut-être celle de Taurea Jubellius, qui, ayant échappé à l'exécution ordonnée par le consul Fulvius de 225 sénateurs de Capoue, vint plus tard se tuer devant lui.

Vers la fin de la république, les luttes violentes des partis, les séditions fréquentes, les proscriptions des factions vaincues par les factions victorieuses, puis la corruption, la perte du sentiment religieux, l'affaiblissement de la discipline militaire, du culte de la patrie et de l'amour du foyer domestique, produisent comme une immense lassitude, comme un profond malaise moral, et disposent les esprits aux enseignements des écoles philosophiques qui proclament le suicide comme l'unique remède aux maux de la vie. « De là dit le Dr Lisle (*Du Suicide*, etc., etc. 1856), une véritable épidémie de suicides qui gagna de proche en proche, pour s'étendre à tout le monde romain, dura plusieurs siècles et moissonna, tous les ans, des milliers de victimes. »

Parmi les suicides les plus remarquables de cette époque, citons tout d'abord celui de Caton, qui se frappe de son épée dans la ville d'Utique, où il est assiégé par César, pour éviter de tomber entre les mains du vainqueur. Il avait passé une partie de la nuit à lire le traité de Platon sur l'immortalité de l'âme. Cassius, ami de Junius Brutus, qui commande avec lui à la bataille de Philippe, voyant céder l'aile droite placée sous ses ordres et jugeant la bataille perdue, se tue de désespoir.

Junius Brutus, qui a organisé l'assassinat de César, après plusieurs batailles perdues contre Antoine et le jeune Octave, se tue peu de temps après pour échapper à l'ennemi. En se frappant, il se serait écrié « Oh ! vertu, tu n'es qu'un mot » On a dit de Cassius et de Brutus qu'ils avaient été les *deux derniers Romains.*

Scipion, qui a longtemps soutenu avec succès le parti de Pompée, son gendre, fait voile pour l'Espagne. Poussé par les vents contraires, son navire tombe au pouvoir de l'ennemi. Dès qu'il s'en aperçoit, il se frappe de son épée et répond aux partisans de César, montés sur son navire et demandant où est le général : « Le général est en sûreté. »

Cléombrote, de la ville d'Ambracie, après avoir lu, comme Caton, le phédon de Platon, se tue à Rome sans autre raison connue que le désir d'aller vivre dans un monde meilleur. Ce suicide produit dans la société romaine une impression d'autant plus vive, que Cléombrote était jeune, beau, riche et aimé.

Citons encore, comme éclairant de tristes lueurs le déclin de la république, le suicide de P. Crassus, se tuant, avec ses meilleurs compagnons d'armes, pour ne pas tomber au pouvoir des Thraces, qui ont défait l'armée de son père; celui de L. Afranius, lieutenant de Pompée, qui, vaincu par César, se tue pour ne pas devenir son prisonnier; de C. Lutatius, le vainqueur des Cimbres, s'asphyxiant avec la vapeur d'un brasier pour ne pas céder à Marius; de P. Carbone; — de D. Sabinus; — de Fr. Fimbria, C. Scribonius; — de G. Loterense; — des enfants de T. Manlius, Scaurus et Marius; — et surtout de Marc-Antoine, l'amant de Cléopâtre. N'oublions pas l'étrange suicide de Labianus qui, après avoir provoqué, par la violence de ses satires, la loi qui condamne les mauvais livres aux flammes, ne veut pas survivre à la destruction des siens.

Sous l'empire, le suicide devient, d'après Dion, une véritable mode, en ce sens qu'on fait consister le plus grand honneur et la plus grande gloire à souffrir la mort ou à se la donner de gaîté de cœur. « D'après Horace, dit le Dr Lisle *(loco citato)*, les gens desespérés vont se précipiter dans le Tibre du haut du pont Fabricius. Presque tous les écrivains disent, ou laissent deviner, que ce fanatisme de la mort a gagné toutes les classes de la population. Sénèque écrit à Lucilius que, sans avoir à chercher dans l'histoire du passé, il trouvera, de son temps, des hommes de tous les rangs, de toutes les fortunes, de tous les âges qui ont mis fin à leurs maux en se tuant. Dans une autre de ses lettres, après avoir cité le suicide récent de plusieurs gladiateurs, il ajoute : « Nous regardons comme inimitables les Caton, les Scipion et tant d'autres que nous sommes habitués à admirer ; mais je viens de te faire voir que cette vertu (le mepris de la mort) est aussi commune chez les héros du cirque que chez les chefs de la guerre civile. »

Sous Auguste, le celebre poète Gallus, l'ami de Ciceron, prefere le suicide à l'exil. L'orateur Albutius Silus, parvenu à la vieillesse et se voyant infirme, se rend à Novare, sa ville natale, rassemble le peuple, lui expose les raisons qu'il a de se tuer, et croyant l'avoir convaincu, se laisse mourir de faim.

C'est surtout sous le règne de Tibère que, d'après Tacite, les suicides se multiplient. C. Cornutus, faussement accusé de conspiration par un homme d'une moralité plus que douteuse, et qui peut espérer que la vérité se fera jour, préfère se tuer que d'attendre son jugement. La même accusation, portée contre un autre personnage politique également honorable, Drusus Libon, le décide à imiter Cornutus. Labéon, ancien gouverneur de Mœsie, dénoncé également comme conspirateur, et n'ayan aucune confiance dans l'impartialité des juges nommés par Tibere, s'ouvre les veines. G. Pison, accusé d'avoir empoisonné Germanicus, est mis en jugement; il se tue avant l'arrêt. Neron, fils de Germanicus et Silius son ami, accusés de complicité dans ce crime, se tuent également avant de comparaître devant leurs juges. Crementius Corda, auteur d'une histoire où il loue Brutus et médit de Sejan, est l'objet d'un véritable procès de presse devant le Sénat. Il se defend avec succes; puis, saisi d'un profond degoût de la vie, il se laisse mourir de faim. Le preteur P. Silvanus, accusé d'un crime politique et certain de sa condamnation, echappe à ses juges par la mort volontaire. P. Vitellius, oncle de l'empereur de ce nom, condamné comme complice de Sejan, s'ouvre les veines. Asinus Gallus, fils d'Asinus Pollion, et l'infortunée Agrippine, femme de Germanicus, echappent à l'intolérable tyrannie de Tibere en se laissant mourir de faim. Tacite raconte encore le suicide de F. Trius, V. Agrippa, C. Galba, frère de l'empereur de ce nom, de L. Aruntius et autres personnages politiques considérables de ce temps.

Aruntius, savant écrivain, était l'auteur d'une histoire tres estimee de la guerre punique. Accusé d'adultere et de rebellion, il se croit fletri par l'imputation dont il a été injustement l'objet, et, malgré les instances de ses amis, se fait ouvrir les veines.

Un suicide curieux est celui de Cocceius Nerva, ami de Tibère et savant très-distingué. Profondément attristé de la situation politique de l'empire, il fait part à l'empereur de son intention de se suicider et accomplit son funeste projet malgré les exhortations de ce dernier.

La révolte de Scribonianus contre l'empereur Claude fut le signal d'une foule de suicides. L'excès fut tel, d'après l'historien Dion, qu'on pût croire à une véritable épidémie de morts volontaires.

Nous arrivons au règne de Néron. Le premier suicide mémorable que nous rencontrons sous ce règne, est celui de l'instituteur même de l'empereur, du grand moraliste Senèque. Impliqué dans une conspiration contre son ancien élève et condamné, il échappe au bourreau en se tuant. Notons ensuite ceux d'Epicharis, de Proculus, de Vindice, de Céréale, et autres hommes politiques de distinction, qui avaient plus ou moins porté ombrage à Néron ; de Pétrone, l'auteur présumé du *Satyrique*, et de Corbulon, dont la mort prématurée excita une vive emotion. Ecrivain eminent a la fois et général distingué, Corbulon s'était fait à Rome une situation considérable qui devait necessairement lui valoir la haine de l'empereur. Et en effet, ce dernier, sous le pretexte, toujours facile à trouver, de conspiration, le condamne a mort. Corbulon, averti à temps, se plonge son épée dans la poitrine.

Si tous ces suicides d'hommes honorables ou éminents inspirerent une profonde pitié et une profonde indignation, celui de Neron, qui les avait provoqués, produisit l'effet d'un immense soulagement. Abandonné de tous, le tyran, qui n'a pas tout d'abord le

courage de se tuer, cherche vainement un bras
étranger pour lui rendre ce triste service. Réfugié
chez un de ses affranchis, il y apprend l'arrêt de
mort rendu contre lui par le Sénat, et que Rome
entière a ratifié par acclamation. Il fait alors creuser
une tombe à sa taille, demande l'eau et le feu destinés à la cérémonie funèbre qui suivra ses funérailles, s'arme de deux poignards et se frappe mortellement.

Sous Domitien, Pline le Jeune raconte en détail
le suicide de deux hommes politiques d'un rare mérite, ses amis intimes, Correlius Rufus et Titus
Ariston.

On a pu remarquer qu'un assez grand nombre des
suicides de la période impériale ont eu surtout pour
but d'éviter l'exécution publique. C'est qu'à cette
époque, d'après Suétone, les condamnés qui se lais-
saient exécuter de la main du bourreau, étaient
traînés dans les rues et jetés dans le Tibre, en même
temps que leurs biens étaient confisqués. Ceux au
contraire qui mouraient de leurs mains, recevaient
les derniers honneurs, et leurs biens étaient conservés à leurs héritiers comme une sorte de récom-
pense du courage qu'ils avaient montré en se frappant eux-mêmes. (Voir plus loin *Législation du
suicide*).

Notons encore la mort volontaire de l'empereur
Othon, vaincu par Vitellius, son compétiteur au
trône

Le dernier suicide d'homme qui nous occupera
s'est accompli dans des circonstances assez singu-
lières. Un philosophe du nom d'Euphrate jouissait
d'une grande faveur auprès de l'empereur Adrien,

qui trouvait, dit Dion, un grand plaisir à l'entendre. Parvenu à un âge avancé et atteint d'une maladie grave, il conçoit le projet de se donner la mort. Toutefois, avant de l'accomplir, il veut avoir l'autorisation de l'empereur. Adrien ayant trouvé sa demande fondée, le philosophe avale paisiblement et en toute sûreté de conscience le poison qu'il a préparé.

Les femmes ont aussi payé, dans le monde romain, un large tribut au suicide. Celui de la belle Lucrèce, violée par un des Tarquins, et ne voulant pas survivre à sa honte, a été raconté par tous les historiens. Celui de Porcie, fille de Caton, femme de Brutus, ne voulant pas survivre à son mari, n'est pas moins connu.

Sous Claude, Sestilie, femme de Marmoreus Scaurus, et Prassea, femme de Pomponius Labeon, se tuent avec leurs maris.

Sous Tibère, la première femme de Séjan, ce cruel ministre de son souverain, ne peut, lors de la disgrâce de son mari, supporter le spectacle des cadavres de ses enfants exposés en public, et bien que n'étant pas comprise dans l'acte d'arrestation qui pèse sur sa famille, elle se tue.

Sous Auguste, Fulvius, favori de l'empereur, ayant raconté à sa femme, qui l'a divulgué, un secret d'État, et étant, pour ce fait, tombé en disgrâce, est résolu à ne pas y survivre. Il fait part de ce projet à Martia, sa femme, qui lui dit « Quoique ayant souvent éprouvé l'intempérance de ma langue, tu t'es confié à moi, il est juste que je meure la première », et elle se frappe.

Cornélie, veuve du jeune Crassus, qui a péri en

combattant les Parthes sous les ordres de son père, tente de se suicider et ne parvient qu'à se blesser grièvement.

Sous le même règne, Poppée, mère de celle que Néron rendit si célèbre et si malheureuse, est tellement effrayée de la prison que lui prépare Messaline, qu'elle préfère mourir de ses mains.

Cecinna Pœtus, accusé de conspiration contre Claude, est conduit à Rome pour y être jugé, et très probablement condamné Arria, sa femme, le décide à se soustraire, par le suicide, au supplice qui l'attend, et, pour triompher de ses dernières hésitations, elle se frappe la première, puis lui tend le poignard, en disant : « *Non dolet* (cela ne fait point mal). »

Sous Néron, la belle et jeune Pauline Pompée, femme de Sénèque, ne voulant pas survivre à son mari, se fait ouvrir les veines dans un bain. Néron, instruit de sa résolution, envoie un médecin chargé de fermer ses plaies et de la guérir. L'inconsolable veuve, étroitement surveillée, fut obligée de vivre; mais elle ne survécut que peu de temps à son mari.

Le suicide de Systilia, mère de l'empereur Vitellius, ne voulant pas assister plus longtemps aux déportements de son fils, signale une énergie, une volonté exceptionnelles.

Dans cet historique funèbre de la mort volontaire chez les Grecs et les Romains, nous avons volontairement omis, comme dus à des causes physiologiques spéciales, dont nous parlons plus loin (V. *Epidémies de suicides*), les suicides des filles de Milet racontés par Plutarque, ainsi que ceux, qui très probablement, sous les mêmes mystérieuses influences, ensanglantèrent le règne de Tarquin l'Ancien. Nous avons dû omettre également, pour ne citer que les plus remarquables, les suicides en masse de peuples vaincus échappant, par la mort, à la honte de la défaite et au joug de l'étranger, comme ceux des Sydoniens défaits par Artaxercès Ochus, des Tyriens par Alexandre, des habitants de Lorande par Perdicus, des Achéens par Metellus, des Xantiens, des Juifs chassés de Jérusalem après une longue guerre contre les Romains, etc.; ces immenses holocaustes à l'amour de la patrie, à la haine de l'étranger, étant le résultat, non d'une résolution mûrement arrêtée, mais de cette force secrète, indéfinissable qui, sous l'influence de certains mobiles généreux, domine toutes les volontés et s'appelle l'*imitation* Nous y reviendrons plus tard, en traitant des causes diverses du suicide.

Les persécutions dirigées par Dioclétien et les autres empereurs romains contre les premiers chrétiens, ont amené de fréquents suicides de néophytes allant s'offrir au martyr et provoquant en quelque sorte leurs bourreaux. Nous devons également rappeler la mort héroïque, pour se soustraire à d'indignes outrages, de saintes femmes, comme par exemple, de Pélagie, de sa mère et de ses sœurs, ou de jeune filles comme les deux vierges Bérénice et Prosdoce.

Mais si, dans l'histoire du christianisme naissant, nous admirons ces actes de dévouement, soit à la doctrine du divin maître, soit aux vertus qu'elle inspira pour les porter à sa plus haute expression, avec quelle satisfaction secrète n'assistons-nous pas au suicide du faux apôtre qui, après avoir livré le Christ, et voyant les terribles conséquences de sa trahison, ne veut pas survivre à sa victime. Quelques historiens font également suicider Hérode, qui ratifia la sentence de mort rendue contre le Christ.

Au moyen âge, les suicides furent-ils rares? ou, en l'absence de toute publicité, restèrent-ils ignorés? Il est à peu près impossible de répondre à cette question. Des écrivains respectables ont soutenu que la domination de l'Eglise chrétienne qui, à cette époque, régnait en maîtresse sur les âmes et a toujours proscrit le suicide, y mit pendant longtemps un terme Cette opinion est peut-être la plus voisine de la vérité, la foi absolue dans une vie meilleure étant, en effet, un principe de force et de résignation. Il faut aussi y ajouter l'effet d'une législation sévere, cruelle même, qui frappait les membres de la famille par la confiscation des biens, en même temps qu'elle vouait à l'infamie la mémoire du suicidé, dont les restes avaient reçu en outre des outrages difficiles à comprendre de nos jours.

Un seul écrivain, à notre connaissance, conteste cette rareté apparente du suicide dans la période qui nous occupe; c'est M. Félix Bourquelot (*Rech. sur les opin. et la législ. en matiere de mort volont. pendant le moyen âge* Bibl. de l'École des Chartes, 1842 et 1843). Toutefois, il raisonne plutôt par voie d'induction, que d'apres des données historiques. Cependant il cite un certain nombre de faits, mais le d' Lisle estime que ces faits ont été plutôt le résultat de la folie que d'une véritable préméditation. (*Loco citato*, p 415 et suiv). Sans adopter entièrement cette explication du savant aliéniste, nous n'hésitons pas à croire à l'efficacité, comme élément préventif du suicide, des influences religieuses, toutes puissantes a cette époque, et a la forte action, comme conséquence de ces influences, de l'opinion publique, fortement hostile a la mort volontaire.

Toutefois, d'après Staeudlin (*Histoire des doctrines sur le suicide*, Gœttingue, 1824) l'exaltation du sentiment religieux, poussé jusqu'a l'ascétisme, aurait provoqué, au moyen âge, de nombreux suicides dans les couvents.

La *Bibliothèque de l'école des Chartes* cite, et cette fois avec d'incontestables documents, ceux que commirent les Juifs vers la fin du xie siècle. Bien que la loi de Moïse défende le suicide, ils se montrèrent victimes peu résignées des malheurs du temps et du fanatisme de l'époque. Il est hors de doute en effet qu'un grand nombre, soit par crainte des tourments, soit pour ne point être forcés de manquer a leur foi, ou se tuèrent eux-mêmes, ou se firent donner par leurs amis le coup mortel. D'après le même recueil, a York, cinq cents d'entre ces malheureux, voués a la mort se tuaient les uns les autres « aimant mieux, dit un chroniqueur, être frappés par ceux de leur nation, que périr de la mains des incirconcis. » En 1320, cinq cents Juifs assiégés dans une forteresse par les Pastoureaux, choisissent l'un d'entre eux, comme le plus fort ou le plus résolu, pour les soustraire a la cruauté de leurs impitoyables ennemis, et se font tous égorger de sa main.

Le suicide fut-il plus fréquent aux xve et xvie siècles ? On serait tenté de le croire, au moins pour le xvie siècle, en tenant compte de l'influence qu'ont pu exercer, sur leurs contemporains, quelques écrivains, qui, comme Montaigne par exemple, n'hésiterent pas, dans leur admiration pour l'antiquité, à justifier la mort volontaire. C'est à cette influence que M. Bourquelot attribue, mais sans preuves, le suicide du courageux adversaire de Côme Ier, Philippe Strozzi, se tuant pour ne pas compromettre ses amis par les aveux que la torture aurait pu lui arracher, puis la double tentative de suicide du duc d'Enghien pendant la bataille de Cérisolles, qu'il crut un moment perdue, enfin la mort de Jerôme Cardan, se laissant mourir de faim parce qu'il a annoncé, longtemps à l'avance, le jour de sa mort. Mais le petit nombre de ces faits prouve la rareté au moins des suicides d'hommes marquants. Ce qui est certain, c'est que Montaigne emprunte à l'antiquité presque toutes ses citations de morts volontaires. Reste toujours la question de savoir dans quelle proportion l'absence presque complete de publicité a pu contribuer à la rareté apparente des morts violentes.

D'après le Dr Lisle, les chroniques les plus célèbres du temps, comme la *Satyre Ménippée,* le *Journal de Henri III et de Henri IV,* qui embrassent une période de près d'un siècle, ne racontent qu'un très petit nombre de suicides. Mais il ajoute que, si l'on consulte les annales de la sorcellerie et de la folie démoniaque à cette époque, on trouve que « la mort volontaire fut fréquente chez ces pauvres fous, qui, sous le nom de possédés du démon, de sorciers, de suppôts du diable, ont été, en si grand nombre, victimes de l'ignorance et des préjugés de leurs contemporains. » Et plus loin :
« Parmi les tortures auxquelles le diable était censé

soumettre ceux qui s'étaient donnés à lui, une des plus ordinaires était une impulsion irrésistible au suicide, dont la perpétration devait leur ôter tout moyen de repentir et les lui livrer sans retour. » D'après Nicolas Remy, procureur criminel du duché de Lorraine, Satan faisait naître, chez les démonolâtres, un tel penchant au suicide, qu'il leur arrivait souvent de se pendre, de se noyer ou de se frapper d'un instrument tranchant. Le besoin de mourir était tel chez quelques-uns, que, malgré la plus étroite surveillance, il a constaté jusqu'à quinze suicides dans une année. Beaucoup n'ayant pas le courage de se tuer, priaient les juges de hâter le moment de leur supplice. Même spectacle offert, d'après Spranger, par les démonolâtres de la haute Allemagne.

Il est remarquable que les persécutions contre les Calvinistes, qui suivirent la révocation de l'édit de Nantes, et notamment la guerre d'extermination dont ils furent l'objet dans le Dauphiné, le Vivarais et les Cévennes, où ils étaient traqués comme des bêtes fauves dans les cavernes de leurs montagnes, — n'amenèrent aucun cas de suicide. Tous moururent en héros de la main de leurs impitoyables vainqueurs. Le Dr Lisle, qui affirme avoir lu les nombreuses relations de ce triste épisode de nos guerres religieuses, n'en a découvert aucun exemple, et il attribue ce fait exceptionnel au sentiment profondément religieux qui animait les victimes.

Nous arrivons aux temps modernes.

Beaucoup d'écrivains, sans en donner la preuve, ont représenté l'Angleterre comme la terre classique du spleen (*tedium vitæ*) et, par conséquent, du suicide. Nous verrons ailleurs, quand nous aborderons l'examen des statistiques officielles, qu'il n'en est rien, au moins d'après ces statistiques. Ici, nous devons nous borner à signaler les suicides marquants de ce pays.

Mentionnons tout d'abord la lettre écrite par Jane Grey au Dr Aylmers, la veille de son exécution, et dans laquelle elle reproduit les considérations par lesquelles elle a repoussé le conseil de son fidèle serviteur Asham d'échapper au supplice par la mort volontaire. « Les anciens (dont Asham lui avait cité l'exemple) élevaient leur âme par la contemplation de leurs propres forces, les chrétiens ont un témoin et c'est devant lui qu'il leur faut vivre et mourir. Les anciens voulaient glorifier la nature humaine et mettaient au premier rang des vertus la mort qui soustrait au pouvoir des oppresseurs, les chrétiens estiment davantage le dévouement qui soumet aux volontés de la providence. » Et la jeune reine mourut de la main du bourreau.

Buonafede (*loco citato*) assure qu'Elisabeth, après l'exécution du comte d'Essex, son favori, en aurait éprouvé un tel chagrin, qu'elle se serait laissé mourir de faim.

En 1692, Charles Blount, traducteur de la *Vie d'Apollonius de Tyanes*, se tue parce qu'il ne reçoit pas l'autorisation d'épouser la veuve de son frère.

En 1700, Thomas Creech, bien connu par sa belle traduction et son excellent commentaire de Lucrèce, écrit en marge de son manuscrit : « *Nota bene*. Quand j'aurai terminé mon livre sur Lucrèce, il faut que je me tue. » Et il tient parole pour finir comme son auteur de prédilection.

Buonafede cite le suicide, à peu près à la même époque, de Philippe Mordaunt, cousin du célèbre comte de Peterborough. C'était, dit-il, un jeune homme riche, beau et profondément aimé de sa femme. Ainsi tout lui souriait dans la vie. Eh bien! saisi, on ne sait sous quelle influence, d'un profond dégoût de la vie, Mordaunt paye ses dettes, écrit à ses amis, compose quelques vers et se tire un coup de pistolet.

Smolett, dans son histoire d'Angleterre, ne dédaigne pas de mentionner la fin tragique d'un Richard Smith et de sa femme. Richard, qui a perdu sa fortune, et, avec elle, la santé, cherche, avec sa femme, les moyens de mettre fin à une situation devenue intolérable. Ils y réfléchissent longtemps, et, d'un commun accord, ils prennent le parti d'en finir avec la vie. Avant d'accomplir leur résolution, ils tuent leur enfant et écrivent ce qui suit à leurs amis : « Nous croyons que Dieu nous pardonnera; nous avons quitté la vie, parce que nous étions malheureux et sans ressources. Nous avons rendu à notre fils unique le service de le tuer, de peur qu'il ne devînt aussi malheureux que nous. » Pourrait-on croire qu'après avoir tué leur enfant, ces misérables aient eu le soin de recommander à un de leurs amis un chat et un chien!..

L'auteur des *Lettres juives* (marquis d'Argens) attribue aux Anglais, à la même époque, un certain nombre d'autres suicides; mais comme il ne cite ni les noms, ni les dates, nous croyons devoir les omettre.

Lord Scarborough se tua en 1727 à la suite des circonstances suivantes. On lui reprochait, à la

Chambre haute, de prendre le parti du roi parce qu'il avait, à la cour, une charge lucrative. « Milords, dit-il, pour vous prouver que mon opinion est indépendante de ma charge, je m'en demets à l'instant. » Les écrivains du temps ajoutent que, placé entre une maîtresse qu'il aimait, mais à laquelle il n'avait rien promis, et une femme qu'il estimait et à laquelle il avait fait une promesse de mariage, il se suicida pour sortir d'embarras.

Voltaire raconte ce qui suit « Je reçus, un jour, d'un Anglais, une lettre-circulaire par laquelle il proposait un prix à celui qui prouverait le mieux qu'il faut se tuer dans l'occasion. Je ne lui répondis point; je n'avais rien à lui prouver, il n'avait qu'à examiner s'il aimait mieux la mort que la vie Un autre Anglais, nommé Baron Morris, vint me trouver à Paris, en 1724; il était malade et me déclara qu'il se tuerait s'il n'était pas guéri au 20 juillet. Il me donna même son épitaphe conçue en ces mots : *Qui mori et terrœ pacem quœsivit, hic invenit.* Il me chargea aussi de 25 louis pour lui élever un petit monument au bout du faubourg Saint-Martin. Le 20 juillet, je lui rendis son argent et gardai son épitaphe. »

Les annalistes anglais citent le suicide, en 1770, du poète Thomas Chatterton; réduit à la misère, il s'empoisonna à l'âge de 18 ans. On sait que ce suicide a fait l'objet d'un drame émouvant d'Alfred de Vigny.

Le 29 novembre 1774, lord Clive, le glorieux fondateur de la souveraineté des Anglais dans l'Inde, se brûlait la cervelle dans un accès de profonde mélancolie.

En 1815, le célèbre diplomate lord Castlereagh se jeta dans un des cratères du Vésuve. On assure que son exemple trouva de nombreux imitateurs et que, longtemps après, les Anglais atteints du spleen, allèrent y chercher la mort.

Le 22 juin 1846, le célèbre peintre Benjamin-Robert Haydon se soustrait, par la mort, a une misère imminente.

En mars 1856, John Sadler, le grand spéculateur en chemins de fer, qui a ruiné tant de familles, se tue pour échapper aux remords.

Le 9 octobre 1861, un juif millionnaire, Isaac Moser, se coupe la gorge dans un café. Ce suicide appelle d'autant plus l'attention, que, dans les temps ordinaires, la mort volontaire est très rare, comme nous le verrons ailleurs, parmi les israélites.

Nous sommes loin de connaître tous les autres suicides remarquables qui se sont accomplis, de nos jours, chez nos voisins d'outre-Manche, les journaux anglais, par des raisons que nous expliquerons ailleurs, ayant, depuis quelques années, le bon esprit de ne pas les divulguer.

Le plus ancien suicide marquant que nous ayons à constater en France est, d'après Montaigne, celui de Jacques Du Chastel, evêque de Soissons. « Au voyage d'oultremer que feict saint Louys, veoyant le roy, toute l'armée en train de revenir en France, laissant les affaires de la religion imparfaictes, print résolution de s'en aller plustôt en Paradis, et ayant dict adieu à ses amis, donna seul, a la vue d'un chascun, dans l'armée des ennemis, où il feust mis en pièces. »

Le suicide de Vatel, sous Louis XIV, se frappant

de son epée parce que la marée n'est pas arrivée en temps utile, est devenu légendaire.

« De mon temps, dit Voltaire, le dernier prince de la maison de Courtenai, très vieux, et le dernier prince de la branche de Lorraine-Harcourt, très jeune, se sont donné la mort sans qu'on en ait presque parlé. »

J.-J. Rousseau s'est-il suicidé? Le fait n'a jamais été bien clairement établi. Voici ce qu'en dit Debreyne (*Du Suicide*, 1847). Après avoir rappelé l'éloquente Philippique du philosophe de Genève contre le suicide (*Émile*, tome 3), il ajoute « Plus tard, Rousseau tint un langage bien différent lorsqu'il dit . « Puisque mon corps n'est plus pour « moi, qu'un embarras, qu'un obstacle a mon re- « pos, cherchons a m'en degager le plus tôt que je « pourrai. » Le matin du jour où Rousseau mourut, rapporte Mme de Stael, il se leva dans son état de santé habituel; mais il dit qu'il allait voir le soleil pour la dernière fois. Il avait pris, avant de sortir, du café qu'il avait préparé lui-même. Il rentra quelques heures après et, commençant alors a souffrir horriblement, il défendit constamment qu'on appelât du secours et qu'on appelât personne. »

En 1773, un écrivain anonyme signalait en ces termes la marche croissante du suicide : « Depuis quelque temps, le suicide devient trop commun dans toutes les parties du monde chrétien pour ne pas fixer l'attention des amis de la société et des hommes. Plusieurs écrivains, tant théologiens que philosophes, ont pris la plume contre cette furieuse manie, fruit naturel de l'irréligion, du luxe et de la corruption de ce siècle; mais les uns n'ont fait que de pompeuses déclamations ; les autres que débiter d'heureuses saillies ; ceux-ci l'ont traitée superficiellement ; ceux-là d'une manière toute métaphysique et abstraite, etc., etc. »

On lit dans les œuvres complètes d'Helvétius (Londres, 1781, p. 105) : « Le désordre des finances et le changement dans la Constitution de l'Etat répandirent une consternation générale. De nombreux suicides dans la capitale en sont la triste preuve. Des maux physiques l'augmentaient encore : les récoltes n'étaient point abondantes. »

L'auteur du *Tableau de Paris* (Mercier, 1782) confirme en ces termes la fréquence du suicide dans cette capitale : « Pourquoi se tue-t-on tant à Paris depuis environ 25 ans? D'où viennent les nombreux suicides dont on n'entendait presque pas parler autrefois? On a voulu mettre sur le compte de la philosophie moderne ce qui n'est, au fond, j'oserai le dire, que l'ouvrage du gouvernement. » Et il énumère, à l'appui de cette assertion, une longue série de griefs comme le jeu, les loteries, les impôts excessifs, la misère. Il se plaint aussi des entraves apportés au commerce intérieur : « On a tout fait passer entre les mains du roi : charges, privilèges, maîtrises, etc. Les éternelles lois prohibitives enchaînent l'industrie et lui ont ôté son ressort. Ceux qui se tuent ne sachant plus comment exister, ne sont rien moins que des philosophes; ce sont des indigents, las, excédés de la vie, parce que la subsistance est devenue pénible et quelquefois impossible. Le nombre des suicides à Paris peut monter, année commune, à 150, *soit le tiers environ du nombre actuel.* La police a soin de dérober au public la connaissance des suicides. Quand quelqu'un s'est homicidé, un commissaire vient, sans robe, dresser un procès-verbal sans le moindre éclat et oblige le curé a enterrer le mort sans bruit. On ne traîne plus sur la claie ceux que des lois ineptes poursuivaient après leur trépas. C'était, d'ailleurs, un spectacle horrible et dégoûtant qui pouvait avoir des suites dangereuses pour une ville peuplée de femmes enceintes (?). Aucun papier n'annonce ce genre de mort, et, dans mille ans d'ici, ceux qui écrivent l'histoire d'après ces papiers pourraient révoquer en doute ce que j'avance. Mais il n'est que trop vrai que le suicide est plus commun aujourd'hui à Paris que dans toute autre ville du monde connu. »

Remarquons qu'à cette époque Saint Preux et Werther, ces deux justifications éloquentes et dramatiques du suicide, avaient paru.

Nous arrivons à la période révolutionnaire. A cette époque néfaste, les suicides politiques dont, il est vrai, les auteurs n'avaient guère à choisir, pour la plupart, qu'entre la mort par leurs mains ou par celles du bourreau, deviennent très nombreux.

Nous empruntons quelques-uns des plus remarquables à l'ouvrage du Dr Des Étangs, *Du suicide politique en France* (1860).

A la veille du massacre des prisons, le 22 août 1792, le colonel de la garde constitutionnelle du roi, M. de Chantereine, inaugure cette longue série d'actes de désespoir· « Nous sommes tous destinés, dit-il à ses co détenus de l'Abbaye, à être égorgés » et il se porte, d'une main sûre, trois coups de couteau dans la région du cœur. Quelques jours après, dans la même prison, un jeune officier, du nom de Boisragon, se frappe également; mais, moins heureux, il survit a ses blessures pour être massacré dans les journees de septembre — « A la prison du Luxembourg, dit un temoin oculaire, les suicides se multiplient en raison des executions. »

Le suicide, a la Bourbe, d'un ancien valet de chambre du marquis de Coigny émeut vivement ses compagnons de captivité auxquels il a raconté ses infortunes, et Paris tout entier ne lit pas sans un sentiment douloureux le testament par lequel, avant de mourir, il recommande a la Convention sa famille indigente.

Dans les premiers jours de septembre 1792, l'ancien banquier Girardot transfere malade des Madelonnettes dans une maison de santé, se tue de sept coups de couteau. Peu après, le marquis de Lafare en fait autant. Au sang qui a jailli contre la muraille, on presume qu'il s'y est appuyé pour faire pénétrer la lame dans la poitrine.

D'après les *Mémoires d'un jeune détenu*, le girondin Clavière ayant reconnu, sur la liste des temoins appeles a déposer contre lui devant le tribunal révolutionnaire, ses plus dangereux ennemis, s'écrie : « Ce sont des assassins; je veux me derober à leur fureur. » Puis, apres avoir quelque temps cherché la place du cœur pour être sûr de ne pas se manquer, il se frappe mortellement d'un poignard. Il prononça, dit-on, dans sa courte agonie, ces vers de Voltaire :

<blockquote>
Les mortels tremblants sont trainés au supplice,
Les mortels genereux disposent de leur sort
Quand on a tout perdu et qu'on a plus d'espoir,
La vie est un opprobre et la mort un devoir
</blockquote>

Sa femme, informée de sa triste fin, s'empoisonne après avoir mis ordre à ses affaires et déposé ses enfants en lieu sûr.

Fouquier Tinville, en faisant part au président de la Convention de la mort de Clavière, annonce qu'à l'avenir, pour empêcher les conspirateurs de se soustraire par le suicide a la sentence legale, il aura soin de les faire garder par des gendarmes et fouiller avant de leur signifier l'acte d'accusation Il rappelle en même temps que, par decret de la Convention, « les suicides contre lesquels est rendu l'acte d'accusation, sont assimiles au rang des condamnés et qu'en conséquence, les biens d'Etienne Clavière sont déclares acquis à la Republique. »

Les mesures de l'accusateur public ne devaient pas empêcher un second girondin, Valaze, de se poignarder. Il est vrai que le tribunal revolutionnaire ordonna que son corps inanime serait porte, dans une charrette, jusque sur l'échafaud, puis jeté dans la fosse des exécutes.

L'exemple de Valazé fut suivi peu de jours après par Mme Roland, que la mort des Girondins avait avertie de sa fin prochaine. « Je crois, dit-elle, qu'il faut s'envelopper la tête, et, en verité, il n'y a pas grand mal a sortir de la scène, tant le spectacle devient triste. » Après une lettre d'adieu, pleine de larmes, a son mari et à sa fille, elle prend du poison et meurt, le 10 novembre 1792, a l'age de trente-neuf ans.

Nous omettons un grand nombre de suicides politiques sans importance, pour ne nous arrêter qu'à ceux qui ont le plus appelé l'attention ou par la haute situation, à un titre quelconque, de leurs auteurs, ou par certaines particularités intéressantes.

Et, par exemple, mentionnons la tentative de l'académicien Chamfort. Arrêté pour la deuxième fois, et résolu à se soustraire a la prison, il se tire un coup de pistolet dans la tête, mais sans se tuer, puis se laboure inutilement la poitrine avec un rasoir, se faisant d'affreuses blessures sans pouvoir trouver la mort. Malgré ces tentatives acharnées, il s'était rétabli et tempérait les ennuis de la captivité par la traduction des épigrammes de *l'anthologie grecque*, lorsqu'une maladie l'enleva le 13 avril 1794

Bien moins courageux, l'ancien archevêque de Sens, ex-premier ministre de Louis XVI, après avoir vainement tenté de se soustraire au sort qui le menace par de déplorables concessions a l'esprit révolutionnaire, se décide enfin a prendre du poison. L'évêque de Grenoble échappe a l'échafaud par le même genre de mort, mais sans avoir commis les mêmes apostasies. Citons encore le suicide des conventionnels de Brienne, Moure et Bourbotte, du représentant Beauvais a Toulon, tombe au pouvoir des Anglais et menace du dernier supplice; plus tard, par ordre de dates, des girondins Barbaroux (traîné à demi-mort sur l'échafaud et achevé, comme Valazé, par le bourreau), Pethion et Buzot, des deux conventionnels Lidon et Chambon, le premier lâchement trahi par un ami intime auquel il avait demandé les moyens de fuir, et ne s'étant fait sauter la cervelle qu'après avoir vendu chèrement sa vie ; de l'illustre Condorcet, dont les derniers jours ne furent qu'une agonie prolongée ; de la femme du girondin Rabaut-Saint-Etienne, n'ayant pas voulu lui survivre, d'une autre veuve du nom de Bernard, se brûlant la cervelle devant Tallien qui a envoyé son mari à l'échafaud.

Mᵐᵉ Roland avait dit « Quand Roland apprendra ma mort, il se tuera. » L'ancien ministre aurait en effet accompli sur-le-champ cette prophétie, s'il n'eût été étroitement surveillé par l'homme courageux qui lui avait donné asile, s'exposant ainsi à un péril de mort. Mais ne voulant pas le compromettre plus longtemps, Roland quitte un jour furtivement sa maison et va se frapper sur la route de Paris à Rouen, où son identité est constatée par le montagnard Legendre.

Arrêtons-nous un instant pour enregistrer, en dehors de l'épouvantable crise intérieure qui nous occupe, le suicide mémorable de l'officier Beaurepaire, ne voulant pas survivre à la reddition de Verdun qu'il a été chargé de défendre contre le duc de Brunswick.

M. Louis Blanc, dans son *Histoire de la Révolution*, signale le suicide, au camp de Guise, du général Mereuve, commandant de l'artillerie, arrêté par les commissaires de la Convention sur un soupçon de trahison.

D'après les *Révolutions de Paris* du journaliste Prudhomme, l'exécution de Louis XVI et, plus tard, de Marie-Antoinette, détermine un certain nombre de suicides à Paris. Prudhomme cite notamment celui de la femme de chambre de la reine, Mᵐᵉ Augnier, belle-mère du maréchal Ney.

Sur 132 Nantais, envoyés à Paris par le comité

révolutionnaire de leur ville pour y être jugés, dix se suicident en route.

Après avoir pris une large part, avec Barbaroux, à l'insurrection du Midi, le conventionnel Rebecqué se suicide à la suite de l'insuccès de cette prise d'armes et de la mort de son collègue.

Le représentant Tellier, envoyé à Chartres pour réprimer une sédition motivée par la cherté excessive du pain (1795), commet, vis-a-vis de la foule ameutée, des actes de faiblesse qui le perdent dans l'opinion. Il se tue pour ne pas survivre au déshonneur. Un autre représentant, du nom de Brunel, fait également, sous le coup des menaces les plus violentes, des concessions fâcheuses à la populace de Toulon qui vient de piller le magasin des armes pour aller au secours des partisans de Robespierre, menacés, à Marseille, par les thermidoriens. Il expie, lui aussi, sa faiblesse en se brûlant la cervelle.

Revenons à Paris. La réaction thermidorienne vient de s'accomplir ; la Convention a décrété d'accusation les hommes de sang qui l'ont longtemps dominée. Robespierre, manquant d'énergie et succombant d'ailleurs sous le sentiment de la profonde réprobation dont il est l'objet, ne cherche pas à utiliser les moyens de défense considérables dont il dispose encore ; il se laisse arrêter a l'hôtel de ville, où il s'est réfugié avec son frère, Couthon, Lebas et Saint-Just. Le jeune Robespierre se jette par une fenêtre, mais ne réussit qu'a se blesser grièvement. Lebas, plus heureux, se tue d'un coup de pistolet. Couthon se frappe d'un poignard, mais sa blessure est légère. Robespierre aîné se tire un coup de pistolet dans la tête, mais ne fait que se briser la mâchoire inférieure [1].

Nous arrivons aux journées de prairial. La Convention, attaquée par les derniers représentants du régime de la Terreur, a triomphé et décrété d'accusation ceux de ses membres qui ont fomenté l'insurrection. L'un d'eux, le vieux Ruhl, prévient le jugement, ou plutôt la condamnation en se poignardant. A la suite de la décision de la commission militaire qui les envoie tous à l'échafaud, Bourbotte, Romme, Goujon et Duquesnoy se frappent, les uns avec des couteaux, les autres avec des ciseaux ; Soubrani se blesse grièvement ; Duroy se manque. Les blessés sont exécutés.

Le conventionnel Charlier, devenu membre du *Conseil des Anciens*, n'ayant pas reçu un accueil favorable à sa proposition de *jurer sur le poignard de Brutus la mort de tout malheureux qui sera favorable à la royauté,* croit à la ruine prochaine des libertés publiques et se tue d'un coup de pistolet. De trois autres conventionnels renvoyés, pour être jugés, devant des commissions où dominent les thermidoriens, l'un, Maure, se brûle la cervelle, ne se faisant aucune illusion sur la sentence qui le menace.

Vient la conspiration Babeuf, dont le chef se poignarde à la suite de sa condamnation ; son complice et ami Dorthé l'imite. Babeuf fut traîné mourant à la guillotine.

Détournons nos regards de ces scènes navrantes,

---

1. Selon d'autres, il est blessé à la figure par l'officier chargé de l'arrêter

où le vainqueur emploie ses heures de triomphe à faire oublier les cruautés du vaincu, pour les porter sur des suicides d'une autre nature, inspirés, non par la crainte de mourir des mains du bourreau, mais par le regret de la patrie absente et la pensée de ne pas la revoir. Nous faisons ici allusion a cette campagne d'Egypte, que rien ne justifiait sérieusement, et qui devait finir, après de nombreux succès, par une capitulation devant l'ennemi. Un officier écrit à un de ses amis en France : « Il existe un mécontentement général dans l'armée... Nous avons vu des soldats qui se sont donné la mort devant le général en chef, en lui disant : « Voilà ton ouvrage. » Un autre écrit du Grand Caire, en septembre 1798. « On voit des soldats qui, témoins des souffrances de leurs camarades, se brûlent la cervelle ; d'autres se noient dans le Nil. » Il faut dire aussi qu'au souvenir de la patrie qu'on désespérait de revoir, se mêlaient de douloureuses privations.

Nous arrivons au XIXᵉ siècle.

On sait que le premier consul faillit, à plusieurs reprises, tomber victime des conspirations royalistes. Parmi les incarcérés a la suite des recherches faites par la police, nous voyons figurer un homme marquant, du nom de *Danouville*, qui se pend dans sa chambre peu d'heures avant son entrée au Temple. Quelques jours après, un ancien officier royaliste, *Bouvet de Lezier*, également arrête, tente de se suicider ; mais ses gardiens arrivent a temps pour couper la corde avec laquelle il s'est pendu. Des complices de Georges Cadoudal, l'un, *Raoul Gaillard,* au moment d'être atteint par les gendarmes, se brûle la cervelle.

Le suicide le plus remarquable de cette époque est celui du principal complice des auteurs de la machine infernale, Pichegru, l'illustre conquérant de la Hollande. Le 6 avril 1804, quoique certain, si ce n'est de son acquittement, au moins de sa grâce, il s'étrangle dans sa prison, témoignant, dans le mode de perpétration de son suicide, d'une énergie, d'une force de volonté peu communes. En effet, tressant en forme de corde sa cravate de soie noire, et la traversant par un bâton de quelques centimètres de longueur, il réussit, en tournant ce bâton, à produire l'asphyxie.

En 1804, se suicidait, dans cette même tour du Temple qui avait été témoin de la fin tragique de Pichegru, le capitaine de la marine anglaise, Wright, tombé au pouvoir de nos marins. Un matin, le capitaine fut trouvé mort dans son lit. Le cou était si profondément coupé, que la tête était presque séparée du tronc. Il tenait à la main son rasoir ensanglanté, et sur la table se trouvait le *Moniteur* de la veille annonçant la capitulation d'Ulm.

Un ancien conventionnel, fidèle à ses principes républicains, se tue pour ne pas survivre à la création de l'empire. Un poète, Villetard jeune, se suicide, par la même raison, le jour du couronnement de Bonaparte.

Nous avons mentionné le suicide du brave commandant de Verdun, Beaurepaire, ne voulant pas survivre à la reddition de cette place. Celui du glorieux vaincu de Trafalgar, l'amiral Villeneuve, fut inspiré par le même sentiment. De retour, en 1806, des prisons de l'Angleterre, et certain d'être rayé des cadres de la marine militaire, il se tue le 22 avril de la même année.

Le prisonnier de Sainte-Hélène, après avoir, un jour, raconté au général Montholon que, destitué par le représentant Aubry après le 9 thermidor, et se trouvant sans ressources, il avait eu l'intention d'attenter à sa vie, ajouta qu'à l'occasion de son abdication à Fontainebleau en 1814, la même pensée s'était présentée à son esprit. Il termina en ces termes le long et dramatique récit des tribulations de toute nature dont cette résolution fut précédée.

« ..... Epuisé par cette lutte de mon âme toute française, je ne résistai plus, et, fidèle à mon serment, je rendis la couronne que je n'avais acceptée que pour la gloire et la prospérité de la France.

« Depuis la retraite de Russie, je portais du poison suspendu au cou dans un sachet de soie. C'est Ivan qui l'avait préparé par mon ordre dans la crainte que je ne fusse enlevé par des Cosaques... Ma vie n'appartenait plus à la patrie... les evenements de ces derniers jours m'en avaient rendu maître... Pourquoi tant souffrir, me dis-je, et qui sait si ma mort ne placerait pas la couronne sur la tête de mon fils? La France serait sauvée... je n'hesitai pas; je sautai à bas de mon lit, et délayant le poison dans un peu d'eau, je le bus avec une sorte de bonheur; mais le temps lui avait ôté sa force. D'atroces douleurs m'arrachèrent des gémissements; ils furent entendus, et des secours m'arrivèrent. Dieu ne voulut pas que je mourusse encore... Sainte-Hélène était dans ma destinée. »

Le désastre de Waterloo vit de nombreux suicides militaires s'accomplir sur le champ de bataille même. Après avoir vainement tenté d'arrêter la panique qui s'était emparé subitement de l'armée française au cri, parti on ne sait d'où, de *sauve qui peut,* un certain nombre d'officiers et même de simples soldats se donnèrent la mort pour ne pas tomber vivants au pouvoir de l'ennemi. — « Ils n'auront ni mon cheval ni moi, dit un officier de cuirassiers, » et il se brûle la cervelle après avoir tué son cheval. A quelques pas plus loin, un colonel se tue également. Des soldats, épuisés de fatigue ou que leurs blessures empêchent de marcher, se fusillent entre eux plutôt que de se rendre. Lorsque la convention du 3 juillet qui ouvrait à l'ennemi les portes de Paris fut connue de l'armée, les mêmes scènes de désespoir se renouvelèrent. On vit des soldats se donner la mort, des artilleurs se tuer sur leurs pièces (*Histoire des deux Restaurations,* par A. de Vaulabelle; — *Histoire parlementaire,* de Buchez et Roux, tome II).

D'autres suicides militaires suivent de près le retour des Bourbons et la réorganisation de l'armée. Ils sont extraits des rapports de police du temps.

Bien que maintenu dans les cadres de l'armée active et chargé, comme colonel, du commandement de la gendarmerie royale, un officier supérieur se coupe la gorge avec un rasoir. « *Il était,* dit le procès-verbal de constatation, *fatigué de la vie et ne pouvait oublier son empereur.* » Un autre colonel, de l'arme du génie, âgé de 55 ans, se tue d'un coup de pistolet sous l'influence des mêmes sentiments, des mêmes regrets patriotiques. Un gendarme entre un jour dans un restaurant, se met à crier : *Vive l'empereur! vive Napoléon!* puis se coupe la gorge avec un rasoir.

Un jeune officier commet l'imprudence de boire à la santé du roi de Rome ; il est traduit devant un conseil de guerre qui le condamne à mort. Sa peine vient d'être commuée en sept mois de prison, lorsqu'il se brûle la cervelle.

Une femme, vivant péniblement du travail de ses mains, a conservé une sorte de culte pour l'empereur déchu. Profondement affligée de la captivité du grand homme et des souffrances que lui inflige son geôlier à Sainte-Hélène, elle s'asphyxie dans sa mansarde. Un écrit d'elle ne laissa aucun doute sur la cause de sa mort.

Un des deux fils de Gracchus Babeuf, Camille, désespéré de nos desastres, se précipite du haut de la colonne Vendôme le jour de l'entrée des armées étrangères dans Paris. On se rappelle que son père s'etait également suicidé.

La conjuration militaire de Grenoble, en 1816, provoque de nouveaux suicides. Le capitaine Jouanni, un de ses chefs, se tue, après la défaite, par la légion de l'Isère, des insurges de Grenoble.

Un des malheureux compromis dans la conspiration de Berton, le medecin militaire Coffé, chevalier de la Légion d'honneur, est condamné à mort, par la cour prevôtale, avec un certain nombre d'autres accusés. La veille du supplice, trompant la surveillance dont il est l'objet, il s'ouvre l'artère crurale avec un bistouri caché dans ses vêtements et succombe presque instantanement.

Signalons encore, mais dans un autre ordre d'idées, la tentative de suicide — résultat de la misère — du philosophe Saint-Simon, fondateur de la doctrine, pendant quelques années célèbre, qui a porté son nom (9 mars 1822).

La même tentative par le marquis de Maubreuil ne nous paraît pas pouvoir non plus être passée sous silence, parce qu'elle attira très vivement l'attention. De Maubreuil, bien connu par ses ignobles spéculations politiques et financières, avait offert d'assassiner à prix d'argent — de beaucoup d'argent — l'Empereur après son abdication de Fontainebleau. Le cœur lui manqua au moment convenu pour la perpétration du crime. Il s'en dédommagea par un vol considérable de diamants dans la voiture qui emmenait une des sœurs de Napoléon. Cet homme commençait à être oublié lorsqu'il eût l'étrange idée d'aller souffleter, le 21 janvier 1837, en pleine église de Saint-Denis, le prince de Talleyrand qui assistait au service expiatoire de la mort de Louis XVI.

La Restauration fut-elle véritablement ingrate pour Fauche-Borel, un des hommes qui conspirèrent le plus activement, sous le Consulat et l'Empire, au profit des Bourbons ? On ne saurait le dire exactement. Ce qui est certain, c'est que le vieux conspirateur, prétendant qu'elle avait méconnu ses services, se jeta dans la rue par la fenêtre de sa chambre, et se tua sur le coup. (7 septembre 1829.)

Sous la monarchie de Juillet on signale des suicides nombreux, malgré une longue période de paix et de prospérité. De ces suicides, quelques-uns accomplis ou dans les professions libérales ou dans les classes les plus élevées de la société, provoquèrent une vive émotion.

Parmi les suicides d'artistes, citons ceux de Gros, le peintre immortel des Pyramides et de la Peste de Jaffa, qui, ne voulant pas survivre a la décadence de son talent et au triomphe de la nouvelle école de peinture, se noie dans la mare d'Auteuil;—de l'éminent peintre des *Moissonneurs* et autres chefs-d'œuvres, Léopold Robert, se frappant a l'apogée de sa gloire, par des motifs restés inconnus [1]; — de Nourrit, qui se tue a Naples en apprenant l'éclatant succès a Paris de son successeur a l'Opéra, où il a été si longtemps l'idole d'un public dont il se croit oublié.

Parmi les suicides d'hommes de lettres, rappelons celui du poete Hegesippe Moreau, imitateur du jeune poète anglais Thomas Chatterton. Deux auteurs dramatiques, Victor Escousse et Auguste Lebras, s'associent dans le suicide comme ils l'avaient fait dans leurs œuvres dramatiques. Ils n'ont pas eu la patience d'attendre un second succes, séparés qu'ils ont été du premier par deux échecs successifs [2] — Gérard de Nerval, le charmant

---

[1] A diverses epoques, on a constaté le suicide de peintres celèbres. On sait notamment que le Dominiquin, ne pouvant supporter les persecutions de ses rivaux, et surtout de Ribeira dit l'*Espagnolet*, ou, suivant une autre version, ne pouvant résister à l'envie que lui causaient leurs succes mit fin volontairement à ses jours Ribeira se tua de douleur en apprenant que sa fille lui avait été enlevée par le vice roi don Juan.

[2] Victor Escousse a fait ses adieux à la vie dans les vers suivants

        Adieu, trop inféconde terre,
        Fléaux humains, soleils glacés,
        Comme un fantome solitaire,
        Inaperçu j'aurai passé

écrivain humoristique, se pend, la nuit, dans une ruelle obscure, victime de l'alcoolisme.

Parmi les suicides d'hommes politiques (mais non par des raisons politiques), citons celui de Sautelet, un des principaux rédacteurs du *National;* du ministre Martin (du Nord); la tentative de l'ancien ministre des travaux publics Teste; le suicide, dans sa prison du Luxembourg, du duc de Praslin-Choiseul, pair de France, échappant, par le poison, à la certitude d'une condamnation à mort et d'une éternelle flétrissure; celui du comte Alfred de Montesquiou, ancien officier d'ordonnance de l'Empereur, à la suite de pertes énormes au jeu, suicide étrange pour la consommation duquel la victime a employé presque simultanément le poison, le fer et la corde; celui du comte Bresson, notre ambassadeur à Naples, qui se coupe la gorge avec un rasoir le 2 novembre 1847.

Si le général de Cubières ne crut pas devoir se soustraire par le suicide aux conséquences de la condamnation infamante que lui infligea la cour des pairs (17 juillet 1847), son fils, jeune et brillant officier de notre armée d'Afrique, devait, plus tard, se soustraire, par la mort volontaire, aux injustes sévérités de ses camarades, étendant à un jeune

> Adieu, les palmes immortelles,
> Vrai songe d'une âme de feu
> L'air manquait, j'ai fermé mes ailes,
>   Adieu !

On se rappelle les couplets que Beranger a consacrés à la mémoire des deux jeunes gens et que terminent ces deux vers

> Et vers le ciel se frayant un chemin,
> Ils sont partis en se donnant la main.

homme d'une honorabilité éprouvée, la responsabilité de la faute de son père (mai 1855).

Quant à la mort par suspension du prince de Condé en 1831, la question de savoir si elle fut le résultat d'un crime ou d'un suicide, est restée sans solution.

N'oublions pas le suicide, au début de la monarchie de juillet, du caissier central du ministère des finances, Kessner, à la suite d'un déficit de plusieurs milliers. Tous les employés du ministère, dont il était adoré, ouvrirent une souscription pour couvrir le déficit.

Sous la seconde république, deux suicides appellent vivement l'attention, celui d'un homme de lettres distingué, Bourg-Saint-Edme, qui met fin a ses jours comme Pichegru, en s'étranglant avec sa cravate (26 mars 1851), et du chirurgien Leblanc de l'Académie de médecine. Quelques années avant, deux médecins éminents, Barthez et Pariset, lui avaient donné l'exemple en se laissant mourir de faim.

Le plus remarqué des suicides du second empire est celui de l'écrivain politique Prevost Paradol, passé, du *Journal des Débats*, où il faisait, dans la mesure des libertés du temps, une guerre acharnée à la politique impériale, au poste de ministre de France à Washington. Paradol, sous l'influence de la nostalgie d'abord, puis des attaques des feuilles d'opposition lui reprochant sa défection, mit fin à ses jours dans une maison que, chose singulière, on avait voulu le dissuader d'habiter, parce que plusieurs personnes s'y étaient déjà suicidées.

Depuis, son fils et, si nous ne nous trompons, sa fille, sont morts dans les mêmes conditions.

Citons encore, comme ayant occupé les journaux du temps, les suicides d'Amédée Gouet, rédacteur du *Siècle* et auteur d'une *Histoire populaire de la France*, et de M. Guyot, notre vice-consul à Bâle.

Dans les premières années de la 3ᵉ république, un ministre, connu par de brillants succès oratoires, comme professeur, et même, pendant un certain temps, comme orateur politique, ayant, un jour, éprouvé un échec de tribune, ne veut pas attendre le jour d'une revanche à peu près certaine, et se tue. Malgré les précautions prises par sa famille et par ses amis, le bruit de son suicide transpira et a été confirmé depuis. Nous voulons parler de M. Beulé.

A peu près à la même époque, la Cour de cassation perdait, par la mort volontaire, un de ses membres les plus laborieux, M. Morin, auteur d'un excellent livre sur le droit international en cas de guerre. On assure que le savant magistrat ne sut pas résister à la critique violente dirigée contre son livre par un publiciste belge.

Mentionnons encore le suicide, dans des circonstances restées inconnues, de M. l'ingénieur en chef Hermann et, quelques jours après, de sa veuve; de l'avocat Maurice Joly, qui a joué un certain rôle politique; de M. Valentin, sénateur du Rhône, ancien préfet de Strasbourg pendant le siège; du directeur du théâtre des Nations, Bertrand, ancien journaliste; du caissier-comptable du ministère de la guerre Fournier, etc., etc.

CHAPITRE II

OPINIONS DES ANCIENS ET DES MODERNES SUR LA LÉGITIMITÉ DU SUICIDE

§ I. — Antiquité.

Asie. — « Les anciens Hébreux, dit Buonafede, possédaient la morale la plus pure... Les doctrines d'âme universelle et de métempsycose des Chaldéens ne trouvèrent pas accès dans leurs écoles. Si quelques Hébreux ont, depuis, fait exception à la règle, cela n'a eu lieu qu'a la période de décadence de ce peuple. En définitive, le suicide n'eut pas un grand succès parmi eux ; c'est au point qu'après les plus minutieuses investigations dans l'histoire de la Judée, nous n'en trouverions que 8 ou 10, et cela dans l'espace de quatre mille ans ! (Nous les avons cités à l'*Histoire du Suicide*.)

Les doctrines des Hébreux, sous les Romains, ne paraissent pas avoir été défavorables au suicide, à en juger par le discours que l'historien juif, Flavien Josephe fut obligé de tenir à un petit nombre de camarades d'armes, cernés avec lui par l'ennemi victorieux, pour les dissuader de se soustraire à la captivité par la mort volontaire.

D'après les lois de Manou, la vie était considérée par les Indiens comme une préparation à la vie future. Si la mort était trop lente a venir, malgré les austérités auxquelles le chef de la famille devait se condamner, *quand il avait vu naître le fils de son fils*, c'est-a-dire dans sa vieillesse, Manou lui permettait et même lui ordonnait de hâter, par la mort volontaire, l'heure de la délivrance. « Soumise a la vieillesse et aux chagrins, affligée par les maladies, en proie aux souffrances de toute sorte, destinée à périr, que cette demeure humaine, dit Manou, soit abandonnée avec plaisir par celui qui l'occupe.» (*Lois de Manou*, livre VI.) Et le législateur ajoute : « Le Brahmane qui s'est degagé de son corps par l'une des pratiques qu'ont mises en usage les saints ou les patriarches, est admis avec honneur dans le séjour de Brahma (Dieu). »

Vichnou, autre législateur indien, va plus loin ; il recommande la mort volontaire dans les flammes sur le bûcher consacré. « On comprendra facilement, dit le Dr Lisle, les terribles conséquences de ces dogmes et préceptes. Il suffira de rappeler ces suicides collectifs, qu'il faut compter par centaines, par milliers, ces hécatombes humaines, qui se sont succédé sans interruption, depuis tant de siècles, sur cette terre fanatisée. Qui n'a frémi au récit de ces processions interminables pendant lesquelles une foule de pénitents se font broyer, de nos jours encore, sous les roues des chars de leurs monstrueuses idoles, ou de ces funérailles mystiques dans lesquelles on voit, depuis plus de trois mille ans, les vivants, femmes, esclaves, se faire brûler avec les morts sur le même bûcher !

Partout où ces doctrines ont pénétré, sous toutes les latitudes, sous tous les climats, on retrouve les mêmes coutumes barbares, le même fanatisme pour la mort volontaire. « Les sectateurs de Boudha, si nombreux encore, dit le même écrivain, qu'on peut les compter par centaines de millions au Thibet, en Chine, en Cochinchine, au Japon, dans le royaume de Siam, s'y tuent encore aujourd'hui aussi souvent et avec autant de facilité que les adorateurs de Brahma ou de Vichnou. »

Dans son *Histoire du Japon*, le père Charlevoix mentionne l'enthousiasme avec lequel ces sectaires se suicident dans toutes les classes de la société et pour les motifs les plus futiles.

Ce qu'on sait des doctrines de Zoroastre sur la nature de Dieu et sur la destinée de l'homme, permet de croire que le suicide fut rare chez les Perses tant qu'ils suivirent sa religion. Il en a été — et il en est encore aujourd'hui — de même chez les peuples, si nombreux, qui professent le mahométisme. Comme Moïse, Mahomet défend le suicide au nom du Dieu unique, créateur et maître de l'univers. Dans un grand nombre de passages du Coran, il en parle comme d'un crime qui excite la colère de Dieu, et qui sera sévèrement puni dans l'autre monde. « L'homme ne meurt que par la volonté de Dieu et le terme de ses jours est écrit. » (Surah III, v. 139). Aussi, quelles que soient ses épreuves dans cette vie, le croyant, courbé sous un implacable fatalisme, conserve toujours son impassibilité, répétant à chaque malheur nouveau : « c'était écrit. »

Afrique. — « L'Afrique, dit Buonafede, eut comme l'Inde, ses gymnosophistes, apôtres d'une vie austère et de la mort volontaire. Laérce rapporte qu'ils prescrivaient d'exercer son courage et de ne faire aucun cas de la mort. D'un autre côté, les prêtres d'Egypte, qui étaient les docteurs et les philosophes de la nation, laissèrent entrevoir, au milieu des obscurités de leur théologie, que les systèmes d'âme du monde et de metempsycose y entraient pour beaucoup. » Ainsi s'explique le penchant au suicide que l'histoire attribue à ces populations et dont témoigne suffisamment celui du grand Sésostris et d'une foule de Carthaginois illustres, expiant par la mort volontaire, comme nous l'avons vu, la honte des défaites que leur avaient infligées les Romains.

Europe. — D'après les écrivains romains, les prêtres des Celtes et spécialement des Gaulois, les Druides, enseignaient que les âmes ne meurent pas, qu'après la mort elles passent d'un corps dans un autre, et de ce monde dans des mondes meilleurs; que la mort n'est qu'un passage entre deux vies. Cette doctrine se rapproche beaucoup de celle des Brahmanes et des Boudhistes; seulement d'après les Druides, l'âme, après des transmigrations successives, ne s'anéantit pas dans l'infini, comme le veut le dogme indien, mais revit dans un autre monde, gardant son individualité et jouissant en paix de la félicité suprême.

Des nombreuses sectes philosophiques que la Grèce a vues naître et que l'absence, dans le polythéisme, de toute morale clairement définie, devait nécessairement susciter, nous allons examiner séparément celles qui ont toléré ou recommandé le suicide et celles qui l'ont interdit.

Au premier rang des philosophes qui ont combattu le suicide, — et bien qu'on ait prétendu qu'il a mis fin lui-même, indirectement il est vrai, à ses jours, — il faut citer Socrate. Près de mourir, il disait à ses disciples : « les discours qu'on nous tient tous les jours dans les ceremonies et dans les mystères que les *Dieux nous ont mis dans cette vie comme dans un poste que nous ne devons jamais quitter sans leur permission*, peuvent être trop difficiles à comprendre pour nous et dépasser notre portée. Mais rien n'est plus aisé à saisir et de mieux dit que ceci : *les Dieux ont soin des hommes et les hommes sont une des possessions des Dieux* »; — s'adressant à Cébès : « vous même, si un de vos esclaves se tuait sans votre permission, ne seriez-vous pas irrité et ne le puniriez-vous pas, *si vous le pouviez ?* »

Malgré les doutes de Buonafede, qui refuse injustement à l'antiquité payenne, pour l'attribuer exclusivement au christianisme, le mérite d'avoir combattu le suicide, Platon fut son adversaire déclaré. On ne saurait en douter en lisant ce passage du livre des *Lois* . « Mais quelle peine porterons-nous contre le meurtrier de ce qu'il y a de plus proche et de plus cher au monde, je veux dire contre l'homicide de soi-même, qui tranche, malgré sa destinée, le fil de ses jours ? » Plus équitable que Buonafede, saint Augustin classe Platon parmi les adversaires du suicide, lorsqu'il dit : « Si l'action de Cléombrote est grande, elle n'est du moins pas bonne. Et j'en atteste Platon lui-même, Platon, qui n'aurait pas manqué de se donner la mort et de prescrire le suicide aux autres, si le même génie qui lui révélait l'immortalité de l'âme, ne lui avait fait comprendre que cette action, loin d'être permise, doit être expressément défendue. » (*La Cité de Dieu*, livre, 1 chap. XXII,). Au surplus, dans le *Phedon*, Platon s'exprime ainsi « Un philosophe ne se tuera jamais lui-même,... cela n'est pas permis même à ceux pour qui la mort serait meilleure que la vie. Ils ne peuvent se procurer cet avantage qui leur serait si nécessaire, car Dieu nous a mis dans cette vie comme dans un poste que nous ne devons jamais quitter sans sa permission. »

En présence d'un texte aussi clair, aussi précis, c'est-à-dire quand Platon refuse même au malheureux, même à celui pour qui *la mort serait meilleure que la vie*, le droit de se suicider, on ne s'explique pas que M. Caro (*Nouvelles Etudes morales — du Suicide*) affirme que ce philosophe, en enseignant l'abstention du suicide, ait admis beaucoup de circonstances atténuantes *(p. 16)*. Le père Cotron, dans sa note sur le passage de l'Enéide relatif au suicide, confirme le témoignage de saint Augustin en attribuant à Platon le langage suivant : « Celui qui avance la fin de ses jours est aussi condamnable qu'un soldat qui quitte son rang sans un ordre de son général. »

Aristote, classé à tort par Buonafede parmi les partisans du suicide, a écrit ce qui suit : « Quant à celui qui se tue, il fait, contre toute raison, une action que la loi ne permet pas. Il fait donc un acte injuste, mais envers qui ? Est-ce envers la société, et non pas envers lui-même ? car enfin, ce qu'il éprouve, il l'a voulu ; mais personne n'est volontairement l'objet d'une injustice. Voilà pourquoi la société inflige une peine à ce genre de crime, et de plus, une sorte de déshonneur s'attache à celui qui s'est tué lui-même comme coupable d'un délit envers la société. » *(Œuvres morales, traduction de Thurot).*

M. Douay *(le Suicide,* 1870) attribue à Aristote, mais sans citer le passage de ses œuvres auquel il l'emprunte, la maxime suivante, qui confirme les renseignements précédents : « *Mori autem fugiendæ paupertatis, aut amoris, aut molestiæ causâ, id vero non est animi virilis, sed potius vilis et ignari.* »

Plutarque, après avoir démontré l'absurdité du suicide dans le système des stoïciens, ses plus zélés fauteurs, comme nous le verrons plus loin, rapporte que Brutus avait fait, dans sa jeunesse, un discours où il blâmait fort son oncle Caton de s'être tué. Et, cependant, plus tard, il devait suivre son exemple.

Epictète, quoique stoïcien, se montre l'adversaire du suicide.

Marc-Aurèle le combat et le justifie tour à tour. Voici le résumé de ses premières opinions à ce sujet : « La vie est courte; faisons en sorte que la dernière heure nous trouve dans la paix d'une bonne conscience, » et ailleurs : « Ne sois ni léger, ni emporté, ni fier, ni dédaigneux envers la mort; attends le jour où ton âme doit rompre son enveloppe, comme tu attends celui où l'enfant sortira du sein de sa mère. »

Lucien dirige ses railleries les plus piquantes contre Peregrinus qui, comme nous l'avons vu, se brûla publiquement aux jeux olympiques. Parlant des Brahmanes et de tous ceux qui se tuent, il les traite de fous et d'extravagants, rendus tels par la vanité et l'amour d'une fausse gloire. « Quant à Peregrinus, dit-il, il aurait plutôt temoigné de la force de son esprit en attendant la mort avec patience qu'en sortant de la vie en fugitif. »

Les philosophes grecs réputés favorables au suicide sont les suivants :

« Pythagore, d'après Formey, en disant que l'âme ne doit quitter le corps qu'avec la permission de Dieu, aurait simplement voulu dire que l'on doit avoir de bonnes raisons pour préférer la mort à la vie et qu'elle ne doit point quitter son poste sans nécessité, encore moins si elle est utile à la société, et si elle a des devoirs importants à remplir. Mais, au contraire, si des douleurs insupportables, si une caducité sans retour, si l'attente de supplices inévitables annoncent à l'âme qu'elle n'a plus de mission à remplir en ce monde, alors elle peut briser ses liens et quitter la vie. »

Aristippe, de la ville de Cyrène, fondateur de la secte des Cyrénéens, et ancien disciple de Socrate, a professé, au dire de Diogène Laerce, la doctrine suivante : « Rien, par sa nature, n'est ni juste, ni injuste, ni honnête, ni déshonnête; tout cela dépend de la coutume et des lois. *Le Sage doit choisir entre la vie et la mort, et regarder l'une et l'autre avec une égale indifférence.* » Mais d'autres auteurs lui ont attribué une doctrine différente et ce n'est pas sans une certaine hésitation que nous le classons parmi les partisans du suicide.

Cratesle, le véritable fondateur de la secte des cyniques, érigea le suicide en dogme. Antisthène, d'abord son disciple, puis disciple de Socrate, et considéré à tort comme le créateur et le chef de l'école, adopta, sur le suicide, les doctrines de son premier maître. « L'école cynique, dit M. Caro (*loco citato*), cette mère brutale et grossière du stoïcisme, comme l'appelait Platon, forma Diogène, qui termina par le suicide son existence orgueilleusement bizarre.... Les philosophes de Cyrène, sectateurs ardents de la volupté, produisirent les premiers une apologie régulière et doctrinale du suicide.... La doctrine d'Hégésias, un des maîtres les plus entraînants de cette école, se résumait dans cette maxime « La vie ne semble un bien qu'à l'insensé ; le sage n'éprouve pour elle qu'indifférence et la mort lui paraît tout aussi désirable.... C'est ce qui lui fit donner le surnom de *Pisithanate* (qui conseille la mort). »

Le philosophe Pyrrhon fonda la doctrine du doute absolue « doctrine, dit M. Caro, qui aboutissait trop ouvertement à l'indifférence en morale et à l'incertitude de la vie future, pour ne pas énerver le ressort de la volonté humaine et ne pas prédisposer l'âme, lasse d'elle même, à demander le repos au néant. On croit que Arcésilas et Corneade, ses disciples, au déclin d'une longue carrière, avancèrent l'heure de la mort, qui tardait trop à leur gré. »

Buonafede attribue également à la doctrine pyrrhonienne le suicide de Démocrite et de Clitomachus. On ne trouve cependant pas, dans la doctrine du fondateur de la secte, une apologie formelle de suicide.

Épicure ne fut pas davantage un partisan explicite

du suicide ; cependant Gassendi résume comme suit sa doctrine sur ce point, toutefois en raisonnant plutôt par voie d'interprétation, d'induction, que d'après des textes précis « quoiqu'il y ait plusieurs cas qui pourraient nous faire renoncer a la vie et nous engager à ne pas attendre qu'un cas fortuit vienne nous en enlever la liberté, nous ne devons rien entreprendre a ce sujet sans méditation, sans calme et surtout sans opportunité. Mais, lorsque le moment tant désiré sera arrivé, oh! alors plus d'hésitation ! Celui qui veut faire ce grand pas ne doit pas douter de trouver son salut au milieu même des situations les plus difficiles, pourvu toujours qu'il ne se hâte pas trop et qu'il sache s'y prendre a temps. » *(Syngtama philosophæ Epicuri).*

Mais la secte philosophique qui réunit le plus d'adeptes en Grèce, et plus tard a Rome, est celle de Zénon, le fondateur du stoïcisme. Cette doctrine n'enseigne pas ouvertement la légitimité du suicide ; mais elle tend a le justifier. En effet, en disant que l'homme est tenu d'obéir à la loi de la destinée et de chercher le bonheur dans la pratique des vertus les plus austères, elle ne dissimule pas que, si des souffrances excessives viennent troubler sa vie et l'empêcher de suivre la ligne de conduite sévère qu'il s'est tracée, il ne doit pas reculer devant le sacrifice de sa vie ! « La mort, dans ce cas, est une vertu et nous conduit au vrai bonheur ; car nous n'avons fait que nous conformer et obéir a la raison éternelle de la nature. »

Cicéron a analysé dans les termes suivants la doctrine stoïcienne : « Comme c'est la nature qui nous prescrit tous nos devoirs, on a raison de dire que toutes nos pensées, celles surtout qui roulent sur le choix de la vie et de la mort, doivent s'y rapporter. Pour l'homme qui trouve, dans sa situation, plus d'éléments conformes à la nature, c'est un devoir de vivre ; pour celui qui en trouve le plus de contraires, c'en est un de mourir. » Rappelons que le fondateur de la doctrine a joint l'exemple au précepte en se suicidant.

Parmi les adversaire du suicide, à Rome, nous croyons devoir classer Cicéron, bien qu'il n'ait pas été ferme dans ses convictions à ce sujet. Il en fut l'adversaire, quand il écrivit : « *Nisi Deus, cujus templum est id omne quod conspicis, istis te corporis custodiis liberaverit, huc tibi patere aditus non potest... piis omnibus retinendus est animus in custodiâ corporis, nec injussu ejus à quo ille datus ex hominum vitâ migrandum est.* »

Il dit ailleurs : *Tu ne cede malis, sed contra audentior ito quam tua te fortuna sinet. Via prima salutis quod minime reris.*

Toutefois Buonafede donne l'extrait suivant des *Tusculanes* que nous devons croire exact : « Le Dieu qui a, sur nous, un pouvoir souverain, ne veut pas que nous quittions la vie sans sa permission; mais quand il nous en fait naître un juste désir, le vrai sage doit passer avec plaisir de nos ténèbres aux lumières célestes. »

D'après M. Douay *(loco citato)*, Cicéron fait tenir le langage suivant par Paul Emile à son fils Scipion : « Vous donc, mon fils, et tous ceux qui ont de la religion, vous devez constamment retenir votre âme dans le corps où elle a son poste, et, sans l'ordre exprès de celui qui vous l'a donnée, ne point sortir de cette vie mortelle ; autrement vous paraîtriez avoir déserté la mission que la volonté divine vous a confiée. »

On sait que Virgile, s'inspirant de Platon, a placé dans son enfer, livrés à d'éternels regrets, ceux qui se sont donné la mort.

Le philosophe Plotin consacre le 9ᵉ livre de son Enéade à prouver que l'on doit attendre l'ordre de Dieu pour sortir de ce monde, et il fait cette remarque : « ceux qui s'ôtent la vie, le font par des motifs d'emportement ou des raisons de chagrins qu'il serait plus sage de modérer. »

Sénèque, dont Buonafede fait un partisan du suicide, a cependant écrit ce qui suit : « C'est sur une loi de la nature qu'il faut nous régler; suivons-la, obeissons-lui; pensons que tout cela devait arriver, et ne querellons pas la nature. Le mieux est de souffrir quand le remède est impossible et d'entrer sans murmure dans les intentions du divin auteur de tout évènement. Celui-ci est un mauvais soldat qui suit son général à contre-cœur. Recevons avec dévouement et avec joie les ordres qu'il nous donne; ne troublons pas la marche de cette belle création, où tout ce que nous souffrons est partie nécessaire. Une âme grande est celle qui s'abandonne en Dieu » et plus loin : « *Non est virtus timere vitam, sed malis ingentibus obsture, nec se vertere, aut retro dare.* » Sénèque, il est vrai, s'est suicidé, comme nous l'avons vu; mais c'était en exécution d'un arrêt de mort porté contre lui par son ancien élève, Néron. Toutefois, nous verrons plus loin que, pas plus que Cicéron, il ne fut, dans ses écrits, l'adversaire constant et résolu de la mort volontaire.

Martial a combattu le suicide dans ces deux beaux vers

> Rebus in angustis facile est contemnere vitam,
> Fortius ille facit qui miser esse potest

Qui ne connaît cet epigramme du même poète :

> Hostem quum fugerat, se Fannius peremit
> Hic, rogo, non furor est, ne moriare, mori?

Et encore ·

> Nolo virum facili redimit qui sanguine famam,
> Hunc volo laudari qui sine morte potest
> *Epigr* viii.

Marc-Aurèle, que nous classons parmi les adversaires du suicide, n'a cependant pas été plus ferme que Ciceron et Senèque dans sa doctrine. C'est ainsi que, dans un passage de ses œuvres, il conseille de sortir de la vie comme on sort d'une chambre pleine de fumee. Il le conseille surtout a ceux qui ne seraient pas ou ne seraient plus en etat de vivre vertueusement. Mais, dans ce cas, il regle en ces termes la condition du suicide : « Sors de la vie sans colere, simplement, librement, modestement; que tu aies au moins le mérite d'en sortir dignement; quitte ce monde avec reflexion, avec dignite, sans ostentation, sans tragédie, comme un homme qui obéit a son propre jugement et a une impression du moment. »

Quels furent les partisans en quelque sorte dogmatiques du suicide à Rome ?

Buonafede fait remonter au vi® siècle de sa fondation l'invasion du stoïcisme dans cette ville.

D'après le même auteur, ses doctrines trouvèrent, chez Scipion l'Africain et d'autres personnages éminents de l'époque, des partisans convaincus. A peu d'exception près, elles furent adoptées par les jurisconsultes les plus célèbres, soit parce qu'elles leur paraissaient en harmonie avec le caractère du peuple romain et la forme républicaine, soit parce les devoirs de l'homme et du citoyen y étaient tracés avec autant d'intelligence que de fermeté. Les législateurs eux-mêmes les adoptèrent avec enthousiasme, comme l'indique le fameux décret. *mori licet cui vivere non placet.*

Sénèque, sur la fin de sa vie, paraît s'être rallié définitivement aux doctrines du stoïcisme sur le suicide. Commentant ce passage d'Epicure dans lequel le fondateur de l'école de la volupté a dit « lequel vaut mieux que la mort vienne à nous, ou que nous allions à elle ? » il s'exprime ainsi : « Penser à la mort, c'est penser à la liberté. Une seule chose nous retient, c'est l'amour de la vie ; sans la briser entièrement, il faut l'affaiblir de telle sorte qu'elle ne soit plus un obstacle, une barrière qui nous empêche de faire à l'instant ce qu'il nous faut faire tôt ou tard. » On peut dire, pour la justification de Sénèque, que le triste spectacle politique qu'il avait sous les yeux était bien de nature à expliquer le penchant qu'il semble manifester, dans ces lignes, pour le suicide, comme un moyen d'échapper au régime épouvantable que Néron faisait peser sur la société romaine.

Les deux Pline étaient partisans résolus du suicide. Le naturaliste le définit ainsi : « *Quod homini dedit optimum natura in tantis vitæ pœnis.* »

Pline le Jeune mentionne, sans aucune improbation au point de vue moral, le suicide de deux de ses amis, Correlius Rufus et Silius Italicus. Pour le premier, il se borne à mentionner le profond regret que lui cause sa mort, accomplie avec un rare courage (la mort par la faim).
« Rufus souffrait, dit-il, de douleurs violentes et continues; il s'en délivra par sa fermeté. Il repousse son médecin qui lui présente des aliments, parce que, dit-il, il a résolu de mourir. Parole sublime qui me remplit à la fois d'admiration et de douleur! » En ce qui concerne Silius Italicus, qui, lui aussi, se laisse mourir de faim parce que sa santé est mauvaise, Pline se borne à dire qu'il a couru à la mort avec une opiniâtre fermeté. Puis il fait le panégyrique de ses deux amis.

« Si, un jour, dit Lucrèce *(De naturâ rerum)*, ce qui pourrait arriver, on se lasse de cette sagesse sublime (de vivre de l'esprit de famille), il reste une dernière libation à faire à la mort et à l'oubli. Avec une goutte de poison subtil, tel que celui qui est sous le diamant de cet anneau, il reste à fermer mollement ses yeux à la lumière et à glisser en souriant dans l'éternelle nuit d'où tout sort et où tout doit s'engloutir. »

Un autre poète, Lucain, nie la providence et croit que le monde est régi par le hasard. Il fait de la mort volontaire le bien suprême et un bien si grand, qu'il ne devrait être accordé qu'aux hommes vertueux, non parce qu'elle délivre, mais parce qu'elle assoupit la partie intelligente de l'homme; non parce qu'elle le conduit dans l'Elysée, mais parce qu'elle l'éteint dans le flot assoupissant du

Léthé. Aussi Lucain a-t-il été justement appelé le *poète du suicide*.

Mais déjà le christianisme a répandu, sur le monde romain, ses vives et fécondes lumières. Lactance, après avoir blâmé les philosophes, tant grecs que romains, qui se sont donné volontairement la mort, ajoute : « Rien ne saurait être plus criminel, car si l'homicide est coupable parce qu'il tue un homme, celui qui se tue ne l'est-il pas également ? Ne tue-t-il pas un homme ? Bien plus, ce crime doit être réputé d'autant plus grand qu'il ne peut être puni que par Dieu seul. » Plus loin, il ajoute : « ...Caton lui-même, ce modèle de la sagesse romaine, qui ne se tua, dit-on, qu'après avoir lu le livre de Platon sur l'immortalité de l'âme, paraît n'avoir eu d'autre raison réelle que la peur de la servitude. Pour moi, Caton s'est tué non pas tant par la crainte de tomber entre les mains de César, que pour obéir aux préceptes des stoïciens, dont il était le sectateur, et pour illustrer son nom par quelque grande action. »

Saint Augustin, dans son admirable livre *la Cité de Dieu*, a mis un terme à toutes les incertitudes qu'avait fait naître, même parmi les écrivains chrétiens, la question de la légitimité du suicide. Avant lui, quelques pères de l'Église avaient paru justifier le suicide, dans certains cas, comme par exemple celui des vierges chrétiennes échappant par la mort volontaire au dernier outrage, ou de quelques néophytes allant s'offrir eux-mêmes au martyr. Saint Augustin n'admet pas ces exceptions : « Ce n'est pas sans raison, dit-il, que, dans les livres saints, on ne trouve aucun passage où Dieu nous commande ou nous permette, soit pour éviter quelque mal, soit même pour mériter la vie eternelle, de nous donner volontairement la mort. Cela nous est absolument interdit par le precepte : *tu ne tueras point*. Ces termes sont formels ; la loi divine n'ajoute rien qui les limite... on peut admirer la grandeur d'âme de ceux qui ont attenté à leur vie, mais on ne saurait louer leur sagesse. Et même, à examiner les choses de plus pres, et à la seule lumière de la raison, est-il juste d'appeler grandeur d'âme cette faiblesse qui rend impuissant à supporter son propre mal ou les fautes d'autrui ? Rien ne marque mieux une âme sans energie que de ne pouvoir se resigner à l'esclavage du corps et à la folie de l'opinion Il y a plus de force à endurer une vie miserable qu'à la fuir, et les lueurs douteuses de l'opinion, surtout de l'opinion vulgaire, ne doivent pas prévaloir sur les pures clartés de la conscience. »

Plus loin saint Augustin raconte, au sujet du suicide de Caton, que ses propres amis cherchèrent à l'en dissuader ; ce qui prouve qu'ils voyaient plus de faiblesse que de force d'âme dans cette résolution, et l'attribuaient moins à un principe d'honneur, qui porte à eviter l'infamie, qu'à un sentiment de pusillanimité qui rend le malheur insupportable. « D'ailleurs, pourquoi Caton a-t-il donne, avant de mourir, à son fils bien-aimé, le conseil de vivre et de tout espérer de la clemence de Cesar ? Pourquoi ne pas l'obliger plutôt à mourir avec lui ? Il n'a donc pas pensé qu'il fût honteux de vivre sous la loi de Cesar triomphant, puisque autrement il se serait servi, pour sauver l'honneur de son fils, du meme fer dont il se frappa. La verite est qu'autant il aima son fils, sur lequel il appelait implicitement la clemence de César, autant il envia à César la gloire de lui pardonner. »

Combien le grand écrivain chrétien préfère-t-il la résolution du saint homme Job, qui aima mieux souffrir les plus grandes douleurs physiques et morales que de se réfugier dans la mort, comme le lui conseillaient sa femme et ses amis. Combien plus grand encore s'est montré Régulus qui, sachant à l'avance le supplice qu'il trouvera à Carthage, ne veut pas s'y dérober par la mort volontaire.

Et cependant le saint évêque ne peut s'empêcher, tout en le condamnant, d'admirer le suicide de Cléombrote : « Il ne se donnait la mort que par pure grandeur d'âme, et cependant, si son action fut grande, elle ne fut pas bonne. » Saint Augustin n'hésite même pas à condamner les saintes femmes qui ont préféré mourir plutôt que de subir les dernières violences. Il n'admet qu'à grand'peine qu'il y ait des circonstances dans lesquelles le suicide, comme celui de Samson, puisse être le résultat d'un ordre d'en haut, d'une inspiration divine, et il a soin de faire observer que celui qui croit recevoir un ordre semblable, *doit bien s'assurer que l'ordre n'est pas douteux.* Il termine ainsi : « Ce que nous disons, ce que nous affirmons, c'est que personne n'a le droit de se donner la mort, ni pour éviter les misères du temps, car il risque de tomber dans celles de l'éternité; ni à cause des péchés d'autrui, car, pour éviter un péché qui ne le souille pas, il commence par se charger d'un péché qui lui est propre; ni pour ses péchés passés, car, s'il a péché, il a d'autant plus besoin de vivre pour faire pénitence; ni, enfin, par le désir d'une vie meilleure, car il n'y a point de vie meilleure pour ceux qui sont coupables de leur mort. »

Saint-Thomas, allant encore plus loin que Saint-Augustin, qui se borne a assimiler le suicide a l'homicide, estime qu'il présente un degre de culpabilité de plus « L'homicide de soi-même, dit l'auteur de la *Somme théologique*, l'emporte d'autant plus en gravite sur les autres, que l'amour qu'on se doit a soi-même est le type de celui qu'on doit aux autres hommes. »

On ne constate, pendant le moyen âge, au moins a notre connaissance, aucune manifestation doctrinale pour ou contre le suicide. Il faut remonter jusqu'aux temps modernes, et tout d'abord jusqu'a la Renaissance, c'est-à-dire jusqu'a ce retour si vif, si ardent, aux choses et aux hommes de l'antiquite grecque et romaine qui caracterise le XVIe siècle, pour retrouver de nouvelles polémiques sur cet éternel sujet de discussion. Comme pour les études relatives a l'antiquite, nous analyserons separément les thèses des adversaires et des partisans du suicide, en commençant par les premières.

§ II. — Temps modernes.

France. — Si Montaigne s'est montré l'admirateur des stoiciens et de leurs suicides, il n'a pas été absolument partisan de la mort volontaire. Il l'a même combattue dans ces lignes peu connues : « C'est le rôle de la couardise, non de la vertu, de s'aller tapir dans un creux, sous une tombe massive, pour eviter les coups de fortune. »

Mais il faut remonter jusqu'a J.-J. Rousseau pour trouver la refutation la plus eloquente, depuis St-Augustin, du droit au suicide. Sans doute, il s'est dementi plus tard ; alors que la vie s'étant sensiblement rembrunie pour lui, il ne voyait plus les hommes et les choses que sous leurs plus sombres aspects. Mais sa premiere inspiration restera comme l'œuvre d'une raison saine, d'une intelligence dans la plenitude de son rayonnement. En voici quelques extraits « Tu veux cesser de vivre, dit il a un malheureux qui se propose d'attenter a ses jours ; mais je voudrais bien savoir si tu as commencé ? Quoi ! fusses-tu placé sur la terre pour n'y rien faire, le ciel ne t'impose-t-il pas, avec la vie, une tâche a remplir ? Si tu as fait ta journee avant le soir, repose-toi le reste du jour, tu le peux ; mais voyons ton ouvrage. Quelle reponse tiens-tu prête au juge suprême qui te demandera compte de ton temps ? Malheureux ! trouve-moi un juste qui se vante d'avoir assez vécu ! que j'apprenne de lui comment il faut avoir passe la vie pour être en droit de la quitter ! Tu comptes les maux de l'humanite et dis *la vie est un mal*. Mais regarde, cherche dans l'ordre des choses si tu y trouves quelques biens qui ne soient mêlés de maux ? Est-ce donc à dire qu'il n'y ait aucun bien dans l'univers et peux-tu confondre ce qui est mal par sa nature avec ce qui ne souffre le mal que par accident ? La vie passive de l'homme n'est rien et ne regarde qu'un corps dont il sera bientôt délivre ; mais la vie active et morale qui doit influer sur tout son être, consiste dans l'exercice de sa volonté. La vie est un mal pour le mechant qui prospere, et un bien pour l'honnête homme infortuné ; car ce n'est pas une modification passagère, mais son rapport avec son objet qui la rend bonne ou mauvaise.

« Tu t'ennuies de vivre et tu dis *la vie est un mal*, tôt ou tard tu seras console et tu diras *la vie est un bien*. Tu diras plus vrai sans mieux raisonner, car rien n'aura changé que toi. Change donc dès aujourd'hui et puisque c'est dans la disposition de ton âme qu'est tout le mal, corrige tes affections déreglées, et ne brûle pas ta maison pour n'avoir pas la peine de la ranger.

« Que font 10, 20, 30 ans pour un être immortel ? La peine et le plaisir passent comme une ombre. La vie s'écoule en un instant ; elle n'est rien par elle-même, son prix dépend de son emploi. Le bien seul qu'on en fait demeure, et c'est par lui qu'elle est quelque chose. Ne dis donc plus que c'est un mal pour toi de vivre, puisqu'il dépend de toi seul que ce soit un bien, et que, si c'est un mal d'avoir vécu, c'est une raison de plus de vivre encore. Ne dis pas non plus qu'il t'est permis de mourir ; car autant vaudrait dire qu'il t'est permis de n'être pas homme, qu'il t'est permis de te revolter contre l'auteur de ton être et de tromper ta destinée.

« Le suicide est une mort furtive et honteuse ; c'est un vol fait au genre humain. Avant de le quitter, rends-lui ce qu'il a fait pour toi. — *Mais, je ne tiens à rien, je suis inutile au monde*. — Philosophe d'un jour ! ignores-tu que tu ne saurais faire un pas sur la terre sans trouver quelque devoir à remplir, et que tout homme est utile à l'humanité par cela seul qu'il existe ?

« Jeune insensé ! s'il te reste au fond du cœur le

moindre sentiment de vertu, viens, que je t'apprenne à aimer la vie. Chaque fois que tu seras tenté d'en sortir, dis en toi-même « que je fasse encore une bonne action avant de mourir », puis va chercher quelque indigent à secourir, quelque infortuné à consoler, quelque opprimé à défendre. Si cette considération te retient aujourd'hui, elle te retiendra encore demain, après-demain, toute ta vie. Si elle ne te retient pas, meurs, tu es un méchant. (*Nouvelle Héloïse*, 1759).

L'auteur de l'article *Suicide* de l'*Encyclopédie*, tome XV, analyse avec une grande impartialité les arguments qui ont été produits contre la légitimité du suicide et en fait ressortir toute la valeur. Il examine en même temps les cas où l'on peut le croire justifiable et reproduit les considérations, surtout d'ordre religieux, qui l'interdisent même dans ces cas. L'auteur ne donnant pas de contre-partie à sa thèse, nous sommes autorisé à penser qu'il est l'adversaire de la mort volontaire.

Un véritable traité contre le suicide, traité volumineux, a été publié en 1773 par le ministre protestant français Jean Dumas. L'auteur y soutient les propositions suivantes : « 1° C'est un crime de disposer de sa vie, sans en avoir reçu le droit de Dieu à qui seul elle appartient, et il n'est pas apparent que Dieu donne à la créature humaine un droit opposé aux fins de son existence en ce monde; — 2° Tous les maux résultent de la nature des choses; ils sont utiles et même nécessaires pour conduire l'homme à sa grande fin, et tant qu'ils n'épuisent pas en lui les sources de la vie, ils ne peuvent être un congé clair et formel de Dieu, qui le décharge de l'obligation de vivre ; — 3° Les maux excessifs ne sont pas durables ils s'adoucissent ou tuent ; — 4° Ils ne sont pas distribués sur la terre comme ils devraient l'être, pour nous apporter clairement notre congé ; — 5° L'utilité morale des maux physiques détruit toute apparence du droit de se tuer qu'on infère de ces maux ; — 6° Il n'y a point de congé dans des maux qui sont propres à augmenter le bonheur de l'autre vie ; — 7° Les instincts de la nature et les jugements de la raison, seuls moyens par lesquels Dieu nous fait connaître sa volonté, montrent qu'il nous appelle toujours à nous conserver ; — 8° Si le suicide paraît avoir été fréquent autrefois, il n'a jamais été aussi commun qu'on peut le penser, et, s'il a été loué par quelques philosophes, il a été condamné par d'autres ; il exige bien moins de courage qu'il n'en faut pour supporter les disgrâces de la vie ; il est un abus plutôt qu'un emploi de la force ; — 9° Les inconvénients du droit de se tuer prouvent qu'il n'est pas de l'essence de la nature humaine, parce qu'il est contraire à la société pour laquelle l'homme a été fait »

Dans les cinq chapitres suivants, Jean Dumas réfute « 1° la fameuse apologie du suicide qui se trouve dans la 74ᵉ des *Lettres persanes* (Montesquieu) ; 2° l'apologie du suicide qui se trouve dans le livre intitulé *Système de la nature* (d'Holbach), 3° les raisons spécieuses employées dans la *Nouvelle Héloïse* (J.-J. Rousseau), pour établir le droit de se tuer soi-même. »

Le traité de Jean Dumas est un peu lourd et diffus, mais il n'omet aucune des réfutations du droit de disposer de sa vie.

Dans une *Dissertation sur le Suicide*, publiée à Paris en 1782, l'abbé Dubois de Launay, faisant abstraction des arguments religieux pour ne parler que le langage de la raison, montre qu'au tribunal de la *raison* le suicide est jugé aussi sévèrement qu'au tribunal de la *foi*, et que celle-ci ne le réprouve que parce qu'il est condamné par celui-là.

Mme de Staël avait d'abord préconisé le suicide dans son *Traité des passions* (Paris, 1796) en soutenant qu'il est un acte de véritable héroïsme, la ressource suprême des grandes âmes, un acte de sagesse exécuté dans la plénitude d'une haute raison. Plus tard, elle se rétracta complètement dans ses *Réflexions sur le Suicide* (œuvres complètes, Paris, 1820). — « J'ai loué, dit-elle dans la préface de cet opuscule, l'acte du suicide dans mon livre sur l'*Influence des passions*, et je me suis toujours repentie depuis de cette opinion inconsidérée. J'étais alors dans tout l'orgueil et toute la vivacité de la première jeunesse, mais, à quoi servirait-il de vivre, si l'on n'avait l'espoir de s'améliorer ? »

M. l'abbé Jauffret, depuis évêque de Metz, a publié, en 1801, sous ce titre *Du Suicide*, un traité qui rappelle, pour la valeur des arguments, celui de Jean Dumas. L'auteur a mis son sujet à la portée de toutes les intelligences. En fait, c'est moins pour les savants que pour les malheureux que cet excellent livre est écrit. Ce sont ces derniers surtout qu'il s'attache à consoler en leur parlant le langage du cœur, en s'efforçant de les ramener au désir de vivre, beaucoup plus par le sentiment que par la raison.

M. l'abbé Guillon, évêque du Maroc, est l'auteur d'un livre intitulé *Entretiens sur le Suicide* (Paris 1802), qui a eu une 2e édition en 1836. Après avoir expliqué les causes du mal, qu'il trouve surtout dans la perte du sentiment religieux, dans le relâchement des liens sociaux, dans la prédication d'une philosophie essentiellement sensualiste, le prélat estime que le plus sûr moyen d'arrêter les progrès du suicide, consisterait avant tout a rallumer le flambeau de la foi dans les cœurs qu'elle a cessé d'éclairer, puis a restreindre certaines libertés de la presse (du roman notamment), du théâtre et des journaux. Il se montre, en outre, partisan du retour aux anciennes pénalités contre le suicide.

Plusieurs écrivains ont prêté à l'empereur Napoléon 1er, prisonnier a Saint-Hélène, l'opinion suivante sur le suicide « S'enlever la vie par amour, folie; par desespoir de la perte de sa fortune, lâcheté ; pour ne pas survivre à la perte de son honneur, faiblesse. Mais survivre a la perte d'une couronne et supporter les outrages de ses ennemis, c'est la le véritable courage ». Ailleurs, l'empereur aurait dit : « J'ai toujours eu pour maxime qu'un homme montre plus de vrai courage en supportant les calamités et en résistant au malheur, qu'en se débarrassant de lui-même. Le suicide est l'acte d'un joueur qui a tout perdu, et n'est qu'un manque de courage au lieu d'en être la preuve ». Deja, dans l'ordre du jour du 22 floréal an X, le premier consul avait dit : « Un soldat doit savoir vaincre la douleur et la mélancolie des passions. Il y a autant de vrai courage a souffrir avec constance les vraies peines de l'âme qu'a rester fixe sous la mitraille d'une batterie ; s'abandonner au chagrin sans résister, se tuer pour s'y soustraire, c'est abandonner le champ de bataille avant d'avoir vaincu ».

L'eminent aliéniste Esquirol (*Maladies mentales*, 1839), a dit « Si, à l'aide de l'education, l'homme n'a point fortifié son âme par les croyances religieuses, par les préceptes de la morale, par les habitudes d'ordre et de conduite régulière, s'il n'a pas appris à respecter les lois, a remplir les devoirs de la societé, a supporter les vicissitudes de la vie, s'il a appris a mépriser ses semblables, a dedaigner les auteurs de ses jours, à être impérieux dans ses desirs et caprices, certainement, toutes choses égales d'ailleurs, il sera plus dispose que tout autre a terminer volontairement son existence, dès qu'il éprouvera quelques chagrins ou quelques revers. L'homme a besoin d'une autorité qui dirige ses passions et gouverne ses actions. Livre a sa propre faiblesse, il tombe dans l'indifference, puis dans le doute, rien ne soutient son courage, il est désarmé contre les souffrances de la vie, contre les angoisses du cœur »

Dans son article *Suicide* du D^{re} des Sc. méd., le même aliéniste a dit · « Un peuple chez lequel la *vie peut devenir un opprobre et la mort un devoir* (Voltaire), chez lequel la morale publique, les menaces de la religion n'opposent plus un frein aux passions, doit regarder la mort comme un port assuré contre les douleurs physiques, contre les souffrances morales. Chez ce peuple, le suicide doit se multiplier ».

M. Tissot, ancien professeur de philosophie à Dijon, est auteur du livre · *De la Manie du Suicide*, *de l'esprit de révolte, de leurs causes et de leurs remedes* (Paris, 1840). Dans ce livre, il compte sur le développement de l'instruction publique et les progrès de la raison générale pour arrêter la marche envahissante du fléau ?

Le D⁺ Cazeauvieilh (*Du Suicide chez les habitants des campagnes*, Paris, 1840), dit « En nous occupant des causes de ces divers penchants (folie, suicide, crime), nous avons vu que les principales consistent dans le relâchement des croyances religieuses, dans l'ambition, la cupidité ou l'apathie et l'insouciance, qui conduisent aux mêmes maux; dans le libertinage, l'adultère, le concubinage, la jalousie, l'amour contrarié, la débauche, les chagrins, et les dissensions domestiques, la haine, la vengeance, les revers de fortune ». — Et ailleurs : « Quant à la cause prochaine de ces penchants, elle me paraît resider essentiellement dans l'idée dominante du siecle actuel : l'esprit d'independance religieuse, morale et matérielle, qui enivre tous les hommes. »

D'après le D⁺ Descuret (*Médecine des Passions*, 1845) « Le suicide peut etre considere en general comme le délire de l'amour de soi, delire qui fait oublier les devoirs les plus sacrés et jusqu'au sentiment de sa propre conservation, pour se soustraire à des souffrances physiques ou morales que l'on n'a pas le courage de suppporter..... Les déclarations mêmes des malheureux qui s'abandonnent à ce delire justifieraient seules cette opinion, si le plus simple examen n'en demontrait l'exactitude. L'homme qui croit a une autre vie, qui admet un Dieu comme témoin de ses peines secrêtes, ne se tue pas il sait qu'il commettrait un crime. D'ailleurs, les sublimes espérances qui l'animent lui font supporter le fardeau de la vie, quelque lourd qu'il lui paraisse. Celui, au contraire, qui ne croit a rien, et dont la raison est égarée par les passions ou par de funestes maximes, celui-là se révolte contre les premières atteintes du malheur et de la souffrance. De là au découragement, à la pensée d'attenter a ses jours, il n'y a qu'un pas et ce pas est aisement franchi. »

Le Dr Bourdin (*Du Suicide considéré comme maladie*, Paris, 1845), s'exprime ainsi : « De toutes les doctrines qui ont regné dans le monde, aucune ne contient d'aussi riches trésors de mansuétude et de misericorde, nulle ne peut mieux remplir l'esprit humain et le dominer, que la sublime doctrine de l'Evangile. Elle donne aux faibles la force ; aux puissants, l'humilité ; aux malheureux, la resignation ; aux coupables, le pardon ; a tous, l'esperance ; elle fortifie l'âme contre toutes les souffrances et rend le desespoir impossible.... il n'existe donc pas de doctrine plus puissante pour mettre un frein aux passions ; pas une, par conséquent, qui soit plus propre a mettre une entrave aux causes les plus puissantes du suicide. »

M. Debreyne, docteur en médecine, prêtre et religieux de la Trappe, dans son livre : *Du Suicide considéré aux points de vue philosophique, religieux, moral et médical* (Paris, 1847), démontre successivement, avec une grande force de logique, 1° que le suicide est un attentat contre Dieu, 2° qu'il est un crime contre la société et contre l'homme qui le commet.

En 1848, l'Académie de médecine ayant mis au concours la question du suicide, M. le Dr Lisle, aliéniste distingué, remporta le prix. Son mémoire a été publié à Paris en 1856 sous le titre : *Du suicide; statistique, médecine, histoire et législation.* On y lit ce qui suit : « Un grand fait ressort clairement de nos recherches et les domine pour ainsi dire de toute sa hauteur: c'est le rôle immense que jouent toutes les religions dans la question de la mort volontaire... La religion est aussi nécessaire à l'homme que l'air qu'il respire. Exilé sur la terre, où tant de douleurs et de misères l'attendent, il a besoin de se réfugier en Dieu et de croire à une vie nouvelle par delà la mort..... Partout il a besoin de compter sur cette patrie céleste, dont les promesses l'aident à supporter les labeurs et les fatigues de chaque jour.... C'est ce qui nous permet de comprendre pourquoi la mort volontaire a été si rare chez les peuples chrétiens jusqu'au xviiie siècle. C'est ainsi qu'il est possible d'expliquer sa fréquence énorme, à ces époques de transition et de transformation religieuse et sociale, où les anciennes croyances sont déjà éteintes, tandis que les nouvelles ne sont pas encore nées. C'est alors le temps des doctrines égoïstes et sensuelles, du culte de la matière, où l'homme, devenu son propre maître, ne connaît d'autre avenir que le néant, d'autre frein que sa volonté et se jette tout entier dans ces gigantesques orgies dont le suicide est le terme fatal ».

Lamartine, dans son *Cours de Littérature* (1856), caractérise ainsi le suicide de Caton : « Quelle affreuse chose de ne croire à rien ! Et, après avoir pris l'univers en dégoût, se prendre en dégoût soi-même et livrer son âme aux hasards de la vie future, comme un nautonnier endormi livre sa barque au fil de l'onde qui la conduit aux abîmes de l'Océan ! — Quant à moi, je serais mort déjà mille fois de la mort de Caton, si j'étais de la religion de Caton ; mais je n'en suis pas ; j'adore Dieu dans ses desseins. Je crois que la mort patiente du dernier des mendiants sur la paille, est plus sublime que la mort impatiente de Caton sur le tronçon de son epée. — Mourir, c'est fuir ; on ne fuit pas. Caton se révolte, le mendiant obéit. Obéir à Dieu, voilà la vraie gloire. »

M. Alfred Devigny, dans la préface de son drame de Chatterton, parle ainsi de son héros : « Le voilà donc criminel, criminel devant Dieu et les hommes ; car le suicide est un crime religieux et social. C'est ma conviction ; le devoir et la raison le disent. »

M. Jules Simon, adversaire convaincu de la doctrine stoïcienne, établit qu'elle n'a plus de raison d'être, dès que l'homme cesse d'être sa propre fin. « S'il y a un Dieu, dit l'éminent moraliste, nous ne pouvons aller à lui que lorsqu'il nous appelle. Si des devoirs sont imposés à l'homme (et l'auteur a prouvé qu'il en est ainsi), le crime est encore plus grand de se dérober à sa tâche que d'y faillir. Lors même qu'il nous serait démontré que nous ne pouvons plus rien pour personne, ce qui est impossible, nous ne serions pas maîtres de notre vie ; car nous ne pouvons attenter, en nous, à l'ordre universel. » (*Le Devoir*, Paris, 1854.)

Un éloquent magistrat, devenu plus tard ministre de l'intérieur sous le second empire, M. Pinard, s'exprimait ainsi, en 1855, dans un procès entre une compagnie d'assurances sur la vie et les héritiers d'un assuré qu'elle soutenait s'être suicidé : « Nous vivons au sein d'une société affaiblie, qui voit avec indifférence le suicide se multiplier. Le regarde-t-elle comme un bien ou comme un mal ? on dirait, à entendre certaines doctrines et à voir les ravages de la maladie s'étendre a toutes les classes, qu'elle a des doutes à cet égard, et qu'elle amnistie ceux qui quittent volontairement la vie. Faut-il s'étonner de ces doutes, quand il se rencontre des poètes pour dire aux âmes malades « la mort est un sommeil ; ou peut briser le vase, quand la liqueur est trop amère » ? faut-il s'en étonner, quand il se rencontre des esprits plus hardis pour dire a tous · « la mort est un droit, et les deshérites peuvent quitter un monde qui les abandonne » ? Contre ce double cri de la faiblesse ou de l'orgueil, il faut que nous maintenions ce vieux principe qu'on a taxé de lieu commun, — comme si les lieux communs n'étaient pas des vérités éternelles — ou le suicide vient de la folie, et il est un malheur ; ou il vient de la volonté, et il est toujours un crime. N'est-il pas une protestation contre l'autre vie, une protestation contre le principe immortel que nous portons en nous, une protestation contre les devoirs sociaux ? Dès lors, toute société qui tend à se perpétuer, doit se défendre contre ce fléau par des croyances divines. Dès lors, devant les magistrats, il faut que le suicide soit toujours une tache à infliger à l'homme, un crime à graver sur une tombe, un déshonneur à léguer à une famille. »

L'auteur du livre le plus considérable que le

suicide ait inspiré dans ces dernières années (*Du suicide et de la folie-suicide*, Paris, 1865), M. Brière de Boismont y saisit souvent l'occasion de signaler la frequence actuelle du suicide comme le resultat d'une sorte de desorganisation morale, caractérisée surtout par l'absence du sentiment religieux. On y lit notamemnt : « .... Parmi les influences qui nous ont paru les plus marquées, nous citerons d'abord la mélancolie moderne, qui n'a plus la foi, se complaît dans un vague dangereux et une complete incapacite d'action.... puis sont venus · l'idée démocratique, c'est-a-dire la croyance generale à la possibilite de parvenir a tout et les deceptions cruelles qui en resultent, l'exageration de la doctrine des intérêts materiels, les catastrophes inseparables de la concurrence illimitee, les excitations effrenees du luxe, le sentiment des privations rendu plus douloureux par un plus grand developpement intellectuel, l'affaiblissement du sentiment religieux, la prédominance du doute et des idées materialistes, les commotions politiques et les ruines qui en sont la suite, » — et ailleurs · « l'instruction seule, sans le contre-poids de l'education religieuse et morale, paraît augmenter le chiffre des morts volontaires. »

L'étude sur le suicide (Paris, 1869.) de M. Caro est, de la premiere a la derniere ligne, une énergique et eloquente protestation contre la mort volontaire. (*Nouvelles études morales.*)

M. Franck, dans son *Dictionnaire philosophique* (art. *Suicide*) le combat en ces termes « Le suicide est coupable pour la même raison et au même degre que l'homicide. Car pourquoi est-ce un crime d'ôter la vie à son semblable, quand il y a profit à le faire non-seulement pour soi, mais encore pour d'autres ? Pourquoi, lorsque nous n'y voyons aucun danger, ou que nous sommes résolus a le braver, et que, de plus, la pitié a abandonné notre cœur, ne disposerions-nous pas, pour nos intérêts, de la vie des hommes, comme nous disposons de celle des animaux, comme nous disposons des choses inanimées ? Parce que la vie humaine a un but moral, c'est-a-dire un but vers lequel il nous est absolument commandé de diriger toutes nos facultes, et auquel, par conséquent, doivent être subordonnés nos intérêts et nos passions, — en d'autres termes, parce que tout homme a des devoirs a remplir envers lui-même et que, tant qu'il reste dans la limite de ces devoirs, qui se resument dans la perfection de son être, sa vie est inviolable et sacrée comme eux Retranchez cette idee suprême du but moral de la vie, des devoirs qui nous sont imposés envers nous-memes, independamment de toute condition extérieure, vous supprimez par la même toute idee de droit et, par consequent, de devoirs envers nos semblables Mais s'il en est ainsi, ma propre vie m'est aussi sacree que celle des autres et je ne me rends pas plus coupable en attentant a celle-ci qu'à celle-là. Nous sommes donc de l'avis des theologiens qui soutiennent que la defense du suicide est comprise dans ce précepte général · « *Tu ne tueras point* »

Le Dr. Emile Leroy (*Etudes sur le suicide et les maladies mentales dans Seine-et-Marne,* Paris, 1870), explique ainsi la cause principale de l'accroissement du suicide dans ce departement. « L'idee de Dieu est completement absente des dernières pensées de ceux qui s'y donnent la mort. Dans tous les cas, on y rencontre, je ne dirai pas le scepticisme qui implique un examen critique, mais ce qui est pire, l'indifférence. Celle-ci se trouve exprimée parfois avec une grande simplicité dans les lettres des suicidés, alors même que les dernières lignes portent des traces de larmes. Le mal résultant de cette absence de croyances religieuses est même plus grand dans les campagnes que dans les villes. En effet, les premières n'ont plus la foi naïve, ni la pureté de mœurs des populations neuves et encore isolées. Sur plus d'un point, le voisinage de la Capitale leur a même donné des habitudes de civilisation d'un aloi suspect. De plus, l'instruction n'ayant pas marché du même pas, l'imagination étant restée peu développée, ces populations ne sont pas préparées pour résister à la tentation du suicide. Pour les secondes (population des villes), l'indifférence religieuse a peut-être moins d'inconvénients, par la raison que, sans y être beaucoup plus instruit, et, à défaut de religion, l'homme a souvent une croyance quelconque, artistique, littéraire, politique, philosophique ou sociale.

« En résumé, chez les uns, ambition effrénée, surexcitation nerveuse produite par l'emploi de plus en plus fréquent des excitants; chez les autres, recherche de la fortune avec une âpreté résultant de l'emploi de toutes ses facultés et au milieu de circonstances qui excitent au plus haut degré l'amour du gain et de l'égoïsme, — tels sont, avec la perte du sentiment religieux et de l'espérance, sa compagne inséparable, les motifs qui agissent sur une population calme de sa nature, un peu froide, notée pour son bon sens plus que pour son imagination. »

Voici les premières lignes d'un livre publié, la même année que le précédent, par le Dr. Ebrard, sous le titre : *Du suicide aux points de vue médical, philosophique, religieux et social.* « A quoi tient l'effrayante progression du suicide ? quelle est la cause de tant de morts violentes ? quel est le remède à ce mal, le plus cruel que notre imagination puisse concevoir et contre lequel la morale humaine est forcée de reconnaître son impuissance ? Comment se fait-il que la triste devise de Chatterton « désespérer et mourir » devient, tous les ans, celle de plus de cinq mille infortunés ? La cause est celle-ci : la société moderne n'a plus de croyances d'aucune nature. Or les âmes ne vivent pas sans foi, ni les corps sans âmes. »

Toujours la même année — année sinistre qui devait voir s'accomplir le plus grand naufrage politique qu'ait encore subi la société française — a paru un livre, assez étrange dans sa forme, qui a pour titre : *Le suicide,* par E. Douay. L'auteur met en scène un ami qui, résolu à se tuer, veut, avant, connaître, sur la légitimité du suicide, les opinions les plus accréditées. On lit ce qui suit, à la page 8 : « Le suicide peut se définir *l'assassinat de soi-même ;* j'aime mieux cette définition que celle-ci : *le suicide est le meurtre volontaire de soi-même.* Nos mœurs publiques permettent dans certains cas de tuer ; la guerre cache même le meurtre sous la la loi, sous un devoir public. Mais jamais la loi n'a sanctionné l'assassinat ; voilà pourquoi nous préférons notre définition du suicide. Depuis l'établissement du christianisme, on a beaucoup disserté sur le suicide. L'antiquité païenne le tolérait ou le prenait en pitié, ou le justifiait, ou quelquefois même le célébrait comme la plus noble des actions. Le christianisme enseignait la résignation ; par conséquent, il condamnait le suicide... A ne prendre que l'élite des hommes et des doctrines à travers l'humanité, que d'opinions diverses à son sujet ! Les stoïciens professaient la liberté du suicide à tous les moments de la vie ; *les chrétiens célébraient le suicide accompli pour la gloire de la religion* (?) ; parmi les philosophes modernes, les matérialistes concluent, comme les stoïciens, à la liberté du suicide ; les spiritualistes condamnent le suicide comme un attentat ; catholiques et francs-maçons, israélites, musulmans et protestants, le condamnent également. Dans les sociétés contemporaines on trouverait bien peu de partisans du suicide ; et pourtant une statistique récente portait à 300 mille le nombre des suicides accomplis en France dans ces 68 dernières années. Il est donc nécessaire de chercher, non pas une doctrine, mais un remède contre ce mal qui enlève, chaque année, à la patrie des milliers de Français et qui grandit chaque jour, dévorant le *meilleurs d'entre tous* (?) Plus nos mœurs s'adoucissent, plus la violence perd de son prestige. La peine de mort aura bientôt fait son temps, *et avec elle la guerre* (?) Le suicide n'est pas autre chose, en définitive, que la peine de mort prononcée par un individu contre lui-même et exécutée par lui-même ; c'est la guerre contre soi, une guerre sans merci. Avec la peine de mort, avec la guerre, avec la violence, *disparaîtra le suicide* (?). Le meurtre se condamne par les suites du meurtre.

Qui pourrait citer un seul meurtre qui ait eu des conséquences heureuses pour le meurtrier? quelle est la guerre qui ait amené le bonheur parmi les hommes? A quelle époque enfin la peine de mort *a-t-elle servi la cause de la société* (?)! Supprimez la peine de mort, supprimez la guerre et vous supprimez l'assassinat de soi-même. Tuer, c'est enseigner à tuer, c'est violer la conscience qui nous dit : tu ne tueras pas. On ne peut pas supprimer les violences de l'exécution capitale, de la guerre ou du suicide, tout d'un coup; il faut d'abord atténuer les passions qui les engendrent. Ici la grande question de l'éducation se pose d'elle-même. »

Terminons par cet extrait d'un sermon de Lacordaire

« C'est par la quantité de démences et de suicides, qu'il faut juger de la misère morale d'un peuple; car, bien que ce châtiment soit une exception, il est cependant proportionné au nombre et à la violence des passions qui excitent les multitudes. Des mœurs pures, des passions calmes, affermissent, chez un peuple, les organes de la pensée avec ceux de la vie; l'exaltation paisible de la vertu y remplace les enivremens de l'orgueil, et si elle ne peut leur épargner tout malheur, le malheur trouve en eux du moins un tempérament capable de lui résister. Mais, quand une nation s'enivre dans les jouissances et s'exalte dans ses convoitises, sa constitution décline rapidement, et, aux premières douleurs, se laisse prendre au dégoût de la vie, ou bien succombe aux assauts de la démence. »

Parmi les écrivains étrangers qui ont énergiquement combattu le suicide, citons pour l'Italie le père Buonafede que nous avons souvent cité. Quoique deja ancien (1761), son livre merite et meritera toujours d'être lu et medite.

Le professeur Morselli, de Milan, a tout recemment publie, dans cette ville, un tres-remarquable travail sur le suicide, mais la partie purement morale de ce travail est beaucoup trop sacrifiee à la partie statistique. Dans sa conclusion, le savant auteur ne voit guere d'autre remede au suicide que dans une forte education (education purement laique), qui *retrempe les caractères* (?).

En Allemagne, signalons parmi les partisans de la doctrine qui reprouve le suicide au nom de la religion, de la morale, ainsi que des droits de la societe et de la famille, l'academicien Formey (*Mélanges philosophiques*, Berlin, 1754), et Mérian (*Discours sur la crainte de la mort, sur le mépris de la mort et sur le suicide*, Berlin, 1763)

Les partisans du suicide, il ne faut pas se le dissimuler, sont nombreux ; mais leurs arguments ne nous paraissent pas de nature a impressionner vivement le lecteur. On en jugera.

En France, il faut citer, par ordre de date, un moraliste que nous aurions aime a compter parmi ses adversaires, Montaigne.—Admirateur du suicide de Caton, il le glorifie a chaque instant « Ce personnage la, dit-il, feut veritablement un patron que la nature choisit pour montrer où l'humaine vertu et fermeté pouvait atteindre... Son trepas lui procura je ne scay quelle rejouissance de l'âme et une esmotion de plaisir extraordinaire et d'une volupte virile. — Et ailleurs « Le scavoir mourir nous affranchit de toute subjection et contrainte.... la plus volontaire mort, c'est la plus belle. La vie dépend de la volonté d'autruy, la mort de la nostre. En aucune chose, nous ne devons tant nous accommoder à nos humeurs qu'en celle-la. La réputation ne touche pas une telle entreprise ; c'est folie d'en avoir respect. Le commun train de la guerison se conduit aux despens de la vie ; on nous incise, on nous cautérise, on nous destruit les membres, on nous soustrait l'aliment et le sang ; un pas plus oultre, nous voila guéris tout a fait. » Et ailleurs encore : « Dieu nous donne assez de conge, quand il nous met en tel estat que le vivre est pire que mourir. C'est la faiblesse de ceder aux maulx ; mais c'est pire de les nourrir. » Montaigne n'etait cependant pas irréligieux, mais il cedait involontairement a cet enthousiasme irréfléchi pour l'antiquité, qui comme nous l'avons dit, caracterisait, au XVIe siècle, le retour à l'etude des lettres grecques et romaines.

Barbeyrac, dans sa *Préface au droit de la nature et des gens*, ne parle qu'avec une certaine reserve du pretendu droit de l'homme d'attenter a ses jours. « Il n'est pas impossible, dit-il, quoique le cas soit rare, que quelquefois on ait une presomption suffisante que Dieu nous permet d'anticiper le terme de nos jours. Et ce cas se presente lorsque le suicide peut préserver d'un mal grand et réel, lorsqu'on s'est attire ce mal par quelque faute grave, quand il est moralement inevitable, enfin lorsqu'on peut l'epargner, ou bien se procurer ainsi qu'aux siens, et surtout a l'Etat, quelque bienfait certain. Mais le plus sûr est de s'en tenir a la regle générale » (Note 3 au § 19 du livre II du *Droit de la nature et des gens* de Puffendorff).

Dans ses *Réflexions sur les grands hommes morts en badinant*, Deslandes se propose de prouver que la mort doit être affrontée avec une certaine gaîté. Parlant, dans son avant-dernier chapitre, de *l'héroïsme* de la mort volontaire, il dit : « Au comble des chagrins et de la douleur, la mort est un grand bien, digne d'être recherché de toutes les manières.... j'avoue qu'il y a bien des occasions où il il est glorieux de se tuer; mais alors il faut que la mort soit accompagnée de certaines circonstances qui ne marquent ni chagrin, ni fureur. Le sophiste dont parle Suetone (Albitius Silus) me plaît assez. Las de lutter contre une fâcheuse maladie, il assembla le peuple pour lui expliquer les raisons qu'il avait de quitter la vie. On fut étonné de sa hardiesse et on l'approuva. Sénèque le tragique a fort bien établi (*Thébaïde*, acte Ier, tome 1, vers 151) le droit qu'ont les hommes sur leur existence; nous acquérons ce droit en naissant; c'est le seul qui nous mette au dessus de la nature même. C'est une injustice de traiter en criminel celui qui avance sa mort. Mais les lois sont-elles toujours conformes au bon sens, et ne varient-elles pas selon l'esprit de chaque nation ! »

Sur la fin de sa vie, Deslandes paraît avoir modifié ses opinions à ce sujet, et Voltaire assure qu'il recommanda, en mourant, de brûler son livre.

Dans *l'Esprit des lois* et dans les *Considérations sur les causes de la grandeur et de la décadence des Romains*, Montesquieu critique les lois grecques et romaines qui prohibaient le suicide dans certains cas. Parlant des principes des stoïciens en général, il les représente comme les hommes les plus dignes de leur temps. S'il blâme les suicides de Caton, de Brutus et de Cassius, c'est qu'ils n'eurent pas lieu au moment le plus favorable. Il appelle la mort de Mithridate une *mort de roi*. Enfin il affirme « que l'amour de notre conservation se transforme en tant de manières et agit par des principes si contraires, qu'il nous porte à sacrifier notre être pour l'amour de notre être, et tel est le cas que nous faisons de nous mêmes, que nous consentons à cesser de vivre par un instinct qui fait que nous nous aimons plus que notre vie même. » Timide encore, cette affirmation de la legitimite du suicide se transforme en une apologie complete dans la 74e *lettre persane*. En voici quelques extraits « Les lois sont furieuses en Europe contre ceux qui se tuent eux-mêmes. On les fait mourir, pour ainsi dire, une seconde fois ; ils sont traînés indignement par les rues; on les note d'infamie, on confisque leurs biens. Il me paraît que ces lois sont bien injustes. Quand je suis accablé de douleur, de misère et de mépris, pourquoi veut-on m'empêcher de mettre fin à mes peines, et me priver cruellement d'un remede qui est en mes mains? Pourquoi veut-on que je travaille pour une societé dont je consens de n'être plus ? Que je tienne, malgré moi, une convention qui s'est faite sans moi? La societé est fondée sur un avantage mutuel, mais, quand elle me devient onereuse, qui m'empêche d'y renoncer? La vie m'a été donnee comme une faveur ; je puis donc la rendre, lorsqu'elle ne l'est plus, la cause cesse, l'effet doit cesser aussi…. « Mais, dira-t-on, vous troublez l'ordre de la Providence Dieu a uni votre âme a votre corps et vous l'en separez, vous vous opposez donc à ses desseins et vous lui résistez ». Que veut dire cela? Troublé-je l'ordre de la Providence lorsque je change les modifications de la matière et que je rends carrée une boule que les premières lois du mouvement, c'est-à-dire les lois de la création et de la conservation, avaient faite ronde?.. Lorsque mon âme sera séparée de mon corps, y aura-t-il moins d'ordre et d'arrangement dans l'univers? Croyez-vous que cette nouvelle combinaison soit moins parfaite et moins dépendante des lois générales, que le monde y ait perdu quelque chose et que les ouvrages de Dieu soient moins grands ou plutôt moins immenses?.... Toutes ces idées n'ont d'autre source que notre orgueil. Nous ne sentons pas notre petitesse, et malgré qu'on en ait dit, nous voulons être comptés dans l'univers, y figurer, y être un objet important. Nous nous imaginons que l'anéantissement d'un être aussi parfait que nous dégraderait toute la nature, et nous ne concevons pas qu'un homme de plus ou de moins dans le monde, que dis-je? que tous les hommes ensemble, cent millions de têtes comme la nôtre, ne sont qu'un atôme subtil et delié que Dieu n'aperçoit qu'à cause de l'immensité de ses connaissances. »

Cette apologie, qualifiée d'éloquente par tous les admirateurs de Montesquieu, ne nous paraît pas mériter cet éloge. C'est l'abaissement de l'homme à l'état de simple atome ne jouant pas, dans la création, de rôle plus considérable que l'animal le plus infime; c'est l'oubli volontaire de toutes les grandes questions que soulèvent et sa destinée ici bas et celle que lui réserve, après sa mort, l'immortalité de son âme.

J.-J. Rousseau, après avoir combattu, dans des termes véritablement éloquents ceux-la, la doctrine de la légitimité du suicide, soutient, dans l'extrait suivant de la célèbre lettre de S. Preux (*Nouvelle Héloïse*), la thèse contraire. « J'ai longtemps médité sur ce grand sujet ; plus j'y réfléchis, plus je trouve que la question se réduit à cette proposition fondamentale : chercher son bien et fuir son mal, en ce qui n'offense point autrui, c'est le droit de la nature. Quand notre vie est un mal pour nous et n'est un bien pour personne, il est donc permis de s'en délivrer ; s'il y a, dans le monde, une maxime évidente et certaine, je pense que c'est celle-la, et si l'on venait à bout de la renverser, il n'y a point d'action humaine dont on ne pût faire un crime. — Que disent la-dessus nos sophistes ? D'abord, ils regardent la vie comme une chose qui n'est pas à nous, parce qu'elle nous a été donnée ; mais, c'est précisément parce qu'elle nous a été donnée, qu'elle est à nous. Dieu ne leur a-t-il pas donné deux bras? cependant, quand ils craignent la gangrène, ils s'en font couper un, et tous les deux, s'il le faut. La parité est exacte pour qui croit à l'immortalité de l'âme ; car, si je sacrifie mon bras à la conservation d'une chose plus précieuse, qui est mon corps, je sacrifie mon corps à la conservation d'une chose plus précieuse, mon bien-être. Si tous les dons que le ciel nous a faits sont naturellement des biens pour nous, ils ne sont que trop sujets à changer de nature, et il y ajouta la raison pour nous apprendre à les discerner. Si cette règle ne nous autorisait pas à choisir les uns et à rejeter les autres, quel serait son usage parmi les hommes?

Cette objection si peu solide, ils la retournent de mille manières. Ils regardent l'homme vivant sur la terre comme un soldat mis en faction. Dieu, disent-ils, t'a placé dans ce monde ; pourquoi en sors-tu sans son congé..... mais le congé n'est-il pas dans dans le mal-être ? En quelque lieu qu'il m'a placé, soit dans un corps, soit sur la terre, c'est pour y rester autant que j'y suis bien..... Il faut attendre l'ordre, j'en conviens ; mais quand je meurs naturellement, Dieu ne m'ordonne pas de quitter la vie; il me l'ôte ; c'est en me la rendant insupportable, qu'il m'ordonne de la quitter. Dans le premier cas, je résiste de toute ma force ; dans le second, j'ai le mérite d'obéir. — Concevez-vous qu'il y ait des gens assez injustes pour taxer la mort volontaire de rébellion contre la Providence, comme si l'on voulait se soustraire à ses lois. Ce n'est point pour s'y soustraire qu'on cesse de vivre, c'est pour les exécuter. Quoi ! Dieu n'a-t-il de pouvoir que sur mon corps ? Est-il quelque lieu dans l'univers où quelque être existant ne soit pas sous sa main ? Et agira-t-il moins sur moi, quand ma substance sera plus unie et plus semblable à la sienne ?...... La grande erreur est de donner trop d'importance à la vie, comme si notre être en dépendait, et qu'après la mort on ne fût plus rien. Notre vie n'est rien aux yeux de Dieu, elle n'est rien aux yeux de la raison ; elle ne doit rien être aux nôtres, et, quand nous laissons notre corps, nous ne faisons que deposer un vêtement incommode ... Les mêmes sophistes demandent si jamais la vie peut être un mal ? En considérant cette foule d'erreurs, de tourments et de vices dont elle est remplie, on serait bien tenté de demander si elle fût jamais un bien. Le crime assiége sans cesse l'homme le plus vertueux ; chaque instant qu'il vit, il est prêt à devenir la proie du mechant ou méchant lui-même. Combattre et souffrir, voila son sort dans ce monde. ... Quelle est ici bas la principale occupation du sage, si ce n'est de se concentrer pour ainsi dire au fond de son âme et de s'efforcer d'être mort durant sa vie ? Le seul moyen qu'ait trouvé la raison pour nous soustraire aux maux de l'humanité, n'est-il pas de nous détacher des objets terrestres et de tout ce qu'il y a de mortel en nous, de nous recueillir au dedans de nous mêmes, de nous elever aux sublimes contemplations..... Mais qu'en general ce soit, si l'on veut, un bien pour l'homme de ramper tristement sur la terre, j'y consens ; je ne prétends pas que tout le genre humain doive s'immoler d'un commun accord, ni faire un vaste tombeau du monde [1]. Il est des infortunes trop privilegiées pour suivre la route commune, et pour qui le desespoir et les amères douleurs sont le passeport de la nature. C'est a ceux-la qu'il serait aussi insense de croire que leur vie est un bien, qu'il l'était au sophiste Possidonius, tourmente de la goutte, de nier qu'elle fût un mal. Tant qu'il nous est bon de vivre, nous le désirons fortement, et il n'y a que le sentiment des maux extremes qui puisse vaincre en nous ce desir ; car nous avons tous reçu de la nature une très grande horreur de la mort, et cette horreur deguise, a nos yeux, les miseres de la con-

---

[1] C'est cependant la consequence logique de cette doctrine de Rousseau que la vie est un mal

dition humaine. On supporte longtemps une vie pénible et douloureuse avant de se résoudre à la quitter ; mais quand une fois l'ennui de vivre l'emporte sur l'horreur de mourir, alors la vie est évidemment un grand mal et on ne peut s'en délivrer trop tôt. (Suit l'éloge de tous les grands suicides de l'antiquité)..... Sans doute, il y a du courage a souffrir avec constance des maux qu'on ne peut éviter, mais il n'y a qu'un insensé qui souffre volontairement ceux dont il peut s'exempter sans mal faire, et c'est souvent un très grand mal d'endurer un mal sans necessité. Celui qui ne sait pas se délivrer d'une vie douloureuse par une prompte mort, ressemble à celui qui aime mieux laisser envenimer une plaie que de la livrer au fer salutaire d'un chirurgien..... J'avoue qu'il est des devoirs envers autrui qui ne permettent pas à tout homme de disposer de lui-même..... qu'un magistrat a qui tient le salut de la patrie, qu'un père de famille qui doit la subsistance à ses enfants, qu'un debiteur dont la mort ruinerait ses créanciers, se dévouent a leur devoir, quoiqu'il arrive ; que mille autres relations civiles et domestiques forcent un honnête homme infortuné a supporter le malheur de vivre, pour éviter le malheur plus grand d'être injuste ; — est-il permis, pour cela, dans des cas tout différents, de conserver, aux dépens d'une foule de misérables, une vie qui n'est utile qu'à celui qui n'ose mourir?... « Tu ne tueras point », dit le Décalogue. Que s'en suit-il de la ? si ce commandement doit-être pris a la lettre, il ne faut tuer ni les malfaiteurs, ni les ennemis..... s'il y a quelques exceptions, la première est certainement en faveur de la mort volontaire, parce qu'elle est exempte de violence et d'injustice, les deux seules considérations qui puissent rendre l'homicide criminel, et que la nature y a mis, d'ailleurs, un suffisant obstacle. »

Si nous avons reproduit la plus notable partie de cette 21ᵉ lettre de la *Nouvelle Héloïse*, c'est que nous avions également donné la presque totalité de sa réfutation par le même auteur, et qu'en définitive la lettre qui précède est l'exposé complet des arguments en faveur de la mort volontaire.

Oh ! que nous préférons le langage suivant de Bernardin de St-Pierre, le grand ami de J.-J. Rousseau, quand il dit dans ses *Etudes de la nature* : « Avec le sentiment de la divinité, tout est grand, noble, beau, invincible dans la vie la plus étroite ; sans lui, tout est faible, déplaisant et amer, au sein même des grandeurs..... L'homme a beau s'environner des biens de la fortune, dès que ce sentiment disparaît de son cœur, l'ennui s'en empare. Si son absence se prolonge, il tombe dans la tristesse, ensuite dans une noire mélancolie, et enfin dans le désespoir. Si cet état d'anxiété est constant, il se donne la mort. »

Si Voltaire n'a pas soutenu formellement les deux thèses opposées, il paraît aussi avoir incliné, au gré de ses impressions du moment, tantôt pour, tantôt contre le suicide. Nous avons cité les quatre vers dans lesquels il le préconise ; ailleurs, il raille les suicidés « ..... Ceux qui sortent ainsi volontairement de la vie, pensent-ils avoir une âme immortelle ? Espèrent-ils que cette âme sera plus heureuse dans une autre vie ? Croient-ils que notre entendement se réunit, après notre mort, à l'âme générale du monde?..... Il serait à désirer que ceux qui prennent le parti de sortir de la vie, laissassent par écrit leurs raisons, avec un petit mot de leur philosophie ; cela ne serait pas inutile aux vivants et à l'histoire de l'esprit humain. »

Jean Duvergier de Hauranne, abbé de St-Cyran, janseniste célèbre, a soutenu qu'il est des cas où l'on peut se tuer. Voici le titre de son livre *Question royale où est montré en quelle extrémité, principalement en temps de paix, le sujet pourrait être obligé de conserver la vie des princes aux dépens de la sienne*

Disciple fidèle du paganisme, d'Holbach place le suicide parmi les titres à l'immortalité « Les Grecs, les Romains, et d'autres peuples, que tout conspirait à rendre courageux et magnanimes, regardaient comme des héros et des dieux ceux qui tranchaient volontairement le cours de leur vie. ... Eh ! de quel droit blâmer celui qui se tue par désespoir ? La mort est le remède unique du désespoir. C'est alors qu'un fer est le seul ami, le seul consolateur qui reste au malheureux. Lorsque rien ne soutient plus en lui l'amour de son être, vivre est le plus grand des maux, et mourir est un devoir pour qui veut s'y soustraire. » (*Système de la nature*, tome I, chap. 4).

De nos jours, M. Lerminier, dans sa *Philosophie du droit*, s'est fait l'apologiste du suicide « La physiologie, a-t-il dit, a presque toujours fait du suicide un acte de folie ; il est souvent, au contraire, un acte de liberté. Le suicide n'appartient qu'à l'homme, à ce mélange de passion, d'intelligence et de volonté. Il a été, pour tout un monde, le monde antique, un acte raisonnable, une vertu, la resolution de la volonté qui usait d'elle même pour se detruire, du patriotisme qui succombait avec la liberte de son pays. »

M. Littre, le chef de l'ecole positiviste en France, a dit « Quand un homme expose clairement les idées qui l'empêchent de vivre plus longtemps, et quand ces raisons sont reelles et non pas imaginaires (qui en jugera?), quel motif y a-t-il de lui denier la liberte morale, telle que nous la connaissons chez chacun de nous ? »

Les poetes eux-mêmes ne sont pas restés étrangers a la controverse sur le suicide. Sainte-Beuve, sous le pseudonyme de Joseph Delorme, en a fait une veritable apologie dans une piéce de vers qui débute ainsi

> Au fond du bois, à droite, il est une vallee,
> Longue, etroite, à l'entour de peupliers voilee
> Je me suis dit souvent
> Pour qui veut s'y noyer, la place est bien choisie,
> On n'aurait qu'à enir, un jour de fantaisie,
> A mettre ses habits aux pieds de ce bouleau,
> Comme pour s'y baigner, à descendre sous l'eau

En Italie, on cite comme ayant été favorable au suicide, le savant theologien consultant de Venise, Paul Scarpi, qui soutint, au commencement du xviie siecle, une guerre acharnée contre le Saint-Siege, a l'occasion de difficultes survenues entre la République et le Pape. Scarpi n'a rien écrit à ce sujet, mais l'auteur anonyme de sa vie (publiée a Leyde en 1646), affirme l'avoir entendu soutenir que, *pour échapper à ses ennemis ou à leurs persécutions*, on peut se donner la mort Le même auteur raconte que Scarpi ayant été informé qu'un gouvernement mettait tout en œuvre pour le faire saisir, et pour lui faire subir les plus grands supplices, avait bravé le danger qu'il courait en declarant que « si, par hasard, il tombait au pouvoir de ses ennemis, il connaissait le moyen de leur échapper, *parce qu'il n'y a pas de force qui puisse astreindre à vivre celui qui veut sérieusement mourir.* »

Dans un mémoire intitulé *Dissertazione intorno alla filosofia digli Stoici*, publié vers le milieu du XVIIe siecle, Louis Barbieri aurait soutenu, au dire de Buonafede, que, 1° pour éviter un malheur rapproché ou éloigné de nous, on a raison de se tuer ; 2° que recevoir ou se donner la mort est la même chose.

C'est a tort, selon nous, que Becarria est représenté par plusieurs écrivains comme un apologiste du suicide. Dans son *Traite des délits et des peines*, il se borne à combattre, et avec succès, comme inefficaces et profondément injustes, les lois qui le punissaient de son temps. Il ajoute même que « le suicide est un *crime devant Dieu*, qui le punit après la mort, parce que lui seul peut punir ainsi. »

Si le professeur Morselli *(Il suicidio)* n'est pas, comme nous l'avons dit, partisan de la mort volontaire, il ne paraît pas en être, non plus, l'adversaire bien décidé, et en cherchant attentivement dans son volumineux ouvrage, (très complet au point de vue statistique), nous pourrions peut-être trouver, chez l'auteur, au moins une certaine tolérance pour le suicide, qu'il est assez disposé à considerer comme une sorte de loi de même nature que celle des mariages, des naissances et des décès (?)

En Allemagne, les *Acta eruditorum* (Leipsick 1701), citent un certain nombre de docteurs de ce pays comme ayant été favorables au suicide. Deux jurisconsultes allemands, très célebres de leur temps, Henri de Coccéius et Samuel son fils, ont admis des exceptions a l'interdiction du suicide comme par exemple « Si du suicide, a écrit le premier, il doit resulter un bien suprême, tel que la defense de la patrie ou le salut du prince et du genre humain, ou s'il s'agit d'échapper à une mort plus douloureuse et plus infamante, enfin, si on a un droit à conserver, et que, sans la mort, on soit exposé a le perdre, tel que l'honneur, la pudeur. » Le fils soutient les mêmes principes en etendant les exemples cites par son père.

Samuel Puffendorf *(Le droit de la nature et des gens)* nie que l'homme ait un droit entier et absolu sur sa vie; mais il n'ose pas contester que ce droit existe pour certains cas extrêmes. Au contraire, en reproduisant les arguments favorables au suicide, et sans chercher à en atténuer la force, il se borne a dire en terminant : « *nous en laissons le jugement au lecteur.* »

De Maupertuis, de l'académie de Berlin, nous paraît avoir ete classé a tort parmi les partisans du suicide, uniquement parce qu'il a fait l'éloge des stoiciens. Ce n'est pas, en effet, l'exemple de mort volontaire qu'il a approuvé chez eux, mais bien la force de resistance aux épreuves de la vie.

En Angleterre, Thomas Morus, dans son *Utopie*, soutient que ce n'est pas pécher contre les lois de la nature que d'attenter a sa vie, par degoût de l'existence en géneral, ou par horreur de certains maux, ou enfin par la crainte de grandes souffrances.

Jean Donne, doyen de Saint-Paul, est auteur d'un livre imprimé a Londres, (malgré la defense qu'il en fit en mourant) intitule « *Suicide,* ou demonstration de cette these : l'homicide de soi-même n'est pas si naturellement un péché, qu'il ne puisse etre considere autrement, — dans laquelle, la nature et l'etendue de toutes les lois qui semblent être violees par cet acte, sont soigneusement passées en revue. »

Nous avons mentionné le suicide du suédois Jean Robeck, l'apologiste de la mort volontaire. Avant de mourir, il envoya sept manuscrits au professeur Funccius, son ami. Ce dernier choisit et fit imprimer a Rinteln celui qui a pour titre *Joannes Robeck exercitatio philosophica de morte voluntariâ philosophorum el bonorum virorum, etiam Judeorum et Christianorum.* D'apres Formey, juge a la fois impartial et competent, les arguments en faveur du suicide y sont présentes avec toute la force dont ils sont susceptibles (*Mélanges phil.* tome 1, chap. du *Meurtre de soi-même*).

Juste Lipse, le savant philologue et critique des Pays-Bas, est representé par Buonafede comme ayant d'abord critique la doctrine stoicienne sur le suicide, pour lui donner plus tard une complète approbation (probablement dans le livre : *de Constantiâ in publicis malis,* 1584).

CHAPITRE III

HISTORIQUE DE LA LÉGISLATION DU SUICIDE.

§ 1. — Antiquité

Chez les anciens hébreux, la loi de Moïse défendait le suicide. On trouve cette défense dans le décalogue sous sa forme la plus absolue : *Tu ne tueras point*. Une loi spéciale notait d'infamie ceux qui se donnaient la mort et leur refusait la sépulture. Cette loi était encore en vigueur chez les Juifs, au temps de leur guerre contre les Romains, ainsi qu'il résulte du passage suivant du discours que l'historien Flavius Joseph tint à un certain nombre de ses camarades d'armes qui, réfugiés avec lui dans une caverne et sur le point d'être pris, proposaient de s'entretuer plutôt que de se rendre au vainqueur : « C'est pourquoi notre très sage législateur, par l'horreur d'un tel crime, a ordonné que les corps de ceux qui se donnent volontairement la mort demeurent sans sépulture jusques après le coucher du soleil. »

Nous avons vu que le suicide est encore aujourd'hui en honneur dans l'Inde. D'après un écrivain moderne, il aurait été défendu par les anciens livres sacrés, les Védas, dont il fait remonter l'existence a douze siècles avant l'ère chrétienne. Le suicide, l'infanticide, les sacrifices sanglants, y seraient rangés parmi les crimes. « Mais, dit-il, la superstition et le caractère égoiste des prêtres de l'Inde ont, dans le cours des âges, engendré un tel degré d'immoralité et de corruption, que les Indous de ce siecle, jugés au point de vue de leurs Vedantas, ou anciens théologiens, ne sont rien de plus que des kaffirs. »

Chez les anciens Armeniens, la maison du suicidé était maudite et livrée aux flammes.

Le Coran a formellement interdit le suicide. Il est dit dans le Surah IV. « Ne vous tuez pas vous-même, car Dieu est miséricordieux pour vous ; quiconque se tue par malice et par méchanceté sera certainement rôti au feu d'enfer. »

A Athènes, la main du suicidé était coupée par le bourreau et brûlée ou enterrée séparement du corps. Toutefois Buonafede prétend qu'une loi autorisait le suicide, lorsque l'Aréopage en avait approuvé les motifs. A Thebes, le cadavre était brûlé avec infamie, en l'absence de la famille et sans les prières de la religion. La législation de Sparte n'aurait pas été moins sévère, à en juger par ce fait qu'Aristodème, convaincu de s'être jeté en furieux au milieu de l'ennemi à la bataille de Platée, avec l'intention évidente de chercher la mort, fut privé de la sépulture. Aristote rappelle, dans ses œuvres morales, qu'il est généralement reconnu que ceux qui portent sur eux une main homicide, doivent être notés d'infamie.

On prétend que, dans l'île de Céa, (voisine de l'Eubée), une loi ordonnait aux vieillards devenus inutiles à la patrie, de boire de la Ciguë.

A Marseille (qui appartint longtemps à la Grèce), du temps de Valère-Maxime, l'autorité tenait du poison à la disposition de ceux qui, ayant exposé devant le sénat leurs raisons de se tuer, avaient réussi à les faire approuver, et s'étaient suicidés en conséquence.

A Rome, d'après Montesquieu, « il n'y avait pas de loi qui punît ceux qui se tuaient eux-mêmes. Cette action, chez les historiens, est toujours prise en bonne part, et on ne voit jamais de punition pour ceux qui l'ont faite. » — La loi romaine, d'après M. Faustin Hélie (*Revue de législ.* novembre 1837), ne punissait le suicide que lorsque son auteur, accusé d'un crime, avait prévenu sa condamnation par la mort volontaire ; ses biens étaient alors confisqués (I. 3. Dig. *De bonis eorum qui mortem sibi consciverunt*).

M. Douay (*loco citato*) cite la loi suivante de l'empereur Marc Antonin, loi qui n'aurait jamais été rapportée : « Si votre père ou votre frère, n'étant prevenu d'aucun crime, se tue ou pour se soustraire aux douleurs, ou par ennui de la vie, ou par désespoir, ou par démence, que son testament soit valable ou que ses héritiers succèdent par intestat. »

Ecoutons M. Franck (*Dict. phil.* art. *suicide*) · « Le droit romain était imprégné des doctrines du stoïcisme ; il traita le suicide avec indulgence. La loi romaine ne le punissait d'aucune peine lorsqu'il avait été la conséquence du paradoxe philosophique et même quand il avait été determiné par des mobiles beaucoup plus vulgaires, par exemple, le désir d'échapper par la mort aux épreuves d'une maladie douloureuse. Il n'était puni que lorsque son auteur avait cherché à échapper, par ce moyen, à une accusation capitale La peine était alors celle de la confiscation des biens, la succession du suicidé étant, en pareil cas, dévolue au fisc. Il y avait toutefois, sur ce point, des accommodements avec le Dieu-César et avec la tourbe des délateurs. Un citoyen riche, enveloppé dans une de ces dangereuses accusations de lèse-majesté qui étaient une des sources les plus abondantes du revenu impérial sous les Tibère et les Domitien, obtenait quelquefois d'aller au-devant du supplice par une mort volontaire; il s'ouvrait les veines dans un bain parfumé. Souvent aussi le centurion, porteur du message de mort, était accompagné du chirurgien, qui offrait son office et ouvrait l'artère. Le suicide ainsi perpétré n'entraînait pas la confiscation des biens, et celui qui se donnait la mort par ordre, conservait le droit de tester en faveur des siens : il achetait seulement ce droit en faisant à César un legs considérable, et dont le montant était réglé de gré à gré. »

Le christianisme suivit, en matière de suicide, la tradition hébraïque. L'Église le déclara, au concile d'Arles en 452, un crime qui ne peut être que l'effet d'une fureur diabolique. Elle le punit au concile de Bragues, en 563, et à celui d'Auxerre en 576, en défendant de faire mémoire des suicidés au Saint-Sacrifice de la messe et en interdisant le chant des psaumes aux enterrements. Au IXe siècle, le concile de Troyes renouvelle ces décisions. Puis les papes édictent les mêmes peines, défendant de célébrer la messe pour les suicides, les privant des pompes funèbres et du chant « Il ne faut pas faire de prières, dit le pape Nicolas I*er*, pour celui qui a peché mortellement, Or, celui qui se tue fait comme Judas il suit les inspirations du démon et il est aussi coupable que lui. »

Le droit canon constate et confirme cette législation. Il définit la nature du meurtre de soi en ces termes « *Est vere homicido et reus homicidii qui se interniciendo innocentem homifem interfecerit.* »

Charlemagne adopte le principe qui defend les cérémonies et le sacrifice de la messe en l'honneur du coupable ; cependant, par un reste d'indulgence qui prend sa source dans les doctrines du pays dont il est issu il permet les aumônes et le chant des psaumes, parce que, dit-il, *les jugements de Dieu sont impénétrables et que personne ne peut sonder la profondeur de ses desseins* (capit. 462, I. VI).

§ 2 — Moyen âge

Mais bientôt l'influence de l'Eglise devient prédominante et la loi civile se confond avec la loi religieuse. Un autre capitulaire, qui semble reproduire les décisions des conciles d'Arles ou de Bragues, contient ce qui suit : « Qu'aucun sacrifice n'ait lieu en l'honneur de ceux qui se donnent la mort, de quelque manière que ce soit, ou qui la reçoivent en punition de leur crimes, et que le chant des psaumes n'accompagne pas leur corps au lieu de la sépulture. »

Un des canons publiés, au IXᵉ siècle, sous le règne du prince anglo-saxon Edgard, est ainsi conçu : « Si quelqu'un avec des armes se tue spontanément ou par quelque instigation diabolique, il n'est pas permis de chanter des messes pour un pareil homme ; son corps doit être enfermé en terre, sans qu'on chante des psaumes, et il ne doit pas être enseveli en terre sainte. Cette sentence doit être observée a l'égard de ceux qui, en raison de leurs crimes, finissent leurs jours dans les supplices, comme les voleurs, les homicides et ceux qui trahissent leur Seigneur. » C'est la première fois que se produit cette assimilation des suicides aux pires malfaiteurs.

Pendant tout le moyen âge, le droit civil des coutumes ne fut que la reproduction des décisions du droit canonique et des décrets des conciles. Si le coupable avait échappé par la mort à la vindicte publique, la justice s'en prenait à sa dépouille et suppliciait son cadavre. Le supplice, à la mise en scène vraiment effrayante, etait règlementé, au XIIᵉ siècle, par une disposition de la coutume de Beaumont-en-Argonne : « La personne qui se défait d'elle-même, le corps, doibt estre trahinez aux champs aussi cruellement que faire se pouldra, pour montrer l'expérience aux aultres, et le corps doibt estre afourchez (pendu), et les pierres de dessoubs les issues des chaussées par où il faut qu'il passe et sorte de la maison estre arrachez ; car il n'est pas digne de passer dessus. »

Saint-Louis ajoute la confiscation aux peines purement religieuses ; son ordonnance de 1270 est ainsi conçue : « d'hom ou de feme qui se pend, ou *noie ou s'occit en aucune manière* — se il avenait que aucuns hom se pendist ou noiast ou s'occist en aucune manière, si meubles seroient au baron et aussi de la fame. » On voit alors le droit coutumier adopter généralement le principe d'une pénalité temporelle ; mais cette pénalité varie selon les lieux. Ainsi la coutume de Normandie distingue entre ceux qui se tuent pour éviter la honte du dernier supplice, et ceux qui attentent à leurs jours sous l'influence d'un chagrin violent, et ne prononce la confiscation que dans le premier cas. C'est le principe de la loi romaine, et c'est aussi la doctrine soutenue par Coquille (question 16), quand il dit : « que si quelqu'un s'est fait mourir par ennui de vivre ou impatience de la douleur, on doit, pour l'exemple, ordonner que son corps soit pendu, ou jeté à la voirie ; mais ses biens ne doivent pas être confisqués. » Cette distinction est surtout établie dans les villes municipales du midi de la France, où le droit romain a jeté des racines profondes.

Au XIVᵉ siècle, Charles V impose cette jurisprudence à toutes les provinces qui reconnaissent son autorité. D'après une disposition de ses constitutions, la confiscation se fait au profit du seigneur, quand le suicide a eu lieu pour échapper au supplice ; mais les héritiers d'un suicide succèderont a ses biens, sans qu'on puisse alleguer aucun usage ou coutume contraire, toutes les fois que celui-ci se sera donné la mort pour échapper à une simple punition corporelle, ou par l'effet d'une maladie, de mélancolie, de faiblesse d'esprit ou de quelque autre infirmité semblable, dans tous les cas, les cadavres étaient privés de sépulture.

Dans le nord, les coutumes locales édictaient la confiscation des biens pour tous les cas sans exception. Le cadavre n'était pas seulement privé de sépulture ; on le frappait sans merci « tant le crime était grand, et, selon quelques coutumes, contre nature. » Aux termes de l'art. 631 de la coutume de Bretagne : « si aucun se tue à son escient, il doit être pendu par les pieds et traîné comme meurtrier, et tous ses biens meubles acquis à qui il appartient, » (*Bibl. de l'Ecole des Chartes*, t. IV).
— A Abbeville, les corps des suicidés étaient traînés sur une claie à travers les rues. Leur maison était souillée ; on pratiquait un trou dans la porte, et on tirait le cadavre par ce trou. — A Lille, le suicidé était considéré comme meurtrier et homicide, et, comme tel, traîné jusqu'au lieu du supplice, puis pendu. Si c'était une femme, le corps était brûlé, après avoir également été traîné *jusques os fourques.*

A la fin du xve siècle, au mois de janvier 1484, « les nouvelles furent apportées à Metz que ung evesque de Strasbourg se avoit pendu et estranglé, et que la justice du dit lieu l'avoit fait enfoncer dedans ung tonneaul et le mettre sur le Rhin, et le laisser aller à l'aventure ». A Metz, un compagnon, qui s'était pendu par amour, ayant été secouru à temps et sauvé, la justice le fit saisir, et à *force de verges, tout nud, très-bien choistoyer.*

§ 3. — Temps modernes.

Comme on vient de le voir, quoique variant au point de vue de l'application, le droit coutumier, d'accord avec le droit canonique, punissait, en France, le suicide à la fois de peines morales et matérielles, lorsque survint l'ordonnance criminelle de Louis XIV (1670), qui consacre un titre entier à la matière du suicide (titre XXII) et règle tout l'appareil du supplice posthume, ainsi que les formes de l'instruction du procès. Aux termes de l'art. 1er, « le procès ne pourra être fait au cadavre et à la mémoire du défunt, si ce n'est pour crime de lèse-majesté divine et humaine dans le cas où il echet de faire le procès aux défunts· par l'homicide de soi-même ou rébellion en justice avec force ouverte, dans la rencontre de laquelle il aura été tué. » Le supplice consistait à traîner le cadavre attaché derrière une charrette, de manière que la tête rasât le pavé ; le corps était ensuite pendu par les pieds et finalement privé de sépulture, pour être jeté à la voirie. Afin que le cadavre ne se décomposât pas pendant la durée du procès (qui avait lieu avec droit d'appel), on recourait quelquefois à la salaison. La confiscation des biens, qui était rejetée, dans quelques circonstances, par les anciens parlements, est ordonnée rigoureusement, dans tous les cas, par le droit nouveau. On n'exceptait de cette règle impitoyable que le suicide commis dans un accès de folie bien constatée. Le dernier arrêt du parlement de Paris qui consacre cette jurisprudence est du 31 janvier 1749, c'est-à-dire en plein mouvement philosophique, alors que les lois qui frappent le suicide d'outrages au cadavre et de la confiscation des biens, sont attaquées de toute part, et notamment par Montesquieu, Voltaire et Beccaria.

La confiscation des biens n'avait pas lieu au profit du fisc, mais bien du roi, qui pouvait en accorder le bénéfice à qui bon lui semblait. On trouve notamment dans les mémoires de Dangeau le passage suivant : « Aujourd'hui le roi a donné à Madame la Dauphine un homme qui s'est tué lui-même : elle espère en tirer beaucoup d'argent. »

Voltaire dit à ce sujet : « un Welch, dégoûté de la vie, s'avise, et souvent avec grande raison, de séparer son âme de son corps ; pour consoler le fils, on donne son bien au roi, qui en accorde presque toujours la moitié à la première fille d'opéra le faisant demander par un de ses amans. L'autre moitié appartient de droit aux fermiers généraux. »

La révolution de 1789 trouva encore cette législation en vigueur. L'assemblée nationale l'abolit entièrement, en proclamant le principe absolu de la liberté humaine et l'indifférence du suicide devant la justice et la société. La Convention rétablit momentanément la confiscation. On lit, en effet, ce qui suit dans le livre du D' Des Etangs (*Du suicide politique en France*, 1860) : « Fouquier Tinville, en annonçant à cette assemblée le suicide du girondin Clavière, rappelle que, par un décret de la Convention (date non indiquée), les suicides contre lesquels a été rendu un acte d'accusation, sont assimilés aux condamnés, et qu'en conséquence les *biens de Clavière sont confisqués au profit de la République.* » Aujourd'hui, si nos lois criminelles absolvent le suicide, la jurisprudence punit la complicité. Citons notamment un arrêt de la cour de cassation du 16 novembre 1827, rendu dans le cas que voici : Un individu, vivement sollicité par un ami, qui souffrait de douleurs intolérables, de lui donner la mort, le tua en effet. Il fut condamné à mort par la cour d'assises du Finistère et la cour de cassation rejeta son pourvoi.

M. Brière de Boismont cite le cas d'une fille publique qui, à la suite d'un déjeuner copieux, et probablement sous l'influence alcoolique, ayant aidé son amant à s'enfoncer un instrument piquant dans la poitrine, et bien que celui-ci n'ait pas succombé à sa blessure, fut condamnée par la cour d'assises de la Seine à 15 ans de travaux forcés et à l'exposition.

L'Allemagne punissait également la mort volontaire en livrant le corps du suicidé (Saxe, etc.) aux dissections anatomiques. Avant le code pénal de 1871, qui a aboli cette peine en ne la reproduisant pas, le corps du suicidé devait, en Prusse, être enterré sur le lieu d'exécution des malfaiteurs.

Nous avons cité les canons du roi Edgard au IXe siècle en Angleterre. Au temps de Voltaire, la loi de ce pays ordonnait de traîner le corps du suicidé dans les rues avec un bâton passé au travers du corps. D'après M. de Briant, on l'enterrerait encore aujourd'hui ignominieusement entre trois chemins, si, organe de l'opinion publique, convaincue de la nécessité d'éluder l'éxécution de la loi, le jury chargé de statuer sur la cause des morts violentes ne déclarait habituellement que le suicidé s'est tué dans un accès d'aliénation mentale. Mais encore aujourd'hui, le suicide est considéré en principe par la loi anglaise comme un crime, et il est toujours présumé avoir été accompli volontairement jusqu'à preuve contraire. Or, si le jury chargé, sous la direction du magistrat appelé *Coroner*, de statuer sur la cause du suicide, n'a pas constaté le fait de son accomplissement sous l'influence d'une maladie mentale, les biens du décédé sont, de plein droit, acquis à la couronne. Mais il intervient, presque toujours, en pareil cas, une décision du gouvernement qui fait remise de la peine en faveur des héritiers (Art. *Suicide* du *Standart library Cyclopcdia*, 1860).

Tout récemment, le Lord Chancelier a saisi la Chambre des lords d'un projet de bill sur les enterrements, qui, entre autres dispositions, maintient l'interdiction d'inhumer le suicidé dans un cimetière consacré. Il continuera, comme les juifs, les non baptisés et les personnes ne professant aucun culte, à être enterré, et sans aucune cérémonie, dans un cimetière autre que celui de la paroisse.

DEUXIÈME PARTIE

LE SUICIDE DANS LES PRINCIPAUX ÉTATS DE L'EUROPE

D'APRÈS LES DOCUMENTS OFFICIELS.

CHAPITRE PREMIER

DU MOUVEMENT DU SUICIDE ET DE SON RAPPORT AUX POPULATIONS RESPECTIVES.

Quelques observations préalables sur le degré d'exactitude des documents dont l'analyse va suivre.

Il est permis de penser que les suicides réellement accomplis sont plus nombreux que les suicides officiellement constatés. Beaucoup de familles dissimulent de leur mieux — et réussissent, surtout dans les campagnes, a dissimuler — la véritable cause de la mort de leurs membres, quand cette cause a été le résultat d'un acte de désespoir. Elles se préoccupent fortement, en effet, de l'enquête judiciaire dont le suicide, s'il était connu, serait l'objet, des soupçons qui pourraient peser sur elles, si l'autorité voulait y voir le résultat d'un crime, du scandale que provoque le seul fait de la mort volontaire, surtout avec la publicité bruyante que les journaux lui donnent aujourd'hui.

Même dans les grandes villes, et malgré la tolérance croissante de l'opinion, le suicide, par des raisons dont on ne se rend pas exactement compte, est encore une tache pour la famille. Peut-être est-on disposé à la rendre solidaire, dans une certaine mesure, de la fatale résolution, comme n'ayant pas donné à la victime les soins, l'affection, le bonheur qui l'eussent conservée à la vie. Faut-il voir encore dans cette sévérité, quoique très adoucie, de l'opinion, un dernier reflet des croyances religieuses, qui considéraient le suicide comme un crime contre Dieu et la société ?...

A tort ou à raison, le suicide est, en outre, considéré comme ayant un caractère héréditaire, et on craint d'entrer dans une famille où il peut se reproduire chez les enfants de celui qui s'est tué.

Le suicide peut faire croire également à des revers de fortune ou à l'existence d'une maladie mentale, suppositions qui atteignent aussi les survivants du suicidé.

Enfin le refus de concours de l'Église à ses funérailles, refus encore rigoureusement observé dans les campagnes des pays catholiques, est une raison grave pour les parents de dissimuler la cause du décès.

Ces dissimulations doivent surtout être fréquentes dans les pays où, comme en France, le fait même du décès n'est l'objet — sauf dans quelques villes importantes — d'aucune constatation officielle.

La submersion, lorsque le cadavre porte des traces de blessures, est presque toujours attribuée à un crime ou à un accident, tandis qu'elle est très souvent le résultat de la volonté du noyé.

Enfin, que de suicides attribués à un simple accident, surtout quand, ce qui arrive fréquemment, la victime a pris les mesures nécessaires pour faire croire à un cas de force majeure !

En ce qui concerne les comparaisons internationales, elles ne sauraient être parfaitement exactes, le mode de constatation de la mort volontaire ne pouvant avoir la même efficacité partout. Il est évident, par exemple, que, dans les pays à population très-disséminée, elle ne parviendra pas à la connaissance de l'autorité aussi facilement que là où la population est fortement agglomérée. Même observation en ce qui concerne les pays où tous les décès sont, ou ne sont pas, constatés officiellement par les délégués de l'autorité municipale.

Une dernière observation : dans les Etats ou le suicide entraîne encore une pénalité, sous la forme de la confiscation des biens au profit de la couronne, ou de l'inhumation en dehors des cimetières publics, comme en Angleterre, les agents de l'autorité doivent avoir une tendance naturelle à épouser, au point de vue de la constatation de la véritable cause du décès, les susceptibilités des familles.

Dans l'étude qui va suivre, nous classerons les pays qui en seront l'objet dans l'ordre alphabétique de leurs noms, sauf à examiner, plus tard, l'influence de la race sur la fréquence du suicide.

Allemagne

Anhalt (Duché d'). Les documents officiels relatifs à ce duché sont relativement récents :

1873	1874	1875	1876
45	54	51	60

soit un accroissement, de 1873 à 1876, de 33 0/0, quand la population ne s'est pas accrue tout à fait de 5 0/0 de 1871 à 1875.

Altenburg (Duché de Saxe). Nous n'avons, pour ce petit pays, que des documents anciens, mais qui témoignent d'un accroissement également très rapide des suicides

1857	1858	1859	1860	1861
31	39	40	44	51

soit, de 1857 à 1861, 64.5 0/0 d'augmentation, proportion évidemment très-supérieure à celle de la population.

Bade (G. D. de). La moyenne annuelle des suicides, déduite de périodes quinquennales, s'est accrue comme suit.

1851-55	1856-60	1861-65	1866-70	1871-75
150	170	189	203	231

soit, de la 1re à la 5e période, un accroissement de 54 0/0. Inutile de dire que la population du Grand-Duché ne s'est pas accrue dans le même rapport.

Bavière. — La moyenne quinquennale des suicides a été comme suit, de 1846-50 à 1871-75 :

1846-50	1851-55	1856-60	1861-65	1866-70	1871-75
218	275	332	384	442	436

La 6ᵉ période semble signaler un temps d'arrêt; mais il résulte du chiffre relativement faible afférent aux années 1871 et 1872, pendant lesquelles les suicides ont considérablement diminué dans l'Allemagne entière, par suite, d'abord de l'appel sous les drapeaux, en 1870-71, d'une notable partie des hommes en état de porter les armes, puis de la grande prospérité industrielle qui a suivi, en 1872, la signature de la paix.

A partir de 1872, le suicide reprend, comme on va le voir, sa marche ascendante :

1872	1873	1874	1875	1876	1877
405	447	450	459	522	650

De 1872 à 1877, l'accroissement est de 60 0/0, proportion énorme et sans précédent.

Hanovre. (Ancien royaume de). — Ce pays a subi la loi commune .

1846-50	1851-55	1856-60	1861-65	1866-70	1871-75
190	216	246	256	?	286

Soit, de la 1ʳᵉ à la 6ᵉ période, un accroissement de 50,5 0/0 et de beaucoup supérieur à la population.

Mecklembourg-Schwerin. — M. Morselli attribue à ce petit pays, encore soumis, comme on sait, au moins en grande partie, au régime féodal, les nombres moyens annuels ci-après de suicides :

1846-50	1851-55	1856-60	1861-65	1866-70	1871-75
74	77	87	78	90	93

Soit un accroissement de 25 0/0 de la 1ʳᵉ à la dernière période, accroissement assez notablement supérieur à celui de la population, et qui l'eût été probablement bien davantage, sans les fortes émigrations dont ce pays a été et continue à être le théâtre.

Meiningen (Duché de). — Les documents officiels signalent également, dans ce petit pays, la marche rapidement progressive du suicide.

1838-47	1848-57	1858-67	1868-77
22,8	29,4	37,1	49,3

Soit un accroissement de 46 0/0 de la 1re à la 4e période. Tandis que, de 1838 à 1877, l'accroissement moyen annuel de la population a été de 0,78 0/0, celui des suicides s'est élevé a 3.70.

Nassau (Ancien Duché de). Les nombres moyens annuels ci-après, déduits de périodes d'inégale durée, signalent un mouvement également ascendant.

1831-42	1843-55	1861-63
(12 ans)	(13 ans)	(3 ans)
23,1	44,6	48,0

L'accroissement est de plus du double de la 1re à la 3e période.

Oldenbourg (G. D. d'). — Encore un accroissement sensible

1854-58	1859-63
(4 ans)	(4 ans)
48,2	59

Prusse. — Les diverses annexions de la Prusse ne permettent de calculer exactement l'accroissement des suicides qu'à partir de 1869. En divisant la période 1869-1877 en 2 sous-périodes, dont la première de 5, et la seconde de 4 années, on a les moyennes annuelles ci-après :

1869-73	1874-77
2,929	3,650

ou plus de 24 0/0 d'augmentation d'une période à l'autre.

La marche du suicide dans les cinq dernières années est surtout remarquable :

1873	1874	1875	1876	1877
2,826	3,075	3,278	3,917	4,330

Soit, en 5 années, un accroissement de 53 0/0 ! Et cependant rien n'a manqué au moins à la grandeur politique de cet heureux pays.

On constate ici, comme en Bavière, l'influence de la guerre de 1870-71 et de l'activité industrielle qui a suivi son denouement heureux sur la diminution des suicides :

1869	1870	1871
3,186	2,963	2,723

Saxe Royale. — Le pays le plus industriel de l'Allemagne ne pouvait échapper aux influences qui déterminent l'accroissement incessant du suicide dans ce grand pays.

1846-50	1851-55	1856-60	1861-65	1866-70	1871-75
373	486	509	600	725	706

La diminution constatée en 1871-75 s'explique, comme en Prusse et en Bavière, par la guerre de 1870-71 et la prosperité industrielle de 1871-72, ainsi que l'indiquent les documents ci-après :

1866-70	1871	1872	1873	1874	1875	1876
725	653	687	723	723	743	981

L'accroissement continue et dans une forte proportion en 1878 1126. Ainsi de 1871 a 1878, il est de 70,4 0/0. C'est la proportion la plus considérable que nous ayons encore constatée.

Wurtemberg. — Quoique plus agricole qu'industriel, ce pays paye aussi un assez lourd tribut au suicide :

1846-50	1851-55	1856-60	1861-65	1866-70	1871-75
185	195	144	175	260	294

Le tableau suivant fait connaître, pour les Etats allemands ci-dessus, le rapport, pour un million d'habitants, des suicides en 1875 à la population recensée la même année. Nous en avons éliminé les pays pour lesquels nos documents s'arrêtent à 1863.

Anhalt	238	Meiningen	252
Bade	153	Prusse	127
Bavière	91	Saxe Royale	269
Hanovre	141	Wurtemberg	177
Mecklembourg	167		

C'est la Saxe royale, pays très-industriel comme nous l'avons dit, qui a le plus de suicides ; c'est la Bavière, pays agricole et catholique, qui en a le moins.

On a constaté que le fort accroissement des morts volontaires en Allemagne coïncide avec une très grande diminution de l'émigration, d'une part; de l'autre, avec une crise industrielle très intense.

Quelques écrivains allemands ont prétendu que cet accroissement est dû, au moins pour une notable partie, à une constatation de plus en plus exacte des suicides. Cette explication, vraie peut-être dans une certaine mesure pour les années antérieures à 1860, ne saurait guère être admise pour les années postérieures, la marche rapide du suicide, dans la première des deux périodes, ayant assez vivement attiré l'attention des gouvernements pour qu'ils aient, dès cette époque, assuré autant que possible l'exactitude de cette statistique spéciale.

Nous avons négligé l'étude du suicide dans les villes libres de Brême et de Hambourg, ces villes n'ayant qu'une très-faible banlieue rurale, et la mort volontaire y subissant les influences spéciales dont elle est l'objet dans les populations très agglomérées. Nous y reviendrons en cherchant à déterminer ces influences. Bornons-nous ici à y constater le fait d'un accroissement également continu et supérieur à celui de la population, de cette catégorie des morts violentes.

Angleterre (moins l'Irlande et l'Ecosse)

Nous ne savons si, au XVIIIe siecle, le suicide était plus fréquent dans ce pays que de nos jours; mais il est certain que tous les observateurs du temps ont considéré l'Angleterre en quelque sorte comme la terre classique de la mort volontaire

Montesquieu écrivait a ce sujet : « Les Anglais se tuent, sans qu'on puisse imaginer aucune raison qui les y détermine ; ils se tuent dans le sein même du bonheur. Cette action chez les Romains était l'effet de l'éducation ; chez les Anglais, elle est l'effet d'une maladie. Il y a toute apparence que c'est un *défaut du suc nerveux* (sic). La machine dont les forces motrices se trouvent à tout moment sans action, est lasse d'elle-même. L'âme ne sent alors point de douleur, mais une certaine difficulté d'existence. La douleur est un mal local; le poids de la vie est un mal qui n'a point de lieu particulier et qui nous porte au désir de voir finir cette vie. » (*Esprit des Lois*, livre XVI, chap. XIII).

— « Quand, dit Buonafede, il arrive, en Angleterre, une de ces catastrophes (*et on sait qu'il en arrive souvent*), les étrangers, frappés d'étonnement, cherchent à en connaître la cause. Cette curiosité fait d'abord beaucoup rire les Anglais; mais bientôt après, ils font l'éloge de celui qui s'est tué, et ils ajoutent avec ce flegme qui les caractérise : « Que voulez-vous ? Ce brave homme ne se trouvait apparemment pas bien dans ce monde et il a voulu savoir ce qui se passait dans l'autre... Ses jours étaient à lui; en finissant leur cours, il n'a fait de mal à personne. » Est-il besoin de faire remarquer que ces dernières lignes résument, à elles seules, toute la métaphysique des stoïciens et des autres apologistes de l'*Autocheirie* (suicide). »

Voltaire partageait l'opinion commune sur la fréquence du suicide en Angleterre : « On ne nous dit point et il n'est pas vraisemblable que, du temps de Jules César et des empereurs, les habitants de la Grande-Bretagne se tuassent *aussi délibérément qu'ils le font aujourd'hui, quand ils ont des vapeurs qu'ils appellent le spleen*. Au contraire, les Romains, qui n'avaient point le spleen, ne faisaient aucune difficulté de se donner la mort. C'est qu'ils raisonnaient, ils étaient philosophes et les sauvages de l'île Britain ne l'étaient pas. Aujourd'hui, les citoyens anglais sont philosophes, et les citoyens romains ne sont rien. Les Anglais quittent fièrement la vie, quand il leur en prend fantaisie. » (Quest. encyclop. art. *Suicide*).

Ce qui permettrait encore de supposer que les suicides étaient fréquents en Angleterre, au temps de Voltaire, c'est cet extrait de ses *Mélanges philosophiques*. « ..... Toutes ces histoires tragiques, *dont les gazettes anglaises sont remplies*, ont fait penser qu'en Angleterre on se tue plus volontiers qu'ailleurs. Nous ne savons pourtant pas s'il n'y a pas autant de fous à Paris qu'à Londres. Peut-être que, si les gazettes françaises tenaient un registre exact de tous ceux qui ont eu la démence de vouloir se tuer et le courage de le faire, nous pourrions avoir, sur ce point, le malheur de tenir tête aux anglais; mais nos journaux sont plus discrets. »

Mme de Staël a également admis, comme fondé, sans en fournir toutefois la preuve, le fait de la fréquence exceptionnelle du suicide en Angleterre; mais elle l'explique autrement que par le *suc nerveux* de Montesquieu, dont elle se moque, d'ailleurs, très spirituellement.

De nos jours encore, mais toujours en l'absence de documents positifs, on a cru pouvoir adopter la même opinion. Ainsi M. Rosset, dans sa *Philosophie du Christianisme*, n'hésite pas à écrire ce qui suit : « L'Angleterre est, de toute l'Europe, la contrée où le suicide est le plus fréquent. La France vient après elle, et c'est en Italie et en Espagne où ce crime est moins connu. Pourquoi cela? c'est que l'Angleterre, ébranlée par le dissolvant de la réforme, est tombée généralement dans une mortelle indifférence à l'égard de la religion, c'est que la France, travaillée dans tous les sens par les sophismes de la philosophie moderne, sans être descendue aussi bas que sa rivale dans le chemin du doute et de l'erreur, a perdu néanmoins en grande partie la robuste foi de ses ancêtres. C'est que l'Italie, c'est que l'Espagne, malgré l'affaiblissement de la doctrine catholique, ont cependant conservé plus d'attachement aux véritables principes de la religion chrétienne ».

Esquirol a cru aussi à l'extrême fréquence du suicide en Angleterre. « J'ai de fortes raisons de croire que le spleen (dégoût de la vie) est une maladie très-rare même chez les Anglais. On attribue trop souvent leur suicide à l'ennui de la vie, parce que *l'Angleterre est le pays où on en abuse le plus.* Sans doute, les Anglais sont les gens du monde les plus ennuyés, mais beaucoup d'autres motifs que l'ennui multiplient le suicide chez eux. » (*Maladies mentales*, t. I, P. 554).

Si les documents officiels relatifs à l'Angleterre étaient rigoureusement exacts, ils démontreraient sans réplique que ce pays est précisément un de ceux qui ont le moins de suicides. Mais nous n'ignorons pas qu'on en conteste l'exactitude.

On a dit, notamment, qu'aux termes des lois existantes et non tombées en désuétude, les biens laissés par les suicidés appartenant de plein droit à la Couronne, — bien que, dans la pratique, en cas d'existence d'enfants, ou de parents peu aisés, la Couronne renonce aisément à son privilège à leur profit — le jury (convoqué par les coroners pour statuer sur les causes des morts violentes) hésite beaucoup à attribuer le décès au suicide. Il admet plus volontiers l'accident comme cause, et plus souvent encore, il déclare que la cause lui est inconnue. Si le suicide est absolument évident, il l'admet, mais en déclarant que le décédé s'est tué dans un moment d'aliénation mentale (*Whilst in insound mind*). La famille échappe ainsi à la confiscation des biens.

Dans son rapport pour 1872 au *Registrar general* (Chef du service de la statistique de la population en Angleterre), le Dʳ Farr (qui est, avec un titre inférieur, l'âme de ce service) n'hésite pas a déclarer que les suicides constatés sont au dessous des suicides réels, le jury, en cas de doute, attribuant le décès à d'autres causes.

Un médecin anglais fort estimé, M. Barrow, a dit également que bon nombre de suicides échappent à la constatation officielle, soit par l'incurie de l'autorité, soit par suite de l'usage d'enterrer les noyés sans s'assurer si la mort a été le résultat d'un suicide ou d'un accident.

Et maintenant voici, sous le bénéfice de ces observations, les statistiques officielles, telles que nous les trouvons dans le compte-rendu annuel du mouvement de la population. Disons encore que, si le nombre des suicides a été publié à partir de 1858, ce document ne mérite, de l'aveu des statisticiens officiels eux-mêmes, une certaine confiance qu'à partir de 1862. Nous ne le donnerons donc qu'à partir de cette année :

1862	1863	1864	1865	1866	1867	1868	1869
1,317	1,319	1,340	1,392	1,329	1 316	1,508	1,588

1870	1871	1872	1873	1874	1875	1876	1877
1,554	1,495	1,514	1,518	1,592	1,601	1,770	1,699

Au premier coup d'œil jeté sur ces nombres, on constate, à partir de 1868, un accroissement subit et considérable. Cet accroissement est-il reel? Dans ce cas, comment l'expliquer? Est-il le résultat d'une crise commerciale, d'une forte pertubation économique? Ce n'est pas probable, puisqu'il s'accentue dans les années suivantes. Est-il dû à une constatation plus exacte que par le passé? S'il en était ainsi, le compte-rendu annuel du mouvement de la population mentionnerait les instructions données dans ce sens. D'un autre côté, il n'existe pas, en Angleterre, de centralisation administrative; par suite, les ministres sont sans action sur les autorités locales; ces autorités elles-mêmes n'en ont aucune sur le coroner, fonctionnaire indépendant, et surtout sur les jurés, plus indépendants encore.

On constate un accroissement exceptionnel dans l'année 1876; mais ici on peut donner comme explication probable la crise commerciale qui a atteint, cette même année, son maximum d'intensité.

Si l'on rapporte les suicides à un million d'habitants, et si l'on partage les 16 années d'observations en 4 périodes égales, on trouve les résultats ci-après:

1862-65	1866-1869	1870-73	1874-77
62.5	67.2	71.5	69.2

résultats très-sensiblement inférieurs à ceux que nous avons constatés pour l'Allemagne; on remarque d'ailleurs, en Angleterre également, un accroissement très marqué de la première à la 3e période, et un état à peu près stationnaire dans la 4e.

Autriche (Cisleithanie).

M. Bodio, directeur de la statistique d'Italie, attribue à ce pays le nombre croissant de suicides ci-après de 1865 à 1875 (*Introduction à la statistique internationale de la population*, Rome, 1878).

1865	1866	1867	1868	1869	1870	1871
1,464	1,265	1,407	1,566	1,565	1,540	1,540

1872	1873	1874	1875	1876	1877
1,677	2,463	2,617	2,741	2,938	3,148

Malgré d'assez importantes oscillations, qui ne s'expliquent pas facilement, l'Autriche obéit, elle aussi, à la loi de l'accroissement du suicide. On remarque qu'il est surtout considérable à partir de 1868, puis à partir de 1873. Mais cette dernière recrudescence est très-probablement due à la crise économique (*Krach*) qui a éclaté, dans ce pays, en 1873, et amené la liquidation d'un grand nombre de sociétés industrielles et financières, crise dont l'effet n'est pas encore entièrement conjuré au moment où nous écrivons.

En 1877, l'Autriche a compté 144 suicides pour 1 million d'habitants; elle n'en avait eu que 74 en 1865. Sa population est, d'ailleurs, restée à peu près stationnaire dans ces dix dernières années.

M. Morselli, dans son tableau synoptique de la marche du suicide en Europe (*Il suicidio*, p. 55), croit devoir distinguer entre l'Autriche allemande et la Galicie-Bukovine, pour attribuer à ces deux parties de la Cisleithanie les nombres suivants :

Autriche allemande. — Moyenne annuelle déduite de périodes quinquennales

1841-45	1846-50	1851-55	1856-60
595	774	666	799
1861-65	1866-70	1870-75	
1,051	1,424	1,873	

Ici, l'accroissement est d'un peu plus du triple de la 1re à la 7e période, proportion véritablement énorme et qu'il faut probablement expliquer, pour une forte part, par une constatation de plus en plus exacte.

Galicie et Bukovine. — Nous puisons à la même source les moyennes annuelles ci-après :

1841-45	1846-50	1851-56	1856-60
214	196	254	203
1860-65	1866-70	1870-75	
234	?	519	

L'accroissement n'est que de 142 0/0 de la 1re à la 7e période ; ce qui semblerait justifier l'opinion de M. Morselli sur une influence de race résultant de la différence dans la proportion d'accroissement afférente aux deux pays.

Nous trouvons dans le *Statistische Monatschrift*, recueil officiel (5e année, 1878, 9e liv on), le rapprochement suivant, au point de vue de la fréquence du suicide, entre les diverses provinces de l'Autriche (moins la Hongrie), pour les cinq années 1873-77 (suicides pour 100,000 hab.).

Provinces. . .	1873	1874	1875	1876	1877
Basse-Autriche.	24	25	25	25	28
Silésie. . . .	20	13	17	23	22
Bohême . . .	15	14	15	17	18

Bukowine...	13	13	9	12	17
Trieste et banlieue...	15	11	17	13	15
Moravie...	12	13	12	16	15
Salzbourg...	14	15	8	9	14
Haute-Autriche	9	11	12	10	11
Styrie...	7	9	8	12	11
Tyrol...	9	7	8	10	10
Carinthie...	9	9	9	10	9
Galicie...	8	8	9	7	9
Voralberg...	3	5	8	6	9
Gorz et Gradiska	6	5	7	7	8
Ukraine...	3	7	4	4	5
Istrie...	2	3	7	2	5

Ce tableau met en évidence deux faits caractéristiques : 1° l'accroissement du suicide dans presque toutes les provinces, 2° le maintien, pendant les 5 années de la période, du rang qu'elles occupent selon l'ordre de fréquence du suicide. Les provinces où domine la même langue ont des coefficients peu différents, comme la Silésie, la Bohême et la Moravie. Il en est à peu près de même des Alpes allemandes, sauf en ce qui concerne la Basse Autriche, à laquelle la capitale (Vienne) attribue un chiffre exceptionnel de suicides.

Belgique.

Il s'est produit, en Belgique, en ce qui concerne la marche du suicide, trois mouvements parfaitement distincts : un mouvement d'accroissement assez caractérisé de 1841-43 à 1846-50 (moyennes annuelles 235 et 253), puis une diminution, plus caractérisée encore, de 1856-60 à 1861-65 (166, 221) A partir de cette dernière période quinquennale, un second mouvement progressif, qui a commencé de 1836 a 1860 (61, 66, 213), et a continué de 1856-60 a 1861-65 (212, 221), s'accelere dans de fortes proportions de 1861-65 a 1866-70 (221 et 338), et dans des proportions plus considerables encore de 1866-70 a 1871-75 (338 et 462); on a même constate un nouvel et sensible accroissement en 1877 (479).

Comment expliquer des oscillations d'une aussi grande etendue, dans un pays dont la prospérite matérielle se developpe sans relâche depuis la revolution qui a cree son independance. Elle n'a eu aucune des crises politiques qui ont si vivement eprouvé un grand Etat voisin. Pays neutre, elle n'a pas fait la guerre. Elle souffre, il est vrai, de la stagnation industrielle et commerciale qui afflige l'Europe depuis quelques annees ; mais, a en juger par le mouvement de son commerce extérieur, elle est moins atteinte que la France, l'Angleterre et l'Allemagne. Où donc chercher la cause de cet accroissement si subit et si considerable de ses suicides depuis 1870 ? Ici, on ne saurait se rejeter sur une plus grande exactitude dans les constatations officielles, la statistique belge étant justement renommée et depuis longtemps, pour la valeur des enquetes qui lui servent de base. Existerait-il, en matiere de suicide, ou, en generalisant, dans l'ordre moral tout entier, de véritables contagions ? Entourée par des pays où la mort volontaire sevit avec une sorte de fureur, recevrait-elle de ces pays une influence dans le même sens. On a remarqué que les grandes villes exercent, en ce qui concerne la fréquence du suicide et dans une circonscription plus ou moins étendue, une action de cette nature ; en serait-il de même des grands États sur les petits pays voisins ?

Quoiqu'il en soit, le rapport des suicides à 1 million d'habitants a oscillé en Belgique, comme suit :

1841-45	1846-50	1851-55	1856-60	1861-65
62	60	37	55	55

1866-70	1871-75	1876
66	68.5	81

L'accroissement a été surtout très-caractérisé en 1876 (439 au lieu de 336 en 1875) et, en 1877 (479). Mais ici se manifeste clairement l'effet de la crise économique.

Espagne-Portugal

Les documents officiels sont rares pour ces deux pays et leur exactitude n'est, en outre, rien moins qu'établie. On y observe toutefois le mouvement progressif que nous avons déjà constaté partout. D'après M. Morselli, le rapport des suicides à 1 million d'habitants se serait accru comme suit en Espagne : en 1856-59, 14 ; en 1860, 15 ; en 1862, 13.21 ; en 1864, 15 ; et dans la période 1866-70, 17. Cet écrivain ne donne pas les chiffres absolus, et nous ne les connaissons personnellement que pour les années 1859 (198) et 1860 (235).

Nous ne possédons, pour le Portugal, que les nombres donnés, pour une époque déjà ancienne, par MM. Stein et Yappœns : 48, 58 et 67 pour les trois années 1850-52-54; soit, pour 1 million d'habitants, 13.8, 16 6 et 17.7.

France

On a dit avec raison que la France est un des pays où on se tue le plus et où la population s'accroît le moins. Chez les nations à nombreuses naissances, comme l'Allemagne et l'Angleterre, la mortalité par le suicide ne constitue qu'une perte insignifiante ; il n'en est pas de même en France, le pays le plus infécond des deux mondes. Voici la moyenne annuelle des victimes qu'y a faites la mort volontaire depuis 1827 :

Périodes années	moyennes	Périodes années	moyennes
1827-30	1,739	1861-65	4.661
1831-35	2,119	1866-69	5,207
1836-40	2,574	1872-75[1]	5,471
1841-45	2,952	1875	5,472
1846-50	3,446	1876	5,804
1851-55	3,639	1877	5,922
1856-60	4,002	1878	6,434

Comme on voit, l'accroissement est continu, au moins calculé par périodes quinquennales, car on constate quelques oscillations, mais de faible importance, dans le mouvement par années.

Rapporté à la population (1 million d'habitants), le mouvement s'établit comme suit :

1826-30	1831-35	1836-40	1841-45	1846-50
54	64	76	85	97

[1] Nous avons éliminé les années de guerre 1870 71.

1851-55	1856-60	1861-65	1866-70	1871-75
100	110	124	135	150

Ainsi le rapport a presque triplé de la 1ª à la 10ᵐᵉ période. Il a monté à 173 en 1878. Quant aux nombres absolus, ils ont presque quadruplé de 1827-30 à 1878. Sans doute, il faut tenir compte, à partir de 1860, de l'annexion de Nice et de la Savoie, mais elle est tristement balancée par la perte de l'Alsace-Lorraine en 1871.

La part du département de la Seine dans le total des suicides n'a pas été sans importance, comme l'indique le tableau ci-après (nombres absolus)

1851-55	1856-60	1861-65	1866-69	1872-75
618	657	806	751	873

Si nous prenons chacune des années de la période 1873-77, nous avons les nombres suivants

1873	1874	1875	1876	1877
877	915	926	952	994

Le fort accroissement de la 2ᵉ à la 3ᵉ période aurait-il été déterminé par l'annexion de la banlieue de Paris à cette ville en 1859, et par le renchérissement très sensible de la vie pour les habitants annexés, qui en a été la conséquence? quant à la diminution très sensible survenue de la 3ᵉ à la 4ᵉ, elle ne peut guère s'expliquer que par une très grande prospérité industrielle. Il est possible, toutefois, que la loi relative au mouvement de la population, d'après laquelle une mortalité extraordinaire, qui a enlevé les individus les moins robustes, est suivie, pendant quelques années, d'une diminution des décès — s'applique aussi au suicide. Mais cette observation n'est pas confirmée pour l'ensemble de la France

Nous avons vu que le rapport du suicide à la population est, en moyenne, de 1866 à 1875, de 142 pour la France entière ; dans le département de la Seine, il s'élève, pour la même période, a 328.

Sans aucun doute, les révolutions politiques, en compromettant un grand nombre de situations, en amenant une forte perturbation dans la sphère des intérêts matériels, peuvent déterminer — et déterminent, en effet, comme nous le verrons ailleurs — une recrudescence du suicide, mais, en ce qui concerne notre pays, elles ne sont pas une explication suffisante du douloureux phénomène que nous venons de constater. Il faut en chercher la cause dans une situation économique et morale particulière et dont les éléments sont aussi nombreux que compliqués.

Peut-être doit-on appliquer a notre pays, beaucoup plus qu'a d'autres, ce passage des *Maladies mentales* d'Esquirol. « Plus la civilisation se développe, plus le cerveau est excité, plus la sensibilité est active, plus les besoins (fictifs ou réels) augmentent, plus les désirs sont impérieux, plus les causes de chagrin se multiplient, plus les aliénations mentales sont fréquentes, plus il doit y avoir de suicides »

Hollande.

Nous devons à l'obligeance de M. Vissering, ministre des finances des Pays Bas, les documents ci-après, qui ne se rapportent qu'a une période récente, la statistique des suicides paraissant n'avoir pas été recueillie avec une exactitude suffisante pour les années antérieures :

1875	1876	1877	1878	1879
136	177	183	167	172

Cet heureux pays figure parmi le petit nombre de ceux chez lesquels le suicide peut être considéré comme stationnaire. L'absence de crises politiques et industrielles, peut-être aussi le caractère froid et tenace de ses habitants, expliqueraient-ils le phénomène ?

Irlande.

D'après Mʳ Bodio *(loco citato)*, le nombre des suicides aurait oscillé, en Irlande, dans le sens des indications ci-après :

Années	Nombres absolus	Suicides p 1 million d hab	Années	Suicides	Suicides p 1 million d hab.
1865	77	11	1871	112	21
1866	67	12	1872	102	19
1867	83	15	1873	86	16
1868	87	16	1874	99	19
1869	100	18	1875	75	14
1870	89	15			

Les documents officiels nous apprennent que les oscillations ont continué dans les trois années suivantes :

1876	1877	1878
111	90	93

Nous ignorons quelle est la valeur de ces documents ; nous savons seulement que les relevés du mouvement de la population en Irlande sont incomplets, par suite de l'imperfection de la législation relative à la tenue de l'état civil.

Le mouvement de l'émigration, selon qu'il s'élève ou diminue, doit exercer, d'ailleurs, une influence sensible sur le nombre des suicides dans un pays où il inflige à la population des pertes considérables.

Italie.

Dans les 14 années finissant en 1878, on a compté dans la péninsule, longtemps signalée comme échappant à la loi commune, les nombres de suicides ci-après :

Années	Suicides	Suicides p 1 million d'habit	Années	Suicides	Suicides p 1 million d'habi
1865	678	30	1872	890	33
1866	588	26	1873	975	36
1867	753	30	1874	1.015	37
1868	784	31	1875	922	33
1869	655	24	1876	1.024	37
1870	788	30	1877	1.139	41
1871	836	32	1878	1.158	41

Le rapport à la population se classait comme suit par province en 1878 .

Emilie .	. 71	Marches	39
Vénétie .	. 66	Abruzzes .	. 23
Toscane .	62	Sicile . .	. . 22
Ligurie. .	60	Sardaigne . . .	20
Lombardie	50	Basilicate	. 19
Piémont .	. 46	Campanie. .	. 16
Rome . .	45	Pouille. . .	16
Ombrie.	. . 44	Calabre	10

Ici, comme en Autriche, c'est dans les provinces jouissant de la plus grande prospérité matérielle, que le suicide est le plus fréquent.

Russie d'Europe et Finlande

En 1875, une feuille médicale très autorisée de St-Petersbourg signalait avec regret un accroissement très-sensible des suicides dans cette capitale et dans les autres principales villes de l'empire, comme Moscou, Vilna, Kiew, Casan, etc.

Si les documents officiels de ce pays méritaient toute confiance, on y signalerait d'assez notables oscillations dans la marche du suicide. Malheureusement, nous manquons de renseignements pour toute la période 1863-69 ; ce qui ne nous permet pas de nous faire une idée exacte du véritable mouvement du fléau dans ce grand empire. Voici ceux dont nous disposons et qui ne se rapportent très probablement qu'a la population orthodoxe grecque (moyennes annuelles) :

1851-56	1857-62	1870-74
(6 années)	(6 années)	(5 années).
1360	1232	1723

La 2ᵉ période signale une assez forte diminution du suicide, suivie, dans la 3ᵉ, d'un brusque et très sensible accroissement, dont la période intermédiaire, si nous la connaissions, donnerait peut-être la clef. Les écrivains russes attribuent la marche progressive de cette catégorie des morts violentes à celle de l'alcoolisme.

Mais si le suicide s'est accru en Russie, la population a également marché d'un pas rapide. Toutefois, nous verrons plus loin qu'il s'est accru plus rapidement que la population.

On sait que la Finlande, quoique faisant partie de l'empire, est encore régie par la Constitution de Gustave-Adolphe IV de Suède (1790). Elle a donc une administration autonome et notamment une statistique spéciale. Il est à regretter que nous ne connaissions les suicides de cette province que pour les 8 années de la période 1869-76; mais, si ce document est exact, il semble indiquer que nous devons la ranger dans la catégorie des rares États qui ont su se soustraire à la loi de l'accroissement. Ce résultat serait dû au calme profond dont elle jouit, à la prédominance de l'industrie agricole dans le pays, à son isolement des influences européennes, enfin au sentiment profondément religieux de ses habitants. C'est, d'ailleurs, le milieu, peu favorable au suicide, dans lequel vivent les habitants du reste de l'empire.

Voici les nombres afférents à la période, (nombres absolus dans la 1re ligne et rapport à un million d'habitants dans la 2e).

1869	1870	1871	1872	1873	1874	1875	1876
66	52	50	42	40	64	70	63
38	29	28	23	22	34	36,6	35,5

Scandinavie

Danemark. — La statistique du suicide est relativement ancienne dans ce pays; nous pouvons donc en suivre la marche pour une assez longue série d'années et avec une grande confiance dans l'exactitude des documents officiels.

1841-45	1846-50	1851-55	1856-60	1861-65
306	341	402	446	431

1866-70	1871-75
472	448

L'accroissement est continu, sauf de 1861 à 1865, jusqu'à la dernière période, pendant laquelle se produit un ralentissement notable, attribué, par les uns, à de nombreuses émigrations, par d'autres, à des lois sévères contre l'ivrognerie. Toutefois, cet heureux mouvement ne s'est pas maintenu, comme l'indiquent les nombres ci-après afférents aux trois dernières années :

1876	1877	1878
506	530	544

L'accroissement absolu et relatif du suicide en Danemark est d'autant plus remarquable, que, depuis 1863, ce petit pays a perdu les duchés de Schleswig-Holstein.

En 1874, on a compté, en Danemark, 233 suicides pour 1 million d'habitants et, en 1876, 257.

Les statisticiens danois attribuent cette forte différence à une recrudescence de l'alcoolisme.

Norwège. — Les moyennes quinquennales ci-après y indiquent la marche du suicide :

1841-45	1846-50	1851-55	1856-60	1861-65
138	150	164	145	141

1866-70	1871-73
133	121

On signale ici, à partir de 1851-55, une diminution

continue. A quel concours d'heureuses circonstances peut-elle être attribuée ? Les statistiques officielles sont très-sobres d'explications sur ce point. Mais elles indiquent, depuis quelques années, un mouvement très-caractérisé d'émigration qui aurait eu peut-être pour résultat, en diminuant le nombre des indigens, d'améliorer la situation matérielle du pays. On signale également, comme en Danemark, une répression énergique, mais plus efficace que dans ce pays, de l'ivrognerie.

Le rapport du suicide à la population, après avoir atteint son maximum dans la période 1846-50 (110), est tombé à 75 en 1871-73.

Les suicides afférents à la dernière période quinquennale connue sont les suivants :

1870	1871	1872	1873	1874
148	128	132	126	99

Suède. — Si les mêmes causes opéraient dans ce royaume, placé sous le même sceptre que le précédent et régi par des institutions politiques et administratives peu différentes, nous devrions également y constater une diminution progressive du suicide. Or, c'est le fait contraire qui s'est produit :

1841-45	1846-50	1851-55	1856-60	1861-65
212	229	253	204	211

1866-70	1871-75
354	347

Ici quatre mouvements très-distincts : un mouvement progressif de la 1re à la 3e période, une notable diminution dans la 4e; puis une nouvelle marche en avant qui atteint son apogée en 1866-70;

enfin une seconde diminution dans la dernière période.

Ces oscillations sont rendues plus sensibles par les rapports ci-après à la population :

1841-45	1846-50	1851-55	1856-60	1861-65
66	67	71	57	76

1866-70	1871-75
85	81

Une 5ᵉ oscillation se produit à partir de 1875 : 1875, 376; 1876, 409; 1877, 430. Les émigrations se seraient-elles ralenties? L'alcoolisme, un instant refoulé par les lois répressives, en aurait-il triomphé? La crise économique se serait-elle également fait sentir dans cette partie de la Scandinavie, plus manufacturière que les deux autres? Toutes ces hypothèses sont admissibles. Rappelons, en ce qui concerne l'ivrognerie, que, dans son traité, devenu classique, de l'*Alcoolisme chronique* (1872), le Dʳ Magnus Huss annonçait à ses compatriotes, comme très-probable, un fort accroissement des suicides. Enfin signalons une notable diminution, à partir de 1870, du nombre des émigrants comme pouvant avoir déterminé un accroissement correspondant dans le nombre des morts volontaires.

Suisse

M. Bodio (*loco citato*) attribue à ce pays (à notre grand regret, sans aucune distinction entre les cantons allemands, français et romans), le nombre de suicides ci-après :

1865	1866	1867	1868	1869
330	309	371	356	366

1870	1871	1872	1873	1748
368	321	309	337	349

Nous ne donnons que sous toutes réserves les chiffres du même auteur pour 1876 (540) et 1877 (600). Si ces chiffres sont exacts, ils signalent un accroissement aussi subit qu'extraordinaire. Ils sont cependant confirmés indirectement par l'extrait suivant du *Journal de Genève* sur les morts violentes en Suisse de 1876 à 1878 (3 ans). Leur nombre total aurait été, dans cette période, de 7,576, dont 1,782 suicides, soit une moyenne annuelle de 594. Ce nombre correspond à 215 suicides pour un million d'habitants.

RÉCAPITULATION

Le tableau suivant classe les pays qui viennent de nous occuper, par ordre décroissant du penchant au suicide (suicides pour 1 million d'habitants). Sauf pour l'Espagne et le Portugal, dont les statistiques officielles remontent à une date relativement éloignée, nous avons choisi l'année 1876 comme base de nos calculs. L'Allemagne est représentée par le coefficient moyen de la Prusse, de la Saxe et de la Bavière.

Allemagne	261	Belgique	87
Danemark	257	Angleterre	69
Suisse	215	Norwège	55
France	160	Hollande	45
Autriche	121	Ecosse	37 [1]
Suède	96	Russie	30

[1] Nous empruntons au docteur Farr les éléments de ce rapport, la statistique du suicide en Ecosse nous étant complètement inconnue

Italie	37	Irlande, ...	21
Finlande . . .	35	Espag, Portugal	17

Ce tableau est complété par le suivant, qui indique les différences entre l'accroissement p. 0/0 des populations et celui des suicides, autant qu'il nous a été possible pour une même période, c'est-à-dire le plus souvent de 1865 à 1876 (Ordre alphabétique des noms de pays).

	Populat	Suicides.
Angleterre	14,6	27.1
Autriche	9.2	66.5
Bavière	5.2	18.4
Belgique	7.06	64.4
Danemark	12.1	12.2
Finlande	5.3	» [1]
France	» [2]	17.3
Irlande [3]	»	»
Italie	10.5	51.1
Norwège . , . . .	8.1	- 14.3 [4]
Prusse	6.7	49.0 [5]
Russie	11.07	47.0 [6]
Saxe	18.8	58.4
Suède.	7.6	24.0
Suisse.	6,5	63.6

Les renseignements de ce tableau sont concluants : à deux exceptions près, les suicides se sont accrus,

---

[1] Période 1869 74, suicides stationnaires 66 et 64 — [2] Perte de population — [3] Perte de population et suicides stationnaires · 75 et 77 — [4] Diminution des suicides. — [5] Période 1862 à 1876 — [6] Période 1865 à 1874

en Europe, beaucoup plus rapidement que les populations. Nous rechercherons plus loin les causes générales de ce triste phénomène ; bornons-nous ici à le constater.

Pays hors d'Europe.

Etats-Unis. — La statistique fédérale est très incomplète en ce qui concerne le nombre des suicides, et la manière de les constater est des plus défectueuses. C'est, en effet, en procédant, tous les dix ans, au recensement de la population, que les agents chargés de cette opération s'informent auprès des familles du nombre des suicides survenus parmi leurs membres dans l'année précédente. On peut se faire une juste idée de l'exactitude d'une enquête de cette nature [1]...

En opérant ainsi, on a constaté en 1860, 1,002 suicides, soit 31.8 pour 1 million d'habitants.

Il a été relevé 140 suicides dans la ville de New-York, en 1872, et 150 en 1876; soit, dans cette dernière année, 1 suicide pour 140 habitants. Mais il est évident que cette proportion ne saurait s'appliquer même à l'État de New-York, à plus forte raison à l'Union entière.

55 suicides ont été commis, en 1877, dans la ville de Chicago, ou 122 pour 1 million d'habitants; mais il s'agit encore ici d'une grande ville; or, nous verrons plus loin que la mort volontaire est bien plus fréquente dans les grandes que dans les petites agglomérations.

M. Morselli a pu se procurer la statistique, pour une série d'années, des suicides dans l'Etat du Massachussets. Nous lui en empruntons le résumé ci-après, mais seulement à partir de 1866, les fortes oscillations que présentent les nombres afférents aux années antérieures nous laissant des doutes sur leur exactitude (nombres absolus dans la 1ʳᵉ ligne et relatifs à 1 million d'habitants dans la 2ᵉ).

1866—70	1871	1872	1873	1874	1875
84,0	122	117	117	115	150
60,5	84,7	80,2	80 2	79 6	96,3

En rapprochant les moyennes annuelles déduites des périodes 1866-70 et 1871-75, on trouve une augmentation sensible du rapport à la population : 60.5 et 82.0. Le nouveau monde n'est donc pas plus à l'abri du fléau que l'ancien. Il est vrai que l'émigration européenne contribue pour une notable part à l'accroissement de la population des Etats-Unis.

Brésil. — La moyenne annuelle des suicides à Rio-de-Janeiro, déduite des années 1870 et 1874, aurait été, d'après le Dʳ A. Rey *(Mémoire sur la mortalité à Rio-de-Janeiro,* 1878) de 21, soit d'environ 60 pour 1 million d'habitants.

République Argentine. — D'après M. Morselli, qui donne ces chiffres sous toutes réserves, Buenos-Ayres aurait eu 6 suicides en moyenne annuelle de 1860 à 1864, 9 de 1865 à 1869, et 16 de 1870 à 1873. Dans le reste de cette province, on en aurait constaté 23, 11 et 19. Les rapports à la population seraient à peu près les mêmes dans la capitale et la campagne (12.4 et 12,8).

Australie. — Dans l'Australie méridionale (Adelaide capitale), la moyenne annuelle des suicides a été, de 13.6 de 1867 à 1871 et de 16.8 de 1872 a 1875; soit pour 1 million d'habitants, 75.5 et 80.7 (Morselli).

Dans la colonie de Victoria, on a compté 56 suicides en 1868, 68 en 1869 et 74 en 1870; soit une moyenne annuelle de 66 et un rapport à la population de 104. *(Statistical tables relating to the colonial and other possessiones of the U. K.)*. Depuis, leur nombre paraît s'être notablement accru, puisque nous lisons dans un document officiel qu'ils ont été moins nombreux en 1878 (87) que dans les cinq années précédentes.

Afrique-Algérie. — Dans les premières années de l'occupation, les suicides étaient fort rares dans la population musulmane; depuis, le contact européen semble avoir modifié son aversion pour la mort volontaire. Toutefois, le plus grand nombre des suicides que l'autorité judiciaire y relève aujourd'hui appartiennent à la population européenne. Dans les trois années 1866-68, on a constaté 195 suicides, et, de 1870 a 1872, 203; soit une moyenne annuelle de 65 et de 67. Nous trouvons, dans les cinq années suivantes, les nombres suivants . 1873, 83; 1874, 77, 1875, 104; 1876, 96; 1877, 97; soit une moyenne annuelle de 91. Les populations dans les mêmes années — en admettant que ces nombres se rapportent à la fois aux indigènes et aux européens, — ne sont pas assez connues pour qu'on puisse, avec un degré d'exactitude suffisant, leur rapporter les suicides. Nous nous bornons à signaler leur accroissement, en faisant remarquer que la population européenne, qui en fournit le plus grand nombre, ne s'accroît que très lentement.

CHAPITRE II

SITUATIONS ET CIRCONSTANCES QUI FAVORISENT OU NEUTRALISENT LA TENDANCE AU SUICIDE.

§ I. — Sexe des suicidés.

Des documents officiels, celui qui fait connaître le sexe des suicidés est le moins inexact, et on peut y ajouter une assez grande confiance. En voici le résumé pour les Etats qui font l'objet de cette étude (classés par ordre alphabétique) et pour les périodes les plus récentes.

Allemagne. — En Prusse, le rapport à 100 des suicides de chaque sexe est resté à peu près le même de 1816-20 à 1871-76. On trouve, en effet, les coefficients ci-après :

	1816-20	1821-30	1831-40	1841-50
Hommes	82.2	82.0	81.1	81.1
Femmes	17.8	18.0	18.1	18.9

	1851-60	1861-70	1871-76
	81.1	80.8	81.5
	18.9	19.2	18.5

En Bavière, nous trouvons les résultats suivants :

	1866-70	1871-75
	80.3	80.4
	19.7	19.6

La part des femmes est plus élevée dans la Saxe royale :

	1830-34	1847-50	1851-60	1861-70
Hommes	77.8	78,1	79.1	79.1
Femmes	22.2	21,9	20,9	20.1

	1871-76	1877-79
	80,7	77.9
	19.3	22.1

Le rapport sexuel est à peu près le même en Wurtemberg qu'en Prusse :

	1845-60	1872-75
	81,4	83.9
	19.6	16,1

Ce dernier rapport est probablement accidentel.

Dans le G. D. de Bade, les femmes paraissent se tuer moins qu'ailleurs : 1864-69, 85,3 et 14.7 ; 1870-74, 84.0 et 16.0.

Angleterre. — C'est dans ce pays que les femmes se tuent le plus :

	1838-60	1863-67	1868-71	1872-76
Hommes	71.8	73.3	74.2	74.1
Femmes	28.2	26.7	25.8	25.9

Autriche. — Les femmes s'y suicident peu : 1851-54, 82,1 et 17,9 ; 1873-77, 82,1 et 17,9. On remarque, dans ce pays, une diminution sensible, pendant les cinq dernières années, du rapport sexuel : 20.23 en 1873 ; 18.19 en 1874 ; 17.98 en 1875 ; 17.08 en 1876 ; 16.07 en 1877.

Belgique. — La part des femmes semble également diminuer :

	1836-39	1840-49	1870-76
Hommes	79.0	80.6	84.6
Femmes	21.0	19.4	15.4

Espagne. — Nous n'avons, pour ce pays, comme nous l'avons déjà vu, que les documents afférents aux années 1859-60, documents très défectueux, très incomplets, même pour la constatation des sexes, puisque nous trouvons les rapports, tout à fait insolites, de 70.67 et 29.33. Il est vrai que le sexe d'un assez grand nombre de suicidés n'a pas été relevé.

France. — Le rapport sexuel n'a pas sensiblement varié ; cependant la part des femmes semble diminuer :

	1836-40	1841-45	1846-50	1851-55
Hommes	74.3	75.1	76.3	74.8
Femmes	25.7	24.9	23.7	25.2

	1856-60	1866-60	1871-76
Hommes	76.5	80.3	78.7
Femmes	23.5	19.7	21.3

Hollande. — Peu de suicides féminins : 78.32 et 21.68, pour les cinq années 1875-79.

Hongrie. — Le coefficient des femmes paraît y être relativement élevé ; mais nous manquons de renseignements récents. Pour la période 1851-54, on a 71.7 et 28.3.

Irlande. — 81.72 et 18.25 en 1878 ; 77.78 et 22.22 en 1877.

Italie. — Le rapport sexuel n'a que faiblement varié : en 1864-66, 80.4 et 19.6 ; en 1867-71, 20.6 ; en 1872-77, 20.0.

Russie. — : 79.8 et 20.2 en 1870-74.

Scandinavie. — On trouve pour le Danemark : 75.0 et 25.0 en 1845-56 ; 76.7 et 23.3 en 1864-66 ; 76.9 et 23.1 en 1870-76 ; 81.0 et 19.0 en 1877-78. Ainsi le tribut de la femme au suicide y a sensiblement diminué.

En Norwège, ce tribut est resté assez élevé : 1856-60, 75.7 et 24.3 ; 1861-65, 77.2 et 22.8 ; 1866-73, 76.4 et 23.6.

La Suède fournit les résultats suivants :

	1831-40	1841-50	1851-55
Hommes	80 2	79 4	80 1
Femmes	19 8	20 6	19 9
	1856-60	1861-69	1870-74
Hommes	76 0	78 5	76 8
Femmes	24 0	21 5	23 2

La part des femmes est plus élevée dans les trois dernières que dans les trois premières périodes.

Suisse. — Le rapport sexuel a été exceptionnellement faible en 1879, seule année pour laquelle nous ayons un document de cette nature : 87.8 et 12.2. Nous doutons qu'il soit confirmé par les statistiques antérieures et subséquentes.

En prenant la période la plus récente, et en éliminant l'Espagne et la Suisse, dont les documents ne méritent pas une entière confiance, on peut classer comme suit, par ordre décroissant de suicides féminins, les pays que nous venons d'étudier.

Angleterre	25.9	Italie	20.0
Norwège	23.6	Bavière	19.6
Hongrie	23.3	Saxe	19.3
Suède	23.2	Prusse	18.5
Danemark	23.1	Autriche	17.9
Hollande	21.6	Wurtemberg	16.1
France	21.3	Bade	16.0
Russie	20.5	Belgique	15.4

Aucune observation générale ne se dégage de ce

classement, ni la race, ni le climat ne paraissant exercer une influence sensible sur la tendance au suicide chez la femme, sauf peut-être en ce qui concerne l'Angleterre et la Scandinavie.

En définitive, la part de la femme dans le total des suicides varie, en Europe, entre le quart et le sixième.

Aux Etats-Unis, sur les 1.002 suicides relevés en 1860, 794 avaient été commis par des hommes et 208 par des femmes; soit les rapports 79.25 et 20.75.

Sur les 42 suicides constatés dans la ville de Rio-de-Janeiro en 1870 et 1874, 36 étaient attribués à des hommes et 6 à des femmes; soit les rapports 85.71 et 14.29.

Dans la colonie anglaise de Victoria (Australie), sur 209 suicidés en 1868-69-70, 172 étaient des hommes et 37 des femmes; soit les rapports 82.30 et 17.70.

Ces rapports diffèrent peu de ceux de l'Europe; ils attribuent toutefois à la femme une part moindre dans le suicide.

Nous avons à peine besoin de faire remarquer que, dans les pays qui, comme l'Autriche par exemple, comptent des nationalités d'origines diverses, le rapport sexuel varie selon ces nationalités; c'est ce que démontre M. Morselli par le tableau ci-après:

Nationalités	1851-61	1862-72	1851-72
Polono-Ruthènes	22.9	24.9	23.9
Tchèques-Slaves.	23.1	20.0	21.3
Slavo-Italiens..	17.8	19.6	18.9
Allemands ...	18.6	18.0	19.4

Même en Italie, où, malgré de nombreuses invasions, soit allemandes, soit françaises, la race est restée à peu près homogène, on trouve, par province, les différences du simple au double qu'indique le document suivant, emprunté au même auteur (nombre de suicides d'hommes pour 1 de femmes) :

Calabre	5.7	Basilicate	4.0
Latium	5.4	Sicile	3.7
Ligurie	5.2	Venise	3 2
Campanie	4.9	Pouille	3 2
Lombardie	4.8	Abruzzes	3.1
Sardaigne	4.6	Emilie	2.9
Piémont	4.4	Ombrie	2.9
Toscane	4.1		

On observe des écarts non moins considérables dans d'autres pays. Ainsi, en Angleterre, le rapport des suicides masculins à 1.000 féminins varie entre 3,396 dans les comtes du Sud-Est, et 2,406 dans le Yorkshire; — en Prusse, entre 4,015 dans la Poméranie et 3,233 dans le Hohenzollern; — en Danemark, entre 4,357 dans la province Boroklms et 2,653 dans le Lolland-Tolster; — En Bavière, entre 5,291 dans la Haute-Bavière et 3.330 dans la Franconie centrale; — en Norwège, entre 3,803 dans la province de Homar, et 2,018 dans celle de Bergen.

Nous trouverions probablement des différences semblables, s'il nous était possible de faire des recherches de même nature sur le grand (le trop grand) nombre de nos départements français. Tenter de les expliquer, est, d'ailleurs, impossible.

Les suicides féminins sont très nombreux dans

les grandes agglomérations urbaines. Ainsi, à Londres, on ne trouve que 2.512 suicides masculins, et à Paris 1.282 pour 1.000 féminins. En France, si l'on compare les 15 départements les plus et les moins agglomérés, on trouve, dans les premiers, 340 suicides féminins, et, dans les seconds, 300 seulement pour 1.000 suicides masculins.

L'agglomération semblerait donc favoriser le penchant au suicide chez la femme.

Toutefois, M. Morselli produit des faits qui semblent contredire cette affirmation. Ainsi, en France, pour 100 suicides, on en aurait constaté, — ce qui est exact — en 1865-70, 18.56 du sexe féminin, dans les communes urbaines, et 20.81 dans les communes rurales; en 1871-75, 20.15 et 22.17.

L'expérience de l'Italie en 1877 témoignerait dans le même sens: 12.93 dans les chefs-lieux de province; 19.86 dans les autres villes, et 24.64 dans les communes rurales.

Le même fait se produirait en Prusse, où l'on aurait constaté, en 1869-72, 19.56 dans les villes, et 21.23 dans les campagnes. Si, pour le même pays, on recherche le rapport sexuel, séparément pour les villes de plus de 20.000 habitants, puis pour l'ensemble des villes, enfin pour les campagnes, on a respectivement les coéfficients 18.5, 19.3, et 20.4.

Même résultat en Suède en 1851 55; savoir : 500 suicides masculins pour 100 féminins, dans les villes, et seulement 408 dans les campagnes. Il se reproduit en Norwège, savoir : en 1856-60, 20.0 (villes), et 25.4 (campagnes); en 1864-65, 21.2 et 25.4; soit, pour les deux périodes réunies, 20.6 et 25.4.

En Danemark, on trouve, pour la période 1865-74, à Copenhague, 21.1; dans l'ensemble des villes, 22.5; dans les communes rurales, 23.1. La situation morale et matérielle de la femme serait-elle donc plus mauvaise dans les campagnes que dans les villes ?

Nous verrons plus loin que le rapport sexuel varie aussi selon l'âge auquel le suicide est commis.

Et maintenant comment expliquer le privilège dont jouit ici la femme ? Par un instinct plus énergique de la conservation, par un sentiment religieux plus profond, un amour plus vif de la famille, une moindre intensité ou une moindre durée des grandes douleurs morales, une plus forte résistance aux douleurs physiques, le dégoût de l'ivrognerie, qui, comme nous le verrons, joue un rôle considérable dans les causes du suicide? Ou bien l'immunité relative de la femme serait-elle due surtout à une moindre part à *la lutte pour la vie*, dont l'homme, dans les sociétés civilisées, prend à peu près tous les risques, tous les périls à sa charge? Ces diverses hypothèses sont également admissibles.

§ 2. — Ages des suicidés selon le sexe.

En France, dans les 15 années de la période 1861-75, on a constaté 79,577 suicides, dont 63,236 du sexe masculin et 16,341 du sexe féminin. En cherchant, pour un million d'habitants de chaque sexe et de chaque âge, le nombre de suicides également de chaque sexe et de chaque âge, on trouve les rapports ci-après (le signe — signifie moins) :

	— de 10 ans	de 10 a 21	de 21 à 30	de 31 à 40	de 41 à 50
Hommes	0.43	7.47	15.30	23.20	33.99
Femmes	0.18	3.90	4.56	5.80	8.34

	de 51 à 60	de 61 à 70	de 71 à 80	au dessus
Hommes	47.35	58.97	70.50	56.48
Femmes	11.09	12.80	16.70	16.80

On voit que, contrairement à l'opinion généralement accréditée, le suicide s'accroît avec l'âge. L'accroissement s'arrête, pour l'homme, de 71 à 80 ans; il continue, pour la femme, jusqu'à la limite de la vie. Pour les deux sexes, il ne subit aucune interruption. De la 2e à la 8e période d'âge, il est, pour l'homme, de 656 p. %; pour la femme, de 330. La proportion d'accroissement est donc supérieure de près du double pour l'homme.

M. Morselli donne les rapports ci-après pour l'Italie :

	de 5 à 15 ans	de 15 à 20	de 21 à 25	de 25 a 30	de 31 à 40
Hommes	0.63	11.09	31.44	32.30	31.28
Femmes	0.14	4.97	8.97	7.66	8.17

	de 41 à 50	de 51 à 60	de 61 à 70	de 71 à 80	au dessus
Hommes	43.23	58.03	64.64	54.54	51.15
Femmes	11.04	13.65	13.89	8.59	16.52

Remarquons tout d'abord qu'en Italie, le suicide paraît être plus précoce qu'en France. Nous voyons, en effet, que, de 5 à 30 ans, il s'y commet, pour 1 million d'habitants, 75.46 suicides masculins, et 21.74 féminins; en France, seulement 23-20 et 8-64. En Italie, l'accroissement atteint son maximum au groupe d'âge de 61 à 70 ans pour les hommes; en France, de 71 à 80. Dans les deux pays, le maximum se produit, pour la femme, aux âges les plus élevés. Tandis qu'en France l'accroissement est continu pour les deux sexes jusqu'aux âges du maximum, on constate, en Italie, un temps d'arrêt de 31 à 40 ans pour le sexe masculin. Reste à savoir si ces différences ne s'expliquent pas par des irrégularités dans les recensements de la population *par âge* des deux pays, opérations très difficiles et rarement exactes à ce point de vue.

Nous trouvons, en Suède, pour la période 1817-55, les rapports suivants :

	— de 10 ans	de 10 à 20	de 21 à 30	de 31 à 40	de 41 à 50
Hommes	3.5	19.1	91.3	161.3	206.3
Femmes	0.9	8.8	29.2	23.2	35.0

	de 51 à 60	de 61 à 70	au-dessus
Hommes	201.7	146.3	93.7
Femmes	34.2	27.9	19.4

Ici le maximum est atteint, pour les deux sexes, à la période peu avancée de 40 à 50 ans ; mais cette exception est à peu près unique, au moins dans une pareille mesure.

En Danemark (1855-71), le maximum se déclare, pour les hommes, de 60 à 70 ans, et pour les femmes, de 70 à 80 ; — en Prusse (1873-75), il tombe, pour les deux sexes, aux âges les plus élevés ; — en Bavière (1857-82), nous le trouvons de 60 à 70 ans ; — en Wurtemberg (1856-60), aux mêmes âges ; — en Saxe (1852-76), à la limite extrême de la vie pour les deux sexes ; — en Belgique (1840-49), de 60 à 70 ans ; — en Suisse (1876), aux mêmes âges ; — en Angleterre, de 55 à 65 ans ; — en Autriche (1842-51), aux âges extrêmes ; — en Espagne (1859-60), de 50 à 60 ans.

Ainsi, à peu d'exceptions près, malgré les indications contraires des nombres absolus 1, c'est aux âges les plus avancés que le suicide sévit avec le plus d'intensité pour les deux sexes.

Ce fait, qui peut surprendre tout d'abord, s'explique cependant aisément. C'est surtout aux âges élevés que l'horizon s'assombrit. A cette époque de la vie, nous avons tous subi des déceptions plus ou moins cruelles ; nous avons fait notamment la triste expérience de la fragilité des affections humaines ; nous avons assisté au triomphe, sur ces affections, des intérêts avides, égoïstes, impitoyables. Ce n'est pas tout : nous avons fait des pertes douloureuses, pertes d'enfants, d'une compagne adorée, qui faisaient le charme, la joie, la consolation de nos vieux jours. Ou bien encore, les membres de la famille se sont dispersés allant affronter, au loin, des destinées trop souvent contraires, et nous sommes restés dans une solitude profonde. Quelquefois, c'est l'adversité qui a sévi. Des faillites, des liquidations désastreuses, des procès ruineux nous ont enlevé le fruit d'économies lentement, péniblement amassées, et que la perte de notre activité physique et intellectuelle ne nous permet plus de refaire. Dans ce cas, nous tombons à la charge de la charité publique ou de nos enfants qui, souvent, ont peine à suffire à leurs propres besoins. Dans les campagnes, lorsque le père de famille a fait, de son vivant, le partage de son patrimoine, se réservant une place au foyer et à la table des enfants, ceux-ci, cédant à de coupables

---

1. Esquirol a écrit par erreur : « La vieillesse, qui inspire à l'homme le désir de vivre, parce qu'il est plus près du terme de la vie, est rarement exposée au suicide. » (*Maladies mentales*.)

entrainements, font au pauvre vieillard une situation telle, qu'il ne voit que dans la mort un terme à ses maux. De nombreuses observations ont été faites dans ce sens en France et ailleurs.

En Angleterre, pour 1 million d'habitants des mêmes âges, les femmes ont, de 15 à 20 ans, plus de suicides que les hommes.

Si, toujours pour 1 million d'habitants des mêmes âges, on rapporte à 100 les suicides de chaque sexe dans le même pays, on arrive à ce résultat que, jusqu'à 35 ans, il se tue plus de femmes que d'hommes ; il s'en tue également davantage de 75 à 85.

On retrouve dans d'autres pays cette précocité de la femme dans le suicide. Ainsi, en Suède, elle se tue davantage jusqu'à 30 ans ; en Danemark, jusqu'à 50 ; en Prusse, jusqu'à 40 ; en Bavière, jusqu'à 50 ; en Wurtemberg, jusqu'à 40 ; en Saxe jusqu'à 30 ; en Belgique, jusqu'à 30 ; en France, jusqu'à 40 ; en Suisse, jusqu'à 20 ; en Italie, jusqu'à 30 ans. Ce n'est qu'en Autriche seulement que nous ne retrouvons pas le même phénomène. Dans ce pays, la femme se tue proportionnellement plus que l'homme à partir de 30 ans.

Ainsi, à une seule exception près, nous voyons la femme se suicider plus que l'homme, ce qui indique un développement plus précoce des passions, conséquence naturelle d'une arrivée plus rapide à l'âge adulte. Il y a lieu de remarquer également, que, chez la jeune fille, la puberté est une époque critique qui voit se produire une surexcitation nerveuse d'une assez grande intensité. Ne perdons pas de vue, en outre, que l'instruction de plus en plus développée qu'elle reçoit, surtout dans les grandes villes et trop souvent aux depens des idées religieuses, ainsi que la lecture des romans, font naître, chez elle, ce que nous appellerons volontiers une *impressionnabilité* très vive qui se traduit de plus en plus par des affections désordonnées et par les résolutions extrêmes qu'elles entraînent.

Il est un phénomène douloureux que les statistiques officielles mettent en lumière, c'est le nombre croissant des suicides d'enfants. En voici le nombre en France, pour une période de 16 ans (1861-75), divisée en trois sous-périodes égales :

Périodes	15 ans	14 ans	13 ans	12 ans	11 ans	10 ans	9 ans	8 ans	7 ans	Total
1861-65	63	29	28	11	6	3	»	1	»	141
1866-70	73	46	25	7	9	3	2	»	1	166
1871-75	67	42	22	21	11	5	3	3	1	175
	203	117	75	39	26	11	5	4	2	482

Le total moyen annuel, de 35 en 1871-75, a monté à 36 en 1878.

Casper avait déjà signalé le même phénomène à Berlin, dans le premier quart de ce siècle, indication assez précise des influences physiologiques que les agglomérations urbaines exercent sur le développement des facultés affectives chez les enfants.

En 1866, on a constaté, en France, un suicide à l'âge de 5 ans. Moreau fils (de Tours), signale une tentative au même âge. « A un âge très tendre, dit Michelet, où l'on croit que tout glisse, l'âme est entière déjà. L'imagination, plus vive que chez nous, parfois centuple les douleurs. »

Brière de Boismont fait toutefois remarquer que la folie avant la puberté est fort rare. Il rappelle que, dans son article *Folie* (*loco citato*), Esquirol ne cite que trois cas d'enfants aliénés, et ajoute : « cela tient peut-être à ce que, tandis que le suicide des enfants s'accomplit rapidement, presque instantanement, sans qu'ils paraissent comprendre la gravité de l'acte, ou sans éprouver les angoisses de la mort, la folie, au contraire, se prépare généralement par le désordre d'un plus ou moins grand nombre d'eléments, par une longue période d'incubation et se manifeste surtout aux époques où les passions ont atteint leur maximum d'effervescence. »

La statistique officielle de la Saxe royale distingue par sexe les suicides d'enfants de moins de 15 ans pendant la période 1848-79 (32 ans). En voici le résumé :

Périodes	Garçons	Filles	Total
1848-55	21	5	26
1856-63	28	9	37
1864-71	31	6	37
1872-79	58	10	68
	138	30	168

Remarquons tout d'abord que, de la 1re à la 4e période, le suicide des enfants s'est accrue de 161.6 p. 0/0. La part des filles dans cet accroissement n'est que du simple au double, tandis qu'elle est presque du triple pour les garçons. On constate, en outre, que, comme pour les adultes, sur 100 suicides, 18 seulement sont commis par les filles.

En France, nous trouvons les résultats analogues ci-après, (moyennes annuelles des suicides par âges d'enfants de moins de 16 ans) :

Périodes	Garçons	Filles	Périodes	Garçons	Filles
1836-40	14	5	1856-60	19	7
1841-45	16	5	1861-65	20	8
1846-50	18	6	1866-69	22	12
1851-55	19	10	1872-75	22	10

Ici également on constate un notable accroissement des suicides d'enfants, mais beaucoup moins rapide qu'en Saxe. Les suicides féminins se rapprochent, d'ailleurs, beaucoup plus en France des suicides masculins.

Le docteur Br. de Boismont explique ainsi le triste phénomène qui nous occupe. « Le nombre des suicides, chez les enfants, plus communs dans la capitale qu'en province, s'explique par la mauvaise éducation qu'on leur donne. En les conduisant aux drames modernes, en leur laissant lire des romans, en racontant devant eux les histoires de suicides rapportées par les journaux, on dépose, dans leurs cœurs, les germes du mal, et, vienne une contrariété un peu vive, ils n'hésitent pas à se donner la mort. M. Falret a consigné, dans son ouvrage, le suicide d'un garçon de 12 ans qui se pendit de désespoir pour n'avoir été que le second dans sa classe. »

Le docteur Lisle attribue le même fait à l'absence de toute éducation et au développement exclusif de l'intelligence au préjudice du cœur, dans les établissements d'instruction secondaire de l'État.

« Ces grands enfants, dit-il, qui sont, au collège, complètement étrangers à ce qui les entoure, à ce qui doit les intéresser tôt ou tard, comment supporteront-ils, dans la suite, les orages des passions et les épreuves si diverses qui les attendent ? Et doit on s'étonner s'ils pensent au suicide dès qu'ils éprouvent quelque chagrin ou quelque revers, eux qui ont appris à ne voir que le néant au dela de cette vie ?..... il en serait autrement, si une forte éducation morale était partout appelée à compléter la culture de l'intelligence !

L'enfant n'est pas naturellement mauvais et corrompu. Sa nature, mobile et malleable presque à l'infini, se prête, avec une facilité merveilleuse, à toutes les impressions, bonnes ou mauvaises, et les enfants, devenus hommes, ne sont que ce que l'education et l'exemple les ont faits. »

Le docteur Ebrard, apres avoir également constaté l'accroissement des suicides d'enfants et cité beaucoup de faits dans ce sens, s'exprime ainsi : « Cette triste tendance, plus commune dans les grandes villes qu'ailleurs, accuse les influences sociales de l'époque... L'imagination des enfants se développe trop hâtivement et acquiert une vivacité extrême dans ce milieu surchauffé par la lecture des romans et des journaux, par la fréquentation des spectacles. Leurs cœurs ainsi disposes au mal, ils n'attendent qu'une contrariété, qu'un chagrin un peu vif pour se donner la mort. »

« L'expérience prouve, dit le docteur Falret, qu'une éducation efféminée rend les enfants chagrins, irascibles, impérieux dans leurs désirs. C'est surtout dans les rangs élevés de la société qu'on remarque ces lâches complaisances, cette molle éducation des enfants, qui corrompt leur cœur et empêche le développement du corps et de l'esprit. Tous les serviteurs de la maison accourent à l'appel de ces petit tyrans ; ils ont reçu l'ordre de contenter leurs plus légers caprices. On vante leur esprit ; on cherche même à les faire briller dans des cercles nombreux ; on les représente comme devant jouer un jour un grand rôle, etc., etc. Qu'obtient-on d'une pareille éducation? À 15 ans, ils sont blasés sur tout, et cet esprit qu'on admirait chez eux dans la première enfance, est remplacé par un état voisin de l'imbécillité. En effet, plus on a excité ces jeunes têtes, plus complète est la nullité dans laquelle ils tombent. Cette culture démesurée, trop précoce, en pervertissant la sensibilité et les fonctions du système nerveux, peut produire des anomalies, des perturbations morales ou affectives qui portent au suicide... Ces petits êtres n'étant point façonnés aux contrariétés de la vie, au moindre revers, au moindre reproche, à la moindre infortune, deviennent aliénés ou suicidés. »

« La mobilité propre à l'enfance, dit le docteur Motet, le défaut de résistance à des impulsions provenant quelquefois des plus futiles motifs, les conditions spéciales dans lesquelles certaines natures impressionnables et nerveuses se trouvent placées par l'évolution de la puberté, telles sont les causes les plus communes d'un acte particulièrement émouvant à un âge où les épreuves, les difficultés et les luttes sont loin d'avoir l'intensité qu'elles auront plus tard. » *(Annales d'hygiène, 1880.)*

Jusqu'à ce moment, nous avons rapporté les suicides par âges aux habitants des mêmes âges. Il n'est pas sans intérêt de connaître les suicides par âges, indépendamment des populations respectives. Ils se sont répartis, en France, comme suit, de 1861 à 1875 :

âges	hommes	femmes	âges	hommes	femmes
— de 16 ans	332	149	de 51 à 60	13,396	3,149
de 16 à 20	1,824	943	de 61 à 70	11,698	2,662
de 21 à 30	6,872	2,087	de 71 à 80	5.374	1,639
de 31 à 40	9,652	2,348	au-dessus	965	368
de 41 à 50	12,313	2,985	âge inconnu	905	115

Le total est de 63,234 pour les hommes et de 16,345 pour les femmes, soit 20.54 femmes pour 100 suicides et 25.84 pour 100 suicides d'hommes.

On voit que le plus grand nombre absolu des suicidés des deux sexes sont âgés de 51 à 60 ans ; tandis que, d'après le rapport à la population par âge, ce sont les âges de 70 à 80 ans pour les hommes et de 80 et au-dessus pour les femmes, qui donnent relativement le plus de suicides.

Les différences que signale ce tableau seront plus faciles à saisir si nous réduisons à mille, pour chaque sexe, le nombre des suicidés :

age	hommes	femmes	age	hommes	femmes
—de 16 ans	5.25	9.12	de 51 à 60	212 50	192 65
de 16 à 20	28 84	57.69	de 61 à 70	185 57	162 86
de 21 à 30	108 67	127 63	de 71 à 80	85.25	94 22
de 31 à 40	151 37	143 65	au-dessus	15 31	22.51
de 41 à 50	195.33	182 63	inconnus	14 36	7 03
				1000.00	1000.00

On trouve ici la confirmation de nos observations relatives à la précocité de la mort volontaire chez la femme, puisque, de moins de 16 à 30 ans, elle a commis 194.44 suicides, et l'homme 142.76 seulement. On voit également qu'elle en commet davantage aux âges très-élevés.

Les grandes agglomérations exercent-elles une influence marquée sur le rapport des âges par sexe dans le suicide ? Voici quelques faits à ce sujet :

A Paris, dans la période 1851-59, il a été commis, d'après les relevés de la préfecture de police, 3,863 suicides, dont 2,738 d'hommes et 1,125 de femmes (29.12 suicides de femmes, ou bien de 20.54 pour la France entière, pour 100 suicides).

Les différences dans les âges sont très-sensibles, comme l'indique le tableau ci-après, qui fait connaître d'abord, le nombre absolu des suicides par âge pour chaque sexe, puis le même nombre réduit à mille.

âge	Hommes Suicides	pour 1 000	Femmes Suicides	pour 1 000
de 10 à 15	32	11 61	25	22.22
16 à 20	145	52.95	113	100 45
21 à 30	540	197.22	298	264 88
31 à 40	585	213.66	225	200 00
41 a 50	575	210 00	196	174 22
51 à 60	545	199 05	142	126.24
61 à 70	251	91 67	96	85 33
71 a 80	55	20 09	24	21.33
au-dessus	10	3 65	6	5 33
Totaux	2.738	1.000	1.125	1 000

A Paris, la femme se tue plus que l'homme jusqu'à l'âge de trente ans ; elle se tue également davantage aux âges extrêmes de la vie. Mais c'est surtout dans l'enfance qu'elle a le triste privilége d'attenter plus souvent à sa vie ; la différence est de près du double. A Londres (1861-70), d'après M. Morselli, sur 1.000 suicides de moins de 16 ans, le sexe masculin en compterait 4.7 et le sexe féminin seulement 1.4 ; mais, de 16 à 21 ans, nous retrouvons la plus grande tendance du sexe féminin au suicide : 79.0 contre 30.9. De 71 à 80 ans et au-dessus, ce sont les suicides masculins qui l'emportent : 99.5 contre 78.9. — à Berlin (1851.54), nous avons, de 16 à 21 ans, 86 suicides masculins et 195 féminins ; les premiers seraient plus nombreux aux âges avancés ; — à New-York (1851-76), on constate, a moins de 16 ans, 4.6 suicides masculins et 9.7 féminins ; de 16 à 21, 29.0 et 48 5 ; 19.8 et 34.0 à 71 ans et au-dessus, — a Francfort s/m (1867-76), 3-8 et 57-7 à moins de 16 ans ; 31.4 et 38.4 à 71 ans et au-dessus ; — a Genève (1833-55), 24 et 29 de moins de 16 à 21 ans ; 77 et 114 à 70 ans et au-dessus ; — enfin a Prague (1874-76) 163 et 164 de moins de 16 à 21 ans et, contrairement à la règle à peu près générale, 116.9 et 33.8 à 71 ans et au-dessus.

Les faits qui précèdent confirment, à très peu d'exceptions près, l'enseignement fourni par la ville de Paris et résultant du dépouillement de 3,863 suicides Et cependant M. Morselli n'en attribue aux villes ci-dessus que 3,335, savoir Londres 1909, Berlin 168, New-York 655 ; Francfort s/m 263, Genève 169 et Prague 171.

Cet auteur, après avoir recherché, d'après les comptes rendus de la justice criminelle en France, (mais à une date un peu ancienne) s'il existe un rapport entre les âges des condamnés et ceux des suicidés, est arrivé à un résultat négatif. Voici, sur ce même sujet, un document plus récent ; il se rapporte à la période 1873-77 et ne s'applique qu'aux accusés, sans distinction de sexe, au nombre de 27,564.

Les deux premières lignes s'appliquent aux accusés ; les deux autres aux suicidés.

Accusés	de 16 ans	de 16 à 20	de 21 à 30	de 31 à 40	de 41 à 50
Nombres	233	3.954	7.317	5.955	3.648
p. 1000	8.81	149.49	276.63	225.56	137 92

	de 51 à 60	au dessus
Nombres	2.054	1.289
p. 1000	77.65	48.73

Suicidés	— de 16 ans	de 16 à 20	de 21 à 30	de 31 à 40	de 41 à 50
Nombres	210	971	3.003	4.127	5.182
p. 1000	7.62	35.22	108.94	149.72	209.36

	de 51 à 60	au dessus
Nombres	5.771	8.300
p. 1000	209,36	301.11

On voit qu'en effet il n'existe aucune concordance entre les deux ordres de faits, et on peut appliquer aux malfaiteurs, en n'y changeant qu'un seul mot, les vers bien connus de Voltaire :

.... Chez les âmes *mal* nees,
Le crime n'attend pas le nombre des années.

§ 3. — État civil.

L'état civil exerce-t-il une influence quelconque sur le suicide ? Le célibataire, le veuf sans enfants attentent-ils plus facilement à leurs jours que le marié ? *A priori,* il est permis de croire que le père de famille devra résister plus énergiquement aux épreuves de la vie, que celui qui n'a charge que de sa propre destinée. Quand, au foyer domestique, viennent, la journée finie, s'asseoir et des enfants bien aimés et une compagne dévouée, leur présence n'est-elle pas, pour lui, à la fois une consolation et un encouragement? Que de suicides qu'une voix amie aurait prévenus, si elle avait pu se faire entendre au moment suprême! « *Non bonum est virum solum esse,* » a dit le Christ, et en effet, la solitude est mauvaise conseillère; « elle achève, a dit un écrivain allemand, d'assombrir l'horizon, dont elle chasse cette dernière éclaircie qui s'appelle l'espérance. » Remarquons en outre que, malgré notre tolérance croissante pour le suicide, il laisse, encore aujourd'hui, une tache sur la famille; on répugne, en effet, à épouser la fille de l'homme qui s'est tué. Le marié hésitera donc, plus longtemps que le célibataire, à commettre un acte qui portera à ses enfants un préjudice à la fois moral et matériel.

Et maintenant voyons les faits:

Le tableau suivant fait connaître, pour la France, et pour les 6 années de la période la plus récente (1873 à 1878) : 1° le nombre absolu des suicides par état civil et par sexe ; 2° le rapport p. 0/0 de chaque sexe au total des suicidés de chacun des trois groupes d'état civil ; 3° le rapport p. 0/0 de chaque groupe au total des trois groupes. Nous avons dû négliger les suicidés dont l'état civil n'a pu être connu, malgré leur importance numérique, au moins pour les hommes, un grand nombre de ces derniers allant se suicider loin de leur domicile et restant inconnus.

	Célibataires	Mariés	Veufs	État civil inconnu
Hommes	9.635	12.695	4.016	916
Femmes	2.074	3.569	1.655	90
	11.709	16.264	5.671	1.006
Hommes	82.18	78.95	70.82	»
Femmes	17.82	21.05	29.18	»
	100.00	100.00	100.00	»
Hommes	36.56	48.21	15.23	100
Femmes	28.43	48.20	23.37	100

D'après les nombres absolus, ce seraient, pour les deux sexes, les mariés qui se tueraient le plus, puis les célibataires ; les veufs se tueraient le moins. En comparant les deux sexes pour 100 suicides de chaque groupe d'état civil, les rapports changent, c'est-à-dire que, pour le sexe féminin, ce sont les veuves qui se tuent le plus, puis les mariées et les célibataires, et pour le sexe masculin, les célibataires, les mariés, puis les veufs. Mais il en est autrement, si, pour chaque sexe séparément, on prend le rapport au total des suicides, ramenés à 100, de chacun des trois groupes ; on remarque alors, comme il fallait s'y attendre, une concordance parfaite entre les nombres absolus et proportionnels.

Maintenant, si les recensements de la population ne faisaient pas connaître l'état civil des habitants, et si, par suite, on ne pouvait rapporter les suicides par état civil aux habitants du même état civil, on se ferait l'idée la plus fausse de l'influence, sur la mort volontaire, du mariage, du célibat et du veuvage. Aussi est-il arrivé que, n'ayant pu faire ce rapprochement, des écrivains n'ont pas hésité à enseigner qu'on se tue plus dans le mariage que dans les autres situations civiles, et ils justifiaient leur opinion, non seulement par les nombres absolus, mais encore par la considération suivante. C'est pendant le mariage que la vie se complique le plus, que les intérêts les plus graves sont engagés. Les époux, en effet, sont obligés d'assurer, par leur travail, par leur intelligence, non seulement le présent, mais encore et leur propre avenir et celui de leurs enfants. C'est donc à cette époque que les adultes des deux sexes courent les risques les plus dangereux et qu'ils doivent déployer toute leur énergie pour les conjurer. De là une lutte violente, prolongée, dans laquelle beaucoup succombent.

Cette observation, très juste d'ailleurs, ne fait que donner un nouveau relief au fait, que nous allons démontrer — après beaucoup d'autres — de l'immunité relative du mariage au point de vue du suicide.

Si nous rapprochons les suicidés par état civil, en 1876, des habitants par état civil d'après le recensement de la même année, nous obtenons, en France, les résultats ci-après (rapport à 1 million d'habitants, distraction faite, pour les célibataires, des garçons de moins de 15 ans et des filles de moins de 18 ans [1]) :

	Célibataires	Mariés	Veufs
Hommes	422.14	271.71	737.22
Femmes	80.00	80.87	121.22

Ces rapports indiquent clairement que ce sont les mariés des deux sexes qui se tuent le moins et les veufs qui se tuent le plus. Les célibataires viennent, pour les hommes, immédiatement après les veufs. Quant aux femmes, elles semblent se tuer un peu moins dans le célibat que dans le mariage.

Voici un rapprochement de même nature pour la Prusse ; remarquons seulement qu'un élément nouveau, et qui n'est pas sans intérêt, apparaît ici : les

---

[1] Cette élimination est peut-être trop considérable, au moins pour le sexe féminin, un certain nombre de suicides étant commis par des jeunes filles de moins de 18 ans. Toutefois, elle n'est pas suffisante pour altérer sensiblement les rapports qui suivent.

divorcés. Donnons d'abord les nombres absolus et proportionnels pour les trois années 1873-75 :

	Célibataires	Mariés	Veufs	Divorcés	État civil inconnu
Hommes	2,387	3,391	1,052	130	292
Femmes	673	646	357	25	25
	3.060	4.037	1.409	155	317
Hommes	78 00	84 00	74 66	83 87	»
Femmes	22 00	16.00	25.34	16 13	»
	100.00	100.00	100.00	100 00	»

Ici les hommes mariés se tuent le plus et les femmes le moins ; viennent ensuite, et avec à peu près les mêmes rapports, les divorcés des deux sexes. Ce seraient les veufs qui se tueraient le moins.

Les résultats par état civil du recensement de 1875 confondant les divorcés et les veufs, nous prendrons pour élément de comparaison celui de 1871 qui les sépare, et nous lui rapporterons les suicides de l'année 1873 (suicides pour 1 million d'habitants de chaque groupe d'état civil, les enfants de 0 à 15 ans ayant été éliminés des célibataires, et les suicidés dont l'état civil est resté inconnu, du total des suicidés.)

	Célibataires	Mariés	Veufs	Divorcés
Hommes...	240.45	233.27	826.38	3,870.69
Femmes...	80.00	53.77	125 64	224 59

L'immunité relative des mariés n'apparaît pas ici aussi distinctement qu'en France, au moins pour les hommes ; mais elle est frappante pour les femmes. Le nombre exceptionnel des suicides parmi les divorcés des deux sexes, mais surtout parmi les hommes, est le fait le plus remarquable de ce tableau.

Dans la Saxe royale, nous trouvons les rapports ci-après a la population des suicides par état civil de 1847 à 1858 ; les enfants n'ayant pas été distraits des célibataires, le premier de ces rapports est nécessairement inexact; mais nous ne pouvons le rectifier.

	Pour la periode entière	P 1 million d hab (année moyenne)
Célibataires.	1 901	141
Mariés.	2.453	318
Veufs.	726	550
Divorcés	79	1.400
Séparés.	32	176

Ainsi, à cette époque, les mariés se suicident beaucoup moins que les veufs, mais surtout que les divorcés. Les séparés de corps paraissent n'avoir qu'une faible tendance au suicide ; il est vrai qu'ici les nombres absolus sont très faibles. En rapprochant, pour le même pays, les suicides par sexe et par état civil de 1876 des habitants recensés par sexe et état civil en 1875, nous obtenons les données proportionnelles ci-après pour 1 million d'habitants (moins les enfants de 0 à 15 ans) :

	Célibataires	Mariés	Divorcés
Hommes	555.18	821.01	3,252.24
Femmes	555.18	146.04	389.33

Ce tableau signale un résultat imprévu et probablement accidentel ; c'est le plus grand nombre de suicides d hommes parmi les mariés que parmi les célibataires. Cette exception à la règle s'explique très probablement par la crise industrielle qui a sévi en Allemagne, mais surtout en Saxe, depuis 1874, et a déterminé, parmi les manufacturiers, presque tous mariés, un nombre exceptionnel de suicides.

L'observation relative a l'immunité relative des mariés est, d'ailleurs, confirmée en ce qui concerne les femmes. La plus grande tendance au suicide parmi les célibataires, mais surtout parmi les divorcés et veufs, est aussi de nouveau mise en lumière.

En Wurtemberg, les rapports pour 1 million de mariés, de veufs et de divorcés, ont été les suivants dans la période 1846-60 :

	Célibataires	Mariés	Veufs	Divorcés
Hommes	»	226	530	1,298
Femmes	»	52	97	281

En Italie, on trouve, pour la période 1873-77, les rapports suivants :

	Célibataires	Mariés	Veufs
Hommes	86.6	71.8	168.6
Femmes	19.8	20.1	29.6

Les enfants de moins de 15 ans ont été distraits des célibataires.

Ainsi, sauf l'exception, tout à fait accidentelle, que présente la Saxe dans ces dernières années, mais en ce qui concerne les hommes seulement, l'influence bienfaisante du mariage est complètement démontrée. Si nous ne craignions de sortir de notre sujet, nous établirions que la même influence se manifeste en ce qui concerne la mortalité comparée des célibataires, mariés et veufs des mêmes âges, et qu'elle agit aussi préventivement sur le nombre des crimes et des cas d'aliénation mentale.

Cette action du mariage devient plus évidente encore si l'on songe que le suicide s'accroît avec les années, et que les mariés sont généralement plus âgés que les célibataires. On devrait donc, en l'absence de cet élément spécial, trouver plus de suicides parmi les premiers.

Quant au grand nombre des suicidés parmi les veufs, il s'explique sans doute, en grande partie, par les tristes inspirations de la solitude, par le chagrin résultant de la mort d'un conjoint aimé, puis par la diminution et même la perte des moyens d'existence qu'entraîne toujours le décès du chef de la famille ; mais il faut encore en chercher la cause dans l'âge relativement élevé qu'ont atteint un grand nombre de veufs des deux sexes.

Il est beaucoup plus difficile d'expliquer la grande fréquence du suicide chez les divorcés, la rupture du mariage étant prononcée à tous les âges. Il faut donc admettre ici des causes d'une autre nature que celles qui agissent dans l'état de veuvage, peut-être un mouvement d'opinion défavorable aux divorces, qui les oblige à vivre plus isolés que les veufs.

Les documents français distinguent, au point de vue de l'état civil des mariés et veufs, entre ceux qui ont et n'ont pas d'enfants. Il est permis de croire que les premiers se tuent en moins grand nombre que les seconds ; mais, en l'absence de renseignements de même nature pour l'ensemble de la population, on ne peut en avoir la certitude. Seulement, comme les mariés avec enfants sont sensiblement plus nombreux que les mariés sans enfants, peut-être dans le rapport de 90 0/0, tandis que, sur

100 suicides de mariés, on en trouve 43,07 de mariés sans enfants, on est tenté d'en conclure que l'absence d'enfants favorise le suicide.

Quant aux divorcés, il y a lieu de penser que beaucoup sont sans enfants, le recours à la rupture complète du mariage devant être plus rare, quand les époux ont entre eux le lien puissant d'une jeune famille, que lorsque leur mariage est resté stérile.

Voici, au surplus, les documents français. Ils semblent attester que l'existence d'enfants est un préservatif plus efficace chez la femme que chez l'homme (période 1867-75) :

	Hommes Total	0/0	Femmes Total	0/0
Mariés avec enfants	13 022	67.6	3.221	61.0
— sans —	6 261	32.4	2 061	39.0
Veufs avec enfants	4.122	65.8	1 517	59.4
— sans —	2 144	34.2	1 010	40.6

Les documents prussiens fournissent un renseignement analogue, comme l'indique le tableau ci-après, calculé pour la période 1869-75 :

	Hommes Totaux	0/0	Femmes Totaux	0/0
Époux non indigens avec enfants	2 811	36.4	722	44.6
Époux indigens avec enfants	4.929	63.6	899	55.4
Veufs non indigens avec enfants	1.733	73.0	654	79.7
Veufs indigens avec enfants	639	27.0	188	20.3
Divorcés avec enfants	217	70.0	34	57.6
Divorcés sans enfants	93	30.0	25	42.4

Sauf en ce qui concerne les divorcés, les suicides sont relativement moins nombreux chez les femmes que chez les hommes, qui ont des enfants.

Signalons, en terminant sur ce point, un fait curieux et qui semble encore attester l'influence préventive du mariage sur le suicide ; c'est la singulière coïncidence qui se produit, depuis quelques années, entre l'accroissement des suicides et la diminution des mariages. Nous avons établi la marche progressive des premiers dans presque toute l'Europe ; or, un mouvement rétrograde correspondant des seconds est signalé par les relevés officiels de l'état civil. En France, le nombre des mariages est tombé graduellement, de 325,754 en 1872, à 279,650 en 1878 ; dans l'Empire allemand, de 425,900, à 340,006 ; en Angleterre, de 201,267, à 194,343 en 1877 ; en Autriche (Cisleithanie), de 192,406, à 161,337 en 1877. Le même fait s'est produit en Italie et en Suisse à partir de 1875 ; en Belgique, de 1873 à 1876.

En revanche, les mariages se sont accrus en Hollande, en Norwège, et sont restés stationnaires, avec une certaine tendance à l'augmentation, en Finlande.

En dehors de ces trois pays, que n'atteignent pas ou fort peu les influences européennes, tous les autres ont souffert de la crise économique sous la double forme d'un temps d'arrêt dans la formation de familles nouvelles, et d'un mouvement accéléré des actes de découragement. Il sera intéressant de rechercher si, la crise finie et la situation matérielle des peuples améliorée, le double phénomène prendra fin. Pour la France, la question est depuis longtemps négativement résolue : avec ou sans crises de l'ordre soit économique, soit politique, les suicides s'accroissent sans relâche.

§ IV — Profession et condition sociale

La profession et la condition sociale doivent certainement accroître ou diminuer la tendance au suicide. Il est admissible, en effet, que le cultivateur, par exemple, dont la vie est calme, régulière, presque automatique, et qui bénéficie d'ailleurs des influences salubres (morales et physiques) de la vie en plein air, ne doit pas être aussi tenté d'attenter à ses jours que le commerçant, le manufacturier, le capitaliste exposés aux perturbations industrielles, ou aux conséquences fâcheuses de spéculations hasardées. Il court également un moindre danger que les personnes qui exercent des professions dites *de luxe*, professions subissant à un très haut degré les mouvements de la fortune publique, comme les gens de lettres et les artistes. Le suicide doit être relativement rare, au contraire, dans les classes qui vivent d'un revenu assuré : rentiers, pensionnés, employés des administrations publiques, etc., etc. Il convient de remarquer, en outre, que, dans ces classes, la médiocrité générale du revenu et une raison élevée sont de sérieux obstacles aux habitudes de dissipation, aux désordres de toute nature, dont le suicide est le dénouement presque obligé.

Enfin, il convient de tenir compte, dans l'influence de la profession, d'un élément de la plus grande importance, le degré d'intelligence. On a dit, avec raison, à ce sujet, que le sauvage ne se tue pas, le *privilège* du suicide n'appartenant qu'à l'homme civilisé.

Cette influence du développement intellectuel sur le suicide a été parfaitement appréciée par Saint-Marc de Girardin, quand, dans son cours de littérature, il dit : « Je dirais volontiers qu'il faut, pour arriver à l'idée du suicide, un certain exercice de l'intelligence... Les hommes qui n'ont point étudié, les femmes qui n'ont pas lu de romans n'ont pas, dans leurs peines, recours au suicide ; aussi y a-t-il plus de suicides chez les peuples civilisés que chez les peuples barbares... L'homme le plus malheureux du monde, le plus dénué, le plus réduit au fumier de Job, cet homme, s'il n'a pas un peu goûté de l'arbre de la science, s'il n'ajoute pas à ses souffrances le tourment de la pensée, cet homme ne songera pas à se tuer. Le suicide n'est pas la maladie des pauvres d'esprit, c'est plutôt la maladie des raffinés et des philosophes, et si, de nos jours, les artisans sont, hélas ! atteints eux-mêmes de la maladie du suicide, cela tient à ce que leur intelligence est sans cesse agacée et aigrie par la science et la civilisation modernes » (*Cours de littér. dram.*, chap. V).

On voit que le problème des influences que nous avons à étudier ici est très-compliqué. Ajoutons que, dans l'état actuel de la statistique du suicide, les éléments de solution sont loin, comme nous allons le voir, d'être concluants.

En France, la statistique officielle répartit les suicidés entre les dix catégories de professions ci-après : 1° exploitation du sol ; 2° élaboration des produits du sol (industrie du fer, du bois, des tissus, etc.) ; 3° industrie alimentaire (bouchers, boulangers, meuniers, etc.) ; 4° industrie du vêtement (tailleurs, perruquiers, chapeliers, etc.); 5° commerce; 6° industrie ou commerce des transports (voituriers, mariniers, commissionnaires, etc.); 7° aubergistes, logeurs, cafetiers; 8° domestiques attachés à la personne; 9° professions libérales; 10° professions inconnues ou individus sans professions. Dans le tableau qui suit et qui comprend le total des suicides de 1873 à 1878, nous désignerons ces dix catégories par leurs numéros d'ordre :

	I	II	III	IV	V	VI
Totaux	11,888	6,547	981	2,141	1,222	594
P. 10.000	3,434.07	1,886.62	282.67	616.73	352.12	172.15

	VII	VIII	IX	X	Total
Totaux	437	1,536	5,300	4,058	34,704
P. 10 000	126.55	442.49	1,527.20	1,759.30	10,000.00

D'après les nombres absolus, ce sont les agriculteurs, puis les industriels (patrons et ouvriers), les titulaires de professions libérales, enfin les individus dont la profession n'a pu être connue ou qui n'en avaient aucune, qui se tuent le plus.

Cet ordre reste le même, si on se reporte aux nombres proportionnels.

En comparant les catégories dont l'énumération précède avec celles qui ont été adoptées pour le recensement quinquennal de la population, on constate qu'elles diffèrent notablement et ce n'est pas sans des chances d'erreurs qu'on peut les rapprocher. Même pour celles qui portent les mêmes dénominations, il n'est pas certain qu'elles comprennent les mêmes individus. Voici les classifications du recensement avec les nombres absolus pour 1876, date de la dernière opération :

Agriculture	Industrie	Commerce, transports	Domestiques
18,968,605	9,274,537	3,837,223	2,339,683

Professions libérales	Id inconnues ou sans profession
1,531,405	281,540

Si nous réunissons, pour les suicidés, en une seule catégorie (industrie) les numéros II, III et IV, et si nous ajoutons aux commerçants les aubergistes, logeurs et cafetiers, nous aurons, des deux côtés, le même nombre de divisions, et nous tenterons alors, *sous toutes réserves,* le rapprochement suivant, en prenant comme année moyenne les suicides de 1876 (suicides pour 1 million d'habitants).

	Agriculture	Industrie[1]	Commerce transports	Domestiques
Hommes.	233.45	858.68	200.00	184.00
Femmes.	59.42	135.73	20.95	90.76

	Professions libérales	Professions inconnues
Hommes.	760.34	4.400.35
Femmes.	195.36	2.758.40

Ce sont les individus sans professions connues et, par suite, dont la situation sociale est des plus douteuses, qui commettent, et de beaucoup, le plus grand nombre de suicides. Nous appellerions volontiers cette catégorie celle des *misérables*. Les professions libérales viennent immédiatement après, mais à une grande distance. Beaucoup d'artistes, in-

---

[1] Les ouvriers seulement

connus ou méconnus, de médecins sans malades, d'avocats sans causes, d'employés ou de petits fonctionnaires révoqués, d'hommes de lettres ne trouvant pas à placer leur prose ou leurs vers, figurent dans ces professions.

Comme il fallait s'y attendre, les ouvriers industriels se suicident en beaucoup plus grand nombre que les agriculteurs. Et cependant, d'après les renseignements les plus dignes de foi, le suicide se propage rapidement dans les campagnes, sous l'influence des villes, avec lesquelles la facilité des communications les met en rapports plus étroits, plus intimes que par le passé.

Les domestiques, dont la situation est paisible et le pain assuré, au moins pendant la période active de leur vie, ont néanmoins un nombre relativement élevé de suicides.

On est frappé du petit nombre relatif de suicides afférent au commerce (transports compris), ces deux professions subissant, quoique peut-être dans une moindre mesure, les mêmes risques que l'industrie, c'est-à-dire l'effet des crises économiques.

Exprimons le regret de ne pas trouver, dans les deux classifications officielles, l'armée et la marine, puis les personnes vivant de leur revenu (propriétaires, rentiers, pensionnés, etc.).

Il eut également été à desirer que, dans l'industrie, la classification du ministère de la justice indiquât clairement qu'elle sépare les ouvriers des patrons, les coefficients de ces deux conditions sociales devant présenter des écarts très notables.

C'est dans le commerce que les femmes se suicident le moins, et — comme les hommes — dans les professions libérales (en dehors des professions inconnues), qu'elles se tuent le plus. Les ouvrières et domestiques du même sexe ont également un coefficient très élevé.

M. le docteur Mottet (*annales d'hygiène,* 1880) croit avoir remarqué qu'à Paris, les cordonniers et tailleurs ont un nombre exceptionnel de suicides. Il explique cette particularité, non par une prédisposition fâcheuse, mais par la mauvaise conformation, la constitution défectueuse des personnes qui n'ont choisi ces professions que parce qu'elles n'exigent pas un grand déploiement de forces physiques. « Le sentiment de leur infériorité physique, ajoute ce médecin, la solitude dans laquelle ils vivent, sont des causes actives qui les atteignent directement et ne frappent pas dans la même proportion les ouvriers du même état travaillant dans les ateliers. »

En Prusse, la statistique officielle des suicides répartit leurs auteurs en 25 professions. Elle fait connaître en outre : 1° leur situation de fortune (encore hors d'état de gagner leur vie, indigents, passibles de l'impôt des classes ou possesseurs d'un petit revenu, passibles de l'impôt sur le revenu, ou contribuables possédant un revenu plus élevé, propriétaires de maisons et d'immeubles ruraux); — 2° leur condition sociale (propriétaires, capitalistes, négociants, directeurs, surveillants, comptables, titulaires d'autres professions et leur famille, domestiques et leur famille, fonctionnaires publics et leur famille, armée et flotte et leur famille; autres conditions sociales). Ces diverses classifications ne manqueraient certainement pas d'intérêt, si l'on pouvait rapporter les suicides qui leur sont afferents aux populations respectives. Il n'en est rien, et il n'existe de rapprochement possible de cette nature que pour le petit nombre de professions ci-après (suicides de 1873 rapportés à 1 million d'habitants recensés en 1875) :

Industrie	Commerce et Transports	Agriculture
105.80	110.38	47.43

L'immunité relative de la profession agricole reçoit de ce tableau une nouvelle et éclatante démonstration. On est surpris de trouver plus de suicides parmi les commerçants que parmi les industriels, ces derniers étant plus éprouvés par les crises économiques que les premiers.

Dans la Saxe royale, nous avons, pour les suicides de 1878 rapportés à la population recensée en 1875, les rapports ci-après pour les deux professions les plus importantes :

Commerce et Industrie	Agriculture
341.69	71.17

N'oublions pas que la Saxe est le pays le plus industriel de l'Allemagne.

La statistique des suicidés en Angleterre ne fait connaître ni leurs professions, ni leur condition sociale. Nous lisons, à ce sujet, dans le *Médical journal* de Londres « On sait que le suicide est considéré, en Angleterre, comme un crime, et, cependant il est de beaucoup plus *fréquent dans les classes élevées que dans les classes inférieures de la société* Ainsi le suicide est en rapport inverse du degré d'éducation et paraît être la conséquence obligée du progrès de la civilisation et en quelque sorte son expiation. C'est une question à étudier mûrement. »

Déjà, à une date éloignée, le géographe Balbi avait affirmé, mais sans en apporter la preuve, que les suicides sont, en France, en raison du développement de l'instruction primaire.

Voici, d'après M. Morselli, quelle serait, en Italie, l'influence des professions sur le suicide, d'après la période d'observations 1866-76 (pour 1 million d'habitants de chaque profession) :

	Hommes	Femmes
Production des matières premières . .	26.7	21.6
Industrie.	80.4	23.0
Commerce	277.0	87.0
Transports.	152.6	»
Capitalistes et propriétaires	172.8	44.5
Force publique.	404.1	»
Administrations publiques.	324.3	»
Cultes.	53.5	6.9
Profession juridique.	217.8	»
Profession médicale	200.9	28.0
Enseignement	355.3	19.5
Beaux-Arts.	90.9	99.8
Lettres et sciences	618.3	»
Professions indéterminées.	252.7	259.3
Hommes de peine.	36.1	26.1
A la charge d'autrui	21.6	6.5

On est frappé du nombre exceptionnel de suicides que fournissent les professions libérales (fonctions publiques, profession médicale, enseignement et surtout lettres et sciences), puis le commerce réuni aux transports. L'industrie est relativement privilégiée ; il est vrai que l'industrie manufacturière n'existe presque pas en Italie, où domine la petite industrie (arts et métiers). L'agriculture (production des matières premières) paraît y jouir, de la même immunité que partout ailleurs. Quant au très fort coefficient de l'armée, nous en parlons plus loin en examinant la tendance particulière du soldat au suicide. Ce n'est pas sans une certaine surprise que l'on constate 53 suicides pour 1 million d'ecclésiastiques ou religieux et 6.9 pour 1 million de religieuses. Ne s'agirait-il pas ici des personnes attachées au service des églises ou maisons conventuelles et indument classées sous la rubrique *Cultes?*

M. Morselli fait remarquer que le suicide serait moins fréquent dans les classes agricoles en Italie, sans les ravages causés par la terrible maladie de la peau appelée *Pellagre*. Il ajoute qu'un grand nombre de suicides déterminés par cette maladie sont classés parmi les décès par accidents, les victimes, sous le sentiment de leur incurabilité, allant souvent se noyer. C'est également l'opinion de son savant confrère le professeur Lombroso.

Voici les documents officiels pour la Suisse (année 1876).

Mais disons d'abord que, d'après le docteur Lombard, de Genève, c'est dans les classes industrielles de ce canton que le suicide sévirait le plus (Debreyne p. 236).

	Hommes	Femmes
Agriculture	301	73
Industrie	577	52
Commerce	654	89
Transports	1,514	»
Prof. libérales	556	»
Domest journal	1,981	92

Ici, également l'agriculture est sensiblement moins éprouvée que les autres professions. Les coefficients exceptionnels attribués à l'industrie, au commerce et surtout aux transports, ne peuvent guère être considérés que comme accidentels, la crise industrielle, qui a sévi surtout en 1876, suffisant à les expliquer. Nous retrouvons encore ici la forte tendance au suicide des professions libérales.

On peut croire, bien que nous n'en ayons pas la preuve statistique, — cette observation s'applique à tous les autres pays, moins peut-être l'Italie — que, parmi ces professions, celle des Beaux-Arts fournit un contingent très-élevé. Chez les artistes, en effet, l'imagination est très vive, la sensibilité très développée. Pour eux, les moindres joies, mais aussi les moindres peines sont fortement ressenties. Ainsi le Dominiquin se donne la mort parce qu'il ne peut supporter les railleries et ce qu'il appelle les persécutions de ses rivaux, surtout de Ribeira dit l'Espagnolet. Celui-ci, à son tour, se tue du chagrin que lui a causé l'enlèvement de sa fille par le vice-roi Don Juan. Ainsi encore, de nos jours, Nourrit se tue à Naples en apprenant le succès de Dupre, son successeur à l'Opéra de Paris.

Le coefficient énorme des domestiques et journaliers n'a pas de précédents ailleurs, au moins dans de pareilles proportions. Il ne constitue pas toutefois un fait isolé ; on le retrouve en Saxe et surtout en Danemark et en Suède, pays où la condition des domestiques surtout paraît être aussi fâcheuse qu'en Suisse.

Dans ces deux derniers pays, le suicide est très rare parmi les classes élevées.

Au sujet des professions libérales, disons qu'elles payent aussi un tribut très élevé à l'aliénation mentale. Ainsi, en France, sur 71,292 malades admis dans les asiles de 1856 à 1860, on comptait 96 artistes pour 10.000, 84 juristes, 39 théologiens, 38 médecins, 35 professeurs et hommes de lettres, 14 fonctionnaires et 12 propriétaires ou rentiers.

Il nous reste à examiner la tendance au suicide dans l'armée, tendance partout plus caractérisée que dans la population civile des mêmes âges. Mais il importe de faire une observation préalable. Le service militaire ne constitue véritablement une profession que pour les officiers et un petit nombre de soldats (sous-officiers pour la plupart), qui restent sous les drapeaux, par voie de rengagements successifs, jusqu'à l'âge de la retraite. L'influence de ce service sur la tendance au suicide ne rentre donc pas exactement dans l'ordre de recherches qui nous occupe. Toutefois, il s'y rattache assez pour que, à l'exemple des écrivains qui nous ont précédé, nous ayons cru devoir l'y classer.

Le tableau suivant fait connaître, pour la France, le nombre absolu des suicides militaires rapproché de l'effectif réel (moyenne des présents sous les drapeaux) de 1873 à 1877 :

	Effectif réel	Suicides
1873	391,966	178
1874	374,821	154
1875	382,816	168
1876	405,004	122
1877	440,614	135

En ne consultant que les nombres absolus, on

constate une diminution très notable des suicides à partir de 1873 ; elle est surtout sensible de 1875 à 1877, alors que la moyenne de l'effectif s'élève dans d'assez fortes proportions. Faut-il l'attribuer à la réduction, à partir de 1874, de la durée du service militaire (de 7 à 5 ans), ainsi qu'à diverses améliorations dans la situation matérielle du soldat ? — Peut-être.

Le nombre moyen annuel des suicides militaires (151) rapproché de l'effectif moyen (399,054), est de 0,378 pour 1000 hommes, ou de 378 pour 1 million de soldats. or, le nombre des suicides dans la population civile masculine de 21 à 24 ans (la durée moyenne du service n'étant pas de plus de 4 ans) a été, en 1876, année du dernier recensement de la population, approximativement de 287. Pour 1,024,688 individus de 21 a 24 ans, c'est 280 suicides pour 1 million d'habitants ; la différence est de 98. De 1862 à 1867, elle paraît avoir été beaucoup plus considérable : 373 contre 134.

L'état moral du soldat serait donc devenu sensiblement meilleur dans ces dernières années.

La fréquence du suicide paraît augmenter en France avec la durée du service · 910 pour un million chez les militaires qui comptent 14 années de service et seulement 300 chez ceux qui n'en comptent que 3 et au-dessous (période 1862-67).

En France, le suicide ne sévit pas seulement parmi les soldats; il est également fréquent chez les gradés.

	Officiers	S Officiers	Soldats
1873	10	41	127
1874	6	43	105

les documents nous manquent pour les autres années.

En Prusse, on a relevé, en 1867-69, 0,60 suicides militaires pour 1000 hommes de l'effectif; en 1872, ce rapport s'est élevé à 0,62. Pour 1 million de militaires, c'est 600 et 620, proportion bien supérieure à celle de la population civile de 20 a 30 ans (394).

En Autriche, on trouve (période 1869-73), une mortalité militaire par le suicide de 0,85, 0,87, 0,82, 0,88 et 0,81 pour 1000 de l'effectif; soit une moyenne de 866 pour 1 million, contre 122 dans la population civile des mêmes âges.

D'après un document officiel récent, le rapport des suicides militaires au total des décès militaires ramené à 100 serait en accroissement marqué depuis 1873, comme l'indiquent les nombres ci-après :

	Total des Décès	Suicides	pour 100
1873	13,535	271	2 0
1874	11,184	347	3.1
1875	9 251	353	3 8
1875	8 275	408	4 9

En Belgique, la statistique officielle accuse, en 1868-69, 0,459 suicides militaires pour 1.000, et seulement 0,068 dans la population civile des mêmes âges.

En Angleterre, d'après un mémoire lu à la société de statistique de Londres, en 1874, par un ancien médecin militaire, le Dr Millar, on avait relevé, de 1862 à 1871, 663 suicides ou 0,379 pour 1.000 de l'effectif, et dans la population civile des mêmes âges (de 20 à 45 ans), seulement 0,107 ou plus des 2/3 en moins.

Au dire du même médecin, il se commettrait deux fois plus de suicides dans la cavalerie que dans l'infanterie. Les suicides militaires ont, d'ailleurs, sensiblement diminué depuis la réduction de la durée du service militaire. Ils sont beaucoup plus fréquents dans l'Inde qu'aux colonies et dans la mère-patrie.

D'après M. Adolphe Wagner (*Die Gesetzmœssigkeit*, etc, etc, Hambourg, 1864), pour 100 suicides civils des mêmes âges, on en aurait compté le nombre ci-après dans les armées des pays suivants :

Saxe (1847-58) . . .	177	Prusse (1849). . .	293
Wurtemb (1846-56).	192	Suisse (1851-55) .	423
France (1854-66). . .	253	Autriche (1851-57).	643

Mr F. Kolb (*Manuel de statistique comparée, Leipsick*, 1879), attribue à l'armée prusienne un notable accroissement des suicides (p. 1000 de l'effectif).

1846-63	1867	1868
0.46	0,61	0.63

Ce renseignement est confirmé, mais dans d'autres proportions, par le recueil presque officiel *militar Wochenblott*, pour l'armée allemande tout entière, moins le corps bavarois

1846-63	1867-75	1876	1877
0 46	0.57	0 62	0.69

curieux témoignage de la popularité du service militaire en Allemagne, malgré sa très courte durée (2 ans 2/3 en moyenne) !

Le docteur Millar confirme, pour l'armée anglaise,

l'observation, faite en France, de l'accroissement du suicide avec celui de la durée du service (pour 1.000 de l'effectif)

	Mère patrie	Colonies	Inde
de 20 à 25 ans	0 20	0 21	0 13
» 25 à 30 »	0 39	0 33	0.39
» 30 a 35 »	0 51	0 45	0 84
» 35 à 40 »	0.71	0.81	1.03

En Italie, le suicide militaire s'accroît chaque année, et, renseignement remarquable, il est sensiblement plus fréquent parmi les officiers que parmi les soldats. De 1871 a 1875, sur une moyenne annuelle de 11,316 officiers, 32 se sont suicidés, ou 565 pour 1 million. Dans la troupe, 230 hommes ont péri de leurs mains, ou 276 pour un million ; enfin, sur l'ensemble de l'effectif, sans distinction de grades, 262 ou 294 pour un million, ont attenté à leurs jours. D'après ces rapports, l'intensité du suicide est presque dix fois plus grande, en Italie, chez les militaires que dans la population civile totale ; elle est quintuple de celle des hommes et enfin quadruple de celle des hommes de 20 à 30 ans (Morselli).

On lit dans les journaux italiens du 12 Août 1880 : « Les suicides et les cas d'aliénation mentale devenant de plus en plus nombreux dans l'armée italienne, le ministre de la guerre vient de charger une commission d'en rechercher les causes. »

En Russie, on a compté, dans l'armée du Caucase, une moyenne annuelle de 26.5 suicides pour un effectif moyen de 274,663 hommes, c'est environ 95 pour 1 million, chiffre exceptionnellement bas, mais encore très supérieur à celui que nous avons constaté pour l'ensemble du pays

Comment expliquer de pareilles différences ? probablement par la perte de la liberté, par l'éloignement de la famille et de la commune natale, au moins dans les pays où le recrutement, au lieu d'être régional comme en Prusse, s'opère sur toute la surface du pays, par la rigueur et la monotonie du service ; souvent par des fatigues excessives ; peut-être encore par une prédisposition maladive résultant de l'influence délétère du casernement et de l'insuffisance de l'alimentation.

Il serait intéressant de savoir si le suicide augmente ou diminue dans les armées en campagne. Nous avons déjà mentionné ceux des soldats et officiers français en Egypte et plus tard à Waterloo. Ils auraient également été nombreux dans la retraite de Russie, surtout de la part des jeunes recrues, dont le D^r des Etangs *(loco citato)* dit : « Pleins d'élan dans le combat, ils étaient, dans la retraite, sans volonté, sans énergie. »

De nos jours, un document officiel attribue au corps autrichien chargé d'occuper la Bosnie et l'Herzégovine en 1879, 27 suicides pour un effectif de 198.930 hommes, soit 136 pour 1 million, chiffre très-inférieur à celui que nous avons constaté pour l'armée à l'intérieur.

Mais ce document omet d'indiquer dans quel délai ces 27 suicides ont été perpétrés. S'ils l'ont été pendant la durée des obstacles que le corps d'occupation a rencontrés, c'est-à-dire pendant deux mois environ, ils ont été, en réalité, exceptionnellement nombreux.

Le tableau suivant indique la répartition des 27 suicides, d'abord par armes, puis par grades :

1. par armes

Armes	Effectifs	Suicides
Infanterie	46,651	18
Chasseurs	12,656	3
Cavalerie	5,760	»
Artillerie	7,466	3
Corps sanitaire	3,718	3
	198,930	27

2 par grades

Généraux, officiers d'état-major et capitaines	5
Officiers d'un grade inférieur . .	9
Soldats	13
	27

On trouve ici la confirmation du fait observé dans l'armée italienne d'un plus grand nombre proportionnel de suicides parmi les officiers que dans la troupe.

Si notre sujet le permettait, nous établirions que, si les suicides sont plus nombreux dans l'armée que dans la population civile masculine, la mortalité générale y est également plus élevée. Les mêmes causes produisent probablement ce double résultat.

§ 4. — Lieu du séjour

L'influence des agglomérations urbaines sur la fréquence du suicide, a été constatée par tous les auteurs français (Drs Lisle, Brière de Boismont,

Hipp. Blanc, Dr Leroy, Dr Cazauveilh, Dr Petit, Demay, etc., etc.) et étrangers (Wagner, Œtlingen, Staundlin), qui ont écrit sur le suicide. Elle avait déjà été signalée du temps de Voltaire, puisque, dans son *Dictionnaire philosophique*, il pose cette question : « Pourquoi avons-nous moins de suicides dans les campagnes que dans les villes? »

Etablissons d'abord les faits ; nous rechercherons ensuite les causes.

Allemagne. — En Prusse, en 1877, le nombre, absolu et proportionnel, ci après de suicides, a été constaté dans les diverses catégories de populations suivantes :

	Suicides	Pour 1 million d'habitants
Villes	2.126	238.21
Campagnes	2.437	141.27
Berlin	309	309.00

Le Dr Guttstadt présente le même renseignement sous une autre forme :

Pour 100 décès, de 1868 à 1872, le nombre des suicides a varié comme suit, selon le degré d'agglomération des populations :

Les 48 principales villes.	0.53
L'ensemble des villes	0.51
Les communes rurales	0.34
Le royaume	0.41

En Bavière, tandis qu'on a constaté, de 1860 à 1869, une moyenne annuelle de 403 suicides, soit 83.96 pour 1 million d'habitants, le même rapport s'est élevé à 190 à Munich.

Dans la Saxe Royale, il a été commis, en 1873,

54 suicides à Dresde et 580 dans l'ensemble du pays. Les rapports à 1 million d'habitants sont respectivement de 275.51 et 220.83. Ici la différence n'est pas très sensible, l'industrie ne se concentrant pas dans les villes, comme à peu près partout ailleurs, mais étant très répandue dans les campagnes.

Angleterre. — De 1872 à 1877, on a compté, en moyenne, dans l'ensemble du pays, 1,601 suicides, soit 69.60 et à Londres 285, soit 86.00, pour 1 million d'habitants.

Mais ce pays présente une particularité remarquable et tout à fait inexplicable dans l'état actuel de nos connaissances sur la situation morale et économique de ses provinces, c'est que la plus grande intensité du suicide, intensité supérieure même à celle de Londres, se rencontre dans les comtes du Sud Surrey, Kent, Sussex, Hampshire et Berkshire, dont la population est en grande partie agricole.

Autriche. — Tandis qu'en 1877 il a été commis 3.148 suicides dans la Cisleithanie, Vienne en a fourni 307; c'est, pour l'ensemble du pays, 145.96, et pour la capitale, 411.40 pour 1 million d'habitants. En constatant la tres-grande intensité du suicide dans la Basse-Autriche, la Bohême, la Moravie et la Silésie, l'auteur d'un intéressant travail sur le suicide dans la ville de Vienne comparée aux diverses provinces de la monarchie (*Monatschrift* de septembre et octobre 1879), n'hésite pas à en attribuer la cause aux grandes agglomérations urbaines qui s'y trouvent.

France. — Sur 34.365 suicides commis (non compris les suicides dont le domicile est resté inconnu), de 1873 à 1878, 18.470 l'ont été dans les campagnes (1) et 15.895 dans les villes. En rapportant la moyenne annuelle déduite de ces nombres aux populations respectives recensées en 1876, on a, pour les campagnes, 123 48 et pour les villes, 221.44 suicides pour 1 million d'habitants.

En 1877, on trouve les rapports ci-après.

    Paris. 327
    Les autres villes. 167
    Les campagnes 112

Paris est la ville d'Europe où on se tue le plus, il est vrai que c'est celle qui renferme le plus grand nombre d'étrangers. Or, la statistique détaillée des suicides dans cette capitale leur attribue une part relativement considérable (de 5 à 6 pour 100).

Distraction faite des suicides parisiens, la France passe au 4e rang des pays qui, en Europe, en comptent le plus.

Italie. — On a constaté, en 1877, le nombre suivant des suicides pour 1 million d'habitants dans les diverses catégories de populations ci-après (Rome est comprise dans la première).

    Chefs-lieux de provinces . . . 107
    Rome 123
    Autres villes 32
    Campagnes. 30

Dans ce pays on qualifie de rurales des localités

---

1 On donne officiellement, dans la statistique de la population française, le nom de *population rurale* aux habitants des communes de moins de 2 000 habitants agglomérés et celui de *population urbaine* aux habitants des autres communes.

beaucoup plus importantes que celles qui reçoivent le même nom en France. On peut même généraliser l'observation et dire que, dans aucun des Etats que nous comparons, la population dite rurale n'est exactement la même; mais les différences ne sont pas de nature a vicier les résultats que nous avons présentés.

Russie. — En prenant la moyenne des suicides de 1871-72 a Saint-Pétersbourg (159), et en évaluant la population de cette capitale a 672 000 habitants (667.963 officiellement en 1869), on a le rapport suivant pour 1 million d'habitants, rapproché du même rapport pour l'ensemble de l'Empire moins la Finlande (1.727 suicides, moyenne de 1871-72 et population évaluée à 83 millions et demi d'habitants).

Saint-Pétersbourg. . 236.60
L'Empire. 20.68

Scandinavie. — En 1870, il a été commis, en Danemarck, 58 suicides à Copenhague, 56 dans les autres villes et 262 dans les campagnes. En rapportant ces nombres aux populations respectives, recensées la même année, et ramenées à 1 million d'habitants, on a les rapports suivants :

Copenhague. 290.35
Autres villes. 237.00
Campagnes 193.94

Les statisticiens danois constatent un progrès continu du suicide dans les campagnes.

En Suède, on a observé, de 1861 à 1878, le nombre de suicides suivants pour 1 million d'habitants :

Villes	89.10
Campagnes . .	64.8
Le Royaume	80.7

D'après un document officiel, le rapport des suicides à la population : a) de Stockolm, b) des autres villes, c) des campagnes, aurait oscillé comme suit, de 1836-40 à 1856-60 (hab. pour 1 suicide).

	Stockolm	Autres villes	Campagnes
1836-40	5.560	5.760	17 190
1841-45	5.900	7 780	17 260
1846-50	5 390	7 050	17 260
1851-55	4.870	7 810	16.040
1856-60	4 650	8 160	22.110

Ainsi le rapport des suicides à la population s'est constamment accru à Stockolm. Il a diminué dans les autres villes et, après s'être accru dans les campagnes de 1851-55, il y a fortement diminué de 1856 à 1860, peut-être par suite d'une recrudescence de l'émigration.

Les résultats sont d'ailleurs concluants : les grandes agglomérations fournissent beaucoup plus de suicides que les autres villes et surtout que les campagnes.

Les causes en sont diverses. D'abord, et préalablement à toute autre observation, les suicides sont plus facilement, et, par conséquent, plus exactement constatés dans les grandes agglomérations, où la rumeur publique les porte rapidement et sûrement à la connaissance de l'autorité et où, d'ailleurs, la cause des décès est généralement constatée. Dans les campagnes, où les habitations sont dispersées, et où, non-seulement la cause du décès, mais le décès lui-même ne sont pas vérifiés, les morts volontaires peuvent échapper et échappent, en effet, en nombre plus ou moins important, aux recherches officielles.

Mais, en supposant, à ce point de vue, toutes choses égales des deux côtés, il n'est pas douteux que les suicides doivent être plus nombreux dans les grandes que dans les petites localités. La lutte contre les difficultés de la vie matérielle est plus violente dans les premières ; par suite, les épreuves de toute nature y sont plus fréquentes et plus graves. Aussi voit-on un grand nombre d'individus y tomber à la charge de la charité publique.

Les excès de toute nature, mais surtout les excès alcooliques, qui jouent un si grand rôle dans les causes du suicide, y ont une plus grande intensité. Les classes ouvrières et les professions libérales, qui fournissent un si grand nombre de suicides, y sont plus largement représentées. Il en est de même de cette catégorie de gens sans aveu, sans profession et souvent sans domicile connu, que nous avons appelés les *misérables*, et qui n'ayant plus soit la volonté, soit la possibilité de se faire ou de reconquérir une situation honorable dans la société, mettent si facilement un terme a une existence devenue pour eux un intolérable fardeau.

C'est dans les grandes villes aussi que les contagions morales de toute nature, et particulièrement celle du suicide, font le plus de victimes, par suite de l'imprudente publicité qu'y reçoivent tous les faits de nature à satisfaire une malsaine curiosité.

Enfin l'indifférence en matière de religion, signalée, par tous les écrivains speciaux, comme la cause principale de la diffusion de la mort volontaire, y a son siège principal.

§ 5. — Climats et races.

Le suicide obéit-il à des influences de climats et de races?

Plusieurs écrivains ont fait, à ce sujet, des recherches qui ont conduit et devaient conduire à des résultats négatifs. Et, en effet, si la beauté du climat, ou simplement un climat tempéré rattachaient à la vie, on ne devrait pas constater l'accroissement incessant du suicide en Italie, en France et probablement dans la péninsule Ibérique. Par la même raison, on devrait relever un nombre exceptionnel de morts volontaires sous le climat humide, brumeux de l'Angleterre, de l'Irlande, de l'Écosse, de la Hollande, de la Norwège, et dans les régions glacées de la Russie du Nord. Or, nous avons vu qu'il n'en est rien.

Dut-on, lorsqu'un pays a une certaine étendue, trouver plus ou moins de suicides dans la zone chaude, tempérée ou froide, il y aurait lieu, avant d'admettre l'existence d'une influence climaterique, de se demander si l'écart n'est pas dû à des conditions économiques, morales, sociales différentes. Il est bien difficile, en effet, comme nous l'avons déjà vu et le verrons encore plus loin, de déterminer, au milieu des nombreux facteurs du suicide, la part d'action revenant à chacun d'eux.

L'étude de l'influence de la race présente les mêmes difficultés. Si, en Autriche, par exemple, des diverses nationalités dont se compose l'Empire, la nationalité allemande est celle qui fournit le plus de suicides, faut-il ne voir, dans ce fait, qu'une influence de race? Mais ne sait-on pas que les provinces allemandes de l'Autriche sont les plus eclairées, les plus industrieuses, les plus entreprenantes, et qu'elles subissent ainsi, plus fortement que les autres, le choc des crises industrielles. C'est ce qui explique l'accroissement exceptionnel des suicides qu'on y constate depuis la catastrophe financiere de 1873.

En presence de ces observations, que penser des recherches d'écrivains qui, comme M. Morselli, poussent l'esprit d'analyse jusqu'a etudier les influences telluriques, c'est-a-dire l'action de la constitution géologique du sol? Mais pourquoi ne pas aller plus loin et se demander s'il n'existe pas, entre lss éléments constitutifs de l'atmosphère, la qualité des eaux, l'orographie, certains vents dominants, les cultures, des rapports de cause a effet avec le suicide?...

La Pellagre elle-même ne nous paraît pas être le résultat d'une influence tellurique, mais plutôt la violation des règles les plus élémentaires de l'hygiène sous un climat chaud, combinée avec une mauvaise alimentation.

§ 6. — Le Culte.

Nous n'entendons pas parler ici du sentiment religieux, dont l'existence ou l'absence arrête ou favorise incontestablement la marche du suicide. Nous voulons seulement rechercher si les observations de nos devanciers, et celles que nous avons publiées nous-même, à ce sujet, dans notre livre *la France et l'Étranger* (1), sont confirmées par les faits nouveaux en ce qui concerne la fréquence du suicide parmi les adhérents des divers cultes dans les mêmes pays. Voici d'abord les faits recueillis par Ad. Wagner (*loco citato*) et rapportés à 1 million d'habitants :

Pays	Périodes	Protestants	Catholiques	Autres Chrétiens	Juifs
Prusse	1849-55	159.9	49.6	130.8	46.4
Bavière	1844-56	135.4	19.1	»	105.9
Wurtemberg	1846-50	113.5	77.9	»	65.6
Autriche	1852-59	79.5	51.3	54.0	20.7
Hongrie	id	54.4	32.8	12.3	17.6
Transylvanie	id	73.6	113.2	20.6	35.5
G. D. de Bade	1856	131	87	»	152

D'après ces documents, les protestants auraient, en Allemagne et en Autriche, beaucoup plus de suicides que les catholiques, les autres chrétiens, et surtout que les juifs.

---

1 Deux volumes grand in 8, Paris 1865 1870 (56ᵉ étude statistique. *le suicide en Europe*)

M. Morselli a recueilli, pour les mêmes pays, quelques faits plus récents :

		Protestants	Catholiques	Juifs
Bavière	1857-68	136.4	55.2	100.3
id.	1866-67	152.7	56.7	140.4
Prusse	1869-72	187.0	69.0	96.0
Wurtemberg	1873-74	180.0	120.0	80.0

Comme pour les périodes antérieures, nous retrouvons, dans ces pays, la prédominance du suicide parmi les protestants. Il paraît s'y être accru pour les juifs.

On lit dans un mémoire sur le suicide en Autriche, par le docteur Platter (*Monatschrift*, n° d'avril 1876) : « ... Partout en Europe, au sein de la race germanique, le suicide est plus fréquent parmi les évangélistes, c'est-à-dire parmi les habitants les plus éclairés, les plus industrieux, les plus actifs. Il l'est beaucoup moins parmi les catholiques et romans, les Grecs et les Slaves. En Autriche, par exemple, on trouve, pour 1 million d'habitants de chaque culte, les rapports suivants :

Catholiques	524
Grecs	590
Protestants	642
Juifs	159

« Ainsi les juifs se tuent quatre fois moins que les protestants. »

Dans le G.-D. de Bade, aux termes d'un document officiel, on a relevé, pour la période 1852-62, les rapports par culte ci-après :

 Évangélistes. 139
 Catholiques. 117
 Juifs. 87

En 1878, ces rapports se sont modifiés comme suit :

 Évangélistes. 234.21
 Catholiques. 165.50
 Juifs. 176.60

Ici le contingent des juifs paraît s'être sensiblement élevé, mais il importe de savoir que le nombre de leurs suicides est extrêmement faible (quatre en 1878) et qu'un mouvement en plus ou en moins d'une ou deux unités d'une année à l'autre, peut élever ou abaisser leur coefficient dans une très-forte proportion. Cette observation s'applique également à la Bavière et à presque tous les autres pays allemands.

Dans l'ancien duché de Nassau, le rapport des suicides par cultes aux habitants des mêmes cultes a été, en moyenne, pour la période 1843-45, comme suit :

 Évangélistes. 120,67
 Catholiques. 53.63
 Juifs. 21.56

En Prusse, on avait constaté, en 1869, les rapports

ci-après (moins les annexions et les deux arrondissements de Dusseldorf et de Coblentz) :

 Evangélistes. 187.1
 Catholiques. 69.3
 Juifs. 96.0

Ils se sont modifiés en 1873 ; mais nous sommes obligé de dire que le nombre des suicidés dont le culte n'a pu être connu (1105 sur 1826) est tellement considérable, que les nombres suivants n'ont qu'une faible valeur :

 Evangélistes. 92.20
 Catholiques. 26.85
 Juifs. 55.28

En résumé, partout les protestants se tuent en plus grand nombre que les catholiques, et, à quelques exceptions près, justifiées peut-être par le très petit nombre de suicides afferents aux juifs, les catholiques semblent attenter plus souvent à leur vie que ces derniers.

Est-ce à dire que, comparativement aux protestants, les catholiques et les juifs ont le sentiment religieux plus développé? La conclusion serait peut-être téméraire ; car ici, comme pour les autres influences que nous avons déjà mentionnées, des eléments de toute nature se dissimulent derrière celui du culte.

Cependant le protestantisme, fondé sur l'esprit d'examen qui, surtout en matière de religion, conduit facilement au doute, peut avoir, sur le suicide, une moindre action préventive que le catholicisme. Sans doute, toutes les religions, christianisme, mosaisme et même mahometisme, le proscrivent également; mais leurs prescriptions à ce sujet peuvent être plus ou moins obéies selon le degré d'indifférence survenue, parmi leurs adhérents, dans le domaine de la foi, et, en outre, selon le degré de sévérité des sanctions qu'elles donnent à ces mêmes prescriptions. En ce qui concerne le catholicisme, ces sanctions sont de nature à exercer sur l'esprit du fidèle une force coercitive d'une efficacité particulière.

La même observation s'applique au judaisme. Certainement le doute s'est également glissé aujourd'hui parmi les membres de cette branche de la grande famille sémitique, qui n'hésitaient pas autrefois à mourir pour la defense de leurs croyances religieuses ; mais, chez celui qui justifie encore le nom de croyant, la crainte des châtiments dont le grand législateur hébreu le menace dans cette vie et dans l'autre, est bien de nature à conjurer, chez lui, les inspirations suprêmes du desespoir.

Ce n'est pas tout. Le juif, malgré les progrès de la tolérance et son assimilation civile et politique (au moins dans un grand nombre de pays) aux populations autochtones, est encore isolé, dans une grande mesure, au milieu de ces populations. Or, il est d'observation générale que les minorités religieuses font les plus grands efforts pour ne pas justifier les sentiments d'hostilité dont elles sont l'objet de la part des majorités.

Le juif est, d'ailleurs, en quelque sorte traditionnellement habitué à la souffrance (1). Aussi a-t-il été élevé en vue de la lutte, et apporte-t-il, dans les épreuves de cette vie, plus de résignation, plus de persévérance que les peuples qui l'entourent.

Marié de très bonne heure, il jouit, en outre, avant les autres, de ces salutaires influences de la vie en famille que nous avons signalées plus haut.

Enfin, les Israélites, étroitement unis par le sentiment de leur isolement au sein des pays où ils se sont établis, ont, entre eux, et à un très haut degré, l'esprit de charité. Or, cette sorte d'assurance mutuelle contre l'extrême adversité est une force inconnue des autres habitants du même pays.

Quelques auteurs ont écrit que la rareté relative du suicide chez l'israélite est due surtout à un bien être général supérieur à celui des autres habitants. Non-seulement cette opinion n'est pas démontrée par les faits, mais il est encore de toute notoriété qu'il exerce les professions les plus exposées aux crises économiques.

En ce qui concerne les mahométans, nous avons vu qu'au moins en Algérie, et avant le contact européen, le suicide était fort rare dans la population indigène. On assure qu'il s'est accru de nos jours ; mais rappelons que les documents officiels n'en fournissent pas la preuve.

1 C'est le resultat des persecutions dont il a été si longtemps l'objet

§ 7. — La Captivité.

Nous n'entendons point parler ici de l'influence de la captivité sur le suicide parmi les prisonniers de guerre. Il n'a été recueilli, ou du moins il n'a été publié jusqu'à ce jour, aucun document à ce sujet. Peut-être le gouvernement allemand pourrait-il nous édifier sur le rôle de la mort volontaire dans l'effroyable mortalité qui a décimé, au sein de ses casemates, les nombreuses victimes de nos désastres militaires de 1870-71. Bornons-nous à dire que, d'après les renseignements les plus dignes de foi, ce rôle a été considérable.

Nous voulons seulement rechercher si, malgré les précautions généralement prises pour le prévenir, le suicide est plus fréquent dans les prisons qu'au dehors.

Nous trouvons, sur ce point, dans *la Statistique internationale pénitentiaire*, publiée à Rome, en 1875, par M. Beltrani-Scalia, aujourd'hui directeur général des prisons du royaume d'Italie, un document d'un certain intérêt, mais toutefois d'un intérêt limité, parce qu'il se rapporte à une seule année (1872), et qu'il n'est pas permis, surtout quand on opère sur de petits chiffres, de tirer des conclusions positives d'une expérience d'aussi courte durée.

Voici ce document (suicides pour 1 million de détenus d'après la moyenne des existences au 1ᵉʳ janvier et au 31 décembre) :

	Maisons d'arrêt et de justice.		Maisons de répression			
			Régime cellulaire		Régime en commun	
	h	f	h	f.	h.	f
Danemark...	37,647	42,700	3,246	»	»	»
Saxe.....	8,613	4,347	»	»	»	»
Belgique...	1,873	»	4,166	»	»	»
Hollande..	1,459	»	»	»	»	»
Angleterre..	1,119	245	980	»	»	»
France....	796 (1)	448	»	»	75	338
Irlande...	603	1,590	»	»	»	»
Italie......	163	706	2,617	»	986	»
Autriche...	» (2)	»	»	»	223	»
Hongrie...	»	»	»	»	406	»
Prusse....	» (3)	»	»	»	»	»
Id. Tr. forces	»	»	»	»	567	»
Autrespeines	»	»	»	»	1,681	2,132

Pour les prisons où les détenus sont soumis au régime mixte (vie commune pendant le jour, régime cellulaire pendant la nuit), nous n'avons de renseignements que pour la Saxe (1,615 suicides d'hommes pour 1 million de détenus).

Nous devons être sobre d'observations au sujet

---

1. En France, ces maisons contiennent à la fois les inculpés et les condamnés à moins de 1 an et un jour de prison, c'est-à-dire une population qui n'est pas homogène. Nous ne savons s'il en est de même à l'étranger.

2. D'après une publication officielle récente, il a été commis, en 1878, dans l'ensemble des prisons autrichiennes, 5 suicides d'hommes (pas un seul de femme), pour une population moyenne de 9,996 détenus hommes, c'est 500 suicides pour 1 million.

3. Le docteur Engel donne le document suivant sur le suicide dans l'ensemble des prisons prussiennes à des dates récentes. (*Journal du Bureau royal de statistique*, 1879)

1875	1876	1877 78
8	12	13

La moyenne annuelle (11), rapportée à celle de 26,223 détenus, donne un quotient de 419 pour 1 million.

du tableau qui précède, tableau dressé, nous le répétons, pour une seule année, et pour des populations qui ne sont peut-être pas tout à fait les mêmes. Nous devons constater toutefois que, malgré la surveillance dont les détenus sont l'objet, malgré l'extrême limitation des moyens d'exécution, le suicide est beaucoup plus fréquent dans les prisons que dans la population libre (1). Nous retrouvons le Danemark et la Saxe royale en tête des pays où on se tue le plus, soit dans les prisons, soit au dehors; seulement les coefficients afférents aux suicides dans les prisons sont véritablement énormes. Sauf en Danemark, en Irlande et en Italie, les femmes se tuent, en prison, comme dans la population libre, beaucoup moins que les hommes. Elles se tuent moins, en outre, quand elles sont condamnées, que quand elles ne sont qu'inculpées.

Le suicide paraît être beaucoup plus fréquent dans les maisons d'arrêt que dans les maisons de répression. On peut se l'expliquer par ce fait que les détenus, subitement enlevés à leurs familles, qu'ils laissent quelquefois sans ressources, et à l'exercice de leur profession, souvent l'unique moyen d'existence de la femme et des enfants, souffrent à la fois et de la situation cruelle qui leur est ainsi faite, et des craintes que leur inspire l'issue de l'inculpation dont ils sont l'objet. Cette souffrance s'ag-

---

1 La comparaison n'est peut être pas parfaitement exacte, car s'il se trouve dans les prisons de très jeunes détenus, on n'y rencontre que peu de vieillards. D'un autre côté, dans le document ci dessus, on a probablement confondu les suicides avec les tentatives, tandis que nous n'avons donné, pour chaque pays, faute de renseignements sur les tentatives, que les suicides consommés.

grave notablement s'ils se trouvent en contact, dans la même prison, comme en France, avec des condamnés, c'est-à-dire avec des malfaiteurs reconnus tels par le jugement qui les a frappés.

Les documents qui précèdent ne sont pas suffisants pour l'appréciation définitive de l'influence de la cellule sur la tendance au suicide. On voit cependant que, malgré la surveillance spéciale dont il y est l'objet, le détenu paraît attenter plus souvent à sa vie que sous le régime de la vie en commun.

Il est à regretter que les mêmes documents soient muets sur la question de savoir si la tendance au suicide s'accroît en raison de la durée de la peine ; en d'autres termes, si les condamnés à de longues années de prison se suicident plus que ceux qui doivent, à courte échéance, recouvrer leur liberté. Il ne serait pas moins intéressant de savoir si les récidivistes se tuent moins — ce qui est probable — que les condamnés pour la première fois. Nous signalons ces *desiderata* aux staticiens futurs du suicide dans les prisons.

Une dernière observation à ce sujet. D'après des documents un peu anciens, mais qui paraissent avoir été recueillis avec soin, le suicide était fort rare dans nos anciens bagnes, comme nous le verrons plus loin, malgré la sévérité du régime et la longue durée des peines. Était-ce le résultat d'une surveillance très étroite ou de la secrète espérance, soit de la grâce, soit de l'évasion ?

Nous manquons d'ailleurs de renseignements sur le suicide dans nos colonies pénitentiaires.

En ce qui concerne particulièrement la France, un tableau annexé au rapport de M. Berenger (de la Drôme) sur le projet de loi relatif aux prisons (1874) fait connaître que, dans nos prisons départementales (maisons d'arrêt et de justice), le nombre moyen annuel des suicides, calculé pour la période 1866-70, a été de 1,03 pour 1,000 détenus, et seulement de 0,19 dans nos maisons centrales (destinées aux condamnés à plus de 1 an et 1 jour). Ce résultat confirme celui que l'on déduit de la *Statistique pénitentiaire internationale*. Les rapports calculés par M. Berenger s'appliquent aux détenus vivant en commun. D'après le même auteur, les trois prisons cellulaires de Paris ont fourni, pendant la même période, pour une population moyenne totale de 33,454 détenus, 83 suicides par an, soit 2,480 pour 1 million. Il est vrai que, dans une de ces prisons (la petite Roquette), aurait sévi, à deux reprises, une véritable épidémie de suicides.

Voici, au surplus, les documents officiels séparément pour les maisons d'arrêt et les prisons centrales, de 1873 à 1876 (suicides et tentatives confondues):

A. — MAISONS D'ARRÊT

	Population moyenne		Suicides		Pour 1 million	
	h	f	h	f	h	f
1873	19.944	4 946	24	1	1 203	202
1874	19 727	4.775	19	2	963	419
1875	19 082	4 442	16	2	838	450
1876	19 384	4 327	20	2	1.032	462

B. — PRISONS CENTRALES

	h	f	h	f	h	f
1873	14 895	3.289	9	2	604	608
1874	16 076	3.516	8	1	498	284
1875	15 816	3.647	4	»	253	»
1876	15.976	3.640	9	»	563	»

On voit encore ici que les suicides sont beaucoup plus nombreux dans les maisons d'arrêt que dans les prisons centrales, surtout en ce qui concerne les femmes.

En outre des indications fournies par la *Statistique pénitentiaire internationale*, la mauvaise influence du régime cellulaire est encore attestée par le document suivant. En Autriche (Cisleithanie), sur 2,421 condamnés soumis à ce régime, de 1870 à 1873, il a été commis ou tenté 11 suicides, soit 801 pour 1 million.

En Hollande, sur 26,271 condamnés à la même peine, de 1861 à 1870, il a été commis ou tenté 21 suicides, ou 800 pour 1 million *(compte-rendu du Congrès pénitentiaire de Stockholm en 1875)*.

Même en réunissant, pour les pays qui publient sur ce point des documents complets, les tentatives aux suicides, on arrive toujours à ce résultat que les détenus, et surtout les détenus des prisons cellulaires, attentent plus fréquemment à leur vie que les non détenus.

Cette plus grande intensité du suicide pendant la captivité, en signalant des souffrances morales profondes, a, des longtemps, appelé l'attention de l'Administration anglaise, qui a introduit, pour les peines de longue durée, le *Probate ticket* ou mise en liberté provisoire, faveur accordée aux détenus chez lesquels une bonne conduite permet de supposer une notable amélioration morale et écarte la crainte de la récidive.

Jusqu'à ce moment, nous n'avons étudié le suicide dans les prisons qu'à la lumière des documents officiels. Cette étude serait incomplète, si nous ne reproduisions les faits recueillis et les opinions émises sur le même sujet par les écrivains français qui nous ont précédé.

M. J. B. Cazauvieilh (*Du suicide et de l'aliénation mentale*, 1840), a recueilli, auprès des médecins des anciens bagnes de Rochefort, Toulon et Brest, des renseignements sur l'état du suicide dans ces lieux de répression. L'un d'eux lui écrivait, le 20 mars 1835, qu'au bagne de Rochefort on n'a constaté, en 30 années, qu'un seul suicide, et qui aurait été la conséquence d'une tentative d'assassinat.

Au bagne de Toulon, et antérieurement à 1818, les plus anciens employés de l'administration ont affirmé n'avoir pas gardé le souvenir d'un seul suicide. Or, en 1818, ce bagne comptait 3,922 forçats.

Le résultat est un peu moins favorable pour celui de Brest. Sur une population moyenne annuelle de 2,933 forçats de 1818 à 1834, on aurait compté 0.706 suicides, ou moins d'un, par année.

Le médecin du bagne de Toulon accompagne des observations ci-après les documents qu'il transmet au Dr Cazauvieilh « Quiconque ne connaît pas l'espèce qui peuple les bagnes, doit être surpris de ce que ces hommes ne cherchent pas à se débarrasser, par le suicide, d'une existence qui nous paraît si malheureuse à nous. Mais ceux qui les voient quelque temps de près, ne tardent pas à reconnaître qu'aucun des chagrins qui portent à se donner la mort ne les atteint. Le forçat, avec sa captivité, ses privations, ses souffrances et tous les maux accumulés dans le lieu de douleur où il vit, a moins de peines morales que l'homme libre. Aussitôt qu'il mange sa soupe quotidienne de fèves, ou qu'il rame dans une embarcation, le galérien se livre presque toujours à des propos d'une gaîté dégoûtante, qui ne décèle aucune peine d'esprit, aucun abattement de l'âme. De pareils hommes ne sont pas faits pour le suicide. »

Le D' Cazauvieilh ajoute : « Si le penchant au suicide est rare au bagne, je n'en suis pas surpris. Je dirai même que plusieurs motifs détournent les forçats de la mort volontaire. D'abord, ils se trouvent, comme on l'a dit, en dehors des causes morales qui produisent l'aliénation mentale: ensuite ceux qui ont des idées de suicide sont empêchés généralement dans leurs projets par la surveillance active dont ils sont l'objet, par la difficulté de se procurer les moyens d'exécution, et enfin parce que les travaux auxquels ils sont tenus empêchent la réflexion de naître et assurent même les habitudes déjà prises. » Et ailleurs: « Les scelerats ne se tuent pas parce qu'il n'existe pas, pour eux, l'espèce de calme meditatif, d'abandon à la réflexion, nécessaires pour contempler toute la vérité, et prendre, d'après elle, une résolution irrévocable. »

M. le docteur Lisle (*Du Suicide*, 1856) dit : « Il semble que l'homme se rattache avec d'autant plus de tenacité à la vie, qu'il est misérable et plus corrompu; c'est ce qui explique pourquoi la mort volontaire est si rare dans les bagnes et dans *les maisons de détention* (?)... sur 9.320 décès constatés dans les bagnes de 1816 à 1837 inclusivement, on n'a compté que 6 suicides. Des renseignements précieux sous ce rapport nous sont donnés par le docteur Ferrus, dans son livre sur les prisons et les prisonniers. Il résulte de ses recherches qu'il y a eu seulement 30 suicides en 7 ans (1840-46) dans les différentes prisons centrales, sur une population moyenne de 15,111 prisonniers. La proportion a encore été plus faible dans les bagnes, où l'on n'a constaté que 5 suicides, de 1838 a 1845, sur une population moyenne de 7,041 individus. »

« On ne sera pas surpris, dit le docteur Ferrus que des hommes qui, pour la plupart, ont mené une vie nomade, qui n'ont presque jamais rien possédé, qui tiennent rarement aux liens de famille, et ne craignent ni le blâme public ni la fletrissure de la justice, se tuent moins fréquemment que la tristesse et les rigueurs de la vie prisonnière pourraient, au premier abord, le faire supposer. » (Dr Ferrus, *Des prisonniers, de l'emprisonnement et des prisons,* Paris, 1850.)

Le docteur Brierre de Boismont a traité incidemment la même question... « Sur une population moyenne de 15,000 individus dans les maisons centrales, de 1840 à 1846, on a compté 30 suicides; sur 7,041 forçats (est-ce une moyenne annuelle ?) on n'en a compté que 5 de 1838 à 1846. Les voleurs, les assassins de profession, les forçats, les grands coupables ont plus rarement recours a ce moyen violent pour se soustraire a l'expiation penale, que les detenus d'une perversité moins profonde.. Les morts volontaires dans les prisons s'appliquent, dans la generalité des cas, soit a des individus evidemment fous, soit aux detenus politiques, soit au petit nombre de coupables qui ont cedé a une passion, a un entraînement irresistible et spontane .... La detention dans les prisons centrales a plusieurs fois été la cause du suicide, et a meme conduit à l'assassinat. Peut être un emprisonnement cellulaire trop rigoureux y contribue-t-il dans une certaine proportion ; c'est du moins ce que semblerait indiquer un travail de M. le docteur de Pietra-Santa. D'après ce travail, en prenant la moyenne des 4 années 1850-54, on a constaté, dans la prison de Mazas, sur 25,268 détenus, 24 suicides et 43 tentatives. Le même auteur fait remarquer qu'en général les suicidés n'appartenaient pas à la catégorie des hommes pervers, et qu'ils avaient été seulement passibles de la police correctionnelle.

« Une amélioration sensible a eu lieu depuis à Mazas, puisqu'on n'a relevé que 3 suicides en 1856. Le médecin de la prison attribue cet heureux résultat à la plus grande surveillance des gardiens, qui peuvent voir à chaque instant le détenu sans qu'il s'en aperçoive, et aux communications plus fréquentes de l'aumônier, du directeur et de quelques personnes charitables ! Toutefois, plusieurs prisonniers nous ont déclaré qu'ils étaient comme abrutis par leur isolement, et l'un d'eux, ancien soldat, d'un caractère résolu, nous assura qu'au bout de trois mois son trouble et son désespoir étaient si grands, qu'il serait devenu fou ou aurait attenté à ses jours, si l'emprisonnement avait duré plus longtemps. »

« Les cas de suicide parmi les prisonniers, dit le docteur Em. Leroy (*Le suicide dans le département de Seine-et-Marne*, 1870) se rapportent généralement à des gens possédant quelque bien, chez lesquels tout sentiment de moralité et de délicatesse n'est pas éteint, ou qui, mis en prison pour la première fois, après un vol peu important par exemple, mettent fin à leur jour sous l'influence des remords et de la honte .. Par contre, on voit très rarement attenter à leurs jours des gens ayant toujours été pauvres, des vagabonds, ou bien encore des coquins de profession, en un mot les habitués des maisons centrales et des bagnes. Aussi, dans la maison centrale de Melun, sur une population permanente de 1,500 detenus, n'a-t-on eu à constater, pendant une douzaine d'années, que 5 suicides, chiffre minime, si on le compare à celui des autres prisons civiles. »

Le Dr Ebrard (*Le Suicide*, Avignon, 1870) s'exprime ainsi « La rareté du suicide dans les bagnes *et dans les maisons de détention* (?) est un phénomène étrange. Le régime du bagne est dur et ceux qu'on y enferme ont naturellement le cœur ulcéré Cependant ce phénomène est avéré et tenu pour certain Comment l'expliquer? serait ce, comme on l'a dit, que, passé une certaine dégradation morale, le suicide n'est plus qu'une exception? serait-ce encore parce que l'homme semblerait se rattacher d'autant plus étroitement à la vie qu'il est plus misérable et plus corrompu? La saine raison contredit ces explications, qui sont, d'ailleurs, en opposition avec la nature de l'homme et contraires à tout ce qu'on a observé jusqu'à ce jour, à savoir qu'il y a d'autant plus de suicides parmi les hommes que leur situation est plus misérable. Voici comment le prince de Metternich (le père ou le fils?) rend compte (où?) de ce fait important « S'il n'y a presque jamais de suicides dans les bagnes, *ni dans les prisons* (?), la raison en est que les condamnés seront toujours vivement préoccupés d'une espérance. Les condamnés à temps ne se tuent pas, par-

ce qu'ils espèrent ou leur grâce ou leur évasion... »
D'où il suit, continue M. Ebrard, que la liberté est
le bien que les hommes désirent le plus, et dont la
seule espérance est capable de leur faire supporter
les plus grands maux. »

On trouve les renseignements suivants dans un
livre publié par un ancien employé supérieur de
la préfecture de police, M. Lecour (*Le suicide et la
police dans les prisons cellulaires de la Seine*,
1876).

	Population Moyenne	Suicides	pour 1 million
I. — REGIME COLLECTIF (Vie commune)			
Maisons d'arrêt (1860-70)..	82,097	89	1,084
Maisons centrales (1865-70).	74,054	14	189
II. — REGIME CELLULAIRE *France*			
Mazas (1850-73).......	24,945	75	3,006
Petite-Roquette (1862-73) .	6,167	6	982
Santé (quartier cellulaire, 1867-73)..........	2,399	2	833
Etranger			
Maison centrale de Louvain (1860-73)	6,996	16	2,297
Maison de correction d'Amsterdam (1862-71). ...	1,870	0	»
Maison d'arrêt et de correction de Hollande (1862-71)............	2,881	5	1,735
Maison de correction de Christiania (1851-73) ..	4,943	4	809
Prisons de Toscane (1839-58).............	12,988	0	»

Ce tableau semble indiquer (en supposant, bien

entendu, que tous les éléments en sont exacts) que, même en tenant compte du nombre considérable de suicides dans les maisons d'arrêt soumises au régime collectif, la mort volontaire est plus fréquente dans les prisons cellulaires. C'est la confirmation des observations précédentes.

Les deux exceptions relatives à la maison de correction d'Amsterdam et aux prisons de Toscane ne sauraient infirmer la valeur de cette observation. Ces deux exceptions s'expliquent peut-être par un régime d'une grande douceur ou par une surveillance très rigoureuse. Il ne faut pas perdre de vue en outre que, si la maison de correction d'Amsterdam se fait remarquer par une immunité complete, celle d'arrêt et de correction de Hollande rentre dans la règle en quelque sorte génerale. Quant au document relatif aux prisons toscanes, il remonte a une date tres-eloignée et perd ainsi une notable partie de sa valeur.

M. Lecour, grand partisan du système cellulaire, explique le gros chiffre de Mazas par ce fait qu'il s'agit d'une maison d'arrêt où les détenus ont a subir les angoisses de l'instruction et les craintes de la condamnation. Mais il en est de même dans les maisons d'arrêt et de justice départementales, et c'est ce qui pourrait, il est vrai, expliquer aussi leur fort coefficient (coefficient qui serait probablement encore plus élevé, si elles ne renfermaient pas les condamnes à moins de un an et un jour de prison).

Toutefois, pour la prison de Mazas, l'explication n'est que partielle et elle se complete, pour nous, par la rigueur du régime de l'isolement de jour et de nuit.

M. Lecour croit trouver une autre preuve de l'innocuité de ce régime dans cette circonstance que le plus grand nombre des suicides est commis, à Mazas, dès les premiers jours de l'incarcération. Mais précisément l'effet de l'isolement doit se faire sentir surtout au début de l'application d'un régime d'une incontestable sévérité, surtout pour les jeunes détenus.

M. Morselli, qui a reproduit, comme nous, mais en calculant différemment quant aux rapports à la population, le tableau donné par la *Statistique pénitentiaire internationale*, l'accompagne des observations ci-après « L'intensité du suicide dans les prisons, sauf en ce qui concerne le Danemark et la Saxe, ne reproduit pas celle de la population libre dans les mêmes pays. Ainsi, les détenus belges et hollandais figurent au troisième rang du tableau ci-dessus, tandis que l'ensemble des habitants de ces deux pays n'a qu'un assez faible coefficient. Nous voyons en outre que le suicide est toujours plus élevé dans les maisons de justice et d'arrêt que dans les maisons pénales, argument confirmatif des rapports intimes qui existent entre la folie, le crime et le suicide, ces trois grandes dégénérescences de l'âme humaine. »

Après avoir signalé l'influence aggravative de la prison sur le suicide des femmes, qui dépasse celui des hommes en Danemark, en Italie, en Irlande, l'auteur continue en ces termes « Il semble que la détention et l'infraction aux lois pénales se combinent pour produire diverses variétés dans le caractère social et personnel du suicide. »

Utilisant des documents que nous ne connaissons

pas, mais qui paraissent se rapporter aux prisons de son pays, M. Morselli continue ainsi : « Le suicide est plus fréquent parmi les détenus de moins de trente ans ; et, quant à l'état civil, on constate toujours l'influence salutaire du mariage ou du veuvage avec enfants. Les villes fournissent 54 0/0 des suicides ; les industriels et les domestiques ont le contingent le plus élevé, et les professions libérales le plus faible.

« Remarquons encore que les auteurs d'attentats contre les personnes donnent plus de la moitié des suicides, et que les simples accusés ou prévenus fournissent 38 p. 0/0 du total. Nous verrons plus loin, en parlant des motifs déterminants du suicide, que la honte, le remords et la crainte d'une condamnation entrent pour une forte part dans ces motifs. Dans les maisons pénitentiaires, les habitudes d'une vie active et la distraction forcée du travail diminuent la tendance au suicide, puisque 70 p. 0/0 des suicides sont commis par des détenus inoccupés.

« Grande aussi est la proportion des affections nerveuses (10 p. 0/0), des hallucinations, de l'hypocondrie, de l'épilepsie, de la syphilis, de la tuberculose, ce qui confirme l'opinion, si vaillamment soutenue par Despine, en France, Thompson, Nicholson et Maudsley, en Angleterre, Lombroso et Virgilio, en Italie, que la dégénérescence ou psychose criminelle affecte l'organisme dans toutes ses fonctions cérébrales et morphologiques.

« Parmi les influences qui agissent sur le suicide en prison, il faut noter la durée de la peine, les condamnés à vie ou à une longue détention attentant plus souvent à leurs jours. D'un autre côté, les suicides deviennent d'autant plus rares, que la détention se prolonge, le sentiment douloureux de la perte de la liberté s'affaiblissant par degrés.

« L'influence des saisons est la même que dans la vie libre, le maximum des suicides coïncidant avec celui de la température, comme pour la folie. Dans un mémoire que nous avons publié sur la matière en 1877, nous avions cru pouvoir mettre en doute l'influence aggravative du régime cellulaire sur le suicide ; mais, depuis, une étude plus attentive des faits et des démonstrations orales de M. Baltrani-Scalia, directeur général des prisons du royaume, nous obligent à reconnaître que *l'isolement cellulaire des prévenus et accusés produit une plus forte disposition au suicide que l'emprisonnement en commun, ou le régime mixte* (1). »

Nous avons reproduit intégralement cet extrait du livre de M. Morselli, parce que, en dehors des faits nouveaux qu'il met en lumière, il semble révéler, chez l'auteur, une tendance assez caractérisée à considérer le suicide, ainsi que le crime, comme de pures dégénérescences organiques, dont, en ce qui concerne le crime, il conviendrait de chercher à guérir les auteurs plutôt que de les punir. Dans ce système, on convertirait nos prisons en hôpitaux, pour y tenter une cure sur l'efficacité de laquelle nous croyons que le savant suicidologue italien n'est pas, lui-même, parfaitement édifié.

(1) Il est à regretter que l'auteur ne cite pas les documents officiels par lesquels il justifie ces diverses affirmations. Il les a donnés probablement dans le mémoire auquel il fait allusion, mais ce mémoire est peu connu.

D'après la statistique criminelle de la France, le nombre des suicides 1° motivés par le désir de se soustraire à des poursuites judiciaires, 2° d'auteurs d'assassinats, de meurtres, d'empoisonnements, d'incendies, a varié comme suit de 1873 à 1878.

	1878	1877	1876	1875	1874	1873
1°	186	196	197	204	188	»
2°	33	37	32	22	19	»
	219	233	229	226	207	220

Il serait utile, au point de vue de l'étude du suicide dans les prisons, que la statistique criminelle fît connaître, désormais, quels sont ceux des suicides des deux catégories ci-dessus qui ont été commis pendant ou avant l'incarcération.

§ 8. — Épidémies de suicides

Existe-t-il des contagions morales ? Et spécialement, le suicide peut-il devenir épidémique ? Il est difficile d'en douter. A notre sens, le suicide est contagieux, au même degré que le crime commis dans des circonstances quelque peu extraordinaires, au même degré que le duel, que certaines fièvres politiques. Pour citer des faits récents, n'avons-nous pas vu, sous l'influence d'une regrettable publicité, l'assassinat avec *désossement* de la victime, trouver des imitateurs ? N'avons-nous pas vu, sous la même influence, des femmes abandonnées par leurs amants ou trahies par leurs maris, jeter ou faire jeter à la face de leurs rivales, de l'acide sulfurique? N'avons-nous pas été témoins de duels politiques évidemment provoqués par l'esprit d'imitation?

Les faits de suicide par contagion sont nombreux tant dans les temps anciens que modernes. Citons les plus intéressants

Nous avons déjà rapporté, d'après Plutarque (*De virtutibus mulierum*), la contagion de suicides qui sévit parmi les filles et les jeunes femmes de Milet. La guerre, dit le grand biographe grec, tenant les hommes éloignés, elles se pendaient à l'envi les unes des autres et se donnaient la mort jusque dans les bras de leurs gardes. Les magistrats n'arrêtèrent cette épidémie qu'en ordonnant que toutes celles qui se seraient pendues fussent exposées en public, nues et la corde au cou.

Nous avons également rapporté que les déclamations du philosophe grec Hegesias en Egypte ayant provoqué une épidémie de suicides, le roi Ptolémée ne put y mettre un terme qu'en défendant, sous peine de mort, d'enseigner sa doctrine et celle de Zénon (stoïcisme).

D'après Pline, pendant que Tarquin l'Ancien employait les habitants de Rome à creuser un egoût, beaucoup d'entre eux rebutés par un travail aussi long qu'insalubre, se donnèrent la mort. Ce prince ne trouva qu'un moyen d'arrêter l'épidémie, ce fut de faire mettre en croix les corps des suicidés et de les abandonner aux bêtes féroces et aux oiseaux de proie.

Pline, Strabon, Plutarque, Virgile mentionnent une île dite l'île de Leucade, dans laquelle se trouvait, sur le bord de la mer et à une très grande hauteur, un temple dédié a Apollon. De ce rocher se seraient précipités, en quelque sorte traditionnellement, toutes les personnes de quelque notoriété, hommes ou femmes, qui auraient aimé sans espoir. Ce mode de suicide, célèbre dans l'Antiquité grecque, avait reçu le nom de *Saut des Amants*.

Rappelons encore l'épisode de l'arbre de Timon le Misanthrope, auquel un certain nombre d'Athéniens étaient venus se pendre successivement et que son propriétaire, avant de l'arracher, recommanda publiquement à ceux de ses compatriotes qui seraient tentés de se suicider par le même moyen.

Nous avons vu également que, sous certains empereurs romains, le suicide politique avait pris un caractère véritablement contagieux.

Dans les premiers temps du Christianisme, Saint Augustin, écrivant aux Donatistes, leur disait « Il existait jadis des rochers escarpés, des gouffres horribles où, sous l'influence de celui dont vous suivez la doctrine, beaucoup d'entre vous allaient chercher la mort. »

La contagion du suicide avait également sévi parmi les Juifs, pendant et après le siège de Jérusalem, ainsi que parmi les habitants de villes assiégées par les Romains ou d'autres peuples et à la veille de se rendre.

Les temps modernes offrent aussi des exemples de cette contagion. Nous avons raconté, d'après Montaigne, que, pendant les guerres du Milanais, les habitants de ce pays dévasté par les armées auxquelles il servait de champ de bataille, « prirent telle résolution à la mort, que j'ai ouï dire à mon grand-père qu'il y vinst tenir compte de bien vingt-cinq maistres de maison qui s'étoient bien défaits eux-mêmes en une semaine. »

D'après Esquirol « les historiens assurent que les Péruviens et les Mexicains, desesperés de la destruction de leur culte, de leurs usages, de leurs lois, se tuèrent en si grand nombre, qu'il en périt plus de leurs propres mains que par le fer et le feu de leurs barbares conquérants. »

Ross Cox, dans le recit d'un voyage en Colombie, (Londres, 1831), rapporte qu'a la fin du dernier siècle, la petite vérole faisant de grands ravages dans l'Inde, des milliers d'habitants se pendirent aux arbres, persuadés que le *Grand Etre* les avait livrés aux mauvais esprits pour les punir. Esquirol assure que des actes de desespoir semblables s'étaient produits en Europe vers le milieu du XIVe siècle, pendant une violente épidemie de peste noire, dans laquelle les habitants voyaient la main de Dieu.

Primerose (*Maladies des femmes*) assure que, de son temps, beaucoup de femmes de Lyon, dégoûtées de la vie, allaient se noyer dans le Rhône, et au même endroit où l'une d'elles s'etait jetée la première. Un ancien historien de Marseille prétend que beaucoup de jeunes filles de cette ville se tuaient en découvrant l'infidelité de leurs amants. Sydenham dit qu'il y eut un grand nombre de suicides dans la ville de Mansfeld en 1697, pendant le mois de juin, qui avait eté tres chaud. En 1793, le suicide contagieux aurait fait jusqu'a 1300 victimes dans la ville de Versailles. On signale encore une invasion semblable a Rouen en 1806 (fortes chaleurs et crise industrielle), à Stuttgard en 1811. Le Dʳ Desloges, médecin à Saint Maurice, dans le Valais, constata, en 1813, une épidémie de même nature dans le petit village de Saint-Pierre-Monjau. Une femme s'étant pendue à un arbre, plusieurs autres vinrent s'y pendre à courte distance. Pinel raconte qu'un prêtre se pendit dans le voisinage d'Etampes; quelques jours après, deux autres se tuaient aux environs, et plusieurs laïques les imitaient.

On connaît l'histoire de ces 15 invalides qui, en 1772, se pendirent successivement, et en peu de temps, à un crochet, sous un passage obscur de l'hôtel. L'épidémie ne cessa que lorsque le crochet eut été enlevé.

Au camp de Boulogne (1805), un soldat se fait sauter la cervelle dans une guérite; en peu de jours il a des imitateurs dans la même guérite. L'empereur la fait brûler et publie un ordre du jour où il compare le suicide à la fuite devant l'ennemi. La menace de la privation de la sépulture chrétienne arrête une épidémie de même nature dans un régiment anglais à Malte. Lord Castelreagh se jette dans le Vésuve en 1815; plusieurs de ses compatriotes viennent s'y jeter après lui.

Vers la fin du dernier siècle, des malheureux se tuent en se précipitant du haut de la tour du *Monument* à Londres; l'autorité municipale est obligée d'en entourer le sommet d'une balustrade en fer. Le même fait s'est produit, en 1843, à la colonne de Juillet, plus tard à la colonne de la place Vendôme, aux tours de Notre-Dame et à l'Arc de Triomphe. Le 15 août 1876, l'alcade de Madrid suspendait la circulation sur le viaduc de la rue de

Ségovie, d'où plusieurs personnes s'étaient précipitées.

Le Dr Ebrard raconte une épidémie de suicides dans le 41e régiment de ligne, a Montpellier et a Nîmes, en 1868, dans le 4e chasseurs, a Provins, en 1862; dans le 15e de ligne, en 1864. Le général Renaud, commandant la division militaire dont ce dernier régiment faisait partie, adressa au colonel, avec invitation a en donner lecture a trois appels consécutifs, une lettre dans laquelle il flétrissait le suicide comme contraire a la religion, a la morale, et aussi a l'honneur, au courage militaires.

On lit, dans la *Revue de Paris* du 29 avril 1845, que les nègres de Cuba, atteints de nostalgie, se suicidaient en grand nombre, persuades qu'ils ressusciteraient le 3e jour et dans leur pays. On en compta en un seul jour jusqu'a trente. Le conseil municipal ne réussit a arrêter l'épidémie qu'en ordonnant que tous les suicides seraient brûlés, a l'exception de la tête qui resterait exposée pendant un mois, et leurs cendres jetées a la mer. Un négrier arrêta une épidémie de même nature a bord de son navire, en faisant couper les mains des suicides pour les exposer a la vue de leurs compatriotes.

Debreyne raconte le fait suivant En 1824, il existait a Vienne, dans le faubourg de Geldersdorf, une société secrète appelée *Club du suicide*. Elle comprenait 12 membres, qui s'étaient juré de se donner la mort dans l'ordre désigné par un tirage au sort. La police ayant eu vent de son existence, en dispersa les membres, et la société tomba sous le ridicule beaucoup plus que sous les prohibitions de l'autorité.

Enfin on sait qu'en 1862 une épidémie de suicides a éclaté parmi les jeunes détenus de la petite Roquette (1).

Signalons encore une épidémie de suicides, en 1879, parmi les élèves des gymnases russes, profondement attristés du nouveau programme d'études qui rend obligatoire l'enseignement du grec et du latin.

Quant à l'explication du phénomène, les physiologistes sont unanimes à la trouver, d'abord dans une prédisposition générale, se produisant à la suite de grandes perturbations politiques ou économiques (révolutions, guerres, chertés, crises industrielles), puis dans une tendance spéciale chez les individus atteints les premiers. Les progrès du mal sont, d'ailleurs, accélérés par l'imprudente publicité qu'il reçoit. Enfin, c'est généralement par les hautes températures que le suicide, comme les maladies contagieuses proprement dites, se propage rapidement. Ajoutons qu'à l'exemple de ces mêmes maladies, ce n'est guère que dans les grandes agglomérations qu'il sévit.

Si *l'imitation* est le principal véhicule de ce que nous appellerons le virus du suicide, l'amour de la célébrité, c'est-à-dire le désir de faire répéter son nom par les mille voix de la presse, est aussi un agent de propagande très actif. On a dit avec raison, à ce sujet, que la pensée qui a guidé les suici-

---

(1) L'un d'eux, puni du cachot, parvient à s'échapper, et se précipite du haut d'un pont qui conduit à la chapelle. Quelques jours après, deux autres suicides s'accomplissent au même lieu et dans les mêmes conditions. Force a été d'élever un treillage de chaque côté du pont.

des dans l'exécution de leur funeste dessein, n'est pas sans analogie avec celle qui pousse quelquefois les malfaiteurs a perpetrer leurs crimes avec les circonstances les plus aggravantes. N'est-ce pas, en effet, un moyen d'acquérir cette renommée qui, depuis Erostrate, s'attache a tous les faits extraordinaires dans le bien comme dans le mal? Triste hallucination, qui montre a ces misérables l'échafaud comme un piédestal d'où ils domineront la foule !

L'imitation conduit à la diffusion du suicide jusque dans la même famille, et en dehors de l'hérédité. Tous les aliénistes ont cité des cas de cette nature qu'ils avaient personnellement observés.

La contagion n'est pas seulement l'effet de la publicité donnée, de nos jours, par suite des imprudentes communications de la police à la presse, aux suicides même les plus obscurs et auxquels ils ajoutent habituellement les details les plus dramatiques; elle est encore le résultat de la lecture des romans et de la fréquentation des spectacles. Le suicide est, en effet, un ressort dramatique très fréquemment employé au théâtre et qui frappe vivement l'imagination, surtout chez les femmes et les jeunes gens.

Mme de Stael assure que le roman de Werther a conduit beaucoup de jeunes allemandes au suicide. On a cru remarquer que le drame de *Chatterton* de M. de Vigny, avait produit, a Paris et dans la province, un résultat semblable. Beaucoup d'observateurs ont attribué un effet identique au *Jacob Ortis*, d'Ugo Foscolo, au *Manfred* de Byron, au *René* de Chateaubriand, a *l'Adolphe* de Benjamin Constant, au *Raphael* de Lamartine, à *Jacques* de George

Sand, a *Oberman*, etc. D'après des écrivains anglais, les drames eux-mêmes de Shakespeare n'auraient pas été sans exercer, sur la société anglaise, de son temps une influence favorable à la propagation du suicide.

Déjà, en 1825, Stauenlin signale, comme favorisant le suicide, les romans et les pièces de théâtre.

Le Dr Ebrard va jusqu'à accuser l'étude de l'Antiquité dans les lycées et notamment l'admiration qu'y provoquent les suicides des grands stoïciens de la Grèce et de Rome, de faire naître, chez les jeunes élèves, une tendance à la mort volontaire.

En Allemagne, on attribue le développement rapide du suicide aux progrès de l'école du pessimisme, fondée ou développée par Schopenhauer. Faisant allusion au suicide de Gérard de Nerval, M. Caro écrivait ce qui suit, dans la *Revue des Deux Mondes* (octobre 1877) : «.... Il était possédé de la folie de son temps, cette folie si justement appelée la *Maladie du pessimisme* ou encore *Maladie du Siècle* (das Weltschmerz), la douleur du monde, cette folie qui compte tant de victimes, de Werther à René, de Child Harold à Rolla, et d'illustres malades, tels que Byron, Musset, Henry Heine, rieurs attristés, viveurs blasés, sceptiques nuageux, révoltés lyriques, qui adorent la vie et la maudissent. »

Quand on lit le dernier livre de Schopenhauer, on se rend compte du profond découragement qu'il a pu faire naître en Allemagne. Le chapitre, *Les Douleurs du monde*, est surtout de nature à engendrer de profondes tristesses. En voici quelques extraits ; « A considérer la vie sous l'aspect de sa valeur objective, il est au moins douteux qu'elle soit préférable au néant. Je dirai même que, si l'expérience et la raison pouvaient se faire entendre, c'est en faveur du néant qu'elles élèveraient la voix. Si l'on frappait à la pierre des tombeaux pour demander aux morts s'ils veulent ressusciter, ils secoueraient la tête. Telle est aussi l'opinion de Socrate dans l'apologie de Platon, et même l'aimable Voltaire ne peut s'empêcher de dire : « On aime la vie, mais le néant ne laisse pas que d'avoir du bon » et encore : « Je ne sais pas ce que c'est que la vie éternelle, mais celle-ci est une mauvaise plaisanterie. »

« La vie de chaque homme, vue de loin et de haut, nous présente toujours un spectacle tragique ; mais si on la parcourt dans le détail, elle a le caractère d'une comédie ; car le train et le tourment du jour, l'incessant agacement du moment, les désirs et les craintes de chaque moment, les disgrâces multipliées sous l'action d'un hasard qui cherche toujours à nous mystifier, ce sont là autant de scènes de comédie. Mais les souhaits toujours déçus, les vains efforts, les espérances que la destinée foule impitoyablement aux pieds, les funestes erreurs de la vie entière, avec les souffrances qui s'accumulent quand on vieillit, enfin la mort au dernier acte, voilà l'éternelle tragédie. Il semble que le Destin ait voulu ajouter la dérision au désespoir, quand il a rempli notre vie de toutes les péripéties malheureuses du drame, sans que nous puissions avoir la dignité des personnages tragiques. Loin de là, dans le détail de la vie, nous jouons invariablement le piètre rôle de comiques.

« Si l'on mettait devant les yeux de chacun les douleurs et les tourments épouvantables auxquels sa vie est inévitablement exposée, on serait saisi d'effroi. Puis, si l'on voulait conduire l'optimiste le plus endurci à travers les hôpitaux, les lazarets, et les chambres de torture chirurgicales, à travers les prisons, les lieux de supplice, sur les champs de bataille, dans les cours d'assises, si on lui ouvrait les sombres repaires où la misère se glisse pour fuir les regards d'une froide curiosité; si enfin, on le faisait regarder dans la tour où Ugolin se meurt de faim — alors assurément, lui aussi finirait par reconnaître ce que vaut le *meilleur des mondes possibles*.

«.... Le monde, champ de carnage où des êtres anxieux et tourmentés ne subsistent qu'en se dévorant les uns les autres, où toute bête de proie devient le tombeau vivant de mille autres, et n'entretient sa vie qu'au prix d'une longue suite de martyres, où l'aptitude à souffrir se développe avec l'intelligence et atteint, par conséquent, dans l'homme, son degré le plus élevé, — ce monde, les optimistes ont voulu l'adapter à leur système et nous le montrer *a priori* comme le meilleur des mondes possibles. L'absurdité est criante. — On me dit d'ouvrir les yeux et de promener mes regards sur les beautés, les splendeurs d'un monde que le soleil éclaire, d'admirer ses montagnes, ses vallées, ses torrents, ses plantes, ses animaux, que sais-je encore? Le monde n'est-il donc qu'une lanterne magique? Certes, le spectacle est splendide, mais y jouer son rôle, c'est autre chose. — Après l'optimiste, vient l'homme des causes finales. Celui-là me vante la sage ordonnance qui défend aux planètes de se heurter, qui empêche la terre et la mer de se confondre, qui fait que tout ne s'ensevelit pas dans une glace eternelle, ou n'est pas consumé par la chaleur, qui, grâce a l'inclinaison de l'ecliptique, ne permet pas au printemps d'etre eternel et laisse mûrir les fruits. Mais ce ne sont là que de simples *conditiones sine quibus non*...... Arrivons maintenant aux résultats de cette œuvre si vantée, considérons les acteurs qui se meuvent sur cette scène si solidement machinée. Nous voyons la douleur apparaître en même temps que la sensibilité et grandir à mesure qu'elle grandit; nous voyons le désir et la souffrance marcher du même pas, se développer sans limite jusqu'a ce qu'enfin la vie ne soit plus qu'un mélange de scènes comiques et tragiques.

« La vie ne se présente nullement comme un cadeau dont nous n'avons qu'a jouir, mais bien comme un devoir, comme une tâche dont il faut s'acquitter à force de travail. De la, dans les grandes et petites choses, une misère générale, un labeur sans repos, une concurrence sans trêve, un combat sans fin, une tension extrême de toutes les forces du corps et de l'esprit. Des millions d'hommes reunis en nations concourent au bien public; mais des milliers de victimes tombent pour le salut commun. Tantôt des prejugés insensés, tantôt une ambition dévorante, tantôt une politique de finesses et de rouertes excitent les peuples a la guerre, et il faut que le sang et la sueur de la grande foule coulent en abondance pour réaliser les fantaisies de quelques-uns, ou expier leurs fautes. En temps de paix, si l'industrie et le commerce prospèrent, chaque progrès nouveau dans le domaine des forces mécaniques, est accompagné d'accidents terribles auxquels succombent des milliers de travailleurs. Si les navires chargés de marchandises sillonnent en foule les mers, les naufrages se multiplient dans la même mesure.

« .... Il est véritablement incroyable combien insignifiante et dénuée d'intérêt, vue du dehors, et combien sourde et obscure, ressentie intérieurement, s'écoule la vie de la plupart des hommes. Elle n'est qu'agitation vaine, que piétinement sur place, qu'aspirations impuissantes, que marche chancelante d'un homme qui rêve, — jusqu'au tombeau.

« Les hommes ressemblent à des horloges qui ont été montées et marchent sans savoir pourquoi, et chaque fois qu'un d'eux est mis au monde, l'horloge de la vie humaine est de nouveau montée, pour redire encore une fois son vieux refrain d'éternelle boîte à musique, phrase par phrase, mesure par mesure, avec des variations à peine sensibles.... La vie de l'homme oscille comme un pendule entre la douleur et l'ennui, et tels sont, en réalité, ses deux grands éléments » (1).

Voilà l'essence de la doctrine du pessimisme, qui fait, dit-on, de nombreux prosélytes en Allemagne et contribuerait pour une forte part au rapide accroissement des suicides que nous y avons constaté. Il

---

(1) Schopenhauer, appelé, en Allemagne, le philosophe de l'athéisme, est décédé à Francfort le 21 septembre 1860, à l'âge de 72 ans

est bien entendu que cette doctrine supprime Dieu et l'espérance d'une vie meilleure; elle supprime les joies intimes et profondes que donne le sentiment du devoir satisfait, c'est-à-dire du concours, dans la mesure de nos forces, à l'œuvre d'une civilisation progressive, d'une civilisation qui rend meilleure la destinée de l'homme et augmente ses jouissances morales, au moins autant que son bien-être matériel.

La peinture des souffrances qui l'attendent ici bas, est, d'ailleurs, fort exagérée. En fait, il est, en grande partie, l'arbitre de son sort. En dehors des coups de force imprévus et souvent irrémédiables qui brisent quelquefois les plus nobles cœurs et les plus belles intelligences, l'homme peut conjurer, par le travail, par l'esprit d'ordre et d'économie, par des goûts simples et modestes, par le respect des lois du pays, par une union assortie, le plus grand nombre des chances mauvaises inhérentes à la vie en société.

§ 9 — Hérédité.

L'hérédité ne figurant dans aucun document officiel parmi les causes du suicide nous sommes obligé de nous borner à reproduire en substance les observations des physiologistes qui ont traité à ce point de vue la question du suicide.

Il existe toutefois une statistique de l'aliénation mentale dans les asiles de la Prusse en 1877, dont les auteurs ont recueilli des cas d'hérédité du suicide. En voici le résumé. Sur 6,369 aliénés pour lesquels il a pu être recueilli des renseignements relatifs à l'hérédité de la folie et subsidiairement à la tendance héréditaire au suicide, on a constaté cette tendance dans les conditions numériques ci-après : 57 fois elle provenait du père ou de la mère; 41 fois elle avait existé chez les oncles ou tantes, et 37 fois chez les frères et sœurs des aliénés.

Voltaire, après avoir fortuitement constaté un cas de suicide héréditaire, ajoute : « Quelle disposition secrète d'organes, quelles sympathies, quel concours de lois physiques fait tuer le père et les deux enfants de leur propre main et du même genre de mort, précisément quand ils ont atteint le même âge ? Est-ce une maladie qui se développe à la longue dans une famille, comme on voit souvent les pères et les enfants mourir de la petite vérole, de la pulmonie ou d'un autre mal ? Trois, quatre générations sont devenues sourdes, aveugles ou goutteuses, ou scorbutiques dans un temps préfix. Le physique, ce père du moral, transmet le même caractère de père en fils pendant des siècles. Les Appius furent toujours fiers et inflexibles; les Catons toujours sévères. Toute la lignée des Guises fut audacieuse, téméraire, factieuse, pétrie du plus insolent orgueil et de la politesse la plus séduisante. Depuis François de Guise jusqu'à celui qui, seul et sans être attendu, alla se mettre à la tête du peuple de Naples, tous furent d'une figure, d'un courage et d'un tour d'esprit au-dessus du commun des hommes. J'ai vu les portraits en pied de François de Guise, du Balafré et de son fils, leur taille est de six pieds; mêmes traits, même courage, même audace sur le front, dans les yeux et dans l'attitude. Cette continuité, cette série d'êtres semblables est bien plus remarquable encore dans les animaux. .... Mais que la nature dispose tellement les organes de toute une race, qu'a un certain temps tous ceux de cette famille auront la passion de se tuer, c'est un probleme que toute la sagacité des anatomistes les plus attentifs ne peut resoudre. L'effet est certainement tout physique, mais c'est de la physique occulte. Et quel est le secret principe qui ne soit pas occulte? »

Le Dr Cazauvieilh s'explime ainsi : « Si les recherches sur l'heredité des maladies en general méritaient toute la confiance que certains medecins leur accordent, leur resultat serait des plus affligeants. Si une mere phthysique, un pèr e goutteux, des parents alienes transmettaient constamment leurs maux a leurs descendants, convenons-en, nous ne nous sentirions pas le courage de pousser plus loin nos investigations ; car il serait très facile de démontrer l'hérédité du suicide. Tous les auteurs assurent *même que cette affection est la plus susceptible d'être trans.. use aux descendants* [1]. Pour nous, sur 60 cas de suicides effectues dans le même canton, et sur lesquels nous avons recueilli des renseignements tres exacts, nous en avons constate 13, soit 28 p. 0/0, dont les aieux, les parents, les oncles ou les tantes, les femmes, les sœurs avaient attente a leur vie... Après avoir ainsi prouve par des exemples l'influence hereditaire des ascendants

---

1 Cazauvieilh ecrivait en 1840, il faut en conclure que la question de l'heredite du suicide avait déjà ete resolue affirmativement, à cette époque, par bon nombre de ses confrères. Il eut sagement fait de les nommer

suicidés sur leurs descendants, arrêtons un instant notre attention sur un autre point qui a été souvent le sujet de nos méditations. Lorsque, dans une famille, les descendants se seront volontairement donné la mort sans motifs connus ou pour des causes légères ou imaginaires, qu'on remonte plus haut, qu'on examine dans quel état se trouvent leurs ascendants.

« Les uns ne seront-ils pas remarquables par une grande exaltation dans leurs idées, dans leurs passions, par une disposition à la colère, à la fureur, à la manie même? Et les autres n'auront-ils pas été d'un caractère difficile, bizarre, passant brusquement de la gaieté à la tristesse, des ris aux pleurs, des emportements à la douceur, inquiets, défiants, irascibles, difficiles à vivre, tourmentant sans cesse leurs proches, faciles à émouvoir, se contrariant pour peu de chose, s'occupant continuellement de leur santé, portés enfin à la mélancolie ou à l'hypocondrie? Ces individus seront, toutes choses égales d'ailleurs, naturellement plus disposés au suicide que d'autres, dont les ascendants n'auront jamais offert d'exemple de la mort volontaire.

« Si nos recherches prouvent que le dégoût de la vie se transmet avec assez de facilité dans les familles, nous nous empressons de dire qu'il y a des exceptions nombreuses. Cependant celui dont les ascendants et même les descendants seront devenus homicides d'eux-mêmes, devra, plus que tout autre, éviter toutes les causes occasionnelles et mettre en pratique tous les moyens de préservation contre cette affection. »

Le Dr Debreyne dit : « Il est certain qu'il existe

quelquefois des prédispositions générales ou un état physique particulier, qui modifie, altère, pervertit, exalte ou affaiblit la sensibilité humaine, qui, par la même, devient la source ou le principe des plus graves perturbations organiques ou instinctives, on a vu des familles entières se tuer ou devenir aliénées. »
— Ici, l'auteur cite le fait d'hérédité observé par Voltaire et reproduit plusieurs observations dans le même sens d'Esquirol, de Gall, de Falret, et de Rush dans son traité de l'*insanité*.

L'hérédité dans le suicide donne lieu aux réflexions suivantes de M. le Dr Brière de Boismont.
« Une influence d'une grande valeur, l'hérédité, qu'on pourrait appeler double, puisqu'elle transmet non-seulement les traits, mais encore les qualités, les défauts, les vertus, les vices, les maladies, — a droit à une mention spéciale, dans l'étude du suicide....... Une observation fort concluante a déjà été faite par Buffon sur la puissance du principe héréditaire, elle est relative au cheval qui peut transmettre, par la génération, presque toutes ses bonnes ou mauvaises qualités[1]... Cette transmission est encore plus frappante pour l'homme. En Flandre, les Nassau, en Angleterre, les Stuarts ; en France, les Guises, les Valois, les Condés, nous montrent les mêmes types de famille, dans les qualités les plus éminentes, comme dans les vices les plus profonds...... Tel fut, sous Philippe II, Guillaume le Taciturne, tel se montra le prince d'Oran-

---

[1] La même observation a été faite, depuis, pour tous les animaux de ferme. C'est l'origine de la sélection et du croisement des races par les éleveurs.

ge, l'arrière petit-fils de l'indomptable stathouder. Tel fut, de nos jours, Guillaume, roi des Pays-Bas, (Belgique et Hollande). On sait si, chez ce prince (renversé par la Révolution de 1830), l'invincible opiniâtreté des Nassau s'est démentie... Les membres de la famille des Condés, dont Saint-Simon a si vigoureusement buriné les portraits, sont dignes d'être mis, au même point de vue, en regard de la maison des Guises. Chez presque tous les princes de ce nom (les Condés), une chaude et naturelle intrépidité, une remarquable entente de l'art militaire, de brillantes facultés intellectuelles, mais, à côté de ces dons, des travers d'esprit voisins de la folie, des vices odieux comme la malignité, la bassesse, la fureur, l'avidité du gain, une avarice sordide, le goût de la rapine, de la tyrannie, et cette insolence qui, dit Saint-Simon, a plus fait détester les tyrans que la tyrannie elle-même. »

« Il faut évidemment tenir compte, dans ces esquisses historiques, du caractère du temps, de l'influence des époques, de l'éducation, de l'exemple de la famille ; mais cela n'ôte rien a la puissance de l'hérédité, dont nous avons fréquemment autour de nous des exemples. »

Après avoir cité, dans le même ordre d'idées, les observations du professeur suédois Magnus Huss, et les travaux spéciaux du Dr Morel, M. Brière de Boismont ajoute « Ici les preuves de l'influence héréditaire sont patentes, et leur démonstration aussi complete que possible...... L'influence de l'hérédité, dont nous venons de signaler plusieurs faits généraux, est incontestable dans le suicide. Le plus ordinairement, la transmission a lieu par le père et la mère; elle peut remonter jusqu'aux aïeux et venir même des branches collatérales. Le genre de vie des parents, leurs maladies, leur âge lors de la conception, leurs habitudes, leur tempérament, leur caractère, leurs vices, dans lesquels l'ivrognerie a une part énorme, contribuent puissamment à la prédisposition au suicide... Souvent même plusieurs générations subissent ainsi les conséquences de la faute d'un seul.... Il suffit de parcourir les traités spéciaux pour recueillir de nombreux exemples de l'hérédité du suicide. (Ici l'auteur cite Esquirol, Gall, Falret, Muller, Moreau (de Tours), Marc Ellis). Pour notre part, nous avons recueilli plusieurs faits d'individus dont les parents s'étaient suicidés, qui, à leur tour, avaient fait des tentatives ou avaient eu des idées de mort. »

Revenant plus loin à la même question, M. Brière de Boismont fait connaître le résultat de ses observations personnelles. Parmi 265 aliénés, sur les ascendants et les collatéraux desquels il a fait des recherches, 76 avaient eu des parents atteints d'aliénation mentale, et 11 s'étaient suicidés. Des 11 suicidés, 5 avaient eu des pères et frères qui s'étaient tués; 6, des mères et sœurs mortes dans les mêmes conditions.

« Les exemples d'hérédité du suicide, dit le Dr Ebrard, sont très nombreux, tous les auteurs en ont cité; *nous n'aurions nous même que l'embarras du choix.*

« Parmi les faits désolants de cette nature, nous en avons recueilli plusieurs dont les parents s'étaient suicidés ou avaient fait des tentatives de suicide, ou avaient eu a lutter douloureusement contre des idees de mort (ici l'auteur en cite un certain nombre). »

M. le Dr Lisle n'est pas aussi affirmatif sur l'hérédité du suicide que ceux de ses confreres dont nous venons de citer les opinions et les recherches. Voici sa pensee a ce sujet : « Tout le monde s'accorde à reconnaître que, de toutes les maladies, la folie est peut-etre celle qui se transmet le plus fréquemment par les parents et se perpétue ainsi de génération en génération dans les mêmes familles. Mais comprendrait-on qu'un acte purement accidentel, comme le suicide accompli sous l'empire d'une passion violente ou d'un malheur tout a fait imprévu, puisse devenir héréditaire. Tous les individus, dont le suicide est représenté par les auteurs comme dépendant de l'heredite, étaient *certainement* (?) aliénés. Le peu de détails qui nous ont été conservés sur l'etat mental de chacun d'eux suffisent pour l'*établir avec évidence* (?). Et puis, le nombre de faits de ce genre que nous trouvons dans la science est relativement très borné. Sur 39 cas d'aliénation mentale avec penchant plus ou moins prononcé au suicide, que nous avons eu occasion d'observer dans notre établissement et sur lesquels nous avons pu prendre les renseignements les plus exacts, un seul pouvait être attribué, au moins en apparence, à cette cause. Cependant plus de la moitie des individus qui ont fait le sujet de ces observations, avaient eu ou avaient encore des aliénés dans leur famille. Les faits que nous avons empruntes a nos prédécesseurs ne peuvent, selon nous, prouver qu'une chose, c'est que le suicide n'est que très rarement héréditaire et seulement lorsqu'il est le résultat d'une aliénation mentale. » L'auteur ajoute — et selon nous, avec raison — que l'esprit d'imitation pourrait, dans beaucoup de cas, être substitué à l'hérédité. Après avoir cité beaucoup d'exemples de l'influence de cet agent de propagation, il ajoute : « Comment s'étonner, après cela, qu'un fils ou un frère se tuent, quand ils ont été témoins du suicide de leur père ou de leur frère ? »

Nous avons cité les faits et les doctrines ; le lecteur jugera.

Il nous serait difficile toutefois de ne pas témoigner de notre complète adhésion à l'opinion du Dr Lisle sur la rareté des faits de véritable transmission héréditaire du suicide. On ne saurait croire, en effet, qu'un père qui, sous l'influence d'un chagrin profond, mais accidentel, sans avoir jamais fait de tentative antérieure, ni laissé voir le moindre trouble dans ses facultés mentales, attente à ses jours — ait pu communiquer à ses enfants une tendance, une disposition qu'il n'a jamais eue. On a soutenu, il est vrai, que, précisément parce qu'il s'est tué sous une influence quelconque, il portait en lui le germe du mal, et qu'il l'a communiqué à ses enfants.

Remarquons, en terminant sur ce point, que la doctrine de l'hérédité, en absolvant le suicide dans certains cas par ce fait que son auteur aurait cédé à une tentative presque irrésistible, a cette conséquence très-grave de pouvoir être appliquée au criminel dont le père ou la mère a subi des condamnations. Elle conduit ainsi, en supprimant toute responsabilité chez les auteurs des plus grandes infractions pénales, à consacrer l'impunité des malfaiteurs les plus dangereux.

La notoriété publique n'a guère signalé que deux suicidés dont le père avait attenté à ses jours. Le premier est Camille Babeuf, qui s'est précipité de la colonne Vendôme, à l'entrée des alliés à Paris, en 1814, pour ne pas survivre au désastre et à l'humiliation de son pays. Or, Gracchus Babeuf, son père, impliqué dans une conspiration à la fois politique et socialiste, s'était tué en 1797 pour échapper à l'échafaud.

Nous le demandons, est-il physiologiquement admissible qu'il ait pu transmettre au jeune Camille un penchant au suicide que, selon toute vraisemblance, il n'avait pas eu en réalité?

Le second est celui du fils de Prévot-Paradol, le célèbre publiciste du journal des *Débats*, ancien ministre plénipotentiaire aux Etats-Unis. Ce jeune homme s'est tué en décembre 1877, chez son tuteur, de la même manière que son père, décédé, comme on sait, à Washington, en juillet 1870.

M. Prévot-Paradol père ayant, après une longue hésitation, accepté un poste diplomatique d'un gouvernement qu'il avait constamment combattu, s'était senti frappé au cœur des reproches de défection de ses anciens amis politiques. D'un autre côté, l'inactivité forcée que lui imposait, à lui, ancien journaliste, ardent à la lutte et chaque jour sur la brèche, sa nouvelle situation, puis le milieu inconnu et peu sympathique où il s'était trouvé subitement transporté, toutes ces circonstances avaient déterminé, chez lui, des souffrances morales que l'infortuné jugea supérieures à ses forces.

Évidemment, il ne pouvait transmettre a son fils une prédisposition qu'il n'avait pas eue lui-même; et ce dernier n'a pu commettre, en se tuant, qu'un acte d'imitation (1).

Si nous ne croyons que dans des cas tout à fait exceptionnels, c'est-à-dire quand les parents ont témoigné d'une véritable monomanie dans ce sens, à la transmission héréditaire du suicide aux enfants, nous l'admettons sans difficulté en matière d'aliénation mentale. Il est rare, en effet, que la folie se déclare spontanément ; elle a presque toujours une incubation plus ou moins prolongée, pendant laquelle les malades ont pu se marier et transmettre à leurs enfants le germe du mal dont ils étaient atteints. Il arrive assez souvent, en outre, que des aliénés, sortis de l'asile comme complétement guéris, et ne l'étant pas en réalité, se sont également mariés et ont ainsi communiqué à des générations entières la prédisposition à la démence.

§ 10. Crises politiques et économiques

Une crise économique peut se déclarer sans être accompagnée ou précédée d'une crise politique; mais une crise politique détermine toujours, dans la mesure de son intensité et de sa durée, une crise

---

1 Nous profitons de cette occasion pour rectifier une erreur que nous avons commise, sur une information inexacte, en annonçant, sous la forme dubitative il est vrai, le suicide de Mlle Prevot Paradol. Non, la jeune fille ne s'est pas suicidée; mais elle a quitté ce monde pour un autre qu'elle a jugé meil-

économique. Cette dernière a souvent pour cause des spéculations exagérées, un abus du crédit, une production industrielle supérieure aux besoins. Elle peut encore être amenée, soit par une guerre ou simplement par une tension des rapports internationaux et une appréhension de prochaines hostilités; soit par une mauvaise récolte qui, en provoquant une exportation considérable de métaux précieux, renchérit sensiblement le prix de l'argent.

L'auteur — que nous avons déjà cité — d'un travail sur le suicide dans la ville de Vienne, n'hésite pas à attribuer à la catastrophe financière de 1873, l'accroissement subit et considérable des suicides dans cette ville. « Il n'est pas douteux, dit un autre auteur du même pays, que la crise survenue en mai 1873 a eu une très grande part dans l'accroissement des suicides de cette même année. En voici la preuve : en 1871, on trouve, jusqu'à la fin d'avril, 48 suicides, puis, de mai à décembre inclusivement, 43; en 1872, dans les deux mêmes périodes, 44 et 97; — en 1873, 43 et 109. Dans les quatre premiers mois de 1874, pendant lesquels la crise a atteint son maximum d'intensité, on constate 73 suicides, au lieu de 46, 44 et 43 dans la même période des trois années précédentes. En 1874, le total des suicides, dans la même ville, monte à 216 (153 en 1873). On n'en

leur, et où elle pourra prier, sans distraction, pour un père et un frère qu'elle a tendrement aimés Mlle Prevot Paradol a pris le voile

Reparons en même temps deux omissions importantes dans notre historique des suicides contemporains les plus marquants, nous voulons parler de ceux du marquis de Puyferiat et du général Gaulard, en mai 1880.

avait pas constaté un nombre aussi considérable dans les 21 années antérieures. Aussi, au premier rang des motifs déterminants, voit-on figurer (symptôme significatif!) la *perte des moyens d'existence!* »

On lit dans le n° du *Journal allemand de l'Assurance* du 20 mai 1875: « Dans notre dernier n°, nous avions signalé l'accroissement de mortalité résultant de la crise économique en Allemagne. Voici, dans le même ordre d'idées, un fait intéressant que nous signale une lettre de Francfort-sur-le-Mein. Le nombre des suicides, en 1874, s'y est élevé subitement, par rapport à 1873, à un chiffre relativement énorme. Tandis que la moyenne des années antérieures avait été de 22 (16 hommes et 6 femmes), on en a constaté, en 1876, 32, dont 31 *hommes!* » Il ne faut pas perdre de vue, à ce sujet, que cette ville est, après Berlin, le marché financier le plus considérable de l'Allemagne.

On constate le même fait dans d'autres grandes villes allemandes : ainsi, à Dresde, le nombre des suicides s'élève tout à coup à 329 en 1873, première année de la crise commerciale, soit 33 de plus qu'en 1872, et 153 de plus qu'en 1871.

Ce n'est pas seulement dans les grandes villes que l'influence des crises économiques se fait sentir. En Autriche, toujours sous l'empire de celle de 1873, on voit l'ensemble des suicides de la monarchie (Cisleithanie) s'élever, sans autre motif connu, de 1.677 en 1872, à 1.863 en 1873, 2.151 en 1874 et 2.217 en 1875.

En Prusse, ils s'élèvent, de 2.216 en 1872, année d'une prospérité industrielle sans exemple, à 2.527

en 1874, 2.683 en 1875 et 3.199 en 1876. Comment expliquer autrement que par une profonde et subite stagnation des affaires cette rapide augmentation, surtout quand on la voit coïncider avec une forte diminution des mariages et un accroissement notable de la mortalité. La crise industrielle qui sévit en France depuis 1876 est-elle donc complètement étrangère au mouvement rapidement progressif des suicides, à partir de cette année, surtout quand on le voit coïncider, comme en Allemagne, avec un ralentissement très sensible des mariages (1)?

Nous avons dit que les crises politiques se compliqueront toujours d'une crise économique. Il est évident que, lorsque le sol est mouvant, lorsque le gouvernement nouveau, mal assis, tiraillé en tous sens par les partis, est sur le point de succomber pour faire place à l'inconnu, les transactions s'arrêtent, l'industrie suspend sa production de peur de ne plus trouver de débouchés; par suite, les ateliers se vident, et des centaines de milliers d'ouvriers se trouvent du jour au lendemain sans travail et sans pain. La crise s'aggrave presque toujours par la crainte d'une guerre extérieure, et par la prédication, devenue entièrement libre, des doctrines sociales, ou plutôt antisociales, les plus perversives.

Des auteurs très graves ont écrit que le suicide diminue sensiblement dans les grandes crises politiques, et ils invoquent les documents officiels à l'appui de leur opinion. Avant de nous reporter à ces

1. Signalons, sans citer de noms propres, les deux suicides que la crise industrielle a provoqués, tout récemment, dans la région cotonnière des Vosges. Deux manufacturiers, très honorablement connus, ont préféré la mort à la faillite.

documents, faisons remarquer qu'à la suite des révolutions, l'action de l'autorité administrative et judiciaire est plus ou moins paralysée pendant un certain temps, et que, par suite, la constatation des suicides ne se fait pas avec la même régularité, la même exactitude. Ce fait, qui est incontestable, suffirait, à lui seul, pour expliquer leur diminution apparente. Toutefois il est possible, à la rigueur, qu'en présence des graves préoccupations d'intérêt général que provoquent les renversements de gouvernements et l'anarchie plus ou moins prolongée qui leur succède, le sentiment des douleurs, des afflictions personnelles fasse silence pendant un certain temps. Il est également possible que les victimes de la nouvelle révolution, fonctionnaires révoqués, industriels sans débouchés, commerçants sans clientèle, ouvriers sans travail, soutenus, dans l'épreuve qu'ils subissent, par l'espérance d'un meilleur et prochain avenir, peut-être de la restauration du pouvoir qu'ils regrettent, vivent, sans se décourager, de leurs dernières économies. Ces diverses hypothèses sont admissibles. Mais, si la période d'épreuves se prolonge, si l'horizon ne se désassombrit pas, si l'insécurité générale s'accroît, on voit le suicide reprendre, dans les années qui suivent, son mouvement progressif et dans de plus fortes proportions que par le passé.

Voyons notamment ce qui s'est passé en France, le pays du monde le plus exposé aux convulsions politiques.

Nous avons sous les yeux le tableau officiel des suicides constatés annuellement de 1827 à 1878. Voici ce que nous y voyons. En 1830, année du renversement de la monarchie des Bourbons de la branche aînée, le nombre des suicides tombe, de 1904 en 1829, à 1756. Le premier effet de la révolution est une diminution apparente pendant les cinq derniers mois de l'année, les mois antérieurs ayant présenté le spectacle d'un accroissement analogue à celui de la période correspondante de 1829. En 1831, malgré l'établissement d'un gouvernement régulier et le retour à une sécurité relative, le nombre des suicides s'élève à 2,084, soit 308 de plus. Voilà l'effet, clairement démontré, des souffrances individuelles infligées aux populations par la crise économique qui a suivi la crise politique. Le mouvement se calme en 1833 et 1834, les plus éprouvés (comme, pendant les maladies épidémiques, les plus débiles) ayant succombé. Il reprend ensuite dans ses conditions d'accroissement ordinaires.

En 1848, le nouvel établissement monarchique s'écroule à son tour, et nous voyons se produire le même fait qu'en 1830, c'est-à-dire que, dans l'année de la crise, le nombre des suicides tombe, de 3,647 en 1847, à 3,301 en 1848. Ils se relèvent en 1849 (3,583), pour rester à peu près stationnaires dans les deux années suivantes (3,596 et 3,597) et reprendre ensuite leur marche accélérée.

Le coup d'État du 2 décembre 1851 s'accomplit ; le nombre des suicides ne subit pas ici les mêmes influences parce qu'on touche à la fin de l'année. Mais, en 1852, année de fortes préoccupations politiques et d'une grande perturbation industrielle, on voit le nombre des suicides s'élever, de 3,598 en 1851, à 3,674, pour retomber à 3,415 en 1853, quand la situation s'est sensiblement améliorée.

En 1870, de 5,114 en 1869, nous descendons à 4,157; puis, dès 1871, le relèvement s'opère dans une forte proportion (4,490).

Nous regrettons de n'avoir, pour Paris, que les suicides annuels de 1850 à 1859. S'il nous avait été possible de compléter ce document, il nous aurait certainement fourni la confirmation, et plus complète que celle qui précède (Paris étant particulièrement atteint par les évènements politiques dont il est le théâtre), de l'influence des révolutions sur le suicide. Voici cependant ce que nous apprend l'étude de cette période décennale. Le coup d'État, quoique accompli vers la fin de l'année, a fait tomber les suicides de 483 en 1851, à 446 en 1852. En 1853, ils montent subitement à 463; c'est le résultat évident de la crise économique qui a suivi l'acte du 2 décembre.

L'influence des révolutions sur le suicide n'a pas au surplus échappé aux aliénistes, qui sont en même temps des suicidologues. « Les influences politiques, dit Esquirol, sont des causes excitantes qui mettent en jeu telle ou telle passion et impriment tel ou tel caractère à la folie. *Si ces influences ne se produisent pas toujours immédiatement par un accroissement dans le nombre des suicides*, elles amènent généralement, les années suivantes, une recrudescence pour les cas d'aliénation mentale, etc., etc. » — « Les suicides sont plus nombreux, dit Falret, pendant les commotions politiques, parce que, l'imagination grossissant le danger, l'esprit de l'homme succombe à la crainte de ne pouvoir en triompher. Les suicides sont encore plus nombreux lorsque le calme est rétabli, *parce que la cause de l'excitation étant passée ou suspendue, on peut juger plus sainement des atteintes portées à nos plus chères affections, à notre fortune, à notre bonheur.* »

« Le suicide, a écrit M. Brière de Boismont, a changé de caractère ; il tient à des causes nouvelles qui n'ont plus rien de littéraire. Le temps de la mélancolie qui a produit Werther, Jacobo Ortis, Manfred, René, Obermann, Adolphe, Raphael, Jacques, est passé. Aujourd'hui, il faut mettre en première ligne l'avènement de la démocratie ». « Elle nous déborde de toutes parts, disait un jour devant nous l'illustre Royer Collard, et le temps n'est pas éloigné où elle sera la maîtresse du monde ». — Et plus loin : « ... Quelles perturbations produit un semblable état de choses ! Au lieu d'une phalange d'élite, c'est la foule qui se présente, et, comme la médiocrité domine, que de déceptions pour ces incapacités ambitieuses ! Le développement considérable de ces activités ardentes qui veulent, à tout prix, être quelque chose, l'impuissance retombant dans l'abîme, ou bien l'intelligence trahie par une volonté médiocre, le talent mal servi par la fortune, voilà bien des déceptions qui doivent engendrer des désespoirs sinistres ! » — Et ailleurs : « On ne saurait contester que, lorsque l'autorité d'un seul prédomine, le cercle des idées ne soit beaucoup plus restreint qu'aux époques où chacun peut prendre part aux affaires, où les cerveaux sont autant d'alambics et où les sentiments sont aussi divers que les personnes. Mais, par cela même que la liberté est plus grande, les lois, en élevant des barrières infranchissables aux désirs déréglés, irréalisables, contraires aux conventions sociales, con-

15.

tribuent à développer la pensée du suicide chez ces esprits malades, impatients de tout frein, pour lesquels le sentiment est tout, le raisonnement rien. Comme plus les idées et les besoins se multiplient, plus les entraves aux infractions augmentent, il en résulte, pour cette catégorie, une proportion plus grande de morts volontaires. Ce n'est pas seulement par sa constitution même que la politique influe sur cette fâcheuse tendance ; elle y prédispose encore par les révolutions et les catastrophes qui en sont les suites. Les chefs qui dirigent le mouvement des idées, entraînés au-delà des bornes, ne tardent pas à être abandonnés de leurs adhérents qui suivent la première impulsion. Le désespoir s'empare alors des utopistes et la folie et le suicide viennent mettre un terme à leur existence. »

« Il est reconnu que l'influence, soit des événements politiques, soit des désastres qui frappent une contrée, une nation, se traduit moins par une augmentation immédiate des suicides que par l'accroissement, dans les années suivantes, des cas d'aliénation mentale, dont un certain nombre se termine par le suicide » (Em. Leroy).

« Il est des époques où la sensibilité est exaltée, pervertie par un grand nombre d'impressions excessives, par des espérances déçues, par des souvenirs amers, par une suite de contrastes qui exagèrent la susceptibilité du système nerveux. Telle est surtout la puissance des évènements et des changements politiques considérables, des grandes calamités, à la suite desquelles il s'établit une succession rapide et une grande variété dans les impressions. Cette exaltation de la sensibilité donne aux désirs une si grande violence, qu'on n'admet point de milieu entre le dégoût de la vie et l'impuissance de les satisfaire. » (Dr Ebrard.)

D'après le Dr Descuret, l'effrayant accroissement du suicide, en France, doit être attribué aux orages politiques qui s'y sont succédés depuis et y compris 1789, « et qui, dit-il, y ont soulevé tant de passions propres à faire naître le dégoût de la vie, ainsi que les résolutions désespérées qui en sont la suite. »

Le Dr Mayr, dans ses études sur le mouvement de la population de la Bavière, aurait démontré sans réplique, dit M. Morselli, que les agitations politiques exercent une influence préventive sur les suicides, et il aurait cité notamment les évènements de 1848 et 1849 comme ayant produit cet effet dans son pays. Soit ; mais a-t-il suivi la marche du suicide dans les années postérieures ?

M. Morselli a généralisé l'observation et s'exprime ainsi : « Il a été remarqué déjà depuis longtemps que, dans les années de grandes perturbations politiques, les activités individuelles semblent se perdre dans le mouvement général que ces perturbations déterminent. C'est ainsi qu'en 1848 et 1849, tous les États européens ont vu diminuer le nombre de leurs suicides... L'année 1866 a été, dans la série des suicides italiens, ce qu'ont été 1848 et 1849 en France, en Allemagne, en Autriche, en Danemark et en Bavière.

« En tenant compte des suicides de la Vénétie, nous avons, pour la période 1864-68, et pour le royaume, les chiffres suivants :

1864	1865	1866	1867	1868
646	678	588	657	590

Maintenant on sait que 1867 a vu se terminer la guerre entre l'Autriche, l'Italie et la Prusse, guerre qui avait tenu, en Italie, tous les esprits en suspens, et dont le denoûment, aussi heureux qu'imprévu, les a vivement emus. »

Citons, a l'appui de l'observation de M. Morselli, la diminution des suicides en Autriche pendant la même campagne :

1865	1866	1867
1.464	1.265	1.407

Et le même fait en Prusse pendant la guerre de 1870-71 :

1869	1870	1871	1872
3.186	2.963	2.723	2.950

Et dans la Saxe royale :

1869	1870	1871	1872
710	657	653	687

Parmi les perturbations économiques figurent naturellement les crises alimentaires ou chertés, qui doivent exercer, sur le suicide, une influence d'autant plus sensible, qu'elles déterminent de très-grandes souffrances au sein des classes ouvrières, comme l'indiquent clairement les mortalités exceptionnelles qu'elles déterminent.

D'après un écrivain allemand cité par M. Morselli (OEttingen), les années de cherté 1846-47 et 1854-55 auraient vu s'accroître les suicides dans toute l'Europe.

Voyons si les documents dont nous disposons confirment cette observation.

Elle est exacte en ce qui concerne la France :

1845	1846	1847	1848
3.084	3.102	3.647	3.301

Elle l'est aussi en ce qui concerne l'Autriche :

1845	1846	1847	1848
896	960	1.085	845

D'après Vappœus, on aurait fait la même remarque en Wurtemberg.

Un résultat semblable se produit à l'occasion de la cherté de 1854-55 et ici les documents abondent :

	France	Autriche	Prusse	Saxe	Bavière	Wurtemb	Belgique
1853	3.415	991	1.942	431	263	142	150
1854	3.700	1.066	2.198	517	318	198	161
1855	3.810	1.207	2.351	568	307	234	189
1856	4.189	1.224	2.377	550	»	198	166
1857	3.967	»	2.038	485	»	»	»

Au nombre des influences économiques, signalons encore les émigrations. On peut, en effet, considérer comme probable, que, dans les pays où la population peu aisée va chercher au dehors des moyens d'existence, les actes de découragement doivent être moins fréquents que là où elle s'obstine à lutter contre la misère dans le pays natal avec l'espérance d'un avenir meilleur. Voici, à ce sujet, un fait assez précis ; il se rapporte au Danemark :

	1871	1872	1873
Émigrations. . . .	3.906	6.893	7.200
Suicides.	505	464	439

Nous ne connaissons pas les émigrations de 1874 et 1875; mais, en voyant le nombre des suicides continuer à diminuer dans ces deux années, nous sommes disposé à croire qu'elles ont continué dans une forte proportion.

Voici les mêmes rapprochements pour la Suède :

	1869	1870	1871	1872	1873
Émigrants...	39.064	20 003	17 450	15.918	13 580
Suicides....	356	369	321	309	337

La moyenne de ces cinq années est de 338 suicides; elle avait été de 369 dans les deux années antérieures. Toutefois, ici, le rapprochement est moins significatif que pour le Danemark. Nous manquons des mêmes éléments de comparaison pour la Norwège.

La faible tendance au suicide dans la Grande-Bretagne, au moins d'après les documents officiels, est attribuée à ses fortes et continuelles émigrations.

On a remarqué la coïncidence que présente, en Allemagne, l'accroissement exceptionnel des suicides à partir de 1872, avec la diminution progressive de l'émigration jusqu'en 1878 inclusivement. Cette diminution est constatée par le tableau suivant emprunté à un document officiel américain sur l'immigration allemande aux Etats-Unis de 1872 à 1877 :

1872	1873	1874	1875	1876	1877
155.595	133.141	66.927	36.565	31.323	27.419

Les statistiques allemandes, pour le premier semestre des années ci-après, ne sont pas moins concluantes :

1872	1873	1874	1875	1876	1877
68.340	63.866	26 124	18.212	15 143	12.021

1878	1879
13 814	16 039

Le premier semestre de 1880 indique une très forte recrudescence de l'émigration, due très probablement et à la longue persistance de la crise industrielle en Allemagne et à une amélioration très-sensible de la situation économique des Etats-Unis, principal débouché des émigrants allemands. Il conviendra de vérifier si cette recrudescence est accompagnée d'une diminution des suicides.

Leur nombre, toujours et rapidement croissant en France, ne pourrait-il pas aussi s'expliquer, dans une certaine mesure, par le chiffre insignifiant de nos émigrants, qui ne s'éloignent jamais, en outre, sans esprit de retour ?

§ 2. — La température

Ici, les documents officiels abondent et ils sont unanimes à attester l'influence de la saison chaude sur l'accroissement du suicide.

Dans les comparaisons qui suivent, nous diviserons d'abord les 12 mois de l'année en deux saisons que nous appellerons mauvaise et bonne, la 1re comprenant les six mois de novembre à avril ; la seconde les six mois de mai à octobre.

Nous répartirons ensuite les suicides par saisons climatériques comprenant : l'hiver (de décembre à février); le printemps (de mars a mai); l'été (de juin à août); l'automne (de septembre à novembre).

Nous continuerons à proceder par ordre alphabétique des noms de pays.

Allemagne — *Bade* (G. D.). Les suicides constates de 1852 a 1861 et de 1864 à 1872 se sont repartis comme suit, d'abord entre les deux semestres, puis entre les 4 saisons climatériques. (Ne figurent pas, dans les nombres ci-apres, les suicides, en très petit nombre d'ailleurs, a la perpétration desquels il n'a pu être assigné une date même approximative. Cette observation s'applique à tous les autres pays.)

SAISONS SEMESTRIELLES

	Mauvaise	Bonne	Total
1852-61	628	863	1.491
1864-72	780	1.067	1.847

SAISONS CLIMATÉRIQUES

	Hiver	Printemps	Ete	Automne
1852-61	273	409	454	350
1864-72	360	524	543	420

On voit clairement le nombre des suicides s'élever et s'abaisser avec la température.

Nous constaterons plus loin que la même influence se produit sur le choix des modes de perpétration.

Bavière. — Les 3.509 suicides, pour lesquels la date de la perpétration a pu être constatée, se répartissent dans les proportions suivantes par saisons :

SAISONS SEMESTRIELLES

	Mauvaise	Bonne	Total
1868-75	1.428	2 081	3 509
1875	205	254	459
1876	219	303	522

SAISONS CLIMATÉRIQUES

	Hiver	Printemps	Été	Automne
1868-75	683	1.017	1.064	745
1875	75	138	140	106
1876	114	140	613	104

Ce tableau confirme complètement les résultats du précédent.

Prusse. — D'après M. F. Kolb (*Manuel de statistique comparée*, 1875), les 11.759 suicides perpétrés dans ce pays de 1869 a 1872 ont subi, dans les conditions suivantes, l'influence de la température. Ces suicides étant répartis par sexes, nous calculerons — ici et partout où la même distinction sera faite, — les rapports dans lesquels chacun d'eux est affecté par le changement de saison.

SAISONS SEMESTRIELLES

	Mauvaise	p 0/0	Bonne	p 0/0	Total
Hommes	4 221	44.90	5.179	55 09	9.400
Femmes	1.087	46.08	1.272	53.92	2 359

Le maximum tombe, pour les deux sexes, dans la bonne saison; mais les femmes se tuent plus dans la mauvaise, et moins dans la bonne.

SAISON CLIMATÉRIQUE

	Hiver	Printemps	Été	Automne
Hommes	1.874	2 672	2 733	2.121
Femmes	456	673	677	553

En rapportant à 100 le total des suicides par sexe et par saison, on a :

	Hiver	Printemps	Été	Automne
Hommes	19 89	27 36	28 69	22 56
Femmes	19 33	28 52	28.70	23 44

Le maximum tombe, pour les deux sexes, en été et le minimum en hiver. Un des mois du printemps et de l'automne appartenant à la mauvaise saison (semestrielle), notre observation que les femmes se tuent plus que les hommes dans cette saison, se trouve justifiée par le tableau des saisons climatériques.

Saxe royale. — M. F. Kolb (*loco citato*), en attribuant à chaque mois de l'année 100 jours — pour mettre en évidence l'influence des saisons — a trouvé, pour ce pays, la répartition mensuelle ci-après des suicides commis dans les 20 années de la période 1848-67 :

Janvier	113	Avril	165	Juillet	185	Octobre	134
Février	126	Mai	191	Août	154	Novemb.	112
Mars	130	Juin	191	Sept.	139	Decemb.	107

Le maximum tombe en mai et en juin. L'accroissement et la diminution mensuels des suicides se produisent, dans ce pays, avec une remarquable régularité.

Les documents ci-après, que nous empruntons à l'*Annuaire statistique* publié par le gouvernement saxon se rapportent aux 4 années 1876-79 (4.322 suicides).

SAISONS SEMESTRIELLES

	Mauvaise	p 0/0	Bonne	p 0/0
Hommes	1.473	41.63	2 065	58 36
Femmes	365	46.30	419	53 44
	1.838		2 484	

Ici, comme en Prusse, les femmes se tuent plus que les hommes dans la mauvaise saison et moins dans la bonne. Le maximum tombe dans cette dernière pour les deux sexes :

SAISONS CLIMATÉRIQUES

	Hiver	Printemps	Été	Automne	Totaux
Hommes	633	1.004	1.085	796	3 518
Femmes	169	208	228	179	784

Rapports p. 0/0

	Hiver	Printemps	Été	Automne	Totaux
Hommes	18 00	28 53	30 84	22 60	100 00
Femmes	21.56	26.53	29 08	22 83	100.00

Le maximum tombe en été pour les deux sexes. Les femmes se tuent plus en hiver et un peu plus en automne (mauvaise saison) que les hommes.

Autriche. — Les 3.242 suicides commis en 1858 et 1859 se sont répartis par saisons dans la mesure ci-après :

SAISONS SEMESTRIELLES

Mauvaise	Bonne	Total
1.347	1.875	3 222

SAISONS CLIMATÉRIQUES

Hiver	Printemps	Été	Automne
609	900	1 018	706

Le maximum tombe en été et le minimum en hiver.

Belgique. — Même répartition des 2.428 suicides constatés de 1840 à 1849 :

SAISONS SEMESTRIELLES

Mauvaise	Bonne	Total
1.056	1.372	2 428

SAISONS CLIMATÉRIQUES

Hiver	Printemps	Été	Automne
477	671	722	558

Maximum en été, minimum en hiver.

Espagne. — Il n'existe de documents que pour les suicides des deux années 1859 et 1860, au nombre de 433 :

SAISONS SEMESTRIELLES

Mauvaise	Bonne	Total
172	261	433

SAISONS CLIMATÉRIQUES

Hiver	Printemps	Été	Automne
72	113	161	86

La loi se manifeste clairement malgré le petit nombre d'observations

France. — Nous donnerons, comme éléments de comparaison, la répartition par saisons de la moyenne semestrielle, puis mensuelle, des suicides à trois époques assez éloignées l'une de l'autre, pour qu'il soit possible d'apprécier les modifications qui ont pu se produire dans l'influence de la température.

SAISONS SEMESTRIELLES

	Mauvaise	p 0/0	Bonne	p 0/0	Total
1836-40	1.117	43 44	1 454	56 55	2 571
1851-55	1.595	43 83	2 044	56 14	3 639
1871-75	2.357	44 61	2 926	55 38	5 283

La part proportionnelle de la mauvaise saison s'est accrue sensiblement et, par suite, celle de la bonne a diminué d'autant.

SAISONS CLIMATÉRIQUES

	Hiver	Printemps	Été	Automne	Total
1836-40	605	730	781	655	2.571
1851-55	712	1.025	1.110	792	3.639
1871-75	1.046	1.478	1.623	1.136	5.283

Rapports p. 0/0

	Hiver	Printemps	Été	Automne	Total
1836-40	19.64	28.39	30.37	21.58	100.00
1851-55	19.56	28.17	30 50	21.70	100.00
1871-75	19.80	27.97	30.72	21.50	100.00

La part de l'hiver a augmenté ; celle du printemps a notablement diminué ; celle de l'été s'est accrue ; celle de l'automne, après une légère augmentation dans la deuxième période, a un peu diminué dans la troisième.

Voici, pour les 4 années les plus recentes (1875-78), la distinction des sexes au point de vue de l'influence de la température :

SAISONS SEMESTRIELLES

	Mauvaise	P 0/0	Bonne	P 0/0	Total
Hommes.	8.347	45.10	10.138	54.90	18.485
Femmes.	2.209	44.56	2.748	55.44	4.957
	10.556	»	12.886	»	23.442

La femme se tuerait donc, en France, un peu moins que l'homme dans la mauvaise saison, et, par conséquent, un peu plus dans la bonne.

SAISONS CLIMATÉRIQUES

	Hiver	Printemps	Été	Automne	Total
Hommes.	3.761	5.151	5.616	3.957	18.485
Femmes.	1.008	1.392	1.497	1.060	4.957
	4.769	6.543	7.113	5.957	23.442

Rapports p. 0/0

	Hiver	Printemps	Été	Automne	Total
Hommes.	20.46	27.86	30.38	21.30	100.00
Femmes.	20.33	28.08	30.20	21.37	100.00

Par rapport au total des suicides de chaque sexe, on constate que la femme se tue un peu moins que l'homme en hiver, qu'elle se tue plus au printemps, et un peu moins en été et en automne (confirmation de l'observation précédente). C'est, comme l'homme, en été qu'elle se tue le plus et en hiver le moins.

Italie. — Les nombres qui suivent se rapportent également à la période quadriennale 1875-78 (sans distinction de sexe) :

SAISONS SEMESTRIELLES

Mauvaise	P 0/0	Bonne	P 0/0	Total
1.858	42.97	2.465	57.02	4 323

SAISONS CLIMATÉRIQUES

Hiver	Printemps	Été	Automne	Total
818	1.384	1.312	809	4 323

Rapports p. 0/0

18 92	32 01	30 35	18.71	100.00

Comparativement à la France, on se tue moins, en Italie, dans la mauvaise saison, et, par conséquent, plus dans la bonne.

On se tue moins en hiver, en Italie, notablement plus au printemps, dans la même proportion en été et moins en automne.

Dans l'ancien royaume de Piémont (Terre-Ferme) les 973 suicides ou tentatives constatés de 1825 à 1839 se sont répartis comme suit par saisons climatériques :

Hiver	Printemps	Été	Automne	Total égal
218	268	281	206	973

Ici, ce n'est pas l'hiver, mais l'automne qui compte le moins de suicides.

Si l'on distrait les tentatives (157), la répartition ne se modifie pas notablement :

Hiver	Printemps	Été	Automne	Total
179	221	237	179	816

Toutefois, pour les suicides accomplis, l'automne partage, avec l'hiver, le privilège d'avoir le minimum des suicides.

Russie. — Les documents officiels ne répartissent pas les suicides par saisons; nous savons seulement, par le journal russe *la Voix*, qu'ils sont plus fréquents l'été que l'hiver, au moins à Saint-Pétersbourg.

Scandinavie. — 1° *Danemark.* Les suicides de la période quinquennale 1874-78 se sont répartis par saisons comme suit :

SAISONS SEMESTRIELLES

	Mauvaise	P 0/0	Bonne	P 0/0	Total
Hommes.	789	41.65	1.105	58.35	1.894
Femmes.	224	43.92	286	56.08	510

SAISONS CLIMATÉRIQUES

	Hiver	Printemps	Été	Automne	Total
Hommes.	345	558	594	397	1.894
Femmes.	95	150	142	123	510

Rapports p. 0/0

Hommes.	18.21	29.46	31.36	20.95	100.00
Femmes.	18.62	29.41	27.84	24.12	100.00

En Danemark, les femmes se tuent plus que les hommes dans la mauvaise saison, et, par suite, moins dans la bonne.

La différence entre les deux sexes n'est pas très sensible en hiver ni au printemps; mais les hommes se tuent plus en été et les femmes en automne.

Norwège. — Nous n'avons pu nous procurer la répartition des suicides par saisons que pour les années 1866 et 1870 :

SAISONS SEMESTRIELLES

	Mauvaise	P 0/0	Bonne	P 0/0	Total
Hommes.	87	43.28	114	56 70	201
Femmes.	21	36.20	37	63 80	58

A la différence de ce qui se passe en Danemark, les femmes se tuent, en Norwège, moins que les hommes dans la mauvaise saison, et notablement plus dans la bonne. Mais ici les observations sont trop peu nombreuses pour être concluantes.

SAISONS TRIMESTRIELLES

	Hiver	Printemps	Été	Automne	Total
Hommes.	23	70	62	46	201
Femmes.	15	13	17	13	58

Rapports p. 0/0

	Hiver	Printemps	Été	Automne	Total
Hommes.	11.60	34 88	30.84	22 48	100.00
Femmes.	25.86	22.41	29.31	22.41	100.00

Les saisons trimestrielles confirment les résultats des saisons semestrielles, en ce sens que les femmes se tuent notablement plus en hiver que les hommes, et moins dans les autres saisons. Il est remarquable — et c'est le premier fait que nous constatons dans ce sens — que les femmes se tuent moins au printemps et en automne qu'en hiver. Mais ce fait a besoin d'être confirmé par des observations ultérieures.

Plus heureux que nous, M. Morselli a pu recueillir la répartition par saisons climatériques de 1.047 suicides commis dans le même pays de 1866 à 1872, mais sans distinction des sexes. Voici cette répartition (1).

	Printemps	Été	Automne	Hiver	Total
1866-72	296	340	233	178	1 047

Rapports p. 0/0

	Printemps	Été	Automne	Hiver	Total
1866-72	28.27	32.47	22.25	17.00	100.00

Malgré la différence dans le nombre des observations, les deux répartitions ne se font pas dans des conditions trop inégales ; les accroissements et les diminutions se suivent dans le même ordre.

Suède. — Les 4.928 suicides constatés de 1835 à 1851 (3.823 d'hommes et 1.105 de femmes) se répartissent comme suit :

SAISONS SEMESTRIELLES

	Mauvaise	P. 0/0	Bonne	P. 0/0	Total
Hommes.	1.556	40.70	2 267	59.30	3 823
Femmes.	436	39.46	669	60.54	1.105

Ici les femmes se tuent un peu moins que les hommes dans la mauvaise saison, et un peu plus dans la bonne.

SAISONS CLIMATÉRIQUES

	Hiver	Printemps	Été	Automne	Total
Hommes.	699	1.033	1.221	870	3.823
Femmes.	177	313	343	272	1.105

Rapports p. 0/0

	Hiver	Printemps	Été	Automne	Total
Hommes.	18.28	27.02	31.94	22.75	100.00
Femmes.	16.02	28.32	31.04	24.61	100.00

1 Nous supposons que M. Morselli a composé les saisons climatériques des mêmes mois que nous.

Comme au tableau précédent, les femmes se tuent moins que les hommes en hiver, plus au printemps et en automne, un peu moins en été.

Suisse. — Les 450 suicides commis en Suisse en 1876 se sont répartis comme suit entre les saisons climatériques :

Hiver	Printemps	Été	Automne
106	145	155	144

C'est une nouvelle démonstration de l'influence des températures.

Pays hors d'Europe. — *Brésil.* — Les 42 suicides commis à Rio-Janeiro en 1870 et 1874 se divisent ainsi par saison :

Hiver (Juillet, août et sept.)	Printemps (Octob., nov. et dec.)	Été (Janv., févr. et mars)	Automne (Avril, mai et juin.)	Total
9	13	14	6	42
p. % 21.4	31.0	33.3	14.3	100

Même loi dans les régions équatoriales.

Cette loi s'applique-t-elle dans les grandes agglomérations comme dans l'ensemble des populations? M. F. Kolb (*loco citato*) a réuni les documents suivants a ce sujet. Il s'agit des suicides par saisons dans les principales villes des pays ci-après. Nous nous bornerons à les diviser par saisons semestrielles, en rapportant, à l'exemple de l'auteur, le total à 1000.

SAISONS SEMESTRIELLES

Pays	Périodes	Mauvaise	Bonne	Total
Belgique...	1844-49	433	567	1000
Bavière...	1851-57	451	549	1000

Pays	Périodes	Mauvaise	Bonne	Total
Autriche...	1851-54	403	597	1000
Danemarck.	1851-56	410	590	1000
Suède.....	1835-51	440	560	1000
Berlin....	1852-54	469	531	1000

Il est évident que les influences diverses qui, dans les grandes villes, peuvent masquer ou atténuer celle de la température, ne sont pas suffisantes pour la faire disparaître.

En est-il de même à Paris?

Voici dans quel ordre se répartissent les 3,863 suicides qui y ont été commis de 1850 à 1859 (10 ans):

SAISONS TRIMESTRIELLES

	Mauvaise	p. 0/0	bonne	p 0/0	Total
Hommes	1.319	48.17	1 419	51 82	2 738
Femmes	521	46 31	604	53.69	1.125

A Paris, les femmes se tuent moins que les hommes dans la mauvaise saison, et en plus grand nombre dans la bonne.

Voyons dans quelle mesure la répartition par saisons climatériques confirme cette observation:

	Hiver	Printemps	Été	Automne
Hommes	644	777	725	592
Femmes	263	275	328	259

Rapports p. 0/0.

	Hiver	Printemps	Été	Automne
Hommes	23 52	28 38	26 48	21 62
Femmes	23 01	24.43	29.15	23.41

Les femmes se tuent un peu moins que les hommes

en hiver, et notablement moins au printemps; mais elles se tuent plus en été et en automne. Ces résultats different peu de ceux que donnent les saisons semestrielles.

Reste toujours le fait d'un plus grand nombre de suicides dans la saison chaude que dans la saison froide.

Nous avons, jusqu'à ce moment, réparti les suicides par saisons; nous nous bornerons à donner, comme exemple de leur mouvement mensuel, le tableau suivant qui se rapporte a la France, et comprend les quatre dernières années (1875-78).

	Hommes	Femmes		Hommes	Femmes
Janv.	1,389	360	Juillet	1,909	510
Fev.	1,251	349	Août	1,664	415
Mars	1,547	410	Sept.	1,368	361
Avril	1,810	469	Oct.	1,360	377
Mai	1,794	513	Nov.	1,239	332
Juin	2,043	572	Dec.	1,121	299

Pour les deux sexes, le maximum tombe en juin, le minimum en décembre. L'accroissement et la diminution suivent assez régulièrement, pour la femme, le mouvement ascendant et descendant de la température; il n'en est pas de même pour l'homme, dont les suicides présentent, d'un mois a l'autre, d'assez fortes oscillations.

Si l'on étudie la marche par mois du nombre moyen annuel des suicides du même pays pour chacune des huit périodes quinquennales comprises dans les 40 années 1836-75, on constate les faits suivants :

Dans la première (1836-40), le maximum tombe

en juillet et le minimum en décembre. Le mouvement ascendant est très régulier du minimum au maximum; il en est de même du mouvement décroissant.

Dans la deuxième (1841-45), le maximum tombe en juin et le minimum en décembre comme dans la première. Même régularité dans le mouvement croissant et décroissant.

Dans la troisième (1846-50), le maximum tombe également en juin; mais le minimum avance d'un mois (novembre au lieu de décembre). Les deux mouvements en sens contraire sont, à peu de chose près, aussi réguliers que précédemment.

Dans la quatrième (1851-55), le maximum revient en juillet et le minimum en décembre. On constate quelques oscillations, mais de peu d'importance, dans la marche progressive et rétrograde.

Dans la cinquième (1856-60), le maximum se replace en juin; le minimum reste en décembre; très peu d'oscillations dans les deux mouvements.

Dans la sixième (1861-65), le maximum subit un déplacement très marqué; il se porte sur le mois de mai; le minimum ne change pas de mois; on constate quelques oscillations dans les accroissements et décroissances.

Dans la septième (1866-70), le maximum reste en mai et le minimum en décembre.

Dans la huitième (1871-75), le maximum revient en juillet; le minimum reste invariable en décembre; beaucoup plus de régularité dans le mouvement décroissant que dans le mouvement croissant.

En résumé, pour les suicides réunis des deux sexes, le minimum reste invariablement, à une seule exception près, en décembre. Quant au maximum, il varie entre mai, juin et juillet, mais pour tomber le plus souvent en juillet.

Si l'on examine attentivement le mouvement mensuel des suicides de 1836 à 1878, on constate un fait assez curieux; c'est une forte recrudescence au mois de janvier pour les deux sexes. Cette recrudescence, qui se produit invariablement dans chacune des neuf périodes que nous venons d'examiner, est subite, en ce sens qu'on passe sans transition, du minimum (décembre), à un chiffre très élevé en janvier. Il est évident qu'ici l'influence de la température disparaît derrière des facteurs d'une autre nature. Quels sont-ils? Ne serait-ce pas la misère qui, dans une saison où tous les besoins augmentent et tous les prix s'élèvent, en même temps que beaucoup d'industries chôment, courageusement supportée à l'aide des dernières économies, atteint, dans ce mois, le plus froid de l'hiver, son maximum d'intensité? Le champ est ouvert à toutes les hypothèses.

Cette recrudescence des suicides en janvier se manifeste aussi très clairement à Paris, ainsi qu'il résulte du tableau ci-après (période 1851-59)

	Hommes	Femmes	Total
Janvier...	244	97	341
Février...	201	80	281
Mars....	218	77	295
Avril....	249	104	353
Mai	290	94	384
Juin....	243	99	342
Juillet...	253	114	367
A reporter.	1 698	665	2 363

Report . .	1,698	665	2 363
Août. . .	229	115	344
Septembre.	180	101	281
Octobre. .	224	81	305
Novembre.	188	77	265
Décembre.	199	86	285
Total. . .	2,718	1,125	3,843 (1)

Ainsi, au point de vue du plus grand nombre des suicides, janvier vient, pour les deux sexes, presque au même rang que juin (341 et 342).

Si — ce qui est équivalent à la réduction de chaque mois au même nombre de jours, — nous classons, pour plus d'exactitude, les douze mois par ordre du nombre moyen quotidien des suicides, à Paris et dans la France entière (période 1875-78), nous obtenons les résultats ci-après (mois classés par ordre décroissant des suicides):

France				Paris			
Juin	87.17	Sept.	57.63	Avril	12 43	Oct.	9 84
Juil.	78 03	Janv.	56 42	Mai	12 29	Fev.	9.69
Avril	75 97	Oct.	56 03	Juil	11.84	Mars	9 51
Mai	74 42	Fev.	55.17	Juin	11 40	Sept	9.30
Août	67 07	Nov.	51 70	Août	11 09	Dec.	9 19
Mars	63 13	Dec	45 87	Janv.	11 03	Nov.	8 90

Les mois ne se classent pas dans le même ordre pour les deux populations. Si, des deux côtés, ce sont généralement les mois de la belle saison qui ont le plus de suicides, les dates des maxima présentent un assez fort écart (juin pour la France, avril pour

1 Remarquons, en passant, qu'à Paris, sur 100 suicides, on en compte 29 38 de femmes, et, pour l'ensemble du pays, seulement 21 14

Paris). Les minima tombent, des deux côtés, en novembre et décembre ; mais le mois de janvier vient au sixième rang à Paris, et seulement au huitième pour l'ensemble du pays. Ce mois soumet donc, à Paris, les classes ouvrières à de plus fortes épreuves qu'en province.

Un pareil fait semble indiquer que la température n'est peut-être pas le seul facteur du mouvement des suicides pendant les divers mois de l'année. Toutefois, on ne saurait nier, au moins d'après les observations faites jusqu'à ce jour, que son rôle est dominant.

Or, la statistique donne ici, comme pour le suicide par âges, un nouveau démenti aux prévisions en apparence les plus autorisées. De même qu'il était généralement admis que, plus l'homme touche au terme de la vie et plus il s'y rattache, — tandis que l'expérience prouve sans réplique que le vieillard se tue plus que le jeune homme — on pouvait également croire que le suicide devait être plus fréquent dans les sombres journées de l'hiver, au milieu des privations de toute nature qu'il impose, que sous les chaudes et bienfaisantes effluves d'un soleil de printemps ou d'été.

Or, nous venons de voir qu'il n'en est rien. Il y a donc lieu de penser qu'à l'élévation progressive de la température correspond une sorte de surexcitation cérébrale, de travail extraordinaire de l'esprit, comme une fièvre intellectuelle, qui conduisent aux résolutions extrêmes.

Dans le même ordre de faits, on a constaté que les admissions aux asiles d'aliénés sont plus nombreuses pendant la belle que pendant la mauvaise saison. Les mêmes asiles présentent, au printemps, le spectacle d'une aggravation sensible de l'état des malades. Certains crimes contre les personnes, et notamment les attentats à la pudeur, sont également plus fréquents dans les mois chauds. C'est au printemps que se produit le maximum des conceptions tant légitimes que naturelles. Si on lisait l'histoire à ce point de vue, on verrait probablement que c'est dans la saison chaude qu'ont été prises les résolutions les plus graves, les mesures les plus décisives, que se sont accomplis les évènements les plus importants. La sensibilité humaine subirait donc, en hiver, une sorte d'engourdissement relatif, dont elle sortirait au printemps pour atteindre généralement son maximum en été. A la suite de ce réveil, les impressions que nous recevons des évènements seraient plus vives, plus ardentes ; nous ne jugerions pas les choses et les hommes avec le même calme, le même sang-froid, peut-être avec la même justesse que pendant l'hiver.

Toutefois, il importe de faire quelques réserves sur l'intensité de l'action de la chaleur relativement au suicide. Et, par exemple, il n'est pas douteux que certaines maladies qui se développent surtout dans la belle saison, comme l'aliénation mentale en général, comme la pellagre en Italie, ont, indépendamment de la température, une force part dans la marche croissante du suicide.

Peut-être, en outre, est-ce dans la belle saison que se font tous les actes, que s'engagent toutes les opérations dont le fâcheux dénoûment conduit au suicide.

Le plus grand nombre des accidents mortels,

dont beaucoup de victimes passent pour s'être suicidées, se produit aussi dans la belle saison.

La constatation de la date du suicide, comme celle du suicide lui-même, est peut-être plus facile en été qu'en hiver, surtout dans les campagnes.

Les excès alcooliques, qui conduisent si souvent au dégoût de la vie, ne seraient-ils pas plus nombreux en été? C'est ce que pourraient seuls nous apprendre les comptes-rendus de la justice criminelle, s'ils répartissaient par mois les poursuites pour fait d'ivresse.

N'y a-t-il pas lieu de croire également que bien des suicides, projetés en hiver, ne s'accomplissent qu'en été, par suite de la profonde répugnance de leurs auteurs, mais surtout des femmes, pour l'emploi, dans la mauvaise saison, d'un mode d'exécution très fréquent dans la bonne, — l'immersion? La rareté relative de ce genre de mort, en hiver, ne s'explique pas, en effet, par la congélation des cours d'eau, qui ne s'opère, au surplus, que dans les hivers rigoureux, mais par le refroidissement très sensible de l'eau. Or, il a été constaté que l'individu qui se suicide, et surtout la femme, évite avec soin toutes les douleurs en quelque sorte aggravatives de la mort.

Si, dans la perpétration du suicide, l'élévation de la température jouait réellement le rôle dominant, le maximum des morts volontaires tomberait invariablement en été, tandis qu'il se reporte assez souvent de cette saison au printemps. On ne verrait pas, en outre, se produire, en France notamment et particulièrement à Paris, cette recrudescence de janvier que nous avons mise en lumière.

Pour nous, il nous répugne de croire que l'homme fasse usage de l'accroissement d'énergie morale qu'il semble puiser dans une plus grande intensité du rayonnement solaire, uniquement pour attenter à ses jours, alors que la mortalité générale diminue et que toutes les forces productives de la nature prennent une plus grande activité. Ce redoublement d'énergie ne devrait-il pas, au contraire, l'armer contre de funestes inspirations ?

Et puis, n'est-il pas naturel qu'il se rattache à la vie quand le ciel est pur, l'air tiède, le soleil radieux ; quand la terre se couvre de fleurs ; quand, en un mot, toutes les merveilles de la création prennent une splendeur nouvelle ?

Cela est si vrai, qu'une feuille médicale anglaise très autorisée (*The Lancet*), dans un numéro des premiers jours d'avril 1880, faisait remarquer que les suicides avaient été trois fois plus nombreux en Angleterre dans l'été de 1879 que dans celui de 1878, et il en attribuait la cause à un temps presque constamment pluvieux ou couvert, admettant ainsi qu'un refroidissement insolite de la température assombrit les esprits et provoque le dégoût de la vie (*Spleen, tedium vitæ*).

On se rend d'autant moins compte de ce redoublement d'intensité du suicide dans la belle saison, que les besoins sont, à cette époque, moins grands, en même temps que le travail est plus abondant et les salaires plus élevés. Il y a donc moins de privations, moins de souffrances dans la classe ouvrière.

Qu'on prenne garde, d'ailleurs, aux conséquences du système qui voudrait faire considérer le suicide comme le resultat d'une impulsion plus ou moins irresistible et exonerer ainsi ses auteurs de toute responsabilité morale. La même circonstance atténuante pourrait être invoquée au profit des infractions les plus graves aux lois pénales parce qu'elles se commettent dans la saison chaude, et la justice humaine, ainsi désarmée, laisserait sans protection et nos biens et nos personnes (1).

Quelques suicidographes se sont demandé si l'accroissement des suicides dans la belle saison n'aurait pas pour cause moins l'élévation de la température que l'allongement des jours. Cette question ne pourrait être résolue affirmativement que s'il était démontré qu'un beaucoup plus grand nombre de suicides se commettent le jour que la nuit. Or, les renseignements recueillis à ce sujet sont rares et peu concluants.

D'après M. Brierre de Boismont, sur les 4,595 suicides accomplis à Paris, de 1834 à 1843, dont il lui a été permis de dépouiller les dossiers, 2,094 auraient été commis dans le jour, 766 le soir, 658 la nuit. Et d'abord ce renseignement manque quelque peu de clarté, il s'agirait, en effet, de savoir si les suicides perpétrés le soir l'ont été pendant le jour ou après la chute du jour. Puis l'argument qu'on pourrait être tenté de tirer du premier chiffre est sensiblement atténué par ce fait que l'heure du suicide n'a pu être recueillie dans 1,077 cas.

Les documents suivants afférents à la Prusse

---

1 Un assassin, devenu tel sous l'influence de l'ivresse, n'a-t-il pas été scandaleusement acquitté, il y a peu de temps, par le jury parisien!

sembleraient devoir jeter un peu plus de lumière sur la question. Ils ont été recueillis pour 11,822 cas, de 1869 à 1872. Nous ne donnerons, pour abréger, que les rapports pour 1,000.

	1869	1870	1871	1872
Première matinée	22.9	28.0	35.9	35.9
Deuxième matinée	78.2	129.3	158.3	159.7
Milieu de la journée	26.7	49.7	73.1	71.5
Après-midi	70.3	117.1	143.6	160.7
Le soir	27.4	42.2	53.5	61.0
La nuit	136.3	170.4	212.6	219.3
Heure inconnue	639.1	463.1	322.0	291.9

M. Morselli, en publiant le même document, fait la remarque suivante : « Des six intervalles entre lesquels le jour et la nuit sont distribués, c'est la nuit qui semble voir s'accomplir le plus de suicides ; mais, en réunissant les trois premières périodes, on a, pour les quatre années, 175, 296, 375, 392 suicides pour 1,000 de plus dans ces intervalles que pendant la nuit. Notons aussi que la première matinée (dans le texte allemand *baldnach sonnenaufgang*, ou immédiatement après le lever du soleil) peut être considérée comme faisant partie de la nuit ; tandis que le soir, selon l'habitude des pays civilisés, fait suite au jour. En réunissant ainsi quatre des six intervalles de jour et de nuit, on obtient une supériorité marquée pour les heures de jour. » Ce raisonnement ne nous paraît pas plus décisif que le document lui-même, qui ne fait pas connaître clairement l'influence que le jour, c'est-à-dire la lumière, et la nuit, c'est-à-dire l'obscurité, exercent sur la fréquence du suicide. D'un autre côté, il ne faut pas perdre de vue que, si la distribution, entre les six intervalles, des 5,147 suicides dont l'heure est restée inconnue, avait pu s'opérer, elle aurait peut-être changé complètement les résultats que nous venons d'indiquer.

La répartition par heure ne nous paraît pas plus significative; car, selon les saisons, certaines heures appartiennent à la nuit ou au jour. Voici cette répartition : 1° pour 955 cas observés (sur 4,595) par M. de Boismont, 2° pour 548 cas réunis par M. de Guerry :

	Paris	France		Paris	France
Minuit	63 }	77	Midi	123 }	32
1 h. du matin	51 }		1 h du soir..	79 }	
2 —	49 }	45	2 —	117 }	64
3 —	15 }		3 —	144 }	
4 —	50 }	58	4 —	80 }	104
5 —	70 }		5 —	89 }	
6 —	102 }	135	6 —	67 }	77
7 —	102 }		7 —	89 }	
8 —	126 }	110	8 —	69 }	84
9 —	104 }		9 —	69 }	
10 —	110 }	123	10 —	62 }	71
11 —	81 }		11 —	44 }	

D'après ce tableau, les suicides s'accroissent régulièrement, à Paris, à partir de la 2ᵉ heure du matin pour atteindre les chiffres les plus élevés de la 6ᵉ à la 10ᵉ. Une recrudescence sensible se produit à midi, suivie d'une forte diminution à 1 heure; nouvel et subit accroissement à 2 heures, mais surtout à 3 heures (maximum), vient ensuite une diminution presque régulière jusqu'à 11 heures du soir (minimum).

Pour la France, l'accroissement se produit aussi,

mais avec des oscillations, à partir de 4 heures du matin ; vient ensuite une assez forte diminution de 11 heures à 3 heures, puis une recrudescence marquée de 4 à 5, et une nouvelle et plus forte diminution jusqu'à 11 heures du soir.

M. Morselli croit pouvoir conclure des chiffres ci-dessus que c'est dans la journée, c'est-à-dire pendant la période d'activité des affaires, que les suicides sont le plus fréquents. Cette thèse a une certaine analogie avec celle qui soumet l'accroissement mensuel du suicide à l'élévation progressive de la température, puisqu'ici également l'atmosphère se réchauffe graduellement jusqu'à l'heure de la journée à laquelle correspond le maximum. Dans ce cas, à l'influence calorifique viendrait se joindre la surexcitation cérébrale provoquée, dans la journée, par le mouvement des affaires. Quant au ralentissement sensible du suicide aux heures avancées de la nuit, il est dû évidemment au sommeil, qui triomphe des plus sombres pensées, des plus sinistres résolutions.

Voici, sur le même sujet, un document, mais de peu d'importance par suite du petit nombre des cas, qui semble conclure dans le même sens, il s'agit des suicides de la ville de Breslau (Prusse), en 1874. Sur les 55 suicides constatés cette année, 27 ont eu lieu avant midi, 17 dans l'après-midi, et 3 seulement la nuit, pour 8 cas, l'heure est restée inconnue.

Dans son *Essai de statistique morale*, M. de Guerry a constaté la répartition hebdomadaire de 6,587 cas.

Voici cette répartition pour 100 suicides, puis pour 100 suicides de chaque sexe :

	P 0/0	P 0/0 h	f
Lundi....	15 20	69	31
Mardi....	15 71	68	32
Mercredi .	14,90	67	33
Jeudi.....	15.68	67	33
Vendredi...	13 71	67	33
Samedi....	11 19	69	31
Dimanche...	13 57	64	36

C'est dans les quatre premiers jours de la semaine que les suicides sont le plus nombreux. Le minimum tombe sur le samedi, jour où les ouvriers reçoivent leur salaire et en dépensent improductivement une notable partie. Les consommations de même nature continuent le dimanche. Dès le lundi, le remords, la prostration morale qu'engendre l'ivresse prolongée, le besoin pour soi et souvent pour une famille nombreuse, produisent probablement les chiffres élevés de ce jour et des deux suivants. La diminution du vendredi pourrait s'expliquer par la perspective du payement, le lendemain, du salaire de la semaine ; peut-être encore par l'affaiblissement des mauvaises influences morales et physiques que l'ouvrier a subies les quatre jours précédents.

Il est remarquable que, sur 100 suicides commis le dimanche, les hommes n'en ont que 64 (minimum) et les femmes 36 (maximum). Les minima pour les femmes tombent le samedi et le lundi.

Ces diverses observations ont évidemment besoin d'être confirmées par des faits plus nombreux, par suite plus concluants.

§ 13. — Degré d'instruction

Nous n'avons pas l'intention de rechercher, comme l'ont fait quelques-uns de nos prédécesseurs, si le suicide est en raison directe ou inverse du degré de civilisation. A quels signes en effet, reconnaître qu'un pays est plus ou moins civilisé qu'un autre ? A ses institutions politiques plus ou moins libérales? A sa législation civile et criminelle, notamment en ce qui concerne le respect dont la propriété et la vie des personnes y sont l'objet ? Au bien-être de ses habitants? Au montant de leurs économies annuelles? Au chiffre plus ou moins élevé du budget ? Au mouvement du commerce extérieur ? A l'importance du capital placé dans les entreprises commerciales, industrielles, financières ? A l'accroissement de la population ? A la valeur vénale de la propriété sous toutes ses formes ? Enfin au degré d'instruction des habitants ? Et, par exemple, quelle est la plus civilisée de ces trois grandes nations la France, l'Allemagne et l'Angleterre ?

Pour ne considérer qu'un des aspects du problème, serait-il vrai que le suicide est surtout fréquent dans les pays où l'instruction publique est le plus développée? Mais, ici encore, comment se rendre compte de la supériorité d'un pays sur un autre ? Par le nombre des écoles à tous les degrés et des élèves qui les fréquentent? C'est un témoignage considérable sans doute, mais dont la valeur n'est pas absolue, car il s'agirait de savoir avec quel degré d'efficacité l'instruction est donnée à ces élèves, dans quelle mesure ils en profitent. Par des recensements spéciaux destinés à faire connaître le nombre des lettrés et des illettrés? Mais ces recensements ne peuvent inspirer qu'une médiocre confiance, les habitants interrogés, directement ou par intermédiaire, sur l'état de leur instruction, étant généralement peu disposés à confesser, quand elle existe, une complète ignorance.

Quelques auteurs français et étrangers ne se sont cependant pas laissés arrêter par ces difficultés, et ils ont recherché le rapport qui peut exister entre le degré d'instruction et la fréquence du suicide. Les premiers sont MM. de Guerry et le Dr Lisle (1). Ces statisticiens ont pris pour témoignage de l'état de l'instruction publique dans nos départements le nombre des recrues qui, d'après les comptes-rendus annuels du ministère de la guerre, ont été reconnus avoir une certaine instruction ou n'en avoir aucune. Il importe de remarquer, à ce sujet, qu'à l'époque de leurs recherches, c'étaient seulement les recrues désignées comme telles par le sort (*contingent*), dont l'instruction était constatée, et non les hommes de la totalité du contingent, comme depuis 1872. Oublions un instant cette cause d'inexactitude, en supposant que, si la classe tout entière eut été examinée, elle eut donné le même résultat que le contingent, et voyons les faits.

---

1 M Morselli cite à tort M Hipp Blanc comme ayant fait des recherches sur le rapport, par département, du suicide au degré d'instruction, M Blanc s'est borné à rechercher le coefficient du suicide dans chaque département en 1844 58

	De Guerry		Dr Lisle	
	Instruits sur 100 recrues (1827-30)	Habitants pour 1 suicide (1835-43)	Instruits sur 100 recrues (1836-48)	Habitants pour 1 suicide (1836-52)
Est....	55	15 980	75	13 855
Nord .	52	7 560	73	6 483
Sud ..	32	23 601	49	20 457
Ouest .	27	20 768	43	18 484
Centre .	25	19 123	39	16 443
Seine ..	71	»	84	2 377

Ces donnees ne sont pas entierement favorables a l'opinion qui voudrait voir, dans le progrès de l'instruction, une cause d'accroissement du suicide. En effet, si, pour l'Est et le Nord, nous trouvons que le plus grand nombre des suicides est, jusqu'a un certain point, en rapport avec celui des instruits, ce rapport n'existe pas pour les trois autres subdivisions géographiques. Loin de la, on y voit la fréquence des suicides augmenter, quand le nombre des instruits diminue. Nous ne parlons pas du departement de la Seine, qui est placé dans des conditions tout a fait exceptionnelles.

Maintenant, si nous comparons les dix départements qui, d'apres le compte-rendu officiel de l'instruction primaire, avaient, relativement a leur population (10.000 habitants), le plus et le moins d'enfants presents aux écoles primaires en 1876, avec les dix departements qui, suivant le tableau calculé par M. Blanc (1), comptaient le plus et le moins de sui-

1 Si les coefficients de suicides par departement se sont generalement eleves, depuis 1844 1858, periode qui a servi de base aux calculs de M Blanc l'ordre de classement des departements ayant le plus et le moins de suicides relativement à leur population, est resté, a peu de choses pres, le meme

cides pour même nombre d'habitants, nous trouvons que les deux séries sont entièrement dissemblables.

10 depart ayant le plus d'enfants a l'ecole	10 depart ayant le plus de suicides	10 depart ayant le moins d'enfants a l'ecole	10 depart ayant le moins de suicides (1)
Doubs.	Eure-et-Loir	Dordogne	Aveyron.
Hautes-Alpes.	Var	Lot-et-Garonne	Corse
Haute-Saône	Loiret	Indre-et-Loire	Lozère
Lozère	Seine-Infer	Charente	Ariège.
Vosges.	Aube	Var	Cantal
Jura	Aisne	Landes	H^{tes}-Pyrenees
Cantal	Marne.	Haute-Vienne.	Puy-de-Dôme
Saône-et-Loire	Oise	Charente-Infer	Gers.
Aveyron	Seine-et-Marne	Finistere	Haute Loire.
Pas-de-Calais.	Seine-et-Oise	Morbihan.	Lot

Mais nous reconnaissons qu'il en est autrement, si nous rapprochons les dix departements ayant le moins et le plus de recrues illettrées (ne sachant ni lire ni écrire) des dix qui ont le moins et le plus de suicides.

Nous avons vu quels sont, d'après M. Blanc, les dix departements qui ont, après la Seine (que nous négligeons), le plus de suicides; nous donnons ci-apres en regard le nombre de leurs illettrés en 1876 pour 100 examinés.

Eure-et-Loir	...	13.14	Aisne	12 27
Var	.	31 36	Marne.	7 43
Loiret ...	..	13 91	Oise	9 23
Seine-Inferieure	..	19 84	Seine-et-Marne. ..	5.99
Aube.	...	4.05	Seine-et-Oise ..	5 18

(1) Ordre croissant des suicides

Suivent les mêmes indications pour les dix départements qui ont le moins de suicides

Aveyron	5 58	Hautes Pyrenees	1 32
Corse	38 13	Puy-de-Dôme	15 39
Lozere	16 06	Gers	3 97
Ariège	22 93	Haute Loire	23 10
Cantal	10 10	Lot	39 65

Si, dans ce dernier tableau, on rencontre un plus grand nombre d'illettrés que dans le précedent, cependant il est trois départements qui figurent parmi ceux qui en ont le moins Il n'y a donc pas de conclusion absolue à tirer de ce rapprochement.

En ce qui concerne la série des départements qui ont le plus de suicides, le rapport moyen des illettrés au total des examinés, est de 12.27 p. 0/0. La même moyenne, pour la série opposée, est de 17.52, la différence n'est pas très sensible Pour la France entière, cette moyenne était, même année, de 16.07, on voit que la série des départements du maximum des suicides n'a pas un rapport des illettrés aux examinés (1) très notablement supérieur à celui de la France entière (2).

M Morselli explique la plus grande fréquence des suicides parmi les protestants, en Allemagne,

---

1 Il importe de remarquer que, depuis la loi militaire de 1872, presque toute la classe, au lieu du contingent seulement, est examinée au point de vue de l'instruction Les résultats sont donc plus exacts que par le passé.

2 Les partisans de la thèse de l'influence du développement de l'instruction sur l'accroissement du suicide verront peut être un argument en leur faveur, dans le fait que ce dernier rapport avait été de 16 50 en 1875, de 18 en 1874 de 19 13 en 1873

par leur plus grande culture intellectuelle, qu'il démontre ainsi qu'il suit, comparativement aux autres cultes (illettrés pour 1.000 habitants de chaque sexe, en Prusse, en 1871)

Évangélistes		Catholiques		Israélites		Dissidents	
h	f	h	f	h	f	h	f
66	114	152	218	66	125	49	90

Nous avons vu ailleurs qu'en effet les protestants, les évangélistes et les dissidents se suicident en plus grand nombre que les catholiques et surtout que les juifs.

Mais, si le degré d'instruction favorisait le penchant à la mort volontaire, comment expliquer que les juifs qui, au moins en ce qui concerne les hommes, ont aussi peu d'illettrés que les protestants, se tuent en moins grand nombre ? L'instruction n'est donc pas ici le facteur unique.

Mais c'est surtout dans son pays que M. Morselli croit trouver la justification de son opinion. En divisant les 69 provinces italiennes en 7 groupes au point de vue de la moyenne des illettrés, d'après le recensement de 1871, il arrive aux résultats ci-après :

Groupes	Nombre des illettrés pour 100 000 habitants	Suicides pour 1 million d'habitants
I	de 423 à 561	37.82
II	de 568 à 692	46.60
III	de 708 à 755	43.85
IV	de 757 à 803	40.03
V	de 807 à 861	26.45
VI	de 862 à 884	14.54
VII	de 885 à 917	12.50

Ce tableau ne fournit pas les éléments d'une démonstration absolument satisfaisante. Ainsi, au groupe du minimum des illettrés ne correspond pas toujours celui du minimum des suicides, et, d'un autre côté, l'auteur cite, dans son livre, un certain nombre de provinces où l'on trouve a la fois et très peu d'illettrés et un petit nombre de suicides. Mais il est incontestable que, dans le tableau qui précède, du 2ᵉ au 7ᵉ groupe, la concordance entre l'accroissement des illettrés et la diminution des suicides ne laisse rien a désirer.

M. Morselli croit compléter sa démonstration en établissant qu'en Italie le nombre des suicides s'accroît avec celui des élèves des écoles publiques. Voici le résultat de ses calculs (élèves pour 100 habitants, suicides pour 1 million) :

	Élèves	Suicides		Élèves	Suicides
1865-66	5 59	28.1	1873-74	6 80	36.5
1867-68	6.05	31 0	1875-76	7 13	35 3
1869-70	6.03	27.5	1877	7 43	40.6
1871-72	6.41	32 0	»	»	»

Nous ne contestons pas la concordance des deux faits ; mais cette concordance suffit-elle pour établir entre eux un rapport de cause a effet ? Si les suicides ont augmenté, faut-il nécessairement en rendre responsables les progrès de l'instruction publique ? Cette augmentation n'a-t-elle pas des causes très diverses, très variées ?

Chez nous aussi, le nombre des élèves aux écoles de tout ordre a sensiblement augmenté ; l'état de l'instruction primaire s'est notamment très amélioré. Ainsi, tandis que, en 1876, le rapport p. 0/0 des illettrés aux examens n'était plus, comme nous l'avons vu, que de 16.07, il montait a 29.14 en 1861, a 28.21 en 1862, a 27.36 en 1863, a 25.74 en 1864, a 24.27 en 1865. Il a donc diminué de près de moitié en 15 années. Faut-il expliquer également par cette diminution le mouvement si rapidement croissant de nos suicides ? S'il en était ainsi, les ministres de l'instruction publique qui, aux applaudissements du pays, se sont devoués a l'œuvre de la diffusion de l'enseignement primaire, auraient été singulièrement imprévoyants...

Ce n'est pas que nous prétendions nier dans des termes absolus l'influence du developpement de l'instruction publique sur le suicide. Il n'est pas douteux qu'il y a plus de suicides parmi les lettrés que parmi les illettrés, plus de suicides d'ouvriers industriels, sachant presque tous lire et écrire, que d'ouvriers agricoles n'ayant pas reçu ou n'ayant reçu qu'imparfaitement, pour les oublier bientôt, les premiers élements de l'instruction primaire.

Oui, dans une certaine mesure, la culture de l'esprit doit, beaucoup plus que l'ignorance absolue, favoriser la tendance au suicide, et cela pour deux raisons. La première, c'est que, sauf les cas ou il est le résultat de l'aliénation mentale ou de douleurs physiques incurables et intolerables, il exige, pour être accompli, une véritable deliberation préalable, un véritable examen, plus ou moins approfondi, des motifs de préférer la mort a la vie. Or, cette discussion des conséquences de la situation morale ou materielle qu'un evenement quelconque a faite au malheureux préoccupé de la question de savoir s'il doit ou non se rattacher a l'existence, exige à coup sûr une intelligence relativement elevee (1). La seconde, c'est que l'homme dont l'esprit a ete cultivé n'a que trop souvent des visees supérieures à la condition modeste dans laquelle nous supposons qu'il est ne ; de la, pour en sortir, des efforts aboutissant fréquemment a d'ameres deceptions. Que de parents imprévoyants, en donnant a leurs enfants une éducation qui doit leur faire dedaigner la profession paternelle et rechercher des professions libérales, pour la plupart encombrees outre mesure, ont en quelque sorte prepare leur suicide.. ¹

Faut-il, pour cela, condamner les efforts des chefs de famille pour donner a leur fils une instruction superieure ? Non certes, mais ce qui importerait, c'est qu'a cette instruction se joignît une forte éducation morale destinée a les soutenir contre les inévitables épreuves de la vie, a leur permettre de lutter efficacement contre les inspirations d'un decouragement presque toujours insuffisamment justifie.

1 Dans sa remarquable brochure *Il suicidio in Italia* (1878), le D⁻ Bonomi, directeur de l'Asile des alienes de Côme, s'exprime ainsi a ce sujet « La tendance au suicide exige un certain developpement, un certain degre de civilisation qui, s'il altere et corrompt des instincts plus naturels, conduit cependant a une incontestable douceur de mœurs » (P 25)

CHAPITRE III

DES CAUSES GÉNÉRALES ET INDIVIDUELLES
DU SUICIDE.

§ I — Causes generales

En dehors des causes individuelles — qui, bien que nombreuses en apparence, peuvent cependant se classer en un certain nombre de catégories, toujours les mêmes — il existe des causes generales du suicide qui exercent, sur les premieres, une influence irrésistible, bien qu'invisible.

Ces causes resident dans l'etat moral et économique de la société au sein de laquelle il s'accomplit.

Les sociétes n'obéissent pas à des lois constantes, invariables ; elles se modifient plus ou moins profondément dans leurs évolutions successives, selon que l'homme fait, de sa liberté, un usage plus ou moins conforme a ses véritables intérêts. Sans doute, la statistique démontre le retour périodique des mêmes manifestations de cette liberté ; mais elle indique également qu'elles se modifient avec le temps, dans leur nombre et leur intensité. Seulement, pour s'en rendre un compte exact, il importe de comparer entre elles des périodes d'une certaine étendue et de noter avec soin toutes les circonstances, toutes les influences qui ont pu exercer, sur l'ensemble des phenomenes moraux et sociaux, une action de quelque importance. C'est comme on voit, une étude tres complexe et qui exige un esprit d'observation et d'analyse d'une certaine etendue.

Supposons, pour prendre un exemple, que nous connaissons, avec la même exactitude relative, le nombre de crimes, commis depuis deux siecles, par une population donnee, et que nous constatons ou leur diminution ou leur augmentation. Ces deux mouvements auront eu certainement des causes generales qu'il conviendra de decouvrir. Or, ces causes se trouveront dans les changements, bons ou mauvais, qu'aura reçus l'organisme social, soit dans l'ensemble, soit dans une partie seulement de son fonctionnement.

Encore une fois, une recherche de cette nature rencontre de grandes difficultes ; car il s'agit de faits tres nombreux, tres meles, dont il n'est pas aise de demêler la veritable part d'action sur le resultat qui s'est produit. Que deux anatomistes procedent à une autopsie, a une dissection, de quelque ecole qu'ils relèvent, ils constateront l'existence des memes organes et des mêmes alterations dont ces organes ont ete, s'il y a lieu, l'objet.

Mais, quand il s'agit de l'analyse de parties constitutives de cette *entité*, de cette abstraction, si compliquée dans ses éléments qui s'appelle une société, c'est-à-dire d'une agglomération d'individus vivant, si l'on veut, sous les mêmes lois, mais de caractère, d'esprit, de tempérament très différents, il sera bien rare que deux observateurs tombent d'accord sur la nature et les causes des modifications qu'elle a subies.

Aussi n'avons-nous pas, certes, la prétention de résoudre les problèmes sociaux que soulève le fait indéniable — et le plus considérable peut-être que l'on puisse constater dans les conditions actuelles de la vie sociale — de l'accroissement continu du suicide dans presque toute l'Europe. A peine l'oserions-nous pour notre propre pays. Et cependant, il est certain que cet accroissement a des causes générales, dont l'individu qui se tue subit l'effet plus ou moins à son insu.

Ce qui n'est pas douteux, c'est que la marche toujours progressive de la mort volontaire en tous lieux est l'indice d'un malaise général et qui tend à s'aggraver.

D'où provient ce malaise ? Les conditions morales et matérielles de la vie sont-elles devenues de plus en plus rigoureuses ? La lutte pour l'existence, *the struggle for life*, comme disent les Anglais, est-elle plus vive, plus ardente que par le passé ? La mêlée est-elle plus furieuse, plus acharnée ? C'est probable ; mais pourquoi ? Qu'est-il donc survenu au sein de ces masses profondes, de ces couches humaines, pour qu'elles se ruent ainsi les unes contre les autres et se disputent avec un pareil acharnement leur place au soleil ? Pourquoi cet antagonisme ? D'où vient le sentiment hostile qui anime toutes ces générations courant à la conquête de la fortune, du bien-être, des jouissances matérielles de toute nature, et laissant sans pitié, sur le champ de bataille, frappés, meurtris, désespérés, ceux qui n'ont pu arriver au but ?

Oh ! le spectacle est trop triste, trop douloureux, pour que, sans tenir compte de notre insuffisance, nous ne soyons pas tenté, nous aussi, comme tant d'autres, de chercher les mobiles qui font agir les personnages de ce drame de jour en jour plus sombre.

Au premier rang des souffrances matérielles qui conduisent, en France, — et probablement dans le reste de l'Europe — au suicide, il faut citer l'amoindrissement des moyens d'existence, par le fait de l'enchérissement de toutes choses. Les prix des denrées alimentaires et des loyers se sont sensiblement élevés et non seulement les salaires et les profits professionnels n'ont pas progressé dans la même proportion, mais encore, par suite de circonstances exceptionnelles que nous mentionnons plus loin, beaucoup de revenus ont notablement diminué. Dans tous les cas, ceux qui vivent d'un revenu fixe, et ils sont nombreux (rentiers, employés, pensionnés, etc., etc.), ont vu leurs ressources diminuer notablement. Les causes de cet enchérissement, à peu près général, sont diverses. Mentionnons d'abord l'accroissement de la population, le sol qui la nourrit ayant, malgré les incontestables progrès de la culture, des facultés productives limitées, et les excédants dont peuvent disposer les autres pays, d'une part, diminuant par la même raison, de l'autre, se répartissant entre un nombre toujours croissant de consommateurs étrangers.

Nos propres produits agricoles nous sont disputés par les pays qui, plus riches que nous, peuvent les payer plus cher, et leur exportation est singulièrement accélérée à la fois par les traités de commerce et les facilités extraordinaires survenues dans les moyens de transport. Il ne faut pas perdre de vue, en outre, que toute civilisation progressive amène, avec elle, des goûts de plus en plus relevés, des habitudes plus grandes de bien-être et presque de luxe, que ne connaissaient pas les temps passés. De là un accroissement très réel de nos besoins marchant de pair avec la diminution des moyens d'y satisfaire. Et, par exemple, les campagnes sont aujourd'hui bien plus substantiellement nourries qu'au commencement de ce siècle. La viande, le vin, le pain de froment sont entrés dans leur alimentation habituelle. De là une demande fortement accrue de produits agricoles qui n'avaient pas autrefois le même nombre de consommateurs et n'ont pas augmenté dans la même proportion.

L'ère des chemins de fer a contribué à la plus-value de ces produits, en favorisant des spéculations qui ont pour résultat de les enlever à la consommation locale, et de les porter sur les grands marchés, tant intérieurs qu'extérieurs, où ils trouvent un écoulement assuré et avantageux. Grâce à ces voies de communication, les grandes villes sont devenues comme de gigantesques pompes aspirantes qui font le vide à une grande distance autour d'elles, et elles étendent, sans relâche, au préjudice des autres localités, leur rayon d'approvisionnement. Le jeu des tarifs différentiels a surtout contribué à cette extension, cause certaine d'appauvrissement de tous les consommateurs locaux qui ne sont pas en même temps producteurs.

Le prix de revient des mêmes produits s'est, d'ailleurs, notablement élevé, d'abord par la cherté croissante de la main-d'œuvre, que les machines ne peuvent que très difficilement remplacer, en France, par suite du morcellement de la propriété, puis par l'aggravation des impôts, par l'élévation continue du taux des fermages, enfin par les ravages des insectes dévastateurs qui ont presque détruit les deux plus beaux fleurons de notre couronne agricole, la soie et la viticulture. D'un autre côté, le cultivateur, qui est en même temps consommateur, ayant vu s'augmenter ses dépenses personnelles, a dû aussi relever, par ce motif, le prix de ses denrées.

Il y aurait également lieu de se demander si les intermédiaires entre les producteurs et les consommateurs ne sont pas devenus plus nombreux ou plus exigeants.

Quant à la hausse des loyers, elle s'explique suffisamment, à la fois par la plus-value des terrains et des matériaux, par la hausse de la main-d'œuvre et par l'augmentation des impôts, tant généraux que locaux.

Il n'est pas jusqu'à la domesticité qui ne mette à ses services un prix toujours croissant.

Par toutes ces causes, la vie matérielle, sauf peut-être en ce qui concerne les produits industriels, a fortement enchéri.

Les salaires pour les ouvriers, les appointements pour les employés, les bénéfices pour les commerçants et les chefs d'industrie, se sont-ils accrus dans la même proportion ? Nous ne le croyons pas. En ce qui concerne ces derniers, la concurrence, tant intérieure qu'extérieure, les crises économiques, les exigences croissantes des salaires, ont réduit a ce point les profits, qu'un grand nombre d'établissements liquident volontairement ou judiciairement, laissant sans travail des milliers d'ouvriers, victimes souvent de leurs prétentions exagérées.

Les nécessités de la lutte contre l'étranger ont eu cette conséquence, en quelque sorte obligée, d'obliger le travail industriel a se concentrer dans un petit nombre d'usines, installées de manière a produire au moindre prix possible. La ruine des petites et moyennes fabriques s'en est suivie. Même fait en ce qui concerne le commerce, un petit nombre de maisons, organisées en société par actions et disposant de capitaux considérables, ayant pu, par de forts achats au comptant, tant dans le pays qu'a l'étranger, obtenir des rabais qui leur ont permis de vendre, au détail, a des prix exceptionnels, et de mettre a la disposition de l'acheteur un très grand choix de marchandises. Aussi, le nombre des faillites s'est-il rapidement élevé depuis quelques années, faillites dont bien des victimes ont cedé à un découragement fatal.

Nous avons dit que certains revenus se sont amoindris. La cause en est due a un phénomène économique qui ne s'était peut-être jamais manifesté avec une pareille intensité. Nous voulons parler de l'abaissement inusité de l'intérêt de l'argent, en d'autres termes, du taux de capitalisation énorme des bonnes valeurs mobilières. Les Etats, les villes, et les particuliers en ont profité pour convertir leurs dettes, c'est-à-dire pour les rembourser avec des emprunts contractés a un moindre prix. Or, les capitaux devenus ainsi disponibles n'ont pu se replacer aux mêmes conditions qu'autrefois ; ce qui équivalait à une forte diminution des moyens d'existence de beaucoup de petits capitalistes ou rentiers.

Si cette grande disponibilité des capitaux avait pour cause un accroissement exceptionnel de la fortune publique, il n'y aurait qu'a s'en féliciter dans un intérêt géneral, tout en déplorant le préjudice qui peut en resulter pour une foule d'intéressés; mais elle se produit au milieu d'une crise économique sans égale comme durée et gravité. C'est la preuve que les capitaux se sont retirés de leurs placements ordinaires, qui avaient cessé de leur offrir une sécurité suffisante, pour se reserver et attendre une nouvelle hausse du loyer de l'argent, qui peut-être ne se produira jamais.

Ce même phenomène a eu déjà et aura ultérieurement, dans de plus grandes proportions, pour consequence d'exciter de hardis et peu scrupuleux spéculateurs a se jeter, entraînant après eux des centaines de milliers d'actionnaires hors d'etat d'apprecier le merite des affaires qui leur seront proposees, dans les entreprises les plus hasardees, les moins susceptibles de profits, mais qui auront enrichi leurs fondateurs, vendeurs de primes, de très grosses primes, avec le concours d'une publicite soldee. De ce chef, nous aurons donc a enregistrer, dans un avenir prochain, des ruines nouvelles et de nouvelles causes de suicides.

Les enseignements du passé sont restes, sous ce rapport, complètements stériles, et cependant ils étaient de nature à frapper vivements les esprits. L'histoire des spéculations commerciales, industrielles, financières de notre pays, depuis bientôt un demi-siècle, est remplie, en effet, d'aventures semblables, c'est-à-dire de fondations ayant eu pour but unique, l'enrichissement des promoteurs. Ce serait même un livre à faire pour l'édification des générations actuelles, que celui des déceptions, des désillusionnements cruels d'une foule de malheureux qui, pour améliorer une situation médiocre, étaient allés porter le fruit de leurs longues et pénibles économies à des *financiers,* dont on cite aujourd'hui les fortunes colossales. Et qui osera dire que ces enrichissements éhontés n'ont pas eu pour résultat d'armer le bras de cette légion de suicides inscrits au livre de la statistique officielle comme n'ayant pas voulu survivre à la perte de leur fortune ?

Mais ce ne sont pas seulement les particuliers qui, en France et ailleurs, ont spéculé sur les petits rentiers, sur les possesseurs de revenus à peine égaux aux besoins ; des États, des gouvernements ont usé des mêmes procédés pour attirer dans leurs caisses, toujours vides, toujours béantes, sous la promesse d'un intérêt exceptionnel, de modestes épargnes bientôt irrévocablement perdues. Il est vrai que les intermédiaires de ces honnêtes opérations avaient touché des commissions énormes.

En dehors de ces honteuses tentatives sur l'ignorance et la crédulité des classes moyennes et inférieures de la société, le simple fait de la conversion d'une notable partie de la fortune publique en valeurs mobilières a eu des effets déplorables, en favorisant outre mesure les jeux de bourse, bien autrement dangereux que ceux dont la loi de 1836 a fait justice dans notre pays. A la Bourse, ce ne sont pas uniquement les évènements intérieurs et extérieurs, ce n'est pas le mérite intrinsèque des titres qui décident des fluctuations des valeurs; c'est, avant tout, l'intérêt d'un groupe de financiers constitués en syndicat, jetant ou ramassant sur le marché, au gré de leurs opérations, des masses de titres, et spoliant impunément les joueurs naïfs que des conseils intéressés ont conduits dans la fatale enceinte.

L'influence que les jeux de bourse peuvent exercer sur le suicide n'est pas douteuse, si l'on songe que c'est par milliards que se solde le chiffre annuel des opérations à terme.

Les jeux de bourse ne ruinent pas seuls ceux qui expient par la mort volontaire l'imprudente recherche de la fortune dans un gain facile, rapide, acquis sans travail, sans étude, sans effort. D'autres encore contribuent au même résultat. Nous ne parlerons pas seulement de ceux qui, pourchassés de toutes parts, ont trouvé un refuge dans quelques petites villes, comme Monaco ou Hombourg, avec la complicité de l'autorité locale associée à leurs honteux bénéfices, mais encore, et surtout de ceux qu'abritent nos cercles et même nos maisons. En France, on peut dire que le jeu, le jeu dit de *hasard*, mais où le plus grand nombre des chances sont pour quelques initiés, est installé partout. Dans nos réceptions, dans nos soirées, la table de jeu est à côté de la salle de danse. La, nul ne modère les enjeux, ne limite les pertes, la liberté de se ruiner, de ruiner les femmes et les enfants, est absolue. Que de résolutions fatales sorties de ces salons dorés, où s'est engloutie la fortune de tant de fils et même de pères de famille !

Il est des évènements dans lesquels les entraînements regrettables, les passions coupables ne jouent aucun rôle et qui, en amenant subitement la gêne, le besoin au foyer domestique, déterminent des actes nombreux de désespoir. Les crises économiques sont du nombre. Ces crises ont des origines diverses. Les unes, et les plus redoutables, sont la conséquence obligée des révolutions; les autres éclatent même par un ciel politique pur. Ces dernières sont généralement la conséquence de spéculations industrielles excessives, d'une production supérieure aux besoins. Quelquefois, elles sont dues à des réformes douanières hâtives, précipitées, qui ouvrent trop largement le marché national aux produits de l'étranger. Par suite de l'énorme extension des relations commerciales entre les divers pays du monde, extension provoquée à la fois par la rapidité, le bon marché des moyens de transport et la négociation des traités de commerce, il s'est formé comme une sorte de solidarisation des intérêts matériels de tous les peuples, par suite de laquelle, lorsque l'un d'eux est atteint, les autres ne tardent pas à l'être dans des mesures diverses. On peut citer, dans ce sens, la crise de 1857, d'origine américaine, et celle qui sévit en Europe depuis 1874, sans avoir dit encore son dernier mot; nous avons étudié ailleurs son action sur le suicide. L'effet de ces crises est connu c'est la suspension du travail, la vente à perte d'un stock considérable de produits restés longtemps sans débouchés, puis la liquidation des établissements les plus compromis dans des spéculations exagérées, et auxquels le retrait de leur crédit par les banques a porté le dernier coup. A ces liquidations correspondent la perte de leur salaire pour des milliers d'ouvriers, et, au sein de familles ayant vécu jusque-là dans l'aisance, des privations, des souffrances matérielles et de vives blessures d'amour-propre, qui déterminent beaucoup de suicides.

Les crises économiques qu'enfantent les révolutions ne se rencontrent guère qu'en France. C'est un des *privilèges* de notre pays d'être constamment en quête de la meilleure forme de gouvernement possible et de sacrifier à la recherche de cet idéal son repos, sa sécurité et sa grandeur.

Dans les crises de cette origine, ce ne sont pas exclusivement les intérêts industriels et commerciaux qui souffrent, c'est la fortune publique tout entière qui est atteinte. En effet, une inquiétude profonde s'empare des esprits; en présence des manifestations violentes des partis extrêmes, on redoute des conflits intérieurs et même extérieurs, nul ne croit pouvoir compter sur le lendemain. Alors la production s'arrête, les capitaux se cachent, les valeurs réputées les plus solides, les fonds d'Etat, notamment, s'affaissent. Il en est de même des propriétés, tant rurales qu'urbaines, qui ne trouvent acquéreurs à aucun prix. Cette situation se prolongeant, les intérêts des créances hypothécaires ne peuvent plus être servis et les expropriations forcées se multiplient. Les négociants cessant, à leur tour, de pouvoir faire face à leurs échéances, les valeurs de commerce sont protestées et les exécutions mobilières, puis les faillites se succèdent sans relâche. Voila le douloureux spectacle auquel, en France, nous assistons tous les 15 ou 20 ans. Nous négligeons les pertes subites d'emplois, de fonctions, et les souffrances qu'elles engendrent.

Et maintenant, croit-on que ces conséquences de perturbations provoquées presque toujours par une minorité violente imposant sa volonté au reste du pays, ne sont pas de nature à susciter de nombreux désespoirs?

Nos lois successorales, fondées sur la suppression du droit, pour le chef de famille, de répartir lui-même, par acte testamentaire, sa fortune entre ses enfants, et de protéger, par de sages substitutions, contre de dangereux excès, ceux d'entre eux dont le caractère, les goûts, les habitudes lui inspirent des craintes fondées — nos lois successorales ont souvent provoqué la prompte dissipation, par des héritiers jeunes et imprévoyants, d'un patrimoine presque toujours péniblement amassé. Combien de ces héritiers s'empressent de quitter la cité natale, où les sévérités de l'opinion leur feraient obstacle, pour venir dépenser, dans les grandes villes, mais surtout à Paris, le revenu d'abord, puis, bientôt après, le capital d'une fortune dont ils se sont exagéré l'importance.

Or, il est incontestable que les séductions de toute nature de cette *Capitale du plaisir*, comme on l'a justement appelée, sont de jour en jour plus redoutables et les moyens de dissiper rapidement un héritage de plus en plus nombreux. Le réveil ne tarde pas et, bien souvent, le prodigue, matériellement et moralement ruiné, se trouvant en face d'une situation désespérée, parce qu'il n'a ni le courage ni l'aptitude voulus pour l'améliorer, se réfugie dans le suicide.

Dans l'ordre des phénomènes purement moraux, que de changements à signaler dans la société contemporaine par rapport au passé ! Et, tout d'abord, le sentiment religieux, reconnu par tous les physiologistes sans exception, comme le préservatif le plus efficace contre le suicide, disparaît chaque jour devant les prédications qui enseignent l'extrême humilité de notre origine et l'enterrement dans la même fosse, de notre corps et de notre âme, de cette âme longtemps réputée d'origine divine. Quant à cette pléiade de grands géomètres qui furent la lumière de leur temps et le sont encore du nôtre, les Pascal, les Galilée, les Coppernic, les Leibnitz, les Newton, les Laplace, les Herschell, etc., qui crurent à son immortalité, réalisant ce mot célèbre que la *demi-science rend athée et la science complete religieux* (Pascal), ils n'étaient que de petits esprits, des intelligences étroites auprès des fondateurs du matérialisme moderne.

Donc, il est entendu que tout finit avec nous. Il y a mieux, d'après les doctrines modernes, nos fautes, nos vices, nos crimes ne sont que le résultat d'une organisation imparfaite, dont nous ne sommes nullement responsables. A ce point de vue, la justice humaine doit disparaître, quant à la justice divine, c'est une superstition destinée à prendre place dans l'histoire des plus grossières erreurs humaines.

Pour nous, nous n'examinerons la question qu'au seul point de vue qui nous occupe : l'efficacité du sentiment religieux contre le suicide. Or, on ne saurait nier qu'il est, dans les inévitables épreuves de cette vie, notre auxiliaire le plus puissant. L'espérance dans un monde meilleur, dans un dédommagement éternel de nos quelquefois très grandes, mais passagères douleurs, dans la réparation, par le plus impartial des juges, des iniquités dont nous avons pu être victimes — constitue une force morale, une force de résistance aux suggestions du désespoir, d'une énergie souveraine.

A l'anéantissement progressif de cette force a correspondu un immense affaissement des esprits, comme une sorte de désarmement dans la bataille de la vie. Et c'était logique ; car, du moment qu'il n'y avait pas d'appel contre l'arrêt qui nous frappait dans ce monde, du moment que la douleur devenait inutile, parce qu'elle restait sans compensation possible, il convenait de ne pas continuer à servir de point de mire aux coups d'une destinée mauvaise.

Cette conviction que la vie est à la fois le commencement et la fin, le but et le moyen, les premisses et la consequence, devait conduire, en outre, a la jouissance anticipée de tous les plaisirs qu'elle peut donner, de tous les avantages matériels qu'elle peut procurer. Ainsi s'expliquent ces abus prematurés de toutes les fortes sensations, de toutes les voluptés ardentes, au bout desquelles surviennent rapidement la satiété, puis l'épuisement, puis un certain mépris pour une existence dont on a trouvé si facilement le dernier mot.

Nous passons sous silence, comme ne se rattachant pas à notre sujet, le danger, au point de vue de la sécurité publique, de la doctrine qui nous fait relever exclusivement de notre conscience pour l'appréciation de la moralité de nos actes.

Bien que nous ayons pris, dans une juste mesure, la défense du progrès intellectuel contre les moralistes qui voudraient le considérer comme la cause prédominante du suicide, nous ne pouvons nier cependant que, lorsqu'il est exclusif du sentiment religieux, il y contribue pour une forte part. On a pu croire que, par les moyens qu'il fournit de lutter contre les difficultés matérielles de la vie, comme, par exemple, de réparer des pertes imprévues, de reconstituer des ressources évanouies, de fournir, au besoin, une carrière nouvelle, il devra être un encouragement à vivre. Mais l'expérience semble prouver qu'il n'en est pas toujours ainsi et, en cherchant bien, on découvre la cause de cette sorte d'anomalie.

L'instruction a, en effet, pour résultat de doubler ce que nous appellerons la faculté de sentir. Elle nous dispose à recevoir avec une force, une intensité particulières, les impressions que nous apportent les événements. Et, notamment les douleurs morales, très faibles chez les esprits incultes, sont très vives chez les esprits cultivés, par la raison que ces derniers aperçoivent, dans un fait donné, beaucoup d'aspects, beaucoup de conséquences fâcheuses qui échapperont aux autres. En un mot, plus l'horizon intellectuel est limité, plus la portée des incidents douloureux de la vie s'atténue, plus ces incidents paraissent inoffensifs. On peut donc poser en règle générale que la sensibilité, ou, si l'on veut, l'aptitude à souffrir, est en raison directe du développement intellectuel et, si cette sensibilité ne trouve pas son contrepoids dans le sentiment religieux, elle constitue une incitation au suicide.

Et, par exemple, c'est elle qui crée cette épreuve spéciale qu'on appelle *chagrins domestiques,* épreuve dont le rôle grandit chaque jour parmi les influences diverses qui conduisent à la mort volontaire. Le villageois, par exemple, ressentira-t-il, au même degré que l'homme lettré, la perte ou l'inconduite d'une compagne, d'un enfant adorés? Les dissentiments profonds, les antipathies de caractère, les luttes intestines dans la famille, l'éprouveront-ils dans la même mesure? Certainement non. Eh bien! répétons-le, cette catégorie d'épreuves s'accroît chaque jour. Et il est facile de s'en rendre compte. Aujourd'hui, plus qu'à toute autre époque, le mariage est subordonné à des considérations d'intérêt matériel, et il ne faut pas s'en plaindre trop amèrement, car elles ont leur justification partielle dans les besoins croissants de la vie et dans la difficulté, également croissante, d'y satisfaire

Mais enfin il est reconnu qu'aujourd'hui les époux subordonnent à l'importance des apports dotaux les sentiments mutuels d'estime et d'affection, l'accord des goûts, la sympathie des caractères D'un autre côté, l'éducation donnée généralement aux jeunes filles n'est pas en harmonie avec cet esprit d'ordre, d'économie dont l'enchérissement de la vie fait une règle de conduite impérieuse, même chez les riches. Elle n'est pas davantage en harmonie avec la nécessité de l'unité dans la direction des affaires conjugales, c'est-à-dire de la prédominance de la volonté naturellement la plus éclairée. Il n'en résulte que trop souvent des antagonismes qui ruinent le bonheur des époux et ont pour dénouement ou le scandale d'une séparation judiciaire, ou l'amertume d'une séparation effective sous un toit commun.

On se fait, au surplus, une juste idée de l'état actuel de l'union conjugale quand on lit, dans les statistiques judiciaires, que le nombre des demandes en séparation ne s'arrête plus, surtout de la part de classes moyennes et élevées de la société. Sans doute, les tribunaux en repoussent quelques-unes ; mais on se demande ce que deviennent des époux qu'un arrêt oblige à rester involontairement unis et que l'insuccès de leur procès, puis les injures qu'ils se sont prodigués par l'organe de leurs avocats, ont aigris outre mesure ? Quant à ceux qui ont été séparés, les uns se font une vie nouvelle dans des unions illicites, rarement heureuses ; les autres subissent les inspirations toujours mauvaises de la solitude. C'est ce qu'indiquent les statistiques étrangères — les nôtres sont muettes sur ce point — en nous apprenant que le suicide atteint, parmi les séparés et les divorcés, son plus haut degré de fréquence.

La perte graduelle du sentiment de la famille, de la solidarité qui devrait en unir au moins les membres les plus rapprochés, nous est également révélée par les demandes judiciaires de pensions alimentaires à des enfants ingrats, qui ont laissé arriver jusqu'aux tribunaux le cri de détresse de leurs parents indigents. Qui sait le nombre de suicides des vieillards qui, plutôt que d'arriver à l'extrémité douloureuse d'un procès, ont cherché, dans la mort volontaire, un terme à leur misère ?

Si l'on voulait une autre preuve des difficultés que voit naître tous les jours l'association conjugale, et le désir de s'y soustraire, on la trouverait dans la diminution des mariages en France et aussi dans d'autres pays. Que la dernière crise économique y ait contribué, cela n'est pas douteux; mais il ne l'est pas moins que, déjà antérieurement, le rapport des mariages, non à la population totale, mais aux individus atteignant l'âge adulte, ou *mariables*, était en voie de diminution.

Si les recensements par état civil ne signalent pas cette diminution, si, au contraire, ils indiquent une augmentation proportionnelle des mariés, il ne faut pas en chercher la cause dans l'accroissement des mariages, mais bien de leur durée, par suite de l'allongement de la vie moyenne.

Ce fait tendant à s'aggraver, c'est-à-dire le nombre des célibataires augmentant, l'homme, privé des joies, des consolations de la famille, et n'ayant plus, en outre, à sauvegarder l'honneur de cette famille, encore atteint aujourd'hui par le suicide, y recourrait plus souvent encore

Dans cette revue rapide, incomplète sans doute, mais toujours consciencieuse, nous ne saurions omettre l'effet d'une modification profonde, survenue depuis bientôt un siècle, dans notre organisation sociale Nous entendons parler de l'égalité civile, c'est-à-dire du droit pour tous d'arriver à tout. Certes, nous sommes trop de notre temps et de notre pays pour critiquer une révolution qui a eu, à divers points de vue, d'incontestables bienfaits. Nous croyons cependant que, comme les meilleures institutions humaines, le régime de l'égalité civile a eu certains résultats regrettables.

En Angleterre, ce régime existe également, mais il est tempéré dans ses conséquences par l'existence d'une aristocratie fortement organisée et possédant toute la fortune territoriale du pays. Ajoutons que c'est par le maintien de cette fortune entre ses mains, à l'aide des substitutions, qu'elle a conservé sa prépondérance politique et presque le monopole des grandes fonctions publiques.

En France, la loi a depouillé le père de famille du droit de transmettre a l'aîné des fils l'immeuble patrimonial, droit qui, en Angleterre, ne s'exerce jamais sans que les autres enfants reçoivent, sous des formes diverses, d'équitables compensations. De la suppression des substitutions et du morcellement indéfini de la terre par le fonctionnement de l'égalité successorale, est sortie la ruine de l'ancienne aristocratie, et il s'est fait ainsi, par la disparition de toute hiérarchie sociale dans notre pays, comme une consecration de fait du principe de l'egalité civile. La libre carrière étant ainsi ouverte a toutes les ambitions, a toutes les esperances, a toutes les convoitises, des masses profondes, parties de toutes les régions sociales, se sont ebranlees pour marcher a la conquête des avantages que leur promettaient les nouvelles institutions.

Ainsi se sont produites, dans tous les esprits, une activité, une surexcitation tout a fait extraordinaires, qui devaient aboutir a de nombreuses et cruelles deceptions.

C'est surtout vers les fonctions publiques que la foule s'est dirigée de préférence, et il faut reconnaître qu'elle y etait attirée et par l'incessante multiplication de ces fonctions, par l'absence de toute condition d'admission autre que le protectorat politique. Le mouvement dans ce sens était en outre favorisé par la dispensation, moyennant des retributions modérées, de l'instruction à tous les degrés. Les jeunes gens, sortis avec des diplômes des écoles secondaires et supérieures, devaient naturellement dédaigner les professions commerciales, industrielles et agricoles, pour suivre en foule les carrières libérales, qui sont à peu près aujourd'hui l'indispensable marchepied des grandes fortunes politiques.

Mais, bien que l'État, pour satisfaire au plus grand nombre possible des innombrables sollicitations qui lui arrivent, cherche, chaque jour, à étendre sa sphère d'action, en s'emparant ou tentant de s'emparer des plus grandes entreprises industrielles et financières, il est obligé d'ajourner la majorité des pétitionnaires. Or, beaucoup de ces derniers, pressés par d'inexorables nécessités, et cessant d'espérer parce que le flot politique a emporté leurs protecteurs, sortent, par la mort volontaire, d'une intolérable situation.

Au bas de l'échelle sociale, une révolution analogue s'est opérée : la suppression des jurandes et maîtrises, l'émancipation complète de l'ouvrier. Autrefois, ses relations avec le patron étaient étroites, presque intimes ; d'un autre côté, nul n'arrivait à la maîtrise sans avoir fait ses preuves d'honorabilité d'abord, puis d'habileté dans l'exercice de la profession, et on ne peut nier qu'à cette époque la main d'œuvre se faisait remarquer par un soin, par un fini dans l'exécution, qui n'ont pas été égalés depuis.

Mais enfin, a côte d'avantages considérables, l'institution avait ou pouvait avoir des abus graves, et elle a disparu. Aujourd'hui, l'ouvrier jouit d'une liberté absolue; il peut porter son travail où bon lui semble; aucun lien ne le rattache a un patron, a une industrie; il ne relève que de lui-même et de son intérêt. Mais cette liberté a ses dangers comme toutes les autres. Nul aujourd'hui ne prend souci de lui; nul n'a charge de sa destinée, nul ne lui tend une main secourable; il est seul et ne doit compter que sur lui pour trouver des moyens d'existence.

Il a senti, il est vrai, les inconvénients de son isolement, ou plutôt le gouvernement les a sentis pour lui, et a tenté d'y remédier par l'institution d établissements de prévoyance et par des encouragements a l'application aux secours mutuels du principe de l'association. Mais les Sociétés formées dans le but d'une assistance réciproque ne pouvaient, par l'insuffisance de leurs ressources, prévoir les cas de chômage volontaire ou involontaire; elles ne pouvaient, en outre, sans imposer des sacrifices excessifs a leurs membres, leur donner des pensions en cas d'invalidité par l'âge, les infirmités et les accidents.

L'ouvrier a dû, en conséquence, demander à une élevation progressive de son salaire les ressources qu'il ne trouvait pas ailleurs. Rien de plus légitime; seulement, dans son impatience d'améliorer sa situation, il a organisé, contre le patron, une lutte dans laquelle tout encourage des associations secrètes dont les chefs, qui lui sont inconnus, poursuivent bien plus un but politique qu'économique. Cette guerre lui etait devenue facile depuis qu'une législation, un peu imprévoyante peut-être, avait proclamé le droit de coalition en soumettant son exercice a des réserves parfaitement illusoires Aujourd'hui, quand ses économies et la caisse secrete qui alimente les grèves le lui permettent, il quitte l'atelier, entraînant après lui, sous menaces, ceux qui voudraient y rester, et signifie au patron les conditions auxquelles il y rentrera.

Mais la grève est une arme dangereuse et qui fait souvent explosion entre des mains mal habiles. Tel est le cas, par exemple, où le patron ferme son usine, ou bien remplace les grévistes par des ouvriers du dehors, tel est encore celui où les grévistes, pressés par la faim, sont obligés d'abandonner leurs prétentions. Il arrive souvent alors que le patron fait une epuration de son personnel, renvoyant les instigateurs du mouvement, qui lui a porté, a lui aussi, un prejudice notable. Que deviennent ces derniers? Retrouvent-ils toujours du travail? Les autres usines s'ouvrent-elles facilement devant eux, quand leur livret permet de constater la part qu'ils ont prise a l'action dirigée contre un précédent patron? Et quand ils ont été condamnés correctionnellement pour des actes de violence, leur avenir n'est-il pas gravement compromis? C'est dans des situations de cette nature, que la pensée du suicide se présente a leur esprit...

Dans un grand pays voisin, pays, comme le notre, de suffrage universel, mais à deux degrés, les hommes politiques les plus considérables, profondément inquiets de l'attitude hostile de ce qu'on est convenu d'appeler le *parti ouvrier*, dont l'invasion dans le domaine politique devient non moins menaçant qu'en France, songent très sérieusement a rétablir le régime des corporations, et le Parlement allemand sera probablement saisi, dans sa prochaine session, d'un projet de loi dans ce sens.

En Angleterre, le régime des grèves est encore plus accentué qu'en France, et surtout qu'en Allemagne, et, grâce aux caisses de la puissante organisation connue sous le nom de *Trades Unions*, elles y ont une plus longue durée. Aussi, sous peine de la ruine, les patrons sont-ils souvent obligés ou de céder, ou de transiger. Dans le cas contraire, si son crédit et ses économies personnelles sont épuisés, et les caisses de l'association vides, l'ouvrier a la ressource de l'émigration aux Etats-Unis ou dans les cinquante colonies de son pays; or, il y recourt largement. Cet expédient, encore plus familier a l'ouvrier allemand, le premier colonisateur du monde, manque à peu près complètement au nôtre, qui reste en face de sa misère et de ses funestes suggestions.

Il ne faut pas oublier, en outre, que l'assistance obligatoire par la commune après une certaine durée de séjour, pratiquée depuis longtemps en Allemagne et en Angleterre, sauf dans le cas de grève, n'existe pas chez nous. Les épreuves de l'ouvrier français, en cas de chômage volontaire ou involontaire, sont donc beaucoup plus grandes.

D'autres indices signalent, dans notre état social, de grandes souffrances : ce sont l'alcoolisme, l'aliénation mentale et les attentats contre les propriétés, trois symptômes d'une gravité toujours croissante.

L'alcoolisme n'est pas toujours le résultat d'inclinations vicieuses, de goûts dépravés ; il a deux causes. La première est l'insuffisance de l'alimentation, surtout par rapport aux travaux de force qu'accomplit souvent l'ouvrier, insuffisance à laquelle il remédie par le redoublement momentané d'énergie musculaire que procure l'alcool. La seconde est la recherche d'une consolation à de fortes douleurs physiques ou morales. Or, on connaît la perfide attraction que la fatale liqueur exerce sur ses consommateurs ; en peu de temps, l'accident devient l'habitude, et l'habitude une passion. Quand il est arrivé à ce degré d'intoxication, le miserable se sent, tôt ou tard, pris d'un invincible dégoût de la vie, surtout, lorsque dans ses lueurs de raison, il se rend un compte exact de la situation déplorable qu'il a faite aux siens et à lui-même. A ce moment critique, il s'interroge, il se demande s'il a la force de renoncer au vice qui l'abrutit et le ruine, et, sur sa réponse négative, il se condamne à mort, puis s'exécute.

On a fait des lois contre l'ivresse ; mais ces lois — exécutées d'ailleurs avec une certaine répugnance par les agents de la force publique, se refusant à voir des malfaiteurs dans des hommes que l'ivresse peut avoir surpris — ces lois ne peuvent atteindre que celle dont le scandale se produit dans la rue et s'étale à tous les regards. Quant à l'ivresse à domicile, elle échappe à toute répression, et c'est la plus fréquente, la plus dangereuse. Dans quelques Etats de l'Amérique du Nord, le législateur est allé jusqu'à defendre la vente des spiritueux ; il s'y est produit en même temps — c'est une justice à rendre à ce pays — un mouvement d'opinion très vif contre les excès de l'intempérance, et on assure qu'une amélioration sensible y a été obtenue. En France, le législateur, ne pouvant évidemment aller aussi loin dans un pays de viticulture, où l'industrie des fabrications alcooliques a pris, en outre, un immense developpement, enfin où les droits sur les boissons sont une des ressources les plus importantes du budget, a cru atténuer l'intensité du mal en frappant l'eau-de-vie de taxes enormes. Vaine tentative! il a empiré, comme le prouvent sans réplique les accroissements continus de la consommation (1).

L'alcoolisme presente, en outre, ce danger qu'il se transmet héréditairement, et que l'enfant conçu dans l'ébriété non seulement est debile et rachitique, mais encore ressent de bonne heure les atteintes de ce qu'on peut appeler le virus alcoolique.

L'aliénation mentale fait également des victimes de plus en plus nombreuses. Les recensements les signalent, malgré le silence calculé des parents et leur triste habitude de dissimuler, au préjudice sensible de la santé de ces derniers, le plus longtemps possible leurs malades. En dehors des accroissements signalés par les recensements de la population, les admissions aux asiles publics et privés

---

(1) Ces accroissements ont été les suivants, à partir de 1872 (en hectol).

1872	755,463	1875	1,019,052
1873	934,950	1876	1,004,360
1874	963,967	1877	1,029,683

augmentent sans relâche (1). Il n'y a donc pas d'illusion à se faire sur la gravité du symptôme.

La folie procède le plus souvent de causes purement morales, et, à ce point de vue, elle a une telle analogie avec la tendance au suicide, que certains physiologistes ont cru pouvoir considérer cette tendance comme étant toujours la conséquence d'une maladie mentale, soit soudaine, soit depuis longtemps latente. Elle présente ce danger spécial qu'elle ne guérit que rarement et peut-être jamais entièrement. Or, il arrive tous les jours que les médecins des asiles, trompés par de séduisantes apparences, rendent à la liberté des aliénés qui semblent avoir retrouvé la plénitude de leur raison, et l'ont peut-être, en effet, recouvrée momentanément. Mais, qu'arrive-t-il? Les uns rentrent plus ou moins longtemps après à l'asile, et pour n'en plus sortir; les autres reprennent la vie de famille, l'exercice de leurs professions, et, se jugeant définitivement guéris, se décident à se marier... hélas! pour communiquer à leurs enfants le germe d'un mal qui n'était qu'assoupi.

Pour nous, la folie est, en grande partie, le résultat du libre essor donné par nos institutions civiles et politiques à toutes les aspirations, à tous les désirs, à toutes les ambitions. De ce que quelques hommes, sortis des conditions les plus modestes, ont fourni, plus souvent par la complicité des évène-

---

(1) Voici le mouvement officiel de ces admissions pour cinq années récentes

1872	12,728	1875	13,020
1873	13,005	1876	13,984
1874	12,855	1877	13,345

ments que par une véritable supériorité, des carrières exceptionnelles, beaucoup se croient des titres à la même destinée et font des efforts désespérés pour la réaliser. Mais que d'Icares dont les ailes se fondent au soleil et qui retombent lourdement sous le poids de leur insuffisance ou de la destinée adverse !

Quand ils se relèvent, une crise terrible s'est produite chez eux : leur intelligence, leur raison ont succombé, et ils vont à l'asile expier ce qui fut moins leur faute, que celle d'une société coupable d'avoir encouragé, chez eux, de folles espérances.

Le nombre considérable et croissant des atteintes les plus graves à la propriété (1) est certainement le symptôme d'une immoralité progressive, c'est-à-dire de ce besoin de plus en plus caractérisé de marcher à la fortune par les moyens les plus expéditifs, et n'exigeant ni travail ni intelligence ; mais il signale aussi des misères profondes (et c'est par ce côté surtout qu'il se rattache à notre sujet), puis

	1875	1876	1877	1878
(1) Vols qualifiés	1,320	1,252	1,269	1,118
Vols simples	30,029	31,781	33,351	31,802
Escroqueries	2,880	9,710	2,968	2,845
Abus de confiances	3,122	3,195	3,309	3,288
Banquer. frauduleuses	93	89	59	64
Banquer. simples	920	777	857	958
Fraudes commerc.	3,243	3,268	3,300	3,153
	41,607	43,072	45,113	43,228

Le mouvement ne s'est arrêté qu'en 1878, ce temps d'arrêt est-il un accident ou le symptôme d'une amélioration durable de la moralité publique ? Nous adoptons sans hésiter la première hypothèse

une indulgence coupable de l'opinion. Si la société se montrait plus sévère pour les fortunes acquises par la violation, sinon du texte de la loi pénale, au moins des règles de la probité, de la délicatesse, il y aurait moins de tentatives de s'enrichir par la spoliation, moins de spéculations sur la crédulité et l'ignorance d'autrui et moins de suicides en cas d'insuccès. Si la société réservait ses faveurs pour les situations laborieusement, péniblement conquises, fruit de l'ordre et de l'économie, sans la moindre forfaiture aux lois de l'honneur, elle découragerait peut-être les malfaiteurs qui savent habilement éluder un texte de loi, ou bien qui sont convaincus que, s'ils parviennent à sauvegarder le produit de leurs méfaits, ils échapperont aux rigueurs de l'opinion.

Il est, dans notre législation pénale, certaines dispositions qui favorisent le suicide. Citons notamment la publicité donnée aux répressions judiciaires, publicité sans inconvénients pour les malfaiteurs obscurs ou récidivistes, mais fatale pour ceux qui portent un nom jusque-là honoré. Si les journaux n'ouvraient pas de préférence leurs colonnes aux jugements qui frappent ces derniers, la plupart se relèveraient et répareraient une faute souvent atténuée par des circonstances atténuantes, que, *pour faire un exemple*, des juges impitoyables ont volontairement méconnues. Mais le pilori auquel une presse, toujours en quête des moyens de satisfaire la curiosité malsaine de ses lecteurs, les a attachés, ne leur permet plus de songer à une réhabilitation devenue impossible. Dans ce cas, ou ils meurent de chagrin, ou ils se tuent.

Autre imperfection dans l'organisation de notre justice criminelle : les actions en diffamation sont entourées d'un tel éclat, d'un tel retentissement, que, pour ne pas élargir la plaie que la calomnie leur a faite, beaucoup préfèrent renoncer à toute réparation judiciaire et rester sous le coup des plus graves imputations. Or, a aucune époque, la calomnie — et la calomnie par la presse, la plus redoutable de toutes, — n'a frappé avec autant d'audace et d'acharnement que de nos jours, s'attaquant à toutes les individualités marquantes de la politique, de l'armée, de l'administration, des lettres, des arts, des sciences, de l'industrie. C'est à ce point qu'on peut dire aujourd'hui que la calomnie est devenue en quelque sorte la consécration nécessaire du talent, du mérite sous toutes ses formes.

Mais ceux qu'elle atteint ne la considèrent pas sous cet aspect philosophique, et plus d'un a cherché, dans le suicide, un remède aux intolérables douleurs provoquées par ses morsures.

Il est une catégorie de suicides longtemps dissimulés sous le titre un peu trop vague de *chagrins domestiques*, et que la statistique officielle s'est décidée à spécifier comme éclairant d'une vive lumière les douloureuses conséquences d'une faute dont l'instigateur échappe à la justice et probablement aussi au remords ; ce sont ceux des filles séduites et abandonnées à la suite d'un état certain de grossesse.

Nous avons lieu de croire que ces morts tragiques sont plus fréquentes que ne l'indique la statistique criminelle, parce que les victimes ne font que bien rarement connaître leur situation et que les parents ou voisins l'ignorent généralement. Dans tous les cas, leur nombre, officiellement constaté, s'élève chaque année, et une mesure administrative des plus imprudentes et des moins justifiées peut bien y avoir contribué. Nous voulons parler de la fermeture des tours, c'est-à-dire de la suppression, pour la fille-mère, de la faculté de confier a l'hospice dépositaire, sans être obligée de se faire connaître, l'enfant qu'elle ne peut conserver, soit parce qu'elle est hors d'état de l'elever, soit parce que la présence de cet enfant à ses côtés, en l'exposant aux sévérités de l'opinion, lui ferait perdre ses moyens d'existence.

Cette mesure, prise en réalité dans un intérêt d'économie, a eu, entre autres conséquences regrettables, l'accroissement, longtemps prolongé, des infanticides et des avortements, puis des suicides, suicides d'autant plus douloureux, qu'ils font deux victimes à la fois.

L'abandon presque complet, par l'hospice dépositaire, des orphelins parvenus à leur 12e année, l'inévitable chagrin, pour ces pauvres déshérités, quand ils se rencontrent avec d'autres enfants recevant les caresses maternelles, d'être privés des mêmes joies, plus tard, les difficultés de toute sorte que leur crée l'irrégularité de leur état civil, sont une invitation au suicide, en même temps qu'à la haine de la société marâtre qui les repousse. Nous examinerons plus loin s'il ne serait pas possible de déblayer leur voie des obstacles qu'y accumule un injuste préjugé.

Il est des contagions dans l'ordre moral comme dans l'ordre physique. Nous avons dit ailleurs que l'esprit d'imitation, dans lequel nous ne voyons pas autre chose qu'une contagion morale, est une des causes du suicide avec laquelle il faut compter. Cette contagion provient évidemment du milieu dans lequel nous vivons, milieu rempli d'éléments que, pour continuer l'analogie, nous qualifierons volontiers d'infectieux, comme la presse, le roman et le théâtre. La presse, par suite des indiscrétions de la police, publie, et souvent en les dramatisant outre mesure, tous les suicides que celle-ci a constatés; quelquefois même, de trop féconds *reporters* en racontent, et ce sont les plus navrants, qui n'ont jamais existé. Le roman et le théâtre vivent en quelque sorte du suicide; c'est le dénoûment obligé d'une foule de situations tragiques imaginées par les auteurs. Comment de jeunes esprits, si facilement accessibles à toutes les fortes impressions, ne seraient-ils pas frappés de cette mise en scène si fréquente du suicide comme ressort dramatique? Supposez, à la suite de ces lectures ou représentations émouvantes, une disgrâce quelconque, un amour trahi, une situation perdue, une blessure d'amour-propre, un échec d'artiste ou d'écrivain, et, au lieu d'un oubli plus ou moins rapide, le découragement, l'abattement, la prostration conduiront aux résolutions extrêmes.

Il n'est pas jusqu'a l'amour de la célébrité, cette autre contagion morale, cette autre conséquence de l'activité fiévreuse des esprits dans une société toujours surexcitée, qui ne paye son tribut au Minotaure. Occuper, pendant quelques instants, l'attention, la pitié de tous, est une perspective bien capable de séduire quelques imaginations malades. Qui sait si le sentiment qui arma les bras d'Escousse et Lebas n'était pas le secret désir de se créer, par le suicide, par un suicide retentissant, la notoriété que n'avaient pu leur procurer leurs essais dramatiques? Et ils ont réussi ; car leur mort est un des épisodes les plus touchants de l'histoire du suicide.

Nous ne saurions passer sous silence, parmi les causes générales du suicide, l'influence du progrès rapide des agglomérations urbaines. La mort volontaire est, en effet, plus fréquente dans les villes, dans les grandes surtout, que dans les campagnes, parce que les besoins y sont plus grands et les moyens d'y satisfaire plus difficiles, parce que la vie y est plus accidentée, plus exposée aux secousses violentes ; parce que, notamment, les conflits d'intérêt et de sentiment y sont plus fréquents et plus graves ; enfin, parce que les excès de toute nature y sont plus multipliés, et que les influences qui y débilitent les plus vigoureuses organisations y affaiblissent aussi les caractères . *mens sana in corpore sano*.

Il n'est pas jusqu'à l'immense diffusion de la presse quotidienne qui ne contribue à entretenir les esprits dans un état permanent d'agitation, dans une sorte d'*éréthisme*, dont l'action doit se faire sentir dans tous les actes de la vie.

Il ne s'agit plus aujourd'hui de cette presse aristocratique d'autrefois, qui n'était accessible qu'aux classes élevées. Comme conséquence logique du suffrage universel, la presse s'est popularisée ; elle a abaissé son prix aux dernières limites du possible et pénètre ainsi profondément jusque dans les dernières couches de la société. Or, cette surexcitation intellectuelle, de plus en plus généralisée, ne saurait être étrangère à l'accroissement du suicide.

Quelques mots, en finissant, sur l'affaiblissement, comme conséquence de nos incessantes révolutions, de l'esprit de concorde et de charité. Vivant sur un sol toujours mouvant, au sein d'une atmosphère surchargée d'électricité, chacun de nous se confine dans l'affection des siens et n'a plus de sollicitude que pour eux. Nous ressemblons un peu, sous ce rapport, aux juifs du moyen âge, qui, placés sous le coup de la confiscation, de l'expulsion et des assassinats juridiques, n'avaient d'autre sentiment que celui du danger suspendu sur leurs têtes, et restaient sourds aux douleurs du dehors.

Cet égoïsme involontaire, cette insensibilité aux épreuves d'autrui, si contraire à notre bienveillance en quelque sorte instinctive, à notre nature généreuse, se sont accrus avec l'intensité de nos dissentiments politiques. Aujourd'hui, nous ne voulons donner qu'à ceux qui partagent notre opinion sur les moyens de sauver une société que nous croyons menacée. Quand un indigent frappe à notre porte, nous lui demanderions volontiers un certificat de conformité à cette opinion. Aussi, la source des aumônes, autrefois si abondante et coulant à pleins bords, s'est-elle graduellement affaiblie; charité publique et privée diminuent également; nous entendons nous réserver pour notre parti et pour les sacrifices qu'exigera son triomphe espéré.

Or, ce resserrement des cœurs se produit au moment où, par toutes les causes que nous avons signalées, les misères deviennent plus nombreuses et plus profondes.

§ 2. — Causes spéciales ou individuelles

L'indication *exacte* de ces causes est un des *desiderata* des statistiques officielles sur le suicide. En fait, il est fort difficile pour l'autorité d'obtenir, sur ce point, des renseignements dignes de foi.

Il est rare d'abord que, lors même qu'elles connaissent d'une façon certaine les causes du malheur qui vient de les frapper, les familles les divulguent aux agents chargés de l'enquête prescrite par les instructions. Dans beaucoup de cas, en effet, elles révèleraient toute une situation douloureuse qu'elles peuvent avoir le plus grand intérêt à cacher.

Elles se rejettent donc habituellement sur un accès d'aliénation mentale, le motif le moins compromettant pour la mémoire du suicidé. De là, très probablement, la part considérable des maladies de l'intelligence, comme nous le verrons, dans les relevés officiels des causes du suicide.

Maintenant, les familles ignorent très souvent le véritable motif du suicide, et ne pouvant se l'expliquer par les incidents de la vie de la victime, elles sont de bonne foi en lui cherchant une explication dans une altération soudaine de ses facultés mentales.

Il ne faut pas croire, d'ailleurs, que l'autorité, lorsqu'elle suspecte la sincérité des déclarations des parents, se livre, en dehors d'eux, à des recherches de nature à en confirmer ou infirmer l'exactitude. En présence d'un deuil profond, elle a garde et avec raison, de s'enquérir, au dehors chez les voisins, à l'intérieur auprès des domestiques, des faits qui ont pu conduire au dénouement fatal.

Les résultats de l'enquête sont bien plus incertains encore, quand, le suicidé étant célibataire, les agents sont obligés de s'informer auprès des étrangers de ce qu'ils savent des origines du drame qui vient de se jouer dans la maison ou l'appartement voisins.

Les indications fournies par le suicidé lui-même, dans l'écrit qu'il a pu laisser, ne méritent pas toujours une entière confiance, quelquefois l'ostentation, la vanité, le désir d'un instant de célébrité l'ayant amené à simuler des causes étranges, bizarres, presque impossibles. La volonté d'exonérer sa famille de toute responsabilité morale dans son suicide, peut également l'avoir amené à l'expliquer par des circonstances tout a fait étrangères à la réalité.

Assez souvent, les motifs du suicide sont multiples : ils résultent d'influences très diverses dont il serait peut-être difficile à la victime elle-même, si elle revenait à la vie, de signaler la plus décisive.

Dans le cas où, ce qui arrive fréquemment, le corps du suicidé a été recueilli dans une rue, dans un chemin, dans un fossé, sur un cours d'eau, et n'a pas été reconnu, la cause du suicide ne peut évidemment être constatée.

Aussi, les causes inconnues figurent-elles aux documents officiels pour un chiffre considérable et de nature à jeter un doute grave sur la valeur de celles qui y sont inscrites comme connues. Ce chiffre serait peut-être encore plus élevé, si l'autorité locale, craignant de s'exposer au reproche d'insuffisance dans ses recherches, ne signalait quelquefois comme réelles des causes au moins douteuses.

Quelques nomenclatures officielles manquent de précision et de clarté; elles ne sont pas, en outre, suffisamment détaillées. De là d'inévitables erreurs de classement, si les auteurs de ces nomenclatures n'ont pas eu soin d'y joindre des explications qui en fassent en quelque sorte la jurisprudence.

Ces diverses critiques sont-elles une raison suffisante pour renoncer, comme on l'a fait dans quelques pays, notamment en Angleterre et en Autriche, à recueillir les causes du suicide? Nous ne le croyons pas. On peut espérer, en effet, que les procédés d'information s'amélioreront, que, notamment les familles, certaines du secret, hésiteront de moins en moins à éclairer l'autorité. Ces causes ne sont pas, d'ailleurs, tellement multiples, tellement mobiles et en quelque sorte fugitives, qu'elles doivent toujours échapper aux investigations juridiques. Elles sont limitées comme tous les mobiles qui dirigent la volonté humaine, et forment sa sphère d'activité. Nous reconnaissons cependant que leur nombre s'accroît précisément en raison de l'élargissement de cette sphère. Pour citer quelques exemples, les suicides politiques, fruit des institutions modernes, n'ont pas existé dans les temps antérieurs à ces institutions. Il en est de même des suicides littéraires et artistiques, dus au développement de certaines professions libérales, des suicides financiers, nés de l'insuccès de spéculations autrefois inconnues.

Mais si la tâche de l'autorité à la recherche des

causes est devenue, à ce point de vue, plus laborieuse, elle a été facilitée par un fait nouveau, la tendance des populations à se rapprocher, à s'agglomérer, à se constituer en grands centres; la constatation non-seulement des suicides, mais encore de leurs motifs, étant plus aisée dans les villes, où règne une surveillance mutuelle des plus actives, que dans les petites localités ou parmi les habitations éparses.

Les obstacles que rencontre une étude sérieuse des causes des suicides, ne résultent pas seulement des imperfections — peut-être inévitables — des classifications officielles, mais encore des différences qu'elles présentent d'un pays à l'autre. Les unes prévoient un assez grand nombre de cas ; les autres, au contraire, sont d'une sobriété extrême, se bornant à des indications générales et insuffisantes.

Il est à regretter, à ce sujet, que les directeurs des bureaux de statistique n'aient pas arrêté en commun, dans une des sessions de leurs congrès internationaux, comme ils l'ont fait pour d'autres enquêtes morales ou physiologiques, un cadre uniforme des causes du suicide avec une explication détaillée du sens de chacune d'elles.

Nous n'en tenterons pas moins, comme pour les autres matières de ce livre, des comparaisons entre les résultats recueillis en France et au dehors, mais sous la réserve des doutes que peut soulever l'exactitude de rapprochements de cette nature.

Comme toujours, nous suivrons l'ordre alphabétique des noms de pays.

Allemagne (G. D. de Bade). — Les causes recueillies pour 1248 suicides (de 1852 à 1861), dont

988 d'hommes et 260 de femmes, se sont réparties proportionnellement comme suit entre chaque sexe (p. 0/0 suicides) :

	Hommes	Femmes	Total
Ivrognerie et débauche............	6.48	»	5.12
Maladies mentales	30.87	50.77	35.00
Souffrances physiques........ ...	9.61	8.08	9.19
Misère, pertes d'emploi	37.75	18.46	33.73
Crainte de la justice.....	11.64	6.15	10.52
Honte, remords, repentir.......	0.71	5.00	1.62
Exaltation religieuse.....	0.61	3.08	2.12
Amour contrarié, dissensions domestiques,..............	2.33	8.46	3.60
	100.00	100.00	100.00

D'après ces documents (de date un peu ancienne, il est vrai, et qui ont pu se modifier depuis), les femmes n'ont aucun suicide par suite de cas d'ivresse[1] ou du fait d'ivrognerie et de débauche. Elles payent un plus lourd tribut aux maladies mentales, mais paraissent être moins sensibles aux souffrances physiques. La misère et les pertes d'emploi semblent les impressionner moins vivement que les hommes; peut-être y sont-elles moins exposées. Les statistiques criminelles leur attribuant beaucoup moins d'infractions aux lois pénales qu'aux hommes, il est naturel que la crainte du châtiment provoque, chez elles, un moindre nombre de suicides. En revanche, elles sont plus accessibles à la honte, au remords, au repentir. Elles subissent également à un plus haut degré l'influence de l'exaltation religieuse; enfin, elles sont plus vive-

---

[1] Nous supposons que les suicides accomplis dans un moment d'ivresse sont compris sous la rubrique *Ivrognerie et débauche*

ment impressionnées par les chagrins qui résultent de l'amour contrarié, de la jalousie, des dissensions domestiques.

Les premiers rangs par ordre d'importance, parmi les causes de l'ensemble des suicides sans distinction de sexe, sont occupés par les maladies mentales, puis par la misère et les pertes d'emploi; viennent ensuite la crainte de la justice, les souffrances physiques, l'amour contrarié.

On remarque que les causes inconnues ne figurent pas dans le tableau ci-dessus.

Prusse. — Le tableau suivant indique, pour deux périodes triennales et une année récente, le rapport pour chaque sexe, des causes des suicides à leur total. La nomenclature prussienne diffère, sur quelques points, de celle qui précède.

	1869-72		1873-76		1877	
	H	F.	H	F	H	F
Dégoût de la vie..	11.9	7.1	12.2	8.9	11.7	7.9
Souffrances physiq.	5.3	7.3	6.0	6.7	6.6	7.1
Maladies mentales	29.5	48.4	22.9	43.7	20.3	39.2
Passions violentes.	2.1	4.7	2.6	6.2	2.4	4.5
Vices............	9.9	2.2	13.0	2.1	12.2	3.1
Afflict et chagrins.	10.9	6.7	11.9	7.6	16.9	11.0
Honte, remords, repentir.........	10.6	10.9	8.7	9.1	7.3	9.3
Querelles.	2.4	2.8	2.3	2.9	1.7	2.5
Causes inconnues.	17.4	9.9	20.4	12.8	20.8	15.4
	100.00	100.00	100.00	100.00	100.00	100.00

Cette nomenclature laisse à désirer. On y cherche vainement la cause si importante de la perte de fortune ou d'emploi et de la misère.

Le *dégout de la vie* — que nous retrouverons ailleurs, — n'est pas, en lui-même et indépendamment des causes qui l'ont provoqué, une cause réelle de suicide. Quand ce sentiment existe, il s'explique ou par de profonds chagrins ou par la satiété qui suit l'abus des plaisirs. Les *passions violentes* engendrent certainement le suicide ; mais le terme est trop vague, trop générique ; il ne désigne pas une cause certaine, nettement définie. Nous supposons que par le mot *vices* l'auteur de la classification a entendu l'ivresse et l'ivrognerie ; mais il comprend aussi des désordres d'une autre nature, et, à ce point de vue, il manque également de précision. Nous avons réuni sous le même titre les afflictions (*Trauer*) et les chagrins (*Kummer*), malgré la différence, peu sensible d'ailleurs, qui existe, en allemand, entre les deux termes. Enfin, nous avons traduit les mots *aerger und streit* (colère et querelles), par le mot *querelles* (emportements, discussions violentes).

Sous le bénéfice de ces observations, le tableau qui précède donne lieu aux remarques suivantes :

La femme éprouve, à un moindre degré que l'homme, le dégoût de la vie, ce qui indique, chez elle, ou une plus grande énergie morale ou de moindres abus, de moindres excès de toute nature. Cette énergie morale ne semble pas se retrouver dans sa lutte contre les souffrances physiques, auxquelles, — contrairement à ce que nous avons constaté dans le G. D. de Bade — elle succombe aussi facilement que l'homme. Comme dans ce dernier pays, les maladies mentales la conduisent plus souvent au suicide. On constate, d'ailleurs, à peu près partout, qu'elle est plus exposée à ces maladies. Plus violentes chez elles, par la nature de son tempérament, que chez l'homme, les passions (amour, jalousie, etc.) l'exposent plus souvent aux inspirations du desespoir. Le vice, au contraire, n'exerce pas, sur elle, la même influence fatale.

Il est assez difficile de comprendre, d'après ce que nous savons de son organisation, qu'elle résiste beaucoup plus que l'homme à l'action du chagrin. Il est vrai que le chagrin n'a pas la violence, l'impétuosité de la passion, et si les sentiments sont moins vifs, moins ardents chez l'homme, ils sont peut-être plus durables.

Les deux sexes semblent céder, au même degré, à la honte, au remords, au repentir. Dans le G. D. de Bade, c'est la femme qui lutte le moins facilement contre ces souffrances morales. En Prusse, la colère et les querelles violentes font, chez elle, plus de victimes que chez l'homme.

Constatons que les causes inconnues sont ici moins nombreuses pour les suicides féminins que pour les autres.

Saxe royale. — Le tableau suivant, dont les éléments s'appliquent aux quatre années de la période 1875-78, indiquent également les différences que presentent, pour chaque sexe, les causes des suicides

	Hommes	Femmes
Souffrances physiques	4.61	6.21
Chagrins domestiques, dissentiments entre epoux. . . .	2.64	3.66
Perte de fortune	3.57	0.50
Misère	6.64	1.52
Inconduite, ivrognerie .	9.12	0.50

Crainte de la justice, honte, remords	6.73	5.83
Amour malheureux, jalousie .	1,83	5,18
Maladies mentales	26,59	48,40
Exaltation religieuse	0.03	0.12
Altération (?)	1,80	2,53
Dégoût de la vie	8.43	5,55
Causes autres et inconnues . .	28,00	20,00
	100,00	100,00

Comme en Prusse, les femmes résistent moins, dans la Saxe royale, aux souffrances physiques que les hommes; nous avons constaté le fait contraire dans le G. D. de Bade. Les discussions domestiques, comme en Prusse et dans le G. D. de Bade, éprouvent notablement plus de femmes. Dans ce dernier pays et en Saxe, la perte de la fortune et la misère trouvent plus de résignation chez elles; elles ne subissent aussi qu'à un très faible degré l'influence de la mauvaise conduite, et notamment de l'ivrognerie. La crainte de la justice, la honte, le remords et le repentir, confondus ici à tort, leur paraissent plus difficiles à supporter. Même résultat dans le G. D. de Bade. En Prusse, où la nomenclature officielle ne semble pas admettre la première de ces causes (misère), la femme résiste moins à l'effet des autres.

En Saxe, comme dans les autres pays, les maladies mentales la conduisent plus facilement au suicide. Au contraire, le dégoût de la vie ne paraît pas l'affecter avec la même intensité.

Constatons encore que les causes inconnues sont moins nombreuses chez les femmes.

Angleterre. — Les causes des suicides n'y sont pas recueillies.

Autriche. — Nous ne connaissons ces causes que pour la ville de Vienne (874 cas constatés de 1869 à 1878) :

	Hommes	Femmes	Total
Dégoût de la vie	3,9	2,4	3,5
Maladies mentales	8,2	10,8	8,8
Maladies incurables	4,1	5,5	5,1
Peur d'accoucher	»	0,5	0,5
Amour malheureux	5,8	17,4	8,8
Ivrognerie	2,4	0,2	1,9
Mort d'un conjoint	0,5	»	0,5
Mort d'un père ou d'une mère	0,1	»	0,1
Mort d'enfant	0,2	1,2	0,4
Mort d'une personne aimée	0,3	0,5	0,4
Honneur blessé	0,9	2,2	1,3
Mauvais bulletin d'école	0,2	»	0,2
Perte d'un emploi	0,2	0,5	0,3
Remords	»	0,7	0,7
Grossesse illégitime	»	0,5	0,5
Peur d'un examen	0,1	»	0,1
Peur du service militaire	0,2	»	0,2
Peur d'un châtiment	2,7	1,2	2,3
Querelles domestiques	3,1	4,8	3,5
Embarras financiers	18,6	6,0	13,5
Causes inconnues	47,1	47,0	47,4
	100,0	100,0	100,0

Nous avons reproduit dans toute son étendue cette longue nomenclature, parce qu'elle signale des causes de suicide assez rares, et qu'en outre, elle semble avoir prévu le plus grand nombre de cas possible. Il est à regretter seulement que les causes inconnues soient presque aussi nombreuses que celles qu'il a été possible de constater. Il en résulte une atténuation très sensible de la valeur statistique de ces dernières, réduites ainsi à un très petit nombre. Nous pouvons cependant établir quelques comparaisons avec les classifications précédentes.

Ainsi, comme en Allemagne, les femmes éprouvent moins que les hommes le dégoût de la vie ; comme en Prusse et en Saxe, elles ont moins de résignation dans les souffrances physiques; l'amour malheureux (non partagé?) leur inspire de plus grands désespoirs; comme partout, l'ivrognerie n'est, chez elles, la cause que d'un très petit nombre de suicides ; elles ressentent plus vivement la perte d'un enfant et d'une personne aimée; elles sont plus sensibles au sentiment de l'honneur blessé; la peur d'un châtiment les effraie moins; les querelles domestiques leur laissent de plus douloureuses impressions; enfin, les pertes de fortune, d'emploi, la misère (embarras financiers) les trouvent partout plus calmes, plus résignées.

L'auteur du travail auquel nous empruntons le document qui précède (Dr Platter, *statistichen monatschrift de* 1880) compare les causes que nous venons d'analyser avec celles que le physiologiste allemand Œttingen a publiées d'après un assez grand nombre d'observations, et en conclut que les faits constatés des deux côtés ne sont pas trop dissemblables. Voici la nomenclature d'Œttingen

	Hommes	Femmes	Total
Maladies mentales (exaltation politique et religieuse comprises)..	29.1	50.8	33.2
Souffrances physiques .	11.4	11.3	11.4

Perte de fortune ou d'emploi, misère	14.9	0.4	12.9
Inconduite, debauche, ivrognerie, amour du jeu, honte, remords .	14.0	7.0	11.9
Querelles domestiques .	9.6	10.1	9.8
Crainte d'un châtiment,	10.3	8.2	9.8
Degoût de la vie. . . .	5.9	4.1	5.4
Passions violentes (colère, désespoir, jalousie, ambition, amour malheureux)	2.9	5.9	3.6
Mécontentement de sa situation.	0.9	0.8	0.8
Chagrin par rapport à autrui, et notamment perte de parents . .	1.0	1.4	1.2
	100.0	100.0	100.0

Nous retrouvons, en effet, dans ce document, les differences les plus caractéristiques entre les deux sexes au point de vue des causes du suicide.

Belgique. — La classification de ce pays est courte, mais très claire (2.428 suicides):

	Hommes	Femmes
Misère.	4.65	4.02
Revers de fortune. .	4.19	1.06
Chagrins domestiq. et amour contrarié. .	9.53	12.08
Peur de châtiments, remords, repentir. .	3.07	1.48
Inconduite, ivrognerie	7.98	3.17
Souffr. physiques . .	1.43	0.84
Maladies mentales .	41.22	51.94
Causes inconnues .	27.93	25.41
	100.00	100.00

En Belgique, la misère fait à peu près le même nombre de victimes chez les deux sexes; mais les revers de fortune affectent l'homme plus vivement; la femme se montre plus sensible aux chagrins de famille et d'amour contrarié; payant un moindre tribut à la criminalité, elle tombe moins sous le coup des causes de la quatrième catégorie; elle est moins exposée au dégoût de la vie que produisent l'inconduite et surtout l'ivrognerie; la souffrance physique la décourage moins, mais les maladies mentales avec tendance au suicide ont plus de prise sur elle. Cette dernière observation est générale.

Ici également, la cause du suicide est un peu moins difficilement constatée pour la femme que pour l'homme.

France. — Nous comparerons d'abord les causes des suicides, sans distinction de sexe, à deux époques assez éloignées l'une de l'autre, pour que l'on puisse constater les modifications qui ont pu s'introduire dans leur ordre d'importance.

Nous ferons ensuite la même recherche séparément pour chaque sexe.

	1856-60	1871-75
Revers de fortune et misère ..	11.48	10.61
Chagrins de famille..	11.94	15.46
Amour, jalou., debauc., incond.	14.94	16.19
Chagrins divers	22.16	23.16
Aliénation mentale	31.10	26.15
Suicides d'auteurs de crimes .	8.68	8.43
	100.00	100.00

Les suicides par suite de revers de fortune ont diminué d'une période à l'autre; les suicides dûs à des chagrins domestiques ont augmenté, il en a été de même des suicides attribués aux causes de la 3ᵉ catégorie; les chagrins divers ont fait également plus de victimes; il est assez remarquable que le rôle des maladies mentales a perdu de son importance. Enfin les causes inconnues ont légèrement diminué.

Voici la même classification avec la distinction des sexes; mais ici nous avons cru devoir prendre pour terme de comparaison avec 1856-60 la période la plus rapprochée, 1874-78:

	1856-60		1874-78	
	H	F.	H	F
Misère et revers de fortune.	13.30	5.38	11.79	5.77
Chagrins de famille......	11.68	12.79	12.53	16.00
Amour, jal., deb., incond.	15.48	13.16	16.98	12.20
Chagrins divers	23.70	17.16	23.43	20.22
Maladies mentales.......	25.67	45.75	27.09	41.81
Suicides d'aut. de crimes.	0.84	0.19	?	? (1)
Autres causes et causes inconnues............	9.33	5.51	8.18	4.00
	100.00	100.00	100.00	100.00

Les suicides pour cause de revers de fortune et de misère ont diminué chez l'homme et légèrement augmenté chez la femme; les chagrins de famille se sont accrus chez l'homme, mais surtout chez la femme; les causes de la 3ᵉ catégorie se sont accrues chez l'homme et ont diminué chez la femme; celles de la 4ᵉ ont conservé, pour l'homme, la même importance, et ont grandi pour la femme; l'effet des

1 Cette désignation spéciale a disparu de la nomenclature de 1874 à 1878

maladies mentales s'est aggravé pour l'homme et affaibli pour la femme; les autres causes et les causes inconnues ont diminué pour les deux sexes.

La nomenclature suivante pour la période 1854-63 (10 années et 30.205 suicides), est un peu plus détaillée, et indique plus clairement les principales causes :

	H	F	Suicides fém p 0/0 masc
Misère et revers de fortune.	14.3	6.0	13
Chagrins domestiques,......	11.6	13.7	38
Amour, jalousie, remords..	2.6	7.9	97
Inconduite, débauche	12.2	5.3	14
Dégoût de la vie............	4.2	3.5	27
Souffrances physiques,.....	10.5	10.4	32
Contrariétés diverses.......	8.8	4.5	17
Maladies mentales	25.5	41.6	52
Suicides précédés de crimes	0.8	0.2	10
Causes inconnues..	9.5	6.9	23
	100.0	100.0	33

Les résultats de ce tableau confirment généralement les précédents. Ainsi l'homme lutte moins énergiquement que la femme contre la misère et les revers de fortune; elle subit davantage, au contraire, l'influence des sentiments violents comme l'amour, la jalousie, le remords; elle est moins exposée aux conséquences de l'inconduite et de la débauche (ivrognerie); les souffrances physiques éprouvent les deux sexes à peu près dans la même proportion; la femme lutte avec plus de courage contre les chagrins divers; elle succombe plus facilement au contraire à la monomanie-suicide qui accompagne souvent l'aliénation mentale; comme elle commet moins de crimes que l'homme, les suicides qui précèdent ces crimes sont rares chez elle. Enfin, les causes inconnues sont moins nombreuses en ce qui la concerne.

Le tableau suivant, plus développé que les précédents, est la plus récente expression de l'état du suicide en France. Il se rapporte à la période 1873-78 et comprend 34.735 suicides :

	H	F	Total
Misère et revers de fortune.	11.74	5.56	10.50
Chagrins de famille..	12.77	15.62	13.37
Amour et jalousie.. . .	1.72	4.42	3.23
Grossesse illégitime	«	1.05	1.05
Honte, remords, paresse, debauche..	1.52	1.59	1.59
Ivresse et ivrognerie	13.51	5.07	11.71
Crainte de châtiments	4.14	2.53	2.78
Auteurs de grands crimes.	0.72	0.28	0.60
Souffrances physiques	14.25	13.56	14.11
Suicides militaires.......	0.45	»	0.45
Dégout de la vie et peines diverses	3.55	3.77	3.60
Maladies mentales .. .	27.00	41.67	30.13
Causes inconnues.	8.63	4.88	6.83
	100.00	100.00	100.00

1. Nous avons confondu les suicides commis en état d'ivresse et par suite d'ivrognerie, mais la nomenclature officielle les a distingués pendant quelques années Ainsi, dans les 3 années 1873-75, — la distinction a cessé depuis, — on a compté le nombre ci-après de suicides pour les deux causes :

	H	F	Total
Ivresse............	231	28	259
P. 0/0	90	10	100
Ivrognerie.. . . . (. .	1 323	136	1459
P. 0/0.......	91	9	100

Italie. — Nous empruntons à M. Morselli, le tableau ci-après des causes du suicide dans son pays, pour la période 1866-77, et 10,347 cas :

	Hommes	Femmes
Misère et crainte de la misère	7.00	4.60
Perte d'emploi	0.70	0.10
Désastres financiers	12.80	2.20
Chagrins domestiques	7.60	8.40
Amour contrarié	3.80	7.50
Dégout du service militaire	1.00	»
Dégoût de la vie	2.40	0.90
Crainte du châtiment	2.00	0.30
Jalousie	0.60	0.90
Faux point d'honneur, grossesse illégitime	1.00	2.20
Ivrognerie et autres vices	1.10	0.10
Souffrances physiques	6.70	8.50
Maladies mentales	16.30	27.50
Pellagre	6.60	13.90
Causes inconnues	30.40	22.90
	100.00	100.00

Ici également, l'homme désespère plus facilement que la femme de l'avenir en cas de misère, de perte d'emploi et de fortune; il résiste mieux aux chagrins domestiques, à l'amour contrarié; le dégoût de la vie est plus fréquent chez lui; il a plus de raisons que la femme de céder à la crainte du châtiment; il ressent moins l'aiguillon de la jalousie; il est plus souvent la victime de l'ivrognerie et des

Les suicides en état d'ivresse et les suicides par ivrognerie ont oscillé comme suit :

	1873	1874	1875
Cas d'ivresse	101	69	95
Ivrognerie	482	509	470

autres vices; mais il supporte mieux les souffrances physiques; comme dans tous les autres pays, il est moins atteint par les maladies mentales, au moins avec prédisposition au suicide. Une cause de dégoût de la vie qu'on ne trouve qu'en Italie, est la terrible maladie de la peau connue sous le nom de *pellagre*; la femme paraît en souffrir beaucoup plus que l'homme.

Russie. — Nous ne connaissons, et seulement sous une forme extrêmement concise, les causes des suicides dans ce pays, que pour la ville de Saint-Pétersbourg. Nous les empruntons au journal la *Voix*. Les données qui suivent s'appliquent à 842 suicides commis de 1860 à 1871 :

Alcoolisme	38.30
Peines morales	37.58
Chagrins domestiques et causes analogues	7.10
Souffrances physiques . . .	7.02
	100.00

Dans aucun pays, au moins à notre connaissance, l'alcoolisme n'exerce, sur le suicide, une aussi déplorable influence qu'en Russie.

Scandinavie. — a) *Suède*. — Le tableau ci-après a été calculé pour 679 cas, dont 557 masculins et 122 féminins (1852-55) :

	Hommes	Femmes
Maladies mentales	39.7	51.7
Souffrances physiques . . .	4.5	8.2
Dégoût de la vie, mécontentement	0.6	»
Passions	2.1	5.0

Vices	30.9	9.0
Chagrins domestiques . .	1.5	2.4
Perte de fortune	12.1	5.8
Misère.	0.4	2.4
Honte, remords, crainte du châtiment	8.2	15.5
	100.0	100.0

La seule différence avec la plupart des documents précédents consiste dans ce triple fait. 1° que les femmes cherchent, en plus grand nombre, dans le suicide, un remède contre les souffrances physiques ; 2° qu'elles résistent moins au dégoût de la vie ; 3° qu'elles apportent moins de résignation dans la misère.

b) *Norwège*. — Le tableau qui suit comprend : 1° les suicides de la période 1860-65, au nombre de 1.128, dont 1.092 masculins et 336 féminins ; 2° ceux de la période 1866-70, au nombre de 921, dont 699 masculins et 222 féminins.

	1860-65			1866-70		
	H.	F.	T.	H.	F.	T.
Maladies mentales	14.2	25.0	16.7	17.9	28.4	20.4
Souff. physiques	?	?	?	?	?	?
Dégoût de la vie, mécontentement	10.1	14.3	11.1	10.3	10.4	10.3
Passions	2.8	3.0	2.9	0.4	1.3	0.7
Vices	10.0	0.9	7.8	2.5	»	1.9
Chagr. domestiques	4.2	7.3	5.0	2.2	1.8	2.1
Perte de fortune et misère	16.7	3.8	13.7	10.3	4.5	8.9

Remords, honte, crainte d'un châtiment.	5.4	7.3	5.8	4.6	3.1	4.2
Causes diverses et inconnues.	36.6	38.4	37.0	51.8	50.5	51.5
	100.0	100.0	100.0	100.0	100.0	100.0

On remarque, dans cette nomenclature, l'absence, fort grave, de la cause des *souffrances physiques*, les suicides dûs à cette cause ayant dû être compris sous un autre titre (dégoût de la vie, par exemple); ce qui rend impossible, à ce point de vue, toute comparaison avec d'autres pays. On pourrait, notamment, expliquer ainsi le chiffre, exceptionnellement élevé chez la femme, des suicides par dégoût de la vie. Les autres causes ne diffèrent pas, au point de vue de leur influence, des résultats que nous avons constatés précédemment.

Nous avons emprunté à M. Morselli le tableau qui précède. Le suivant, que nous avons calculé pour les suicides des deux années 1866 et 1870, en diffère assez notablement quant à la nomenclature; mais, il ne comprend pas davantage les souffrances physiques. Il ne s'applique d'ailleurs qu'à 268 suicides, dont 216 d'hommes et 52 de femmes seulement.

	Hommes	Femmes	Total
Misère et perte de fortune	12.97	»	10.44
Chagrins domestiques	2.78	»	2.24
Amour malh.	0.93	1.92	1.22
Crainte de justice	3.23	»	2.61
Remords	0.93	»	0.75

Scrupules de conscience	0.93	3 88	1.50
Maladies mentales	25.00	38.46	27.61
Honte .. , ...	0.46	7 59	1.88
Dégoût de la vie .	0 46	»	0.37
Causes inconnues	52.31	48 15	51 38
	100.00	100 00	100.00

Par suite du petit nombre des suicides, et surtout des suicides de femmes, qui ont servi de base à ces rapports, ils n'ont évidemment qu'une faible valeur. Ils confirment, cependant, dans une certaine mesure, les observations que nous avons eu le plus généralement l'occasion de faire.

Ainsi, sur les 52 suicides de femme, aucun n'est attribué ni au dégoût de la vie (contrairement aux indications du tableau précédent), ni à la misère et à la perte de fortune, ni à la crainte de la justice. Mais nous retrouvons l'influence des maladies mentales sur le suicide, toujours beaucoup plus caractérisée chez la femme que chez l'homme.

Il n'est pas sans intérêt de rechercher si les motifs des suicides dans les grandes villes, diffèrent plus ou moins sensiblement de ceux que l'on constate dans l'ensemble du pays.

Faute de renseignements sur ces motifs pour l'Autriche entière, nous n'avons pu faire de comparaison de cette nature qu'avec la ville de Vienne. Nous sommes plus heureux pour la France, en ce sens que nous possédons les causes des suicides, à la fois pour le pays entier et pour la ville de Paris. Il est seulement à regretter, d'une part, que les documents relatifs à cette capitale soient un peu anciens (1851-59); de l'autre, que les deux nomenclatures diffèrent sur certains points. Elles sont toutefois comparables pour les plus importants. Les rapports centésimaux qui suivent ont été calculés pour un total de 3.863 suicides, dont 2.738 d'hommes (70.87 p. 0/0) et 1.125 de femmes (30.13 p. 0/0).

	Hommes	Femmes	Total
Perte d'une personne aimée (1).	1.73	1.69	1.72
Chagrins de famille	5.24	11.28	7.71
Discussions entre patrons et ouvr., réprimandes ..	1.42	1.60	1.49
Perte de place. . .	1.79	0.35	1.3~
Mauvaises affaires	6.64	3.10	5.62
Misère.	12.03	8.52	10.30
Souffrances physiques.	9.20	10.04	9.44
Dégoût de la vie .	8.14	8.88	8.36
Démence.	14.00	18.31	15.22
Chagrins d'amour.	5.89	14.13	8.28
Ivrognerie.	8.64	3.65	7.09
Inconduite.	8.69	5.33	7.71
Crainte de justice après crime ou délit.	6.10	2.22	4.97
Causes inconnues.	10.59	11.00	10.72
	100.00	100.00	100.00

Si nous examinons ce tableau en lui-même, et indépendamment de tout rapprochement avec la France entière, nous constatons les faits suivants :

La perte d'une personne aimée éprouve à peu près autant l'homme que la femme. Celle-ci est plus sensible aux chagrins de famille. Les pertes

(1) Enfant, père ou mère, mari ou femme.

de place, les mauvaises affaires, la misère affectent l'homme plus profondément. Il y a peu de différence entre les deux sexes en ce qui concerne l'effet des souffrances physiques. Le suicide sous l'influence de la démence est plus fréquent chez la femme. Elle succombe presque trois fois plus aux chagrins d'amour. Beaucoup moins atteinte du vice d'ivrognerie, elle en subit cependant l'action dans une proportion assez élevée, et probablement plus élevée que dans le reste du pays. Même observation pour l'inconduite. Les infractions aux lois pénales étant relativement rares chez elles, elle cherche beaucoup moins à se soustraire à la justice par la mort volontaire. Enfin, les causes inconnues sont moins nombreuses en ce qui la concerne.

Ces résultats diffèrent peu de ceux que nous avons déjà constatés pour divers pays.

Si, malgré la plus grande brièveté de la nomenclature de la Statistique Criminelle, nous les comparons à ceux que nous a fournis ce document pour la France entière, à peu près à la même époque (1856-60), nous trouvons les analogies et les différences ci-après:

Des deux côtés, la femme lutte plus énergiquement contre le chagrin résultant des revers de fortune et de la misère. A Paris, elle succombe plus facilement aux chagrins de famille. La démence la conduit plus fréquemment au suicide dans la France entière. Et remarquons, à ce sujet, que la Statistique Criminelle fait à l'aliénation mentale une part beaucoup plus forte dans les causes du suicide que la statistique de la ville de Paris, peut-être parce que la recherche de ces causes conduit, à Paris, à des résultats plus exacts. Les suicides d'auteurs de crimes sont notablement plus nombreux à Paris, surtout pour les hommes; c'est la conséquence de la perpétration d'un plus grand nombre d'infractions aux lois pénales dans cette ville.

Les causes des suicides varient très probablement avec l'âge et les professions, l'état civil, et peut-être aussi avec les saisons. Il n'est pas douteux, par exemple, que c'est surtout dans la jeunesse, c'est-à-dire aux âges où les sensations sont les plus vives, où la tendance à s'exagérer la portée des événements est la plus marquée, que doit s'accomplir le plus grand nombre des suicides pour perte d'une personne aimée, pour chagrins domestiques et pour amour contrarié ou jalousie.

Cette supposition est confirmée par les recherches de M. Morselli sur les suicides de son pays, et par les statistiques prussiennes (1). Ces deux documents, dont la concordance est parfaite, démontrent que c'est aux âges de la maturité que l'on ressent le plus vivement l'effet des désastres financiers. A ces âges, l'homme, dont les passions se sont calmées, dont l'imagination refroidie n'aperçoit plus les vastes horizons d'autrefois, est plus fortement préoccupé des questions pratiques de l'existence. C'est probablement par la même raison que les suicides dans la démence sont plus nombreux à ces mêmes âges.

M. Morselli ajoute:

« En étudiant les causes des suicides par âge,

---

(1) Nous ne pouvons faire la même étude pour la France, la statistique officielle n'en donnant pas les éléments

séparément pour chaque sexe, on trouve que, chez l'homme, l'influence des maladies mentales, des vices (paresse, ivrognerie, etc.) et des revers de fortune, s'accroît jusqu'à la maturité et la première vieillesse (de 40 a 60 ans), pour diminuer ensuite jusqu'aux âges les plus avancés. Celle des souffrances physiques est régulièrement progressive de la jeunesse aux âges avancés. Les passions, le chagrin causé par la perte d'un époux, les querelles domestiques et les contrariétés dans l'exercice de la profession, produisent leur plus grand effet dans la jeunesse, et notamment avant 30 ans. C'est au-dessous de 25 ans que l'on constate le plus grand nombre de suicides attribués à la honte, au remords, à la crainte du châtiment, et, à la suite de la perpétration d'un crime. La fréquence de ces derniers suicides aux âges peu avancés s'explique par ce fait que, d'après les statistiques officielles, c'est de 20 a 25 ans que la tendance aux crimes et délits est le plus caractérisée.

« Le dégoût de la vie se produit surtout aux âges avancés, et la proportion, déjà très élevée à ces âges, des suicides qu'il motive, serait encore plus forte, si l'on pouvait calculer à part les suicides qu'inspire aux soldats (de 20 à 30 ans), le dégoût de la vie militaire...

« Chez les femmes, les suicides provoqués par la démence s'accroissent régulièrement jusqu'à 70 ans, pour diminuer ensuite jusqu'à l'extrême vieillesse.

« On constate une différence assez sensible entre les deux sexes en ce qui concerne l'action sur le suicide des souffrances physiques, l'intensité de cette action s'accroissant régulièrement avec les années chez l'homme ; tandis que, chez la femme, elle diminue à partir de 60 ans. Les passions et les querelles domestiques font plus de victimes chez la femme dans la jeunesse, et le degoût de la vie se fait sentir plus vivement chez elle dans la vieillesse. Les vices, comme l'ivrognerie et la debauche, dominent chez la femme entre 40 et 60 ans. Enfin, la plus grande proportion de suicides causés par la honte (resultant le plus souvent d'une grossesse illegitime) est signalée chez la femme de moins de 20 ans, moins capable de résister à la séduction. »

M. Morselli a également recherché l'influence de l'état civil sur la tendance au suicide à l'aide des documents italiens et prussiens, et il est arrivé à des résultats qu'il résume comme suit : « Dans le celibat, les hommes, en dehors du tribut habituel payé à la folie à tous âges et dans toutes les conditions, sont profondement affectes par le remords et la crainte du châtiment, puis par le dégoût de la vie ; — les femmes par le sentiment de la honte, résultant surtout des grossesses clandestines, par l'amour malheureux, par les dissensions domestiques. Dans le mariage, la tendance au suicide par le fait de la démence est très élevée, surtout chez la femme ; chez l'homme, après les remords viennent les revers de fortune, le dégoût de la vie et les vices. La femme mariée est très affectée par les souffrances physiques et aussi par les souffrances morales et les dissensions domestiques.

« Les veufs des deux sexes, en outre d'une forte proportion de suicides par la folie, en comptent un assez grand nombre par degoût de la vie. C'est dans l'état de divorce (documents prussiens), que les vices exercent sur le suicide leur plus grande influence, bien que cette influence soit également manifeste dans l'état de veuvage.

« Chez les femmes divorcées, on voit s'élever le nombre des suicides inspirés par un sentiment de honte, peut-être par suite de nouvelles grossesses illégitimes, et de l'humiliation que le divorce inflige à la femme auprès de certaines classes de la société. »

Les professions exercent-elles une action spéciale sur le suicide en dehors du sexe, de l'âge et de l'état civil? En d'autres termes, est-il possible de dégager cet élément des trois autres et de lui assigner son véritable coefficient? Question délicate et peut-être insoluble.

Citons encore M. Morselli pour les documents italiens. Après avoir calculé le rapport pour 1000 (période 1872-77) des suicides, d'après leurs causes, afférents à chacune des dix plus importantes professions, il en déduit les observations suivantes :

« Avant tout, constatons toujours une différence sexuelle très marquée pour les catégories ordinaires des causes, en ce sens que la démence et les passions dominent chez la femme, les vices, les revers de fortune, la misère chez l'homme. La profession ne semble donc pas modifier l'influence du sexe. Mais, à un examen plus attentif, on trouve des différences notables entre les divers groupes professionnels. Pour les deux sexes, la profession qui semble céder le plus facilement à l'impulsion de la folie-suicide, est celle qui a pour objet la production des matières premières, c'est-à-dire des cultivateurs, des bergers, des gens de la campagne;

tandis qu'elle donne moins de suicides que les autres par le dégoût de la vie, par l'amour malheureux, par le fait des revers de fortune et aussi des remords et de la honte. Les suicides par suite de souffrances physiques atteignent leur maximum dans les classes éclairées, tandis que le cas contraire semble se produire parmi les hommes de peine (portefaix, commissionnaires, journaliers), chez lesquels domine le suicide-ivrognerie. Même observation pour les ouvriers. Les chagrins domestiques exercent leur plus grande influence dans les classes les plus élevées, et notamment dans les professions libérales et parmi les propriétaires. Quant aux suicides par désordres économiques et misère, ils sont plus nombreux parmi les hommes de peine; ce qui pourrait s'expliquer par les abus alcooliques si fréquents chez eux. Viennent ensuite, par ordre d'importance des mêmes causes, les commerçants et les classes supérieures. La plus grande tendance au suicide par amour et jalousie (passions) se rencontre, pour les hommes, chez les jeunes étudiants (catégorie des individus à la charge d'autrui); puis chez les soldats; — pour les femmes, parmi les maîtresses, les institutrices et les servantes, chez lesquelles la séduction et la grossesse clandestine font le plus de victimes.

« Notons enfin la différence entre les militaires et les civils en ce qui concerne le dégoût de la vie, la crainte des châtiments et des peines disciplinaires. En Autriche également (1851-57), les suicides pour ces causes sont plus nombreux dans l'état militaire; tandis qu'en Saxe (1847-58), et en Prusse (1869-75) la première place est occupée, dans les causes des suicides de cette profession, par le remords, la crainte du châtiment et l'amour malheureux

« Une cause spéciale de suicide, qui echappe à la statistique, semble agir assez fortement sur les militaires et les detenus, c'est l'instinct de l'imitation, la contagion morale. On connaît la frequence des suicides dans les grandes agglomérations d'hommes, comme les casernes, les prisons, les internats, véritable épidémie qui se propage avec une extrême rapidité, par suite de l'uniformité des habitudes et d'une vie commune. S'il s'agit des soldats, l'épidémie se propage souvent par l'immense et inutile publicité des journaux politiques. Quant aux détenus, il est bien démontré que la contagion physique de l'exemple constitue de puissantes impulsions au suicide dans cette classe d'hommes dégénérés (Despine, Lévy). Leur action est facilitee par une intelligence bornée, une très faible moralité et une grande tendance a la satisfaction de toutes les passions. L'homme chez qui le dégoût de la vie s'associe a l'idée du suicide, unique moyen de le délivrer de la peine qu'il subit, de l'infamie et de la douleur morale, hésite longtemps avant d'arriver aux dernières inspirations du desespoir ; mais vienne l'exemple, et toute incertitude, toute hésitation cessent à l'instant.

« On voit par ce qui précède combien la conduite de l'homme dépend du milieu moral et matériel dans lequel il vit, et combien est faux le sophisme de ceux qui prétendent justifier le suicide par le vieil adage zénonien *mori licet cui vivere non placet*, adage qui subordonne a notre intérêt personnel nos devoirs envers la société. »

Les documents officiels français font connaître, comme ceux de l'Italie et de la Prusse, l'action, si elle existe, des professions sur le suicide. Pour ne pas multiplier les tableaux, nous nous bornerons à la rechercher dans deux professions caractéristiques, où nous devrons surtout la constater : l'*agriculture* (comprenant indistinctement toutes les personnes attachées à l'exploitation du sol) et les *professions libérales*. Nous ne prendrons, comme éléments de cette comparaison, que les causes des suicides les plus importantes, au nombre de huit. Les suicides sur lesquels nous avons opéré, se rapportent à la période quinquennale 1874-78, et sont au nombre de 13.934, dont 9.817 pour les agriculteurs et 4.117 pour les titulaires des professions libérales. Les rapports centésimaux nous ont paru devoir suffire :

	Agriculture	Prof. libérales
Pertes d'emploi, revers de fortune, misère	8.15	8.87
Chagrins de famille	14.45	13.14
Amour contrarié et jalousie	1.48	2.01
Ivresse et ivrognerie	13.23	6.41
Suicides d'auteurs de crimes et délits	4.09	4.73
Souffrances physiques	15.91	19.89
Dégoût de la vie et contrariétés diverses	2.93	4.94
Maladies mentales	35.80	34.04
Causes inconnues	3.96	5.97
	100.00	100.00

Au premier aspect, on ne découvre, entre les deux professions, quelque dissemblables qu'elles soient, que deux différences bien déterminées. Elles sont relatives au suicide par amour contrarié et pour ivrognerie ou fait d'ivresse. Sur 100 suicides, les agriculteurs en comptent, pour la première cause, 1.48, et les titulaires de professions libérales, 2.01; pour la seconde réciproquement, 13.23 et 6.41. Ces differences étaient en quelque sorte prévues, la première surtout, les passions étant plus vives dans les classes élevées que dans les classes agricoles. Par la même raison, c'est comme conséquence d'une plus vive sensibilité, fruit d'un plus grand developpement intellectuel, que les souffrances physiques sont moins facilement supportées dans les premieres que dans les secondes. Le degoût de la vie et les contrariétes diverses y font également plus de victimes. Il est assez remarquable que les maladies mentales fassent plus de victimes parmi les cultivateurs, ce qui implique une sorte de contradiction avec les observations relatives à la plus grande vivacité de sentiments dans les classes élevées. Même contradiction, au moins apparente, en ce qui concerne les suicides par chagrins de famille. Il est vrai que, sous une seule et même dénomination, se cachent des chagrins de natures très diverses.

§ 2. — Influence des lieux

Les lieux exercent-ils une influence quelconque sur le suicide? Existe-t-il, entre celui qui a résolu de se tuer et l'endroit qu'il choisit à cet effet, une affinité, une attraction quelconque? Certains lieux, par leur isolement, par l'absence de tout bruit du dehors, par les inspirations plus ou moins sombres qu'on y trouve, n'inviteraient-ils pas en quelque sorte à la mort volontaire ?

Dans l'ensemble des phénomènes psychologiques si complexes, si variés, qui se rapportent plus ou moins ostensiblement a cette condamnation suprême que l'homme prononce contre lui-même et qu'il se charge d'exécuter, peut-on assurer que le choix du lieu n'occupe aucune place ? Ste-Beuve répondait affirmativement, quand, sous le pseudonyme de Joseph Delorme, il imprimait les vers étranges que nous avons reproduits ailleurs. (Voir page 96.)

Il y a des lieux qui avivent et élevent la pensée, qui ouvrent devant elle de vastes étendues, ou, au contraire, qui l'alourdissent et excitent au sommeil; pourquoi n'y en aurait-il pas qui suggéreraient l'idée du sommeil éternel ?

Croit-on que le choix du lieu soit indifférent au *suicidant* et qu'il se tue sans réflexion au premier endroit venu? Ce n'est pas probable. Beaucoup, pour éviter à leur famille le déchirant spectacle du cadavre mutilé et sanglant, ou l'exonérer de la responsabilité que l'opinion fait encore aujourd'hui peser sur elle, vont se tuer le plus loin possible, laissant aux leurs ou la pensée d'un crime, ou l'espérance du retour. D'autres, au contraire, voulant, pour leurs restes mortels, l'inhumation dans le cimetière le plus voisin, pour que ceux qu'ils ont le plus aimés viennent y porter leurs larmes et leurs prières, se tuent chez eux. Qui sait, si, en sortant, pour aller mourir au loin, en respirant, par exemple, l'air vivifiant des champs, ils ne retrouveraient pas le calme qu'ils ont perdu dans le lieu habituel du séjour? Le déplacement des aliénés, transférés du lieu d'origine de la folie, dans l'asile, où tout est nouveau pour eux, n'est-il pas considéré comme un moyen d'améliorer leur situation?

Il est des cas où le choix du lieu ne saurait évidemment entrer dans la pensée du suicidant. Tel est celui, par exemple, où, dans un accès de fièvre chaude, un malade se précipite par une croisée et se brise le crâne sur le pavé. On peut généraliser en affirmant que, pour tous les suicides consommés sous l'action d'une maladie mentale, le choix du lieu n'existe pas, ou n'existe que rarement.

Il n'est, à notre connaissance, qu'un seul pays où les lieux de perpétration aient été constatés; c'est la Prusse. La statistique officielle de ce pays les divise en quatre grandes catégories : 1° *les lieux ouverts;* 2° *les lieux clos;* 3° *les moyens de transports;* 4° *les lieux non relevés.*

Les rapports afférents à chacune de ces divisions de 1872 à 1876 ne variant que fort peu d'une année à l'autre, nous nous bornerons à les relever pour 1875. (Rapports pour 10,000 suicides de chaque sexe.)

I. — LIEUX OUVERTS

(a) *Terre*	H.	F.
Campagne et plaine. . . .	465	50
Bois et forêts	958	168
Jardins publics et privés.	335	50
Rues et places.	350	269
Eglises ou autres édifices religieux.	82	17
Autres lieux.	157	67
(b) *Eau*		
Etangs, marais, mares. . .	179	622

	H.	F.
Cours d'eau	600	1.832
Canaux, moulins	108	386
Lavoirs.	97	269
Réservoirs et puits. . . .	30	269
Eau en général.	175	622

II. — Espaces clos
  (a) *Edifices privés*

	H.	F.
Maisons habitées	2.598	2.975
id. inhabitées	1.599	1.210

  (b) *Edifices publics*

	H.	F.
Lieux de retraite	175	50
Hôpitaux et hospices . . .	75	17
Maisons d'éducation religieuse	4	17
Maisons de santé et asiles.	41	84
Prisons.	246	34
Casernes	134	»

III. — Moyens de transport

	H.	F.
Voitures, chemins de fer, navires.	26	»
IV. — Lieux non indiqués.	1.666	992

A terre, les femmes se tuent beaucoup moins que les hommes, tandis qu'elles se noient en bien plus grand nombre ; leurs suicides dans les maisons habitées dépassent notablement ceux des hommes ; c'est le contraire dans les maisons inhabitées ; on n'en trouve que fort peu dans les prisons, où elles sont d'ailleurs en petit nombre ; il en est de même dans les lieux de retraite et les établissements curatifs ; pas une, au moins parmi les lieux constatés, ne se sert des moyens de transport pour mettre fin à ses jours.

Nous trouvons, dans le sixième volume des *Documents statistiques sur la ville de Paris*, une répartition des suicides suivant les lieux, mais avec d'autres divisions que celles de la statistique prussienne. Elle se rapporte aux 997 suicides civils commis dans les trois années 1854-56. Voici les nombres absolus, puis proportionnels :

	à domicile	aux hopitaux et hospices	dans les prisons	TOTAL
Hommes.	613	55	21	689
Femmes.	288	20	»	308
Totaux..	901	75	21	997
Hommes..	88.97	7.98	3.05	100
Femmes..	93.50	6.50	»	100

Les hommes se suicident en plus grand nombre aux hopitaux, parce qu'ils s'y trouvent également en plus grand nombre pour faits de maladies ou d'accidents. On sait, en effet, que la femme ne se résout, qu'en cas de maladie absolument grave, à quitter sa famille pour entrer dans un établissement curatif. Il est à regretter que le document ci-dessus ne distingue pas entre les hôpitaux, les hospices et les asiles d'aliénés, le nombre des suicides devant varier selon la nature de chacun de ces trois établissements.

CHAPITRE IV

DES MODES DE PERPÉTRATION DU SUICIDE

§ 1. — Observations générales.

L'étude des modes de perpétration du suicide est loin d'offrir le même intérêt que les monographies précédentes. En réalité, les trois faits dominant de l'enquête que nous poursuivons sont : le nombre d'abord, puis l'accroissement général des suicides, et, si l'on pouvait les connaître exactement, les causes de ce double phénomène. Quant aux modes de destruction, leur indication ne jette aucune lumière sur les problèmes sociaux que soulève la mort volontaire.

Qu'importe, en effet, à la solution de ces problèmes que l'homme ne se tue pas par les mêmes moyens que la femme, que ces moyens diffèrent selon l'âge, les saisons, les professions et peut être selon les causes du suicide. Qu'importe que chaque pays ait une prédilection marquée pour certains genres de mort? Quand ces différences auront été mises en lumière à l'aide des statistiques officielles, sera-t-on plus édifié sur les graves questions qui se rattachent à la marche toujours progressive du fléau?

Toutefois, comme tous les pays qui recueillent des données numériques sur le suicide, enregistrent soigneusement les modes de perpetration, et que l'exactitude de ce renseignement, par suite des facilités que présente sa constatation, ne laisse rien a désirer, nous imiterons ceux qui nous ont précédé dans cette étude, en leur consacrant un chapitre spécial, mais sans nous faire d'illusion sur la valeur physiologique ou psychologique d'un document de cette nature.

En thèse générale on peut dire que celui qui recourt au suicide, cherche le moyen le plus sûr et le plus rapide, par conséquent le moins douloureux, de mettre fin à ses jours. Il veut, en effet, éviter, avant tout, d'inutiles douleurs et prolonger le moins longtemps possible cette lutte suprême de la vie contre la mort qui s'appelle l'agonie. Or, il se trompe souvent sur les moyens de mourir promptement et sûrement, comme le prouvent les nombreuses tentatives restées infructueuses. Il est certain que sa main mal assurée, surtout quand il s'agit d'une arme blanche, ne porte pas toujours le coup decisif, le coup mortel. Quelquefois la vie persiste malgré d'horribles blessures, d'affreuses douleurs, ou ne se retire que lentement.

La femme, en reculant généralement devant les armes blanches et a feu, et en recourant de préférence, au moins en France — et surtout à Paris — à l'asphyxie par le charbon, évite — cette grande préoccupation pour elle — de se défigurer, ou d'exposer son corps sanglant et souille a la curiosité publique. Mais elle se condamne, a son insu, à de longues et cruelles souffrances.

L'emploi de certains modes d'exécution rencontre d'insurmontables difficultés.

Ainsi, dans les localités qui n'ont pas de cours d'eau, ou qui n'ont que des cours d'eau d'une profondeur insuffisante pour provoquer l'asphyxie par submersion, il est évident que ce genre de mort doit faire place a d'autres. Dans les pays à hautes températures, où les cours d'eau, qui ne sont que des torrents en hiver, se dessèchent complétement en été, la mort par l'immersion doit faire place à d'autres dans la belle saison. Il en est probablement de même dans les pays à basses températures, où les cours d'eau gelent pendant une notable partie de l'année. Encore par la même saison, si un pays, qui, privé d'eaux profondes, ne comptait pas de suicides par immersion, vient à être traversé par un canal, il verra immediatement s'en produire un nombre peut être toujours croissant. Les conditions géographiques d'un pays influent donc sur la part de certains genres de mort dans l'ensemble des moyens d'execution.

Les villes et les campagnes en ont qui leur sont propres. Ainsi, les chutes d'un lieu élevé (précipitations), qui jouent un rôle d'une certaine importance dans le mode du suicide au sein des villes, des grandes villes surtout, où les maisons ont plusieurs étages et ou se trouvent des édifices publics d'une certaine hauteur, églises ou monuments — sont rares dans les campagnes, où les mêmes conditions ne se rencontrent pas. Dans les villes qui ont des garnisons, il est certain qu'on constatera un plus grand nombre de suicides par les armes a feu que dans les autres, les militaires se tuant habituellement avec le fusil dans l'infanterie, avec le pistolet dans la cavalerie.

Assez souvent, notamment dans la classe ouvrière, la misère faisant obstacle à l'achat d'une arme blanche ou à feu, la strangulation (pendaison) et la submersion (noyade), deviennent forcément les deux principaux modes de suicide. Dans les pays où la possession et le port d'armes sont sévèrement défendus, comme en Russie par exemple, l'emploi de ces agents de destruction doit être relativement rare. Le choix du poison rencontre aussi de grandes difficultés là où la vente des substances toxiques est soumise à une règlementation rigoureuse. Les progrès de la chimie ne sont pas étrangers à la diffusion de ce mode de suicide ; si elle parvient à produire des acides qui donnent une mort rapide et presque foudroyante, comme l'acide prussique, la strichnine, etc., on y recourra de préférence.

Certains perfectionnements dans l'ordre des faits matériels ont créé de nouveaux genres de mort. Ainsi, depuis l'ouverture du réseau ferré européen, le nombre des écrasés volontairement par des trains en marche, s'accroît avec l'extension de ce réseau au moins pour les hommes. L'abaissement du prix des armes à feu et l'invention du revolver ont certainement favorisé la propagation de cet instrument de mort.

Les anciens étaient bien loin d'avoir un choix aussi varié de modes de perpétration que nous. Ou ils s'empoisonnaient, ou ils se frappaient de leur épée, ou ils se faisaient ouvrir les veines dans un bain, ou enfin, ils se jetaient à la mer. La mort par inanition, celle qui suppose la résolution la plus énergique, la plus persistante, n'était pas rare chez eux ; elle l'est beaucoup de nos jours. Le suicide se concentrait, d'ailleurs, dans les classes élevées, où le poison et l'épée étaient en quelque sorte traditionnels. La cause, presque toujours élevée, de la mort volontaire exerçait probablement, en outre, une influence marquée dans le même sens. De nos jours aussi, la condition sociale produit à peu près le même effet, l'arme blanche, mais surtout l'arme à feu, constituant le mode de prédilection des classes libérales, auxquelles répugnent la strangulation, l'immersion et la chute d'un lieu élevé.

L'esprit d'imitation n'est pas étranger au choix des moyens de se tuer. Ainsi, l'asphyxie par le charbon, qui a eu probablement son origine à Paris, a rayonné d'abord sur les départements contigus, puis sur la France entière, pour franchir ensuite la frontière et se propager en Italie, le pays d'Europe le plus assessible aux influences françaises par la communauté d'origine, de religion et presque de langue. Qu'en France, un romancier populaire imagine, dans une de ses plus dramatiques fictions, un genre de suicide nouveau et émouvant, on peut être assuré qu'il passera rapidement dans le domaine de la réalité, dut-il être accompagné de douleurs violentes et prolongees.

§ 2. — Modes d'exécution sans distinction de sexe.

Voyons ce que les documents statistiques nous apprennent sur ces divers points, et d'abord pour les deux sexes réunis.

Allemagne-Bade (G. D.). — Dans ce pays, 1.000 suicides accomplis de 1864 à 1874 (nombre effectif 2.718) se sont repartis par modes de perpétration comme suit: strangulation (Pendaison), 539; armes a feu, 177; submersion (noyade), 176; armes blanches (instruments tranchants ou perçants), 56; poison, 19; chutes d'un lieu élevé, 11; moyens divers, 22.

Bavière. — La part des modes de destruction pour 1.000 suicides a varié comme suit, de 1857-66 à 1867-76 :

Periods et années	Strangul	Submers	Armes a feu	Armes blanches	Poison.	Autres
1857-66	545	208	154	46	17	30
1867-76	541	202	157	40	28	32
1876	529	185	180	35	43	28

On voit que l'emploi des armes à feu et du poison a constamment augmenté. Dans l'opinion des medecins préposés aux expertises légales, c'est le cyanure de potassium qui est, depuis plusieurs années, le poison adopté en Bavière. Il y a remplacé l'arsenic.

Prusse. — Sur 1.000 suicides (9.170 effectifs), commis de 1873 à 1875, 608 ont eu lieu par strangulation, 182 par submersion, 109 par armes à feu, 54 par armes blanches, 30 par le poison, 9 par chute, 3 par l'asphyxie-charbon, 5 par d'autres moyens. — Par rapport a une période antérieure (1867-72 et 11.822 suicides), on constate une légère diminution des strangulations et des submersions, une augmentation dans l'emploi des armes a feu, des armes blanches, de la chute et du poison. Nous venons de constater également une augmentation pour les armes a feu et le poison en Bavière.

Saxe-Royale. — Les modes d'exécution des suicides dans ce pays, — l'État allemand où il s'en commet le plus — appellent, a ce titre, une attention particulière.

En voici le classement pour les quatre années récentes 1876-79 :

Strangulation	64 75	Écrasem. par trains	1.20
Submersion	20 00	Chutes	0.75
Armes à feu	8 31	Asphyxie	0.06
Poison.....	2 34	Autres	0 53
Armes blanches .	2 06	Total......... ...	100.00

M. Morselli a recherché les changements qui pouvaient s'être opérés, en Saxe, de 1847-56 a 1867-76, dans les modes de suicides, et il a constaté une assez notable augmentation des strangulations (651 contre 615 pour 1.000), une diminution sensible des submersions (175 contre 195), peu de différence dans l'emploi des armes a feu (81 contre 86), une diminution dans celui des armes blanches (26 et 36), un nombre presque égal de chutes (17 et 6), et une forte augmentation des empoisonnements (17 et 6). Les autres modes se sont accrus de 6 (24 contre 18).

Wurtemberg — 1.000 suicides (910 effectifs) s'y sont répartis de 1873 a 1875, comme suit strangulations, 610 ; submersions, 151 ; armes a feu, 146 ; armes blanches, 31 ; chutes, 21 ; poison, 18 ; autres modes, 12. Dans les trois périodes 1846-60, 1860-69, 1873-75, on a observé une diminution continue des strangulations (680, 630, 610), ainsi que des submersions (218, 158, 151), un fort accroissement des suicides par armes à feu (26, 127, 146), une diminution de l'emploi des armes blanches (49, 38, 31), un accroissement des chutes (11, 9, 21), de l'usage du poison (13, 12, 18), et une forte augmentation des modes divers (2, 6, 12).

En résumé, malgré des mouvements parfois assez caractérisés en sens divers, la répartition générale des suicides, en Allemagne, entre les modes habituels d'exécution n'a pas changé sensiblement, en ce sens que la strangulation figure au total pour un peu plus de la moitié ; viennent ensuite les submersions, les armes à feu, les armes blanches, et, en nombres peu différents, la chute et le poison.

Angleterre. — Nous trouvons, dans ce pays, la même répartition, sauf sur un point important, l'usage des armes blanches, notablement plus employées qu'en Allemagne. Ainsi, dans la période la plus récente (1871-76 et 9 490 suicides), nous avons (toujours pour 1.000) 368 strangulations, 208 submersions, 46 cas seulement d'emploi d'armes à feu, et 206 *d'armes blanches.* Les empoisonnements sont aussi très fréquents : 94 ; enfin les moyens divers sont plus nombreux qu'en Allemagne (78).

Autriche (Cisleithanie). — Les 13.907 suicides constatés de 1873 à 1877 (5 ans) réduits à 100, se sont répartis comme suit :

Strangulat.	Submersion.	Armes à feu.	Poison	Autres	Total.
47.37	24.37	14.81	8.56	4.90	100.00

Belgique. — En comparant la répartition pour 1.000 des 2,428 suicides de la période 1840-49, et des

2.584 de 1870-76, on constate les classements et les différences dans ces classements ci-après : strangulations, 475 et 545; submersions, 243 et 228; armes à feu, 154 et 118; armes blanches, 72 et 39; chutes, 20 et 15; empoisonnements, 11 et 23; asphyxies, 4 et 4; moyens divers, 8 et 28. Les différences, d'une période à l'autre, sont ici très sensibles pour certains modes. Sous quelles influences se sont-elles produites ? c'est ce qu'il est impossible de savoir.

Espagne. — Les 433 suicides constatés en 1859 et 1860 (il n'a pas été fait d'autres publications depuis) se répartissent comme suit p. 0/0 entre les divers modes d'exécution :

Strangulation	20.09	Poison	12.24
Submersion	19.00	Chute	11.55
Armes blanches	14.09	Asphyxie	1.31
Armes à feu	12.01	Autres	9.70

France. — Le tableau suivant signale les changements qui ont pu s'opérer de la première à la dernière des quatre périodes ci-après (rapp. 0/0).

	1841 45	1851 55	1871 75	1873 88
Submersion	33.37	32.03	28.61	29.01
Strangulation	30.38	36.44	44.13	45.43
Armes à feu	17.21	12.17	11.10	11.16
Asphyxie	7.01	8.87	6.63	6.92
Chute	4.68	3.85	3.00	3.00
Armes blanches	4.15	3.95	3.58	3.38
Poison	2.68	1.84	2.61	2.00
Autres	0.62	0.85	1.04	1.10
Total	100.00	100.00	100.00	100.00

Ce document donne lieu aux observations que

voici : 1° La part de la submersion a sensiblement et presque constamment diminué; 2° celle de la strangulation a suivi le mouvement inverse; 3° la part des armes à feu a notablement faibli; 4° celle de l'asphyxie, après une augmentation sensible de la première à la deuxième période, a diminué; 5° la diminution de la part des armes blanches est constante; 6° l'usage du poison, après une forte diminution de la première à la deuxième période, a eu une recrudescence dans la troisième pour diminuer de nouveau dans la quatrième; 7° les chutes ont constamment diminué; 8° enfin, les autres modes ou modes divers se sont accrus.

Nous constatons ces différences sans prétendre les expliquer.

Hongrie. — Les 1.756 suicides commis, dans ce pays, pendant la période triennale 1851-53, ramenés a 1.000, se sont repartis comme suit : Strangulation, 609; submersion, 150; armes a feu, 138; armes blanches, 67; poison, 28; chutes, 3; asphyxie, 1; autres, 4. On constate ici un nombre exceptionnel de suicides par les armes à feu et par les armes blanches.

Irlande. — Nous avons vu ailleurs que les documents relatifs à ce pays sont rares. Nous ne connaissons guère les modes d'exécution que pour les 183 suicides de 1877 et 1878. En voici la répartition pour 1000 : Strangulation, 333.33; submersion, 213.11, armes blanches, 202.18, armes a feu, 82.00; poison, 60.10; autres, 109.28. M Morselli a donné, comme suit, la répartition pour 1.000 de 507 suicides commis, suivant cet auteur, dans le même pays, de 1831 a 1841 : strangulation,

392; submersion, 252; poison 150; armes blanches, 123; armes a feu, 80. En comparant ces deux classements, on trouve que les strangulations ont diminué en 1877-78 (392 et 333); il en a été de même des submersions (252 et 215); l'emploi des armes blanches s'est accru (202 et 123); celui des armes à feu est resté stationnaire (82 et 80); mais celui du poison a diminué presque de moitié 60 au au lieu de 150).

Italie. — Les modes d'exécution pour 1.000 ont peu varié de 1866-70 à 1871-77 : strangulations, 166 et 167; submersions, 300 et 300; armes a feu, 258 et 244; armes blanches, 62 et 55; chutes, 122 et 113; poison, 53 et 61; asphyxies, 19 et 22. On remarque cependant l'accroissement de ces deux derniers modes. Comparativement aux autres pays, l'Italie a peu de strangulations et beaucoup de submersions (autant qu'en France). L'emploi des armes a feu y est plus élevé que partout ailleurs, sauf dans la province autrichienne dite des confins militaires, où la population est organisée militairement. Les chutes d'un lieu élevé y sont également plus fréquentes que dans le reste de l'Europe.

Russie. — Nous ne connaissons les modes d'exécution que pour les 1.771 suicides de 1875. La part des strangulations est une des plus élevées de l'Europe 732 pour 1000, celle des submersions exceptionnellement faible 69; celle des armes à feu ne donne lieu a aucune observation . 50. La nomenclature officielle omet les armes blanches et les chutes pour ne donner que les empoisonnements au nombre, fort élevé, de 71. Si l'on rapproche ces données de celles que M. Morselli donne pour l'année 1831 (1,108 suicides), on constate une notable diminution des strangulations en 1875 (732 contre 791), un accroissement de plus du double des submersions (69 et 31), une forte diminution dans l'emploi des armes à feu (50 et 89), et plus de 10 fois plus d'empoisonnements (71 contre 7). Mais il ne s'agit ici que de deux années isolées, placées, il est vrai, à une grande distance l'une de l'autre.

Scandinavie. — *Danemark.* — Dans ce pays, la part des strangulations s'est constamment accrue de 1835-41 à 1871-76 : 663 et 775 pour 1000 ; ajoutons que ce dernier chiffre est le plus élevé que l'on constate en Europe. Celle des submersions a, au contraire, constamment diminué (253 et 159) ; l'emploi des armes à feu a aussi diminué (41 et 31) ; il en a été de même de celui des armes blanches (48 et 18) ; le chiffre des empoisonnements s'est aussi abaissé (15 et 9).

Norvège. — De 1836-45 à 1866-72, le nombre des strangulations est tombé de 648 à 637, les submersions sont restées stationnaires (209 et 208) ; les armes à feu ont été moins employées (50 et 43) ; il en a été de même des armes blanches, du moins de 1856-65 à 1866-72 (61 et 50). Dans ces deux dernières périodes, les moyens divers ont fortement augmenté (18 et 55).

Suède. — Les strangulations se sont constamment accrues de 1851-55 à 1862-75 (443 et 493) ; les submersions ont diminué (231 et 221) ; l'emploi des armes à feu a fortement augmenté (55 et 86) ; il en a été de même de celui des armes blanches (74 et 93), les cas d'empoisonnement, très nombreux, sont restés stationnaires en 1869-70 et 1862-76 (102 et 101).

Suisse. — Les 540 suicides de 1876 se sont ainsi répartis pour 1.000 : 430 strangulations; 267 submersions; 70 cas d'armes à feu; 67 d'armes blanches; 33 empoisonnements; 13 asphyxies; 11 chutes et 9 autres modes.

Les 304 suicides accomplis, dans le canton de Zurich, de 1851 à 1859 (*Archives statistiques suisses* de 1861), l'ont été par les moyens suivants (p. 1000) · submersions, 400.2; strangulations, 381.5; armes à feu, 88.4; armes blanches, 78.1; asphyxie et poison (confondus dans le document officiel), 28.6; chutes, 16.4; autres, 6.7. Ces rapports, rapprochés de ceux qui sont afférents à la Suisse entière, mais pour une seule année, mettent en lumière, comme on peut le voir, des différences très notables et qui semblent indiquer que chaque canton a des moyens d'exécution qui lui sont propres.

États-Unis. — 1.002 suicides ont été relevés en 1860 à l'occasion du recensement de la population; les modes d'exécutions connus pour 703 seulement ont été les suivants (rapports p. 1000) 436.7 strangulations; 206.2 empoisonnements; 160.7 coups d'armes à feu; 101.0 submersions et 95.4 coups d'armes blanches. L'ordre occupé par ces divers modes diffère notablement de celui que leur assignent les observations faites en Europe.

Si l'on jette les yeux sur un tableau synoptique des modes de suicide en Europe, sans distinction de sexe, on est amené à faire les observations suivantes. 1° Partout la strangulation est de beaucoup le mode le plus employé; 2° la submersion ne vient qu'après et dans une bien moindre proportion ; 3° elle est généralement suivie de l'emploi des armes à feu ; 4° ce dernier mode de perpétration, relativement peu employé en Russie, dans la Scandinavie, en Angleterre, en Irlande et dans la Saxe royale, l'est, au contraire, beaucoup en Prusse, en Bavière, dans les duchés de Nassau et de Bade, puis en Belgique, en Autriche, en Hongrie, en Suisse et surtout en Italie ; 5° l'emploi des armes blanches ne vient qu'à une assez grande distance ; il n'est fréquent qu'en Angleterre et en Irlande ; 6° la chute d'un lieu élevé n'a quelque importance qu'en France, mais surtout en Italie ; 7° le poison, très employé en Angleterre et particulièrement en Irlande, l'est rarement dans les autres pays, sauf en Italie ; 8° la France se distingue du reste de l'Europe par le nombre exceptionnel de ses asphyxies par le charbon ; mais il importe de faire remarquer que les deux tiers de ces suicides appartiennent d'abord à Paris, puis au département de la Seine. L'Italie tend à emprunter à la France ce mode de suicide.

§ 3. — Influence sur le mode de suicide du degré d'agglomération des populations.

Le chiffre des agglomérations exerce-t-il une influence marquée sur le choix des modes de destruction, et, spécialement, les capitales se distinguent-elles, à ce point de vue, de l'ensemble du pays? Voici le résultat de nos recherches pour Paris dans la période 1851-59 (rapports p. 1000) : asphyxies,

337.4; submersions, 228.4; strangulations, 224.4; chutes, 83.8; armes a feu, 59.1; armes blanches, 32 2; poison, 30.4; autres, 4.3

Si nous rapprochons ces rapports de ceux qui s'appliquent a la France entière a peu près a la même époque (1851-55), nous trouvons cette différence fondamentale que, tandis qu'en France l'asphyxie ne figure que pour 88.7 pour 1000 dans l'ensemble des suicides, elle monte a Paris a 37.84. Par cette raison, la part des autres modes est moindre à Paris, sauf en ce qui concerne le poison et la chute d'un lieu elevé. Nous verrons plus loin que ce sont les femmes surtout qui, a Paris et dans le reste du pays, recourent a l'asphyxie par le charbon.

A Londres, on trouve les rapports suivants pour 1.000 en 1872-76 : strangulations, 254, submersions, 208; armes blanches, 241; poison, 154; armes a feu, 64 ; autres, 82. En comparant ces rapports avec ceux que nous avons donnes pour l'Angleterre entière dans la même période, on remarque que la strangulation et la submersion sont beaucoup moins nombreuses a Londres et que la mort par les armes à feu et blanches y est, au contraire, plus fréquente.

L'usage du poison depasse très sensiblement, à Londres, la moyenne afférente a l'Angleterre (1). On ne compte pas, dans cette ville, de cas d'asphyxie.

---

(1) L'administration anglaise recueille des renseignements très precis sur les substances toxiques employees par les suicidés, et il faut reconnaitre que, grâce probablement a une liberté complète dans la vente des poisons, le choix en est très varié. C'est

A Berlin, nous trouvons la répartition suivante pour 1.000 (1852-63) : strangulations, 463; submersions, 202; armes à feu, 172; poison, 92; armes blanches, 35; chutes, 23; asphyxies, 8; autres, 5. Pour la Prusse entière (1869-72), ces rapports ont été, respectivement, 611, 197, 102, 26, 41, 7, 3 et 13. Ainsi la strangulation est beaucoup plus fréquente dans la Prusse entière, la submersion à peu près égale des deux côtés; l'usage des armes à feu plus frequent à Berlin; celui des armes blanches ne diffère pas très notablement; on recourt plus souvent à la chute à Berlin et surtout au poison. Les asphyxies, quoique plus frequentes à Berlin, y sont en petit nombre. Paris conserve ici sa triste supériorité.

A Vienne (annees 1871-72), nous avons, pour la même nomenclature, l'ordre ci-apres 358, 156, 122, 74, 64, 216, 4 et 5, — et en Autriche (1873-77) 474, 244, 148, ?, ?, 86, ?, 48. Ainsi on se pend et on se noie beaucoup plus dans l'Autriche entière qu'a Vienne, on y recourt moins souvent aux armes à feu, mais surtout au poison, un des modes de prédilection des Viennois — et probablement des Viennoises.

A Saint-Pétersbourg, sur 1.000 suicides accomplis en 1873-74, 284 ont eu lieu par strangulation,

ce qui indique l'enumeration suivante (moyenne annuelle de la période de 1868-74) : acide prussique et cyanure de potassium, 24,7 p. 1,00, laudanum, 21,8, acide oxalique et *Vermin Killer*, 9,4, acide carbonique, 5,1, arsenic, 4,6, acide muriatique, 3,7, huile d'amande amère, 3,0, mercure, 2, opium, acide sulfurique, acide nitrique, 2,1 (pour chacune de ces trois substances), morphine, 1,4, phosphore, 1,4, aconite, 0,6, chloroforme, 0,4, autres poisons, 32,4.

316 par submersion, 167 par des armes à feu, autres moyens, 233. Dans la Russie entière (1875), les trois premiers modes sont représentés par 732, 69 et 50. On se pend donc plus de moitié moins à Saint-Pétersbourg; en revanche, on s'y noie cinq fois plus, et on s'y brûle la cervelle trois fois plus.

Voici les rapports afférents à la Belgique (1870-76) et à Bruxelles (1876-77) : strangulations, 545 et 424; submersions, 228 et 192, armes à feu, 118 et 142; armes blanches, 39 et 90; chutes, 15 et 30; poison, 23 et 111; asphyxies, 4 et 11; autres, 37 et 3. Les differences sont les suivantes : à Bruxelles, moins de strangulations et de submersions et un plus fréquent usage des armes à feu, des armes blanches, de la chute, mais surtout du poison et de l'asphyxie.

Dans les capitales qui n'ont qu'une médiocre importance, comme Stockholm et Copenhague, les differences avec l'ensemble du pays sont loin d'être aussi considérables que celles dont la constatation précède. On peut en conclure que le chiffre de la population agglomérée exerce une influence certaine sur le choix du mode d'exécution, en ce sens que l'emploi des armes à feu et blanches, du poison, de l'asphyxie et de la chute est plus fréquent dans les capitales que dans le reste du pays. Ces differences nous paraissent pouvoir être attribuées d'abord à l'existence d'un plus grand nombre de moyens de perpetration dans les villes, puis à la publicité qu'y reçoivent les suicides accomplis au milieu de circonstances quelque peu extraordinaires.

L'indication des principaux modes de suicide séparément pour la capitale, les autres villes et les campagnes n'a été donnée, croyons-nous, par les documents officiels que pour le Danemark, la Norvège et l'Italie. En Danemark (1864-76), on trouve, pour les trois catégories d'habitants, les rapports suivants : strangulations, 698, 712 et 788 ; submersions, 161, 203, 166, pour les autres modes réunis, 141, 84 et 86. On se pend donc davantage dans les campagnes, tandis qu'on se noie plus dans les villes que dans la capitale. La catégorie des autres modes est plus représentée à Copenhague et dans les villes que dans les campagnes.

En *Norvège* (1871-72), la submersion est plus fréquente dans les campagnes, au moins pour les hommes, que dans les villes et l'ensemble du pays ; il en est de même de la strangulation ; l'emploi des armes à feu, rare, comme partout, dans les campagnes, l'est beaucoup moins dans les villes ; on recourt, au contraire, plus souvent aux armes blanches dans les campagnes et au poison dans les villes.

Mêmes résultats à peu près en Italie (année 1877), en ce sens que les submersions, les strangulations ainsi que l'usage des armes à feu et blanches, sont plus fréquents dans les campagnes que dans les chefs-lieux de province, où le fait contraire se produit pour les armes à feu, les chutes, les asphyxies et surtout pour le poison.

§ 4 — Les modes de suicide dans leurs rapports avec le sexe.

Dans un premier mémoire sur le suicide que nous avons publié en 1865, nous avions, en réunissant un certain nombre de documents relatifs à divers pays (France, Angleterre, Belgique, Danemark, Saxe, Espagne et États-Unis), trouvé les rapports sexuels pour 1.000 ci-après dans les modes de suicide adoptés par chaque sexe :

	Strang	Subm	Armes à feu	Armes blanches	Chutes	Poison	Autres.
Hommes.	521	150	134	89	26	48	32
Femmes..	395	346	8	59	27	117	48

Voici les rapports afferents, de nos jours, aux principaux États de l'Europe. Nous désignerons les deux sexes par les lettres h. et f.

Allemagne. — *Prusse* (1873-75). — Strangulations, h. 648, f. 440, submersions, h. 131, f. 399; armes a feu, h. 133, f. 81; armes blanches, h. 40, f. 36; chutes, h. 8, f. 13; poison, h. 20, f. 70; asphyxies, h. 1, f. 10; autres moyens, h. 19, f. 24. Ainsi, chez l'homme, plus de strangulations, plus de coups d'armes a feu et d'armes blanches, et chez la femme, plus de submersions, de chutes, d'empoisonnements et d'asphyxies.

Saxe royale (1867-76) — Les 4,342 suicides constates de 1876 a 1879 se sont repartis, par sexe et par modes, comme suit (p 1000) Strangulations, h. 701.0, f. 460.5, submersions, h. 134.5, f 440 3, armes a feu, h. 104.4, f. 5.1, armes blanches, h. 19.6, f. 25 3, poison, h. 15 8, f. 44 5, ecrasements, h. 12 3, f. 11.3, chutes, h. 6.3, f. 10.4; autres, h. 6.1, f 2 6.

D'apres ces donnees, les hommes se pendent plus que les femmes, les femmes se noient en plus grand nombre, les hommes, comme toujours et partout, se servent beaucoup plus des armes à feu ; il est remarquable que les femmes recourent plus que les hommes aux armes blanches ; elles s'empoisonnent, comme partout, en plus grand nombre ; elles se font écraser sous des trains de chemin de fer ou sous des voitures à peu près en nombre égal ; enfin, elles recourent plus souvent à la chute.

Dans notre premier mémoire, opérant sur les 5,497 suicides de la période 1847-62, nous avions trouvé les rapports suivants pour 1.000 : strangulations, h. 659, f. 468 ; submersions, h. 177, f. 474 ; armes à feu, h. 110, f. 0 ; poison, h. 6, f. 13 ; chutes et écrasements, h. 30, f. 21 ; armes blanches, h. 15, f. 22 ; asphyxies, h. 3, f. 2. — Si les rapports pour 1.000 ont varié de l'une à l'autre époque, la situation respective des deux sexes, relativement à l'emploi des principaux modes, est restée généralement la même. Ainsi, dans les deux périodes, l'homme se pend plus que la femme ; la femme se noie plus que l'homme, mais la femme, qui, en 1847-62, n'avait, à son compte, aucun suicide par les armes à feu, en a, en 1876-79, 51 contre 104 commis par l'homme, en 1847-62, la statistique lui attribuait 21 suicides contre 30 par chutes et écrasements, aujourd'hui le rapport est inverse, 21 contre 18 ; en 1847-62, elle s'empoisonnait 13 fois contre 6, ces rapports sont aujourd'hui de 44 contre 19.

Wurtemberg (1846-60) — Strangulations, h. 736, f. 458, submersions, h. 157, f. 441, armes à feu, h. 32, f. 0, armes blanches, h. 52, f. 60, chutes, h. 9, f. 20, poison, h. 11, f. 21, asphyxie, h. 1, f. 0. Comme en Saxe, l'homme se pend davantage ; il se sert seul des armes à feu (il en était de même en Saxe à la même époque), et recourt également seul à l'asphyxie; mais on peut être certain qu'en Wurtemberg, comme en Saxe, ces deux immunités ont cessé.

Angleterre (1868-74). — Strangulations, h. 407, f. 281; submersions, h. 155, f. 324; armes à feu, h. 66, f. 1; armes blanches, h. 218, f. 115 (rapport exceptionnellement élevé pour la femme); chutes, h. 19, f. 38; poison, h. 70, f. 155; asphyxie, h. 0, f. 0. — L'homme recourt plus à la strangulation, aux armes à feu et blanches; la femme à la submersion, à la chute, mais surtout au poison.

Autriche (1873-77). — Strangulations, h. 505, f. 324; submersions, h. 208, f. 410; armes à feu, h. 172, f. 38, poison, h. 66, f. 176. Plus de strangulations et de coups de feu chez l'homme; plus de submersions et un plus fréquent recours au poison chez la femme.

Belgique (1867-76). — Strangulations, h. 563, f. 447; submersions, h. 198, f. 395; armes a feu, h. 139, f. 2; armes blanches, h. 42, f. 26; chutes, h. 13, f. 23, poison, h. 15, f. 70; asphyxies, h. 3, f. 7. Mêmes résultats qu'en Autriche.

France (1873-78). — Strangulations, h. 468, f. 311; submersions, h. 254, f. 423; armes à feu, h. 139, f. 10, armes blanches, h. 35, f. 28, poison, h. 15, f. 37, asphyxies, h. 52, f. 133, chutes, h. 25, f. 49. En France, l'homme se pend, se brûle la cervelle, se coupe la gorge beaucoup plus souvent que la femme, celle-ci se noie, s'empoisonne, s'asphyxie, se précipite dans une plus forte proportion.

Hongrie (1851-53). — Strangulations, h. 615,

f. 556; submersions, h. 168, f. 312; armes à feu, h. 167, f. 17; armes blanches, h. 77, f. 68 (rapport exceptionnel pour la femme); chutes, h. 4, f. 0; poison, h. 21, f. 42; asphyxie, h. 1, f. 0. Plus de strangulations, de recours aux armes blanches et à feu, plus de chutes chez l'homme; plus de submersions, d'empoisonnements chez la femme. Mêmes observations que précédemment.

Irlande. — Strangulations, h. 356, f. 243; submersions, h. 191, f. 297; armes blanches, h. 191, f. 243; armes a feu, h. 101, f. 0; poison, h. 60, f. 88; autres, h. 101, f. 135.

Italie (1866-77). — Strangulations, h. 166, f. 175; submersions, h. 250, f. 491; armes à feu, h. 63, f. 31; armes blanches, h. 63, f. 54; chutes, h. 110; f. 145; poison, h. 53, f. 79; asphyxies, h. 20, f. 24. En Italie, nous rencontrons cette exception d'un plus grand nombre de strangulations chez la femme que chez l'homme, mais elle rentre en quelque sorte dans la règle générale en se noyant en nombre presque double. On est frappé du grand nombre de cas où elle recourt a l'arme blanche et à l'arme à feu. Comme à peu près partout, elle s'empoisonne et s'asphyxie plus que l'homme.

Russie (1875). — Strangulations, h. 730, f. 730, submersions, h. 69, f. 67, armes à feu, h. 61, f. 8, poison, h. 68, f. 86. Ces rapports, qui diffèrent assez notablement de tous ceux que nous venons de constater, ont besoin d'être confirmés par des observations ultérieures.

Scandinavie. — *Danemark* (1874-78). — Strangulations, h. 827, f. 583; submersions, h. 111, f. 359; armes a feu, h. 37, f. 1, armes blanches,

h. 18, f. 26; poison, h. 6, f. 32. Ces résultats ne diffèrent des precedents (la Russie omise) qu'en ce qui concerne la part exceptionnelle des suicides de la femme par les armes blanches, comme en Irlande.

Norvège (1866-72). — Strangulations, h. 664, f. 547; strangulations, h. 184, f 332; armes a feu, h. 54, f. 5, armes blanches, h. 47, f. 98. Comme en Danemark et en Irlande, la femme se sert plus des armes blanches que l'homme; les autres observations ne diffèrent pas (la Russie omise) de celles qui précedent.

Pour une période plus ancienne (1856-60), on trouve (ancien Danemark comprenant les trois duchés du Schleswig, du Holstein et du Lauenbourg) les donnees ci-après : strangulations, h. 789, f. 512; submersions, h. 123, f. 416, armes a feu, h. 50, f. 0; armes blanches, h. 31, f. 42, chutes, h. 2, f. 3; poison, h. 5, f. 27. Le choix des modes est reste le même.

Suède (1861-75). — Strangulations, h. 517, f. 404, submersions, h. 193, f. 324; armes a feu, h. 110, f. 1; poison, h. 79, f. 179, armes blanches, h. 95, f. 87; autres, h. 6, f. 5. — Toujours les mêmes observations . les femmes se pendent moins, se noient plus, ne recourent presque jamais aux armes a feu, se servent presque en nombre égal (ailleurs en nombre supérieur) des armes blanches et s'empoisonnent dans la proportion de plus du double.

Suisse (1876). — Strangulations, h. 458, f. 228, submersions, h. 228, f. 546; armes a feu, h. 186, f. 45, armes blanches, h. 70, f. 45, chutes, h. 9, f. 30, poison, h. 25, f. 91, asphyxies, h. 13, f. 15;

autres, h. 11, f. 0. On trouve ici des rapports assez différents de ceux qui précèdent, surtout en ce qui concerne les suicides de femmes par les armes à feu; mais il ne s'agit que de l'expérience d'une année.

Nous avons les suicides par âge et par sexe du canton de Zurich pour les neuf années de la période 1851-57 et 1859-60, nous allons les donner comme éléments de comparaison : Submersions, h. 331; f. 717; strangulations, h. 422, f. 188; armes à feu, h. 107, f. 0, armes blanches, h. 92, f. 19; poison et asphyxie, h. 28, f. 38; autres, h. 8, f. 0. Ce rapprochement confirme, dans une certaine mesure, les faits relatifs à la Suisse entière pour une seule année. Ainsi, des deux côtés, l'homme se pend plus que la femme, conformément à la loi commune; la femme se noie plus que l'homme. Dans le canton de Zurich, la femme ne se sert pas de l'arme à feu, tandis qu'elle s'en sert dans une assez forte proportion pour la Suisse entière. Le canton voit moins de femmes recourir aux armes blanches que le pays entier. Le poison et l'asphyxie réunis font, des deux côtés, plus de victimes chez les femmes; il en est de même de la chute volontaire.

Pays hors d'Europe. — *Etats-Unis.* — Les modes d'exécution y ont été recueillis en 1860 pour 556 suicides d'hommes et 147 de femmes. Les rapports pour 1.000 sont les suivants : strangulations, h. 451, f. 381, submersions, h. 72, f. 211; armes à feu, h. 196, f. 27; poison, h. 178, f. 313; armes blanches, h. 103, f. 68. Très peu de différences avec les observations recueillies en Europe.

En résumé, à de faibles exceptions près, l'homme

recourt plus à la corde, aux armes à feu et aux armes blanches que la femme; celle-ci au poison, a l'asphyxie et à la chute. En ce qui concerne les armes blanches, nous ne trouvons guère d'exception à ce que nous appellerons la règle qu'en Irlande, en Danemark et en Saxe. Dans ces trois pays, la femme se coupe plus souvent la gorge que l'homme. Six autres pays ont un nombre considérable de suicides féminins par le même moyen; ce sont la Hongrie (h. 77, f. 68), l'Italie (63 et 64), la Suède (95 et 87), l'Angleterre (215 et 155), le Wurtemberg (52 et 60), la Prusse (40 et 36).

§ 5. — Influence de l'âge et du sexe sur le choix des modes d'exécution

Cette influence est certaine, et lors même qu'elle ne serait pas établie par les documents officiels, on pourrait, sans crainte de se tromper, l'admettre *à priori*. Chaque âge doit avoir une prédilection marquée pour des modes déterminés de suicide. Dans la jeunesse, par exemple, où la résolution de mourir est généralement soudaine, ou au moins rarement préméditée, c'est le moyen le plus facile, le plus à la disposition du désespéré, celui qui exige le moins de préparatifs, comme la suspension et la submersion, par exemple, qu'il doit choisir de préférence. Plus tard, quand le suicide a été plus ou moins longuement délibéré, le genre de mort a dû être également l'objet de réflexions diverses auxquelles le désir ou d'exciter la sympathie, ou de se créer une sorte de notoriété posthume, n'est pas toujours étranger. Plus tard encore, surtout dans les classes elevées, le sentiment aristocratique — nous ne pouvons l'appeler autrement — fait rechercher de préférence les modes d'exécution qui attestent une sorte de puissance et d'énergie, comme les armes blanches et à feu. Enfin, quand la force physique et morale a disparu, le vieillard doit reculer instinctivement devant les moyens violents et recourir surtout a la mort par chute ou suspension.

Voyons si les statistiques officielles — assez rares, d'ailleurs, sur ce point — confirment ou infirment ces hypothèses.

Angleterre. — Les suicides de la période 1858-72 se répartissent comme suit au point de vue des modes d'exécution selon les sexes et les âges.

En tenant compte de certaines particularités propres à ce pays, on constate les faits suivants :

Dans l'*enfance* (moins de 15 ans), c'est la suspension et la submersion, puis, à une assez grande distance, le poison qui dominent chez les garçons; la la submersion, le poison, puis la submersion et les armes blanches chez les filles. Si elles ne se servent pas des armes à feu, les garçons ne recourent ni à ces armes ni aux armes blanches. Voila les deux données les plus caractéristiques du document tout entier : elles le seraient peut-être plus encore, si le nombre des suicides de cet âge n'était pas — et heureusement — minime (128).

Dans l'*adolescence* (15 à 20 ans), on voit apparaître les armes blanches et à feu chez les garçons et les armes à feu chez les jeunes filles; la suspension, puis l'eau, puis le poison et les armes blanches dominent chez les premiers; l'eau, le poison et la suspension chez les suicidés de l'autre sexe.

Pendant la *première jeunesse* (20 à 25), les divers modes constatés chez le jeune homme se maintiennent dans le même ordre ; mais on voit les armes à feu, le poison et les armes blanches prendre une grande importance, chez les jeunes filles ou femmes, c'est l'eau qui continue a dominer ; mais elles recourent davantage au poison, à la suspension et surtout aux armes blanches.

Dans la *seconde jeunesse* (25 à 35), les femmes ont un penchant prononcé pour l'arme blanche, et les hommes pour la suspension ainsi que pour l'arme blanche.

A partir de cette époque de la vie, les mouvements deviennent un peu confus ; des oscillations se produisent sans direction bien déterminée. On voit, toutefois, la suspension et les armes blanches, le poison et les armes à feu diminuer avec les années, chez l'homme ; la suspension, l'eau, l'arme blanche s'accroître chez la femme, le poison diminuer, l'arme à feu disparaître.

C'est aux âges les plus élevés que, des deux côtés, on voit le nombre des suicides par les moyens divers atteindre son maximum.

Danemark. — Feu M. le conseiller d'État David, pendant longtemps directeur du bureau de statistique de son pays, a classé, comme suit, au point de vue de l'influence du sexe et de l'âge, 1.275 suicides sur 3.155. Le nombre des cas pour lesquels cette influence n'a pu être constatée est évidemment trop considérable pour que les résultats déduits des autres puissent inspirer une entière confiance.

Dans l'*enfance* (moins de 15 ans), les garçons se pendent, comme en Angleterre, en très grande majorité (861 sur 1.000), puis se noient (93) et se servent, en nombre égal, de l'arme à feu, ainsi que du poison (23 et 23). Les filles, au contraire, se noient en majorité, comme en Angleterre (714), puis se pendent (286). Aucun autre moyen de destruction n'est attribué, par le document officiel, aux deux sexes.

Dans *l'adolescence,* la suspension et la submersion conservent leur rang chez les garçons, mais l'usage des armes a feu a presque quadruplé (82); pour la première fois, apparaît celui des armes blanches (7) et surtout du poison (37), encore comme en Angleterre. Chez les filles ou femmes, l'eau et la corde ont aussi conservé leur ordre d'importance; mais on voit apparaître, pour la première fois, l'arme à feu, l'arme blanche, la chute et le poison (16, 16, 16, 32).

Dans la *jeunesse* (de 20 à 30), l'eau conserve encore son rang; toutefois, l'arme à feu est plus employée que l'eau (192 contre 139), et l'on voit la chute faire son apparition en même temps que le poison est délaissé. Chez la femme, l'eau et la corde conservent leur ordre d'importance, avec une forte augmentation pour la corde.

Dans la *première maturité* (30 à 40), chez l'homme, la part de la corde, de l'eau et de l'arme blanche s'élève; celle de l'arme à feu diminue, chez la femme, l'eau cède le premier rang à la corde; elles recourent moins au poison et plus souvent aux armes blanches et à la chute.

Dans la *seconde maturité* (40 à 50), la corde et

l'eau se maintiennent au premier rang pour l'homme, qui recourt un peu moins (sauf pour le poison) aux autres moyens de destruction. Mêmes résultats pour la femme en ce qui concerne l'eau et la corde; elle recourt notablement plus à l'arme blanche, et beaucoup moins à la chute et au poison.

Sur le *seuil de la vieillesse* (de 50 à 60), la corde, puis l'eau, conservent leur rang chez les hommes, avec des oscillations peu sensibles pour les autres modes. Il en est à peu près de même chez la femme, mais elle emploie davantage l'arme blanche, la chute et le poison.

Dans la *première vieillesse* (60 à 70), l'usage de la corde augmente chez les hommes, celui de l'eau diminue; tous les autres modes diminuent également. Mêmes résultats pour la femme.

Dans les *âges avancés* (70 à 80), la part de l'eau se relève un peu chez l'homme, ainsi que celle de l'arme blanche et de la chute. Il en est de même chez la femme pour l'eau et la corde; mais à la différence de l'homme, elle recourt de moins en moins à l'arme blanche.

Dans l'*extrême vieillesse* (plus de 80 ans), les résultats se modifient sensiblement : pour l'homme, la corde dépasse l'eau dans une énorme proportion (914 contre 86), et tous les autres modes disparaissent. Il en est tout autrement pour la femme, qui abandonne, dans une forte proportion, la corde et l'eau pour recourir subitement, dans une mesure inusitée, à l'arme blanche et à la chute. Il est vrai que le nombre des suicides de cette catégorie d'âge n'est que de 35 pour les hommes et de 13 seulement pour les femmes.

Un fait assez remarquable, s'il n'est pas le résultat d'omissions dans le document officiel, est la disparition, chez l'homme, dans les trois dernières catégories d'âge, du poison, et, dans la dernière, de tous les autres modes à l'exception de la corde et de l'eau. Chez la femme, l'arme à feu apparaît un instant de 15 a 20 ans, pour ne plus revenir. Elle renonce également au poison dans les deux dernières catégories d'âges.

France. — Dans son *Essai sur la statistique morale de la France*, M. de Guerry s'exprime ainsi : « Rien de plus arbitraire, de plus libre en apparence, que le choix des moyens a l'aide desquels on se donne la mort. Cependant, ce choix est influencé, à notre insu, par l'âge, le sexe, la condition sociale, et une multitude d'autres circonstances souvent très difficiles a apprécier. Il n'y a pas ici plus de hasard que pour ce qui se rapporte à la distribution des crimes ou des autres faits de statistique, et pour peu que les observations soient nombreuses, quelques éléments bien connus peuvent servir à déterminer une partie des autres. Nous en citerons un exemple remarquable à chaque âge l'homme fait choix de moyens particuliers pour se donner la mort : dans la jeunesse, il a recours a la suspension, que bientôt il abandonne pour les armes à feu. A mesure que sa vigueur s'affaiblit, il revient aux premiers moyens, et c'est ordinairement par la suspension que finit le vieillard qui met fin à son existence. »

Ces conclusions sont motivées par l'étude des suicides dans Paris pendant un certain nombre d'années, étude dont l'auteur ne donne pas les éléments.

Nous avons fait un relevé de même nature pour les suicides parisiens de la période 1851-59 (3.863 suicides, dont 2.738 masculins et 1.125 féminins). Dans l'impossibilité de reproduire ici ce volumineux document, nous nous bornerons à l'analyser, en faisant remarquer, d'une part, que le nombre des observations n'est peut-être pas suffisant pour qu'on puisse en dégager des résultats précis et certains ; de l'autre, qu'elles se rapportent à une population spéciale et que les déductions qu'elles comportent ne sauraient être appliquées a la France entière — pour laquelle nous manquons de renseignements officiels.

Les données numériques ont été calculées pour 1.000 suicides et pour chacune des huit périodes d'âges ci-après : de 10 à 15 ans; de 15 à 20; de 20 à 30; de 30 à 40; de 40 à 50; de 50 à 60; de 60 à 70; de 70 et au-dessus.

En s'en tenant en quelque sorte aux grandes lignes du document, on en dégage les faits suivants :

1° Dans l'enfance (de 10 à 15 ans), point de suicide par les armes blanches et à feu;

2° A tous les âges, la femme ne se sert que très peu des armes blanches, comme l'indiquent les nombres suivants afférents aux huit périodes d'âge : 0, 9, 7, 13, 45, (?) 7, 10 et 34;

3° L'homme y recourt davantage, mais dans une proportion peu élevée et qui ne varie pas sensiblement : 0, 34, 34, 51, 37, 33, 48 et 31;

4° La femme n'emploie que très rarement l'arme à feu. Sauf de 20 à 30 (123) et de 30 à 40 (111), l'homme ne se tue avec le pistolet que dans un petit nombre relatif de cas : 0, 42, 23, 111, 64, 59, 55 et 77;

5° La part de la chute dans les suicides féminins s'accroît avec les années : 88 de 20 à 30, puis 178, 133, 190, 188 et 200;

6° L'asphyxie par le charbon joue le rôle le plus considérable dans les suicides parisiens aussi bien pour l'homme que pour la femme, mais dans une bien plus forte mesure pour celle-ci. Le mouvement ascendant très marqué de 10 à 15, de 15 à 20 et de 20 à 3 , surtout pour la femme : 120, 566, 656. Vient ensuite une décroissance continue : 551, 480, 366, 365 et 133. Pour l'homme, le maximum se produit de 15 à 20 ans (324). Viennent ensuite les oscillations ci-après : 313, 251, 259, 251, 295 et une forte diminution aux âges élevés : 423;

7° La submersion est à son maximum pour les deux sexes dans l'enfance : garçons, 624; filles, 760. On observe ensuite, pour la femme, les diminutions suivantes : 337, 145, 115, puis les accroissements 127, 261, 260 et 333. Pour l'homme, le mouvement est parallèle au début; mais les diminutions ultérieures sont à peu près continues. Voici les nombres pour 1.000 à partir de l'enfance (625) : 310, 248, 241, 216, 229, 223 et 215;

8° La strangulation, nulle pour la femme dans l'enfance, progresse d'abord : 35, 47, 67, 189 (maximum de 40 à 50 ans), pour diminuer ensuite : 155, 125, et remonter à 233 dans les âges avancés; très forte pour l'homme dans l'enfance (250), elle tombe à 193 de 15 à 20 ans, à 180 de 20 à 30, pour remonter ensuite à 234, 338, 347, 311 et 385;

9° Le poison ne joue pas un rôle important dans les

suicides féminins : 40, 35, 44, 62, 15, 14, puis un fort accroissement dans les âges avancés : 52 et 67. L'homme l'emploie encore moins : 31, 28, 31, 33, 24, 20, 20 et 15;

10° Les *autres modes* (ainsi dénommés, mais non spécifiées dans le document officiel) sont en très petit nombre. Pour la femme — qui, comme l'homme, n'y recourt pas dans l'enfance — on trouve dans les périodes d'âges ultérieurs : 18, 13, 5, 10, 7, puis 0 dans les deux dernières. L'homme les emploie moins encore : 7, 0, 5, et 0 dans les autres périodes.

Suisse (1876). — En Suisse, le jeune homme de moins de 20 ans recourt surtout à la corde (58 p. 100), tandis que la jeune fille ou la femme se jette à l'eau (60 p. 100). Les armes à feu sont les plus employées par les deux sexes de 20 à 30 ans. L'usage de la corde grandit avec les années : 50 pour 100 pour les hommes de 30 à 60 ans, et 68 pour 100 à 70 ans. Chez les vieilles femmes, il est le seul moyen de suicide. Les deux sexes ont une prédilection marquée pour le poison de 20 à 30 ans. La mort par submersion est à son maximum chez la femme à 30 ans et chez les hommes à partir de 50 ans.

On voit que, s'il existe, entre les divers pays que nous venons d'étudier, certaines ressemblances au point de vue des modes de suicides par âge et par sexe, les différences sont encore et seront probablement toujours considérables, car il faudra toujours tenir compte des influences de races, des habitudes, des traditions, puis des conditions géographiques, de la prédominance de certaines professions, etc.

§ 6. — De l'influence des professions sur le choix des modes de suicide

Nous ne connaissons de document officiel relatif a cette influence que celui qui a été relevé, sur les publications du ministère de la justice en France, par le Dr Lisle, et qu'il a publié dans son livre *Du suicide* (p. 94). Il est a regretter que cette curieuse statistique ait cessé d'être publiée depuis quelques années.

Au sujet du tableau calculé par cet aliéniste, M. Morselli (qui le reproduit en réduisant à 1.000, pour chaque profession, les suicides classés d'après le mode de perpetration), fait remarquer avec raison que, derrière la profession, se dissimulent d'autres influences, comme l'âge et le sexe, le séjour à la ville ou a la campagne, etc. Ajoutons que le degré de bien-être — que ne resout pas toujours la profession — peut également avoir ici son importance.

Voici maintenant le resumé du document qui nous occupe. Chez les bergers, chez les bûcherons et charbonniers, représentant les classes agricoles, c'est la strangulation qui domine. Viennent ensuite, a courte distance, la submersion, et a une distance notable, l'arme a feu. — Les filles publiques, les mendiants et les vagabonds se noient plus qu'ils ne s'étranglent. La chute, l'asphyxie prennent ensuite une part notable dans leurs suicides. — Dans les classes ouvrières, la strangulation est le mode préféré, et, pour quelques-unes, dans une forte proportion. Elle est suivie, dans un ordre fortement décroissant, par les armes à feu, l'asphyxie, les armes blanches, la chute, et, au bas de l'échelle, le poison. — Les agents des transports (commissionnaires, portefaix, porteurs d'eau, voituriers, bateliers, etc.), se noient et se pendent à peu près dans la même proportion, toutefois avec une certaine préférence pour la strangulation; les armes à feu, l'asphyxie, la chute, les armes blanches et le poison ne sont que très subsidiairement employés et dans l'ordre que nous venons d'indiquer pour les classes ouvrières.

Les domestiques exigent une mention spéciale. Ils se noient plus qu'ils ne se pendent (372 contre 300 p. 1.000); l'asphyxie met souvent un terme à leur existence — probablement surtout à celle des servantes — (127 p. 1.000); les armes à feu (79), la chute (49), le poison (37), les armes blanches (33) lui succèdent.

Les boulangers et pâtissiers se noient (313), puis se pendent (256); ils recourent ensuite aux armes à feu (210), à l'asphyxie (110), aux armes blanches, à la chute et au poison. — Les bouchers et charcutiers (en petit nombre, d'ailleurs, cette catégorie d'industriels étant généralement aisée) se pendent en majorité (394), puis se noient (280), se brûlent la cervelle (105), se frappent avec des armes blanches (102), s'asphyxient (72), recourent à la (chute) (22) et s'empoisonnent (11). — Même observation, mais avec des proportions un peu différentes, en ce qui concerne les meuniers; seulement ces industriels ont très peu de penchant pour le poison, les armes blanches, l'asphyxie et la chute. — Les chapeliers se noient (318), puis s'asphyxient (256), se précipitent (91), se brûlent la cervelle (72), recourent à l'arme blanche (33) et au poison (23).

Contrairement à l'opinion d'Esquirol, qui veut que le principal outil employé dans chaque état manuel soit l'instrument préféré du suicide, les cordonniers se servent peu de l'arme blanche (64); mais beaucoup, au contraire, de la corde, de l'eau, puis de l'arme à feu; leurs femmes (nous le croyons du moins) s'asphyxient en grand nombre (95). — Les blanchisseurs (et surtout les blanchisseuses) — et ici Esquirol a deviné juste — recourent, en nombre exceptionnel, au poison (425), c'est-à-dire aux substances toxiques (bleu de Prusse, etc.) qui leur servent à blanchir le linge. Ils font un moindre usage de l'eau (291) et de la corde (177). — Les marchands et négociants s'asphyxient fréquemment (112), puis demandent à la corde d'abord, à l'eau ensuite, le principal moyen de mettre fin à leurs jours. — Les aubergistes et hôteliers ne donnent lieu à aucune observation spéciale; ils rentrent dans la loi commune : la corde d'abord ou l'eau, puis l'arme à feu, l'asphyxie, l'arme blanche, la chute et le poison.

Comme il fallait s'y attendre, les artistes se brûlent en majorité la cervelle (244), puis s'asphyxient — les femmes surtout — (177), se noient (186), se pendent (167), se précipitent (95), se brûlent la cervelle (90) et s'empoisonnent (41). — Les écrivains et hommes de lettres — à peu près de la même famille — font un plus grand usage du charbon (234); l'arme à feu et l'eau, en nombre égal (122), puis la corde (82), sont ensuite leurs moyens préférés. —

Les étudiants — encore de la même famille — se font sauter la cervelle (392), s'asphyxient (150), se frappent avec des armes blanches (117), se pendent et se jettent à l'eau en nombre égal (100); beaucoup se précipitent (91) et s'empoisonnent (50). — Les fonctionnaires et agents de la force publique (deux catégories confondues à tort) se brûlent la cervelle (241), se noient (233), se pendent (125); la minorité se sert de l'arme blanche (68). — Les militaires, conformément aux prévisions générales, se tuent surtout avec les armes à feu (516), se noient (199) et se pendent (164). — Les professeurs, maîtres et instituteurs se noient (335), se pendent (222), se brûlent la cervelle (179), s'asphyxient, se précipitent (66), se tuent avec une arme blanche (54) et s'empoisonnent (48).

Les titulaires des professions dites libérales (médecins, notaires, légistes, etc.), se brûlent la cervelle (305), se noient (217), se pendent et se coupent la gorge (136); un assez grand nombre s'empoisonne (92), se précipite (52) et s'asphyxie (38). Les propriétaires, capitalistes et rentiers se noient (323), se pendent (286), recourent à l'arme à feu (207), à la chute (58), à l'arme blanche (54) et à l'asphyxie (46).

Enfin, la dernière catégorie, comprenant les individus sans professions, sans feu ni lieu, les misérables enfin, se noient — comme les mendiants, les vagabonds, les filles publiques — presque dans la proportion de moitié (485); à peu près un tiers se pend; le reste se sert de l'arme à feu (79), se précipite (54), s'asphyxie (36), se coupe la gorge (30) et s'empoisonne (19).

En résumé, quelle que soit la profession, les genres de suicide les plus employés sont, comme toujours, la corde et l'eau; viennent ensuite, dans une proportion presque égale, l'asphyxie et l'arme à feu, puis la chute, l'arme blanche, et, à une certaine distance, le poison. Les *autres moyens* (toujours donnés en bloc par les documents officiels) sont numériquement insignifiants, sauf peut-être en ce qui concerne les professeurs, instituteurs (12), les médecins, notaires et autres titulaires de professions libérales (13).

Maintenant, si nous divisons l'ensemble des conditions sociales dont l'énumération précède en trois groupes, comprenant le premier les gens sans profession, les mendiants, les vagabonds, les filles publiques ; le second toutes les professions libérales (artistes, écrivains, hommes de lettres, étudiants, employés, militaires, professeurs, médecins, notaires, légistes, etc.) ; le troisième l'ensemble des autres professions, — nous arrivons à des résultats qui ne sont pas sans quelque intérêt. Voici le nombre moyen pour 1.000 des modes d'exécution afférent à chacun des trois groupes :

	I	II	III
Submersion	420	213	309
Suspension	333	171	336
Armes à feu	57	131	328
Id blanches	21	80	43
Poison	13 5	39	24
Chute	65	66	38
Asphyxie	49	110	152

Ainsi : 1° la catégorie des misérables se noie dans une proportion sensiblement plus élevée que les deux autres, et c'est dans les professions libérales qu'on recourt le moins à la submersion;

2° La 3° et la 1re catégorie recourent, en nombre presque égal, à la suspension; c'est la 2° qui l'emploie le moins;

3° La 1re se sert le moins des armes à feu; la 3° s'en sert dans la proportion du tiers du total des moyens d'exécution; la 2° occupe une situation intermédiaire;

4° Ce sont les professions libérales qui recourent le plus au poison, et les individus sans profession qui l'emploient le moins;

5° C'est encore le 2° groupe qui se précipite le plus d'un lieu élevé; viennent ensuite le 1er et le 2°;

6° Enfin c'est dans les professions diverses (3° groupe) que domine l'asphyxie, probablement parce qu'il s'y trouve le plus grand nombre de femmes.

Cette dernière observation fait pressentir combien le document officiel, par suite de la confusion des deux sexes, laisse à désirer. C'est ainsi, par exemple, que deux des professions ci-dessus dans lesquelles les femmes ont notoirement la supériorité numérique, comme les domestiques et les blanchisseurs, ont un nombre d'asphyxies de beaucoup supérieur à la moyenne (127 et 425). Il est certain que, si l'on trouvait, dans la nomenclature officielle, les professions de couturières et de modistes, on constaterait qu'elles ont pour certains modes de suicides, une préférence marquée.

§ 7. — Influence des saisons sur les modes de suicide.

Pour qu'une recherche de cette nature puisse conduire à des résultats de quelque valeur, il importe, tout d'abord, d'établir comment le total des suicides se répartit par mois. Or voici les indications de la statistique officielle la plus récente à ce sujet en ce qui concerne la France (période 1872-78 — 34.774 suicides — rapport p. 100) :

Janv	Fev	Mars	avril	Mai	Juin
7.58	6.65	8.48	9.73	10.31	10.99

Juill.	Aout	Sept	Oct	Nov.	Dec
10 35	8.63	7.43	7.41	65 2	5 92

On est frappé de la régularité qui se produit dans le mouvement croissant et décroissant des suicides selon les saisons, le maximum, ou, plus exactement, les deux maxima tombant en juin et juillet, le minimum en décembre. A partir de ce dernier mois, le mouvement serait constamment ascendant jusqu'en juin-juillet, sans la recrudescence — que nous avons signalée ailleurs pour Paris et qui se reproduit dans la France entière — de janvier.

Voyons maintenant dans quelle mesure le choix des divers modes de suicide se rattache ou s'éloigne de l'ordre général que nous venons d'indiquer.

Submersion. — Elle s'y conforme avec une exactitude remarquable, comme l'indique le classement ci-après :

Janv	Fév	Mars	Avril	Mai	Juin
7,35	6,70	8,19	9.44	10,64	11.73
Juill	Aout	Sept	Oct	Nov.	Dec
10,77	9,12	7,10	7,43	6,10	5,42

Sauf un léger accroissement en octobre et le transport en juillet (au lieu de juin) du maximum, la marche est absolument la même.

Strangulation. — Elle suit exactement l'ordre indiqué pour l'ensemble des suicides :

Janv	Fév	Mars	Avril	Mai	Juin
7 36	6 35	8.48	9.71	10 60	11 32
Juill	Aout	Sept.	Oct	Nov	Déc
10.60	8.60	7.34	7.03	6.74	5.81

Asphyxie. — Ici les déviations sont très marquées :

Janv	Fév	Mars	Avril	Mai	Juin
10,09	7.03	9.72	10.34	9.80	8.73
Juill	Aout	Sept	Oct	Nov	Déc
8.08	6.04	7.24	8.82	6.33	7 78

La recrudescence générale de janvier fait place ici au second maximum, le premier tombant en avril. C'est ensuite au printemps (avril, mai et mars) qu'a lieu le plus grand nombre des asphyxies; puis viennent des oscillations qui n'obéissent à aucun mouvement déterminé.

Armes à feu. — La marche des suicides à l'aide de ces armes, quoique s'éloignant beaucoup moins de l'ordre général, s'en écarte cependant sur plus d'un point

Janv.	Fev	Mars	Avril	Mai	Juin
7.85	7.33	8.46	9.58	8.99	9.68

Juill	Aout	Sept.	Oct	Nov	Déc.
9.06	10.04	8.10	7.75	6.63	6.53

Après la recrudescence habituelle de janvier, on constate, avec des oscillations cependant, un mouvement ascendant dont le maximum tombe en août; vient ensuite le mouvement ordinaire de décroissance avec son maximum en décembre.

Chute d'un lieu élevé. — Ici également on constate un certain nombre d'irrégularités. Les classements ne se rapprochent de l'ordre général qu'en ce qui concerne les mois des maxima (juin et juillet). Les diminutions qui se produisent ensuite semblent n'obéir à aucune loi :

Janv	Fev	Mars	Avril	Mai	Juin
6.61	7.47	9.20	8.71	7.27	10.54

Juill	Aout	Sept	Oct	Nov	Dec
11.40	8.00	9.00	8.62	5.84	7.34

Poison — Malgré quelques déviations, nous revenons sensiblement ici a l'ordre général :

Janv	Fev	Mars	Avril	Mai	Juin
7.02	7.64	8.19	8.19	10.28	10.23

Juill	Aout	Sept	Oct	Nov	Déc.
11.11	7.50	8.52	7.50	7.50	6.32

Armes blanches. — Même observation le retour a l'ordre général semble prévaloir :

Janv.	Fév.	Mars	Avril	Mai	Juin
6,46	5,86	8,41	10,00	11,65	10,88

Juill	Aout	Sept.	Oct	Nov	Dec
11,31	7,05	8,67	7,22	6,97	5,62

En résumé, le choix des modes de suicide ne paraît pas obéir à des influences spéciales de température. Avec un certain nombre d'écarts, qu'il serait difficile d'expliquer, la loi d'accroissement et de décroissement se maintient, quel que soit l'instrument de mort.

A Paris, l'ordre que nous avons établi pour la France entière est complètement bouleversé, ou, plus exactement, le suicide n'obéit que faiblement à l'influence des saisons.

On en jugera par le tableau suivant calculé pour la période 1851-59 :

Janv.	Fev.	Mars	Avril	Mai	Juin
8,83	7 27	7,64	9,65	9 95	8 85

Juill	Aout	Sept	Oct	Nov	Dec
9,50	8 91	7.27	7,89	6 86	7 38

Sans doute, les maxima tombent dans les saisons de printemps et d'été, mais avec des écarts marques.

La submersion a ses maxima en avril, en août, et ses minima dans les mois d'hiver; mais le mouvement de diminution est brusquement interrompu par une forte recrudescence en octobre; celle que l'on constate habituellement en janvier n'existe pas.

Les irrégularités sont encore bien plus caractérisées pour la strangulation, qui, en dehors des maxima de mai à juillet, est employée à peu près dans les mêmes proportions pendant les autres mois.

Le poison, en dehors d'un maximum assez sensible en août, n'obéit à aucune loi pour les autres mois.

L'usage des armes blanches affecte une plus grande indépendance encore. En dehors de trois maxima tombant, le 1er en octobre, le 2e en juin, le 3e en décembre, la confusion est complète.

Pour les armes à feu, le *désordre* n'est pas moins grand. On constate deux premiers maxima en juillet et août, deux seconds maxima, mais secondaires, en mars et avril; à partir d'août, la décroissance se manifeste, malgré des oscillations, et touche à son minimum en février, après la recrudescence de janvier.

Le maximum pour la chute tombe en mai; viennent ensuite trois maxima secondaires en juillet, juin et août. Le minimun principal tombe en octobre, et secondaire en mars; aucun mouvement nettement dessiné pour les autres mois.

Les maxima pour l'asphyxie (presque identiques) tombent en avril et en janvier; les autres mois présentent les oscillations les plus variées.

Le nombre de nos observations serait-il ici insuffisant pour mettre en lumière, si elles existent, les influences de température? ou bien, dans les grandes villes, ces influences seraient-elles masquées par d'autres d'une plus grande puissance? C'est ce qu'apprendront des recherches ultérieures.

CHAPITRE V

MOYENS PRÉVENTIFS

En spécifiant les causes générales actuelles du suicide, nous avons virtuellement indiqué les remèdes ; mais nous avons a rechercher comment ils pourraient être appliqués. Ce sera l'objet de ce dernier chapitre.

Quelques auteurs, en sondant, comme nous, la profondeur du mal, ont jeté en quelque sorte un cri de desespoir « Pour arriver a un résultat si desirable, a dit Brière de Boismont, il faudrait operer un remaniement complet de notre état social ; or une pareille entreprise ne peut être que l'œuvre des siècles » — « La plaie que nous signalons, dit le Dr Ébrard, est si invéterée, elle attaque les parties si essentielles de l'organisme, qu'on s'étonne du courage de ceux qui tentent de la guérir. »

Nous avons eu tout d'abord la même pensée, le même abattement ; mais nous avons repris courage en nous rappelant les belles paroles de M. Guizot : « Nous sommes atteints de bien des maladies morales et sociales ; il y a bien des folies dans les têtes, bien des mauvaises passions et des faiblesses dans les cœurs ; mais les sources pures ne sont point taries; les forces humaines ne sont pas éteintes; espérons donc, espérons » (*De la Democratie en France*, janvier, 1849).

Pour appliquer utilement un remède, il importe d'avoir une juste notion de la gravité du mal; or les suicides *consommés* ne la donnent pas; il faut encore y ajouter les suicides *tentés*. Seulement les statistiques officielles ne font connaître ces derniers que dans un petit nombre de pays, et en avertissant que, par suite de la difficulté, de la presque impossibilité de constater toutes les tentatives non suivies d'effets, les nombres recueillis sont loin d'être l'expression exacte de la vérité.

Voici, à ce sujet, les opinions émises par les meilleurs observateurs : « Sur 100 individus, dit Esquirol, qui font des tentatives de suicides, il n'y en a pas 40 qui réussissent. » Dans un article inséré au *Constitutionnel* du 5 août 1847, M. Brière de Boismont a écrit que « pour *un* suicide, il y a *deux* tentatives. »

Citons maintenant les faits que nous avons recueillis.

Allemagne. — Pour 1,478 suicides dans le grand-duché de Bade, de 1852 à 1862, l'autorité n'a pu constater que 88 tentatives, soit 5.95 pour 100. — Sur 3,540 suicides en Saxe, de 1834 à 1846, on n'aurait compté que 47 tentatives, ou 1.27 p. 100 seulement.

Angleterre. — Sur 1,455 enquêtes de coroners relatives à des suicides, en 1872, on a constaté 746 tentatives, soit plus de la moitié. A Londres, le rapport est bien plus élevé encore : pour 729 suicides accomplis de 1874 à 1876, 1,215 ont été tentés et empêchés par la police. A Dublin, dans la même période triennale, pour 41 suicides, on a constaté 123 tentatives!

Espagne. — Pour 433 suicides tentés en 1859 et 1860, 82 ont été exécutés, ou 19 p. 100.

France. — Nous ne connaissons que les tentatives constatées à Paris. Pour 9,288 suicides exécutés dans cette ville de 1857 à 1860, l'autorité a eu connaissance de 2,980 tentatives, soit 32.11 p. 100. Ce rapport varie sensiblement selon les sexes. Ainsi, tandis qu'il est (même période) de 29.90 pour 100 pour les hommes, il monte à 74.55 pour les femmes, moins fermes que les hommes dans la résolution de mourir. La répartition des tentatives selon les saisons est, d'ailleurs, la même que pour les suicides.

Italie. — Pour 816 suicides tentés, de 1825 à 1839, dans l'ancien royaume de Sardaigne (terre ferme), 157 ont été accomplis, ou 19 p. 100, comme en Espagne.

Les rapports que nous venons de calculer varient dans des proportions tellement considérables, qu'il nous est bien difficile de déterminer une moyenne. Si, en tenant compte de ceux qui sont afférents à l'Italie et à l'Espagne, et en les relevant légèrement, nous évaluons à 20 pour 100 seulement le nombre des tentatives, et si nous ajoutons ainsi un cinquième aux suicides que nous ont fournis les documents officiels, nous avons les nombres absolus ci-après :

Allemagne	7.975	Hollande	210
Angleterre	2.040	Irlande	111
Autriche	3.777	Italie	1.389
Belgique	654	Russie	2.068
Espagne	288	Scandinavie	1.317
Portugal	84	Suisse	418
France	7.721		
		Total	27.952

28,000 désespérés qui, chaque année, dans ces 13 pays, se tuent ou tentent de se tuer, et dont 22,400 accomplissent leur triste résolution!

L'état réel de la tendance au suicide en Europe une fois connu, nous rechercherons les moyens, non pas d'arrêter complètement, ce qui nous paraît impossible, mais d'enrayer, de ralentir la marche du fléau, sans nous dissimuler la difficulté d'obtenir le concours des gouvernements et des particuliers, dans la sphère d'action des uns et des autres, aux mesures qui pourraient conduire à ce résultat.

Nous diviserons ces mesures en trois catégories 1° celles qui ont un caractère moral; 2° celles qui ont un caractère économique; 3° les mesures diverses ou ne rentrant pas dans les précédentes.

§ 1. — *Mesures de l'ordre moral.*

Nous avons eu déjà l'occasion de le dire, les physiologistes qui ont traité la question du suicide et de la folie — attribués par tous aux mêmes causes — n'ont pas hésité à signaler le retour au sentiment religieux comme le seul remède efficace à ces deux grandes infirmités humaines.

Nous nous bornerons à quelques citations, en faisant remarquer qu'en général le corps médical n'est pas suspect d'exagération dans ses croyances religieuses.

Dans son livre des *Maladies mentales* (1839), Esquirol a dit : « Si l'homme n'a pas fortifié son âme par les sentiments religieux... il sera plus disposé à terminer volontairement sa vie, dès qu'il éprouvera quelque chagrin ou quelque revers.

Le D͏ʳ Cazeauvieille a exprimé la même opinion (*Du Suicide chez les habitants des campagnes*, 1840).

Le D͏ʳ Descuret (*Médecine des passions*, 1841) a écrit : « Sur une centaine de suicidés dont j'ai été appelé à constater la mort, je n'en ai trouvé que quatre qui aient été commis par des personnes d'une piété reconnue; *or toutes les quatre étaient aliénées* »:— et ailleurs : « C'est surtout lorsque l'homme s'obstine à ne voir que le néant au delà de son existence, qu'il ose porter sur lui une main homicide. Ouvrez son âme aux grandes vérités du christianisme, montrez-lui ses devoirs comme homme et comme citoyen, et bientôt il comprendra que sa vie n'est qu'un dépôt dont il ne peut disposer sans se rendre coupable envers Dieu, la société, la famille et lui-même. Mais c'est dans le cœur de la jeunesse qu'il faut faire germer les préceptes de la religion et de la morale qui peuvent mettre l'homme en garde contre ses passions. Tout est perdu si l'on attend qu'elles exercent sur lui leur empire. Combien de parents n'auraient pas à déplorer le suicide d'un fils tendrement aimé, s'ils avaient su, de bonne heure, le prémunir, par leurs avis, contre les dangereuses maximes de l'incrédulité et contre les séductions de tout genre qui sont venues l'assaillir à son entrée dans le monde! »

Le Dʳ Bourdin écrivait en 1845 : « De toutes les doctrines qui ont régné dans le monde, nulle ne contient d'aussi riches trésors de mansuétude et de miséricorde, nulle ne peut mieux remplir l'esprit humain et le dominer, que la sublime doctrine de l'Evangile; elle donne aux faibles la force, aux puissants l'humilité, aux malheureux la résignation, aux coupables le pardon, à tous l'espérance. Elle aide à supporter les angoisses de la misère, les tortures des passions, le supplice des positions hérissées de dangers et d'épreuves douloureuses; elle fortifie l'âme contre toutes les souffrances, rend le désespoir impossible et apprend à supporter avec résignation les vicissitudes de la vie. Il n'existe donc pas de doctrine plus puissante pour mettre un frein aux passions, pas une, par conséquent, qui soit plus propre à mettre une entrave aux causes les plus fécondes du suicide (*Du Suicide*, etc., 1845). »

Le Dʳ Debreyne (*Du Suicide*, etc., 1847) abonde dans le même sens : « On a dit que le suicide est un des attributs distinctifs de l'espèce humaine, et que ses racines tiennent trop profondément aux racines mêmes du cœur de l'homme et de l'état social, pour être coupées par une main humaine (*Gazette médicale*).

« Il en faut donc une autre, et c'est celle-là que nous invoquons; c'est au nom de la religion que nous faisons appel à tous les amis de l'humanité.

« Nous indiquons à des voyageurs battus par la

tempête l'unique port qui puisse les sauver. A ce qu'on appelle le courage philosophique, nous opposons le vrai courage, celui que la religion seule peut inspirer. »

Le D' E. Lisle (*Du Suicide,* etc., 1856) a écrit : « Le raisonnement et les faits se réunissent pour nous faire admettre que le sentiment religieux et les doctrines qui s'y rattachent sont le préservatif par excellence du suicide. Notre vie est souvent si misérable, que la foi en Dieu et la confiance en sa bonté infinie peuvent seules nous donner assez de courage pour en attendre paisiblement la fin..... Quand nous parlons du sentiment religieux, c'est sans acception de forme ou de cultes..... Nous venons de voir que le suicide est d'autant moins fréquent chez les divers peuples que la religion y est plus honorée et respectée, que ces peuples soient catholiques, protestants, juifs ou mahométans. »

L'auteur du livre le plus considérable qui ait été publié sur le suicide, M. le D' Brière de Boismont, s'exprime ainsi :

« De toutes les armes contre le suicide, la plus efficace, celle dont le pouvoir a le plus de force, est la Religion, qui enseigne le dévouement et la résignation, sans ôter à l'homme sa spontanéité, sa liberté. Seulement, il faut que l'exemple soit donné de haut, et qu'il n'y ait pas d'alliance intéressée entre le pouvoir temporel et spirituel; car la religion, pour avoir toute sa puissance, doit protéger les petits, modérer les grands, agir par la persuasion et ne jamais s'imposer par la force... Il faut, quoi qu'il arrive, que l'homme reste à son poste, qu'il accomplisse sa tâche dans la mesure de ses forces, et qu'il attende patiemment, s'il est malheureux ici-bas, que Dieu mette fin à ses jours. Dieu seul le peut. »

Et plus loin : « La religion catholique a deux leviers par excellence, qui ont sauvé plusieurs victimes : la confession et le cloître. Nous voyons d'ici sourire bon nombre de philosophes; mais comme nous n'avons qu'une pensée, celle de guérir, nous devons recommander ces deux moyens qui ont produit d'admirables effets.

« Nous invoquons, d'ailleurs, l'autorité du grand Leibnitz : « On ne saurait nier, dit l'illustre auteur de la *Théodicée*, que l'institution de la confession ne soit parfaitement digne de la sagesse divine, et si quelque chose est grand et glorieux dans la religion, c'est certainement le sacrement de la réconciliation... Cette nécessité de la confession devient, en effet, pour un grand nombre, un frein salutaire; elle apporte à ceux qui sont tombés une grande consolation; de telle sorte que je considère un confesseur pieux, grave et prudent, comme un des plus puissants instruments de Dieu pour le salut des âmes *(Du Suicide et de la Folie-Suicide,* 1865). »

Écoutons le Dr Leroy *(Étude sur le Suicide,* etc., 1870) : « Jusqu'à présent, on peut dire que le sentiment religieux a été le plus sûr moyen préventif du suicide. Mais il a trouvé, de nos jours, un adversaire difficile à combattre, parce qu'il est insaisissable : l'indifférence en matière de religion... On doit considérer comme préservant de la pensée du suicide toutes les religions dont les dogmes ou la morale nous apprennent à souffrir avec courage et résignation les déceptions, les misères de la vie, à attendre avec patience que Dieu nous appelle à lui. L'exclusion ne doit porter que sur les doctrines mystiques et panthéistes, qui, en prêchant l'absorption de l'être infime dans un vaste tout, conduisent logiquement et fatalement au suicide. »

Un aliéniste d'une grande expérience, le Dr Solaville, médecin en chef de l'asile des aliénés de Poitiers, nous écrivait récemment sur le même sujet : « Après y avoir longtemps et bien mûrement réfléchi, je suis arrivé à cette conviction, maintenant inébranlable, que le retour au sentiment religieux est le seul moyen préventif de la folie et du suicide. »

Après les médecins, les moralistes ; nous n'en citerons qu'un seul, c'est l'auteur des *Nouvelles études morales* (1866), M. Caro, un des esprits les plus élevés et, en même temps, les plus modérés de ce temps. « La plus sûre garantie contre la folie du suicide, on l'a dit mille fois, c'est la fermeté des croyances religieuses. Il est bien rare que la tentation du suicide triomphe de la révolte de la conscience, épouvantée par les défenses de l'Église et par l'idée du jugement qu'elle va subir. »

Il est vrai que M. Caro ajoute : « Dans une société aussi mêlée, divisée par des croyances et des doctrines si contraires, la *raison laïque* (?) ne peut-elle rien contre un aussi grand mal ? » Et il semble répondre par l'affirmative.

Ici la question se pose naturellement de savoir par quels moyens le sentiment religieux, dont l'affaiblissement est incontestable, peut être appelé à reprendre, sur les masses, son ancien empire? Nous ne voulons pas prévoir des événements qui, par leur extrême gravité, comme un nouveau démembrement du pays à la suite d'une seconde guerre malheureuse, ou quelque nouvelle et profonde perturbation sociale, disposeraient naturellement des millions de cœurs brisés à revenir à Dieu et à lui demander la fin de leurs maux.

Nous nous bornerons à rappeler l'exemple de la Rome des Empereurs, de la Rome de Lucien et de Pétrone, de la Rome incrédule et presque athée, cherchant, dans le christianisme, un refuge contre les immenses douleurs des invasions germaniques. C'est ainsi qu'il se fait, même chez les peuples les plus corrompus, et au moment le plus imprévu, des courants d'opinions d'une force irrésistible et qui changent complètement leurs sentiments et leurs idées.

On peut revoir le même phénomène, et il se reproduira d'autant plus sûrement, qu'on aura fait de plus grands efforts pour en prévenir le retour, tout simplement en vertu de cette loi dynamique que la violence de la réaction est en raison de celle de l'action.

Seulement, il convient de ne pas laisser agir seules les forces inconnues ; il faut leur venir en aide par l'action combinée des gouvernements et des particuliers.

Et, par exemple, un résultat considerable ne tarderait pas à être obtenu si, comme en Allemagne et Angleterre, l'enseignement religieux était la première et indestructible assise de l'instruction primaire, aussi bien dans les écoles publiques qu'au sein des familles. Que, plus tard, l'enfant fait homme subisse des influences contraires, ce que nous appellerons le germe religieux pourra bien être refoulé ; mais, dans des circonstances douloureuses, et surtout en face de la mort, il reprendra sa forte et bienfaisante puissance.

Peut-on remplacer l'éducation religieuse par l'éducation purement morale? C'est l'opinion de M. Morselli, et elle est partagée, comme nous allons le voir, par M. Frank. M. Morselli se borne à dire qu'on peut armer l'homme contre le suicide en retrempant son caractère par l'éducation ; mais il ne donne pas le programme de cette education regenératrice. M. Frank, dans son *Dictionnaire philosophique*, est un peu plus précis : « Ce n'est pas assez, pour combattre le suicide, de lui opposer des raisonnements et même des lois — lois injustes, dit Beccaria, qui frappent les vivants et non les morts. — Le suicide entre quelquefois dans les mœurs ; il se propage à certaines époques, comme une contagion de l'âme et paraît être, chez certains peuples, un trait du caractère national. Mais il faut l'attaquer dans les faiblesses, dans les passions, dans les perturbations de l'âme, qui en sont le principe ; car, a moins d'être, comme il arrive souvent, un effet du délire, de la folie, le suicide multiplié n'est qu'un signe infaillible de désordre moral Il n'y a pas d'individus, ni de peuples, ni d'époques fatalement voués au suicide. Mais comment atteindre le suicide dans sa cause, c'est-à-dire dans les passions mêmes qui en suggèrent l'idée? En améliorant la grande œuvre de l'éducation, en travaillant à développer non-seulement les intelligences, mais les caractères ; non-seulement les idées, mais les convictions, et en corroborant les idées, les convictions mêmes par les habitudes d'ordre, de travail, de régularité, et par les sentiments naturels qui nous attachent à la vie, surtout ceux de la famille. Il faut moins de vague et d'uniformité dans l'éducation intellectuelle, etc., etc. »

Voilà un plan excellent sans doute; mais comment le réaliser? Et d'abord qui pourra donner, avec une certaine efficacité, cet enseignement purement moral? L'enfant est ainsi fait, que les principes d'honneur, de respect de soi-même, de recherche de l'estime d'autrui, de satisfaction donnée à sa conscience et même à son intérêt bien compris, le touchent peu, parce qu'il ne les comprend pas. Il faut, pour lui, une sanction à ces principes, une sanction d'ordre supérieur, et si on ne la place pas dans les conséquences redoutables de la violation d'une loi divine, ils ne laisseront pas, chez lui, d'impression durable.

Nous avons dit ailleurs (voir *Causes*) que le suicide a un caractère contagieux et que la source de cette contagion se trouve, d'abord dans la publicité que lui donnent les journaux, puis dans la littérature contemporaine (roman ou théâtre), où il joue, comme ressort dramatique, un rôle considérable. Est-il possible d'obtenir de la presse qu'elle renonce à cet élément de succès auprès de ses lecteurs? Certes l'intérêt en jeu est assez considérable pour justifier une décision de cette nature, et aujourd'hui qu'au moins les feuilles politiques ont un syndicat, il leur serait possible de prendre en commun une résolution qui leur ferait le plus grand honneur. En Allemagne, en Angleterre, où la presse à bas prix est encore à peu près inconnue, les récits de suicides ne produisent pas le même effet qu'en France, où cette presse a une immense publicité, qu'elle doit surtout à sa chronique, dont les suicides, les crimes et les scandales de toute nature sont les principaux éléments.

Le théâtre, le roman pourraient-ils suivre l'exemple que nous supposons leur avoir été donné par les journaux? Pourquoi pas, si la question était soumise à la Société des gens de lettre et si l'on parvenait à la convaincre de la gravité des intérêts engagés dans cette question?

Mais nous demanderions aux journalistes, aux romanciers et aux écrivains dramatiques un effort plus considérable. Il consisterait à provoquer un sentiment de réprobation, de répulsion contre le suicide. Nous avons une preuve de l'influence que les premiers surtout peuvent exercer dans le domaine des idées morales, c'est la campagne heureuse que, vers le milieu de ce siècle, les journaux anglais conduisirent avec un rare ensemble contre les habitudes d'ivrognerie qui s'étaient glissées jusque dans les rangs élevés de la société. Ces habitudes étaient notoires et ceux qui les avaient contractées ne cherchaient pas à les envelopper de mystère. Aujourd'hui ils n'existent plus, et l'opinion publique, chez laquelle elles trouvaient autrefois une si grande indulgence, les stygmatise avec la plus grande énergie.

La presse anglaise, la grande presse du moins, ne reproduit les suicides que lorsqu'ils ont eu une trop grande notoriété pour être passés sous silence. Mais elle en accompagne presque toujours le récit d'une expression de blâme, et, à ce point de vue, elle est l'interprète fidèle des sentiments de ses lecteurs.

La statistique des suicides démontre que les mariés en commettent moins que les célibataires et les veufs. Il faut donc encourager le mariage, et, dans ce but, le rendre plus facile, l'exonérer d'une foule de formalités inutiles, quelquefois onéreuses, difficiles à remplir, qui ont bien souvent le concubinat pour conséquence. L'obligation légale de justifier, à tout âge, de l'autorisation des parents est excessive. Sans affaiblir la puissance paternelle, le législateur pourrait en dispenser les enfants arrivés à un âge déterminé (30 ans, par exemple, pour les hommes, et 25 pour les femmes). Les parents n'ont-ils pas toujours à leur disposition le *veto* qui résulte du refus de tout concours financier à un mariage qu'ils n'approuvent pas? Le droit d'opposition au mariage devrait en outre être sensiblement limité.

Les chagrins domestiques, c'est-à-dire les souffrances résultant d'unions mal assorties, sont la cause de nombreux suicides.

Des époux, en effet, les uns n'ont pas les ressources nécessaires pour soutenir les frais, très élevés aujourd'hui, pour le moindre procès civil d'une demande en séparation, et, d'un autre côté, ne sont pas dans un état d'indigence qui justifie l'assistance judiciaire. Quant à ceux qui peuvent plaider en séparation, ils reculent devant le scandale de la publicité donnée à leurs griefs. Il serait possible de remédier à ces deux causes de suicide, d'une part, en accordant plus libéralement l'assistance judiciaire, de l'autre, en prononçant, et le plus souvent dans l'intérêt de la morale publique, le huis-clos pour tous les procès en séparation.

Les séductions et l'abandon qui les suit habituellement, sont — en dehors des grossesses illégitimes — une cause croissante de suicides. Il importerait de rechercher s'il n'y aurait pas plus d'avantages que d'inconvénients à réintroduire dans notre législation le principe de la recherche de la paternité qui s'y trouvait avant 1789. Ce principe existe en Angleterre et peut-être faut-il lui attribuer, en même temps qu'à l'éducation religieuse et aux facilités légales accordées au mariage, le nombre exceptionnellement faible de naissances naturelles que les relevés de l'état civil signalent dans ce pays. Sans doute, la recherche de la paternité a conduit à des abus, puisque les auteurs du Code civil n'ont pas cru devoir la conserver; mais suffisaient-ils pour la supprimer complètement? Ces mêmes abus se sont produits en Angleterre, où des filles éhontées n'ont pas craint, faisant une spéculation de leur déshonneur, de désigner comme pères de leurs enfants des hommes riches qui étaient innocents de la séduction. Mais la loi a été modifiée de manière à rendre à peu près impossibles de pareils abus, et le principe de la responsabilité du séducteur — du séducteur juridiquement démontré comme tel — a été maintenu.

En Angleterre, la séduction se heurte à un obstacle encore plus grand que les sévérités de la loi; ce sont celles de l'opinion. A l'inverse de ce qui se passe en France, où elle est pleine d'indulgence à l'égard de l'homme qui a mis en péril, souvent pour un caprice, l'avenir tout entier d'une jeune fille, ce n'est pas la victime qui encourt le déshonneur, mais l'auteur de sa chute, devant lequel toutes les portes se ferment et toutes les mains se retirent.

Qu'un progrès de même nature se réalise en France, et bien peu de suicides pour abandon seront constatés par l'autorité.

En France (cas d'adultère), la loi frappe la femme en même temps que l'homme; en Angleterre, la loi, plus équitable, plus logique, ne suppose pas que c'est la femme qui a triomphé de la vertu de son complice; elle sévit contre ce dernier, qui est le véritable coupable, et ici encore, l'opinion est avec elle. De là des intérieurs moins désunis, des chagrins domestiques moins cuisants, des recours moins fréquents à la séparation ou au divorce.

Nous avons vu que la part des enfants dans le suicide augmente rapidement et que, sans souci du chagrin de leurs malheureux parents, ces enfants dénaturés, par des raisons futiles, comme une réprimande jugée imméritée, un froissement d'amour-propre, mettent de plus en plus un terme à une vie souvent pleine d'espérances.

Il y aurait lieu de se demander si ce fait douloureux n'est pas dû à la faute grave que commettent les parents aisés de se séparer le plus tôt possible de leurs enfants pour les envoyer, loin de la maison paternelle et de ses salutaires influences, dans des internats, foyers de corruption prématurée d'abord, puis où ne tarde pas à s'effacer l'image de la famille absente et à s'éteindre les saintes affections du foyer domestique.

Vous voulez, répondrez-vous peut-être, en faire

de bonne heure des hommes en les mettant sans retard aux prises avec les difficultés, avec les luttes de la vie en société. Soit; mais les avez-vous suffisamment armés pour cette lutte? Ne craignez-vous pas que, ne pouvant plus, en cas de besoin, se réfugier sous l'aile maternelle, ils ne cèdent trop facilement à cette tendance à s'exagérer toute chose qui caractérise l'enfance et l'adolescence? Leur avez-vous donné surtout cette arme défensive si puissante, qui s'appelle l'esprit religieux? Et même, en cas d'affirmative, ne craignez-vous pas que cet esprit ne puisse résister longtemps à un enseignement trop exclusivement laïque?

Il y aurait donc, à ce point de vue, une réforme à introduire dans notre système d'instruction publique, réforme dans laquelle figurerait, au premier rang, la suppression, avec les ménagements nécessaires, de l'institution de l'internat.

Mais ce n'est pas seulement dans les établissements universitaires ou libres que se commettent les suicides d'enfants; on en constate également au sein de la famille; et, alors, il faut s'en prendre au milieu dans lequel nous vivons, milieu composé des éléments que nous avons décrits ailleurs et qui communique à tous, même aux enfants, une disposition particulière à fléchir sous le premier choc de l'adversité.

Parmi ces éléments, il en est un que nous n'avons peut-être pas suffisamment mis en relief, et qui pourrait expliquer un grand nombre de suicides; c'est le sentiment de notre solitude, de notre isolement; c'est cette conviction qu'il s'est fait comme un refroidissement général des cœurs, que l'idée de la solidarité humaine a disparu, et qu'ainsi nous ne pouvons plus compter sur une assistance quelconque de la part des témoins de nos douleurs.

Cette pensée a été très heureusement rendue dans un article du journal anglais le *Times* du 13 août 1864, article écrit sous l'influence de la vive émotion qu'avait causée, à cette époque, une véritable épidémie de suicides à Londres.

..... « Le seul remède effectif, dit le journaliste, consisterait à supprimer ou à atténuer les causes de la condamnation suprême que l'homme prononce contre lui-même; or ce résultat pourrait être obtenu par l'influence bienfaisante d'un témoignage de sympathie au moment critique.

« Nous savons que ce remède est d'une application difficile. Par suite de ce mouvement fébrile, vertigineux, qui fait, aujourd'hui, de notre vie, une véritable course à fond de train, nous ne pensons plus qu'à nous et nous laissons les autres à eux-mêmes.

« Les voisins de l'homme découragé, ses parents eux-mêmes, dont l'affection, dans d'autres temps, l'aurait soutenu au moment suprême, aujourd'hui absorbés par les innombrables préoccupations de la vie, l'abandonnent complètement. C'est tout au plus si le mari et la femme trouvent le temps de se consoler, de s'épancher l'un dans l'autre, de se donner ces témoignages de confiance mutuelle qui sont le plus grand charme de la vie en commun.

« S'il en est ainsi, comment de pauvres gens, dans les labyrinthes de cette immense ville, pourraient-ils, au moment de la crise, trouver un ami? Peut-être chez le prêtre, dont le devoir spécial est précisément de porter des consolations aux malheureux, et chez ceux qui se dévouent à la mission, essentiellement chrétienne, de visiter les malades et les indigents Nous ne parlons pas des encouragements religieux qui pourraient leur être donnés, bien *qu'ils soient les plus efficaces de tous*, mais seulement de l'expression d'un sentiment de sympathie affectueuse, qui suffirait souvent pour faire tomber l'arme de leurs mains en éclairant leur sombre horizon d'un rayon d'espérance. Il y a un charme tout particulier dans un sourire, dans un regard, dans une voix émue, et ce charme est plus pénétrant, va plus droit au cœur et obtient de meilleurs effets que tous les arguments, que tous les châtiments du monde.

« Sans doute, dans nos paroisses si populeuses, ce remède est aussi difficile à appliquer que d'autres. Mais c'est dans cet ordre d'idées qu'il faut agir si l'on veut enlever à la maladie son caractère épidémique. Toute addition aux moyens de faire naître dans les cœurs un peu de calme, un peu de confiance dans l'avenir, une certaine foi dans les sentiments de sympathie et de charité de ces hommes par lesquels on se croit complètement délaissé, sera sinon un remède, au moins un adoucissement au mal. »

Nous avons mentionné ailleurs (voir *Causes générales*) l'accroissement des suicides pour grossesses illégitimes. Nous avons cru pouvoir l'attribuer, en très grande partie, à la suppression du tour. La conséquence naturelle de ce fait, c'est leur réouverture, toutefois avec le maintien du secours à domicile pour les filles-mères qui préféreraient ce mode d'assistance à l'abandon.

Dans la situation actuelle, l'abandon se pratique encore; mais il se fait à *bureau ouvert*, c'est-à-dire après une déclaration préalable de la fille-mère ou de la sage-femme en son nom, et une enquête sur les causes de cette désertion du devoir maternel. Or l'enquête pénètre dans l'intimité d'une vie qui veut rester cachée et conduit à la divulgation d'un secret que, souvent, une famille entière, et des plus honorables, a le plus grand intérêt à garder. Ajoutons que les renseignements ainsi recueillis par des agents de police sont tous réunis à la Préfecture, où ils forment des dossiers dans lesquels pénètre plus d'un regard indiscret. L'enquête est encore une mesure cruelle à ce point de vue que, dans l'intervalle qui s'écoule entre la déclaration de la mère et la décision du préfet sur l'admission, le nouveau-né peut mourir faute de soins et d'aliments.

Encore une fois, le tour doit s'ouvrir de nouveau, la mère, dans le plus grand nombre des cas, ne se résignant à l'abandon qu'en présence de l'impossibilité morale ou matérielle de conserver son enfant. Il y a même lieu de supprimer les mesures administratives qui ont pour but de lui en faire perdre la trace, comme les déplacements, par exemple. Il faut, au contraire, qu'elle puisse, si sa situation le lui permet plus tard, le reprendre et lui donner, avec les joies de la famille, un état civil régulier. Nous n'aurions même aucune objection à faire au retour de la possibilité, pour la mère, d'être admise à l'hospice pour l'allaiter.

Mais la dépense? Mais les abus? Si la dépense devait être trop lourde — ce dont nous doutons — pour les départements et les communes, l'Etat interviendrait par une subvention. Et quelle dépense plus fructueuse que celle qui aurait pour résultat souvent de sauver la vie de bon nombre d'enfants, d'épargner à leurs mères la flétrissure (et, par suite, la perte de tous moyens de travail) résultant de la présence à leurs côtés de la preuve vivante de leur faute, enfin de prévenir des suicides d'autant plus douloureux, qu'ils frappent, comme nous l'avons dit, deux victimes à la fois.

Quant aux abus, quant aux admissions trop faciles, quant aux encouragements ainsi donnés à la débauche, à l'immoralité, cet autre argument favori des adversaires du tour, nous croyons trop, pour les redouter, à la vivacité, à la profondeur du sentiment maternel même chez les femmes les plus dégradées. Dans tous les cas, nous préférons ces abus aux conséquences inhumaines du régime actuel.

Les enfants abandonnés cessent, comme on sait, à l'âge de 12 ans, d'être sous la surveillance immédiate de l'hospice dépositaire. A cet âge, ils entrent, par la force même des choses, en possession d'une certaine liberté. Or, c'est l'époque à laquelle ils auraient le plus besoin d'une tutelle effective, d'une tutelle bienfaisante et éclairée. Nous nous rappelons, a ce sujet, qu'à une époque peu éloignée de nous, des amis dévoués de l'enfance pauvre et délaissée avaient conçu l'idée de former, au profit des pupilles des hospices, une grande société de protection ayant son siège a Paris et se ramifiant dans tous les départements.

Cette société, qui aurait eu a sa tête des hommes éminents et des femmes du plus haut rang, se serait proposé de suivre ces pauvres déshérités dans toutes les étapes de leur vie, pour aplanir les obstacles que rencontre toujours leur pénible carrière. Pourquoi ce projet ne serait-il pas repris? Que de luttes, que de découragements, que de chutes on préviendrait ainsi et que d'amis on ferait à une société si fortement battue en brêche aujourd'hui!

§ 2. — *Mesure de l'ordre économique.*

C'est la misère qui est la cause dominante du suicide, du suicide prémédité, raisonné, et non accompli dans un accès de démence. *Misère* n'est peut-être pas le mot juste; car, en dehors de la privation de tous moyens d'existence, la perte d'une fortune, d'un emploi, d'une situation lucrative, conduit également au suicide. Quelquefois même, une simple diminution des moyens de maintenir un certain rang, un certain luxe, peut avoir les mêmes conséquences.

Quand ces crises douloureuses sont dues à la faute des victimes, nous ne connaissons pas de réforme sociale qui puisse les prévenir. Mais si elles ont eu pour cause des cas de force majeure, il convient de rechercher les moyens de les conjurer.

Dans les pays où, comme en Angleterre, la liberté politique a été le fruit de conquêtes pacifiques et progressives, ces grands naufrages de la société qu'on appelle *révolutions*, sont inconnus. Dès lors les situations acquises sont respectées; les fortunes ne sont pas ébranlées par de brusques et violentes crises économiques; l'ouvrier n'est pas exposé à des chômages prolongés; en un mot, la richesse publique ne subit, dans son développement, d'autre temps d'arrêt que la succession inévitable des périodes de malaise aux périodes de prospérité industriel. Mais dans ce cas, au moins pour les classes ouvrières, plus particulièrement éprouvées, les institutions de prévoyance atténuent sensiblement la gravité du mal.

C'est donc dans ces institutions qu'il faut chercher, autant qu'elle est possible, la solution du problème de la misère. Ainsi les caisses d'épargne, les sociétés de secours mutuels, l'assurance contre les accidents et, si on parvenait à l'organiser, contre le chômage l'assurance contre la maladie, contre l'incapacité définitive ou accidentelle de travail résultant de l'âge ou des infirmités, doivent prévenir le plus grand nombre des causes d'indigence.

Mais certaines réformes sont ici nécessaires. Les caisses d'épargne devraient d'abord être exclusivement affectées aux salariés, les autres classes de la société ayant les moyens les plus variés de faire valoir leurs économies. Nous pensons en outre que leurs fonds ne devraient pas être mis à la disposition des gouvernements, qui contractent ainsi des dettes flottantes énormes, dont le remboursement peut devenir impossible en cas de guerre ou de révolutions. Si l'Etat cessait d'être le détenteur des fonds des déposants, il serait permis aux administrateurs des caisses de les faire valoir dans des conditions sévèrement fixées par la loi, comme en Autriche et aux Etats-Unis, où ces établissements, tout en venant, par des prêts à courts termes, en aide à l'industrie, au commerce, à la propriété, servent à leurs clients un intérêt relativement élevé. Les délais de remboursement pourraient en outre être abrégés. Enfin il conviendrait d'examiner si, en supposant que l'Etat reste détenteur des dépôts, il n'y aurait pas lieu de généraliser l'institution des caisses postales, telle qu'elle existe en Angleterre (1).

Les sociétés de secours mutuels ne présentent pas à leurs membres toute la sécurité désirable, les cotisations et les conditions pécuniaires d'admission selon l'âge, étant généralement insuffisantes, au moins par rapport aux engagements que ces sociétés contractent. Il conviendrait que des hommes spéciaux, ayant fait une étude approfondie des lois de morbidité et de mortalité dans la classe ouvrière, et suivant les professions, fussent appelés à préparer des tarifs qui, avec des frais d'administration modérés, permettraient à l'institution de porter tous ses fruits. On ne verrait plus alors ces liquidations désastreuses qui, trop souvent, laissent sans pain des vieillards dont l'unique ressource était la pension promise par des sociétés auxquelles ils avaient appartenu pendant de longues années.

L'assurance par les compagnies contre l'invalidité résultant des infirmités ou de l'âge, n'est pas encore suffisamment développée. L'assurance sur la vie au profit des classes ouvrières n'ayant pu être entreprise par les capitaux privés, et les associations mutuelles dans le même but n'ayant que rarement réussi, l'Etat, en France et en Angleterre, a cru devoir s'en charger. Mais le succès est loin d'avoir

---

(1) Ce vœu vient d'être réalisé pour la France

répondu aux prévisions, soit faute d'une publicité suffisante, soit par suite de la multiplicité des formalités à remplir et de l'indifférence des agents de l'Etat.

En France, l'Etat s'est fait assureur sur une grande échelle. Et d'abord il donne des pensions, par l'intermédiaire de la Caisse des retraites pour la vieillesse, la seule des trois institutions officielles qui ait réussi, — aux dépens, il est vrai, des contribuables, appelés, chaque année, à couvrir les pertes qu'infligent au Trésor les avantages excessifs accordés aux assurés. Il fait, en outre, l'assurance dite en cas de mort (sommes payables après décès aux ayants-droit des assurés). Enfin, il a entrepris l'assurance contre les accidents, et c'est en ce qui concerne ces deux créations que les résultats ont été plus que médiocres.

Si l'assurance en cas de mort, par l'Etat, au profit des classes ouvrières, a également échoué en Angleterre, en revanche, il est une grande et puissante compagnie qui réalise, dans ce pays, tout ce qu'on peut souhaiter aux intéressés, c'est-à-dire des tarifs équitables, toutes les facilités possibles pour le payement des primes, et une indiscutable solvabilité.

En France, — et, nous croyons, partout ailleurs, — il est une assurance dont l'ouvrier ne bénéficie pas encore, c'est celle qui a l'incendie pour objet. Les compagnies reculent, en effet, devant l'insuffisance probable des primes en présence de frais d'administration considérables. De nombreux et très modestes ménages perdent ainsi, dans de fréquents sinistres, et sans compensation aucune, mobilier, outils, métiers, et quelquefois matières premières. Il serait à désirer que l'essai, par quelques compagnies suisses, d'assurances collectives, c'est-à-dire d'ouvriers réunis en un groupe, et formant en quelque sorte une unité, fut généralement imité.

En dehors de l'incendie, il est des sinistres qui font partout de nombreuses victimes et n'ont pu, jusqu'à ce jour, être couverts par l'assurance; nous voulons parler des sinistres agricoles, tels que la gelée et les inondations, la grêle et la mortalité du bétail ayant trouvé des assureurs, mais, il est vrai, à des conditions onéreuses.

Les pertes résultant annuellement de la gelée et des inondations se chiffrent par des centaines de millions, et, en France, où la propriété rurale est si morcelée, ces deux sinistres frappent, avec une intensité particulière, de petits propriétaires généralement sans avances et auxquels le crédit agricole fait défaut.

Les inondations surtout constituent souvent de véritables désastres, et réduisent à la misère de nombreuses populations. L'assurance mutuelle ou par les compagnies n'ayant pu se constituer pour ces deux sinistres, il conviendrait d'examiner si l'Etat ne pourrait pas s'en charger. Nous sommes les premiers à limiter, en principe, l'intervention de l'Etat dans les intérêts privés au cas d'une absolue nécessité, c'est-à-dire, d'une part, quand il s'agit d'un intérêt considérable, et de l'autre, quand l'association, sous une forme quelconque, ne peut y donner satisfaction.

Or, cette double hypothèse se réalise ici.

Il en serait de même de l'assurance contre les

ouragans, dont les effets sont souvent désastreux.

L'assurance contre les accidents n'a pas encore eu, au moins en France, des résultats importants ; les compagnies manquent, d'ailleurs, de données numériques qui leur permettent d'établir l'intensité des risques et de calculer des tarifs proportionnels à cette intensité. L'Etat devrait recueillir et publier une statistique annuelle des accidents, mortels ou non, pour toutes les industries, comme il le fait pour l'exploitation des mines et des chemins de fer. Les compagnies la prendrait pour base de leurs primes et pourraient ainsi opérer avec une certaine sécurité. Cette sécurité serait encore plus grande, si le gouvernement, en organisant une inspection fréquente des manufactures, au point de vue de la bonne installation des moteurs et des machines, conjurait le plus grand nombre des chances d'accidents. A son tour, le législateur devrait intervenir pour rendre aussi promptes que possible les décisions judiciaires sur les demandes d'indemnité formées par des ouvriers blessés ou par leurs ayants-droits en cas d'accidents mortels. Peut-être même conviendrait-il qu'il imposât au patron l'obligation d'établir que l'accident a eu lieu par la faute de l'ouvrier, ou par un cas de force majeure, au lieu de mettre ce dernier en demeure de faire la preuve juridique du fait contraire.

En dehors des institutions de prévoyance que nous avons mentionnées, les ouvriers ont, par des applications variées du principe de l'association, des moyens personnels d'améliorer leur sort. Ils peuvent, par la formation de sociétés coopératives, se procurer, au même prix que les classes aisées, les boissons, les denrées alimentaires et les combustibles. Ils peuvent, soit avec leurs seules économies, soit à l'aide de quelques avances, créer des industries dont les bénéfices leur appartiendraient intégralement. En Allemagne, ils sont parvenus, sous la direction d'hommes éclairés et dévoués, à organiser, sous le nom de *banques populaires*, de véritables établissements de crédit, faisant à leurs associés, moyennant un intérêt modéré, de petites avances qui leur permettent d'acheter des métiers, de la matière première et de fabriquer pour leur compte.

Par la constitution de chambres syndicales, ils sont en mesure de discuter en commun leurs intérêts, de se renseigner sur les lieux où le travail est demandé, sur le taux des salaires demandés et offerts, etc., etc.

Nous passons sous silence toutes les utopies, disons mieux toutes les folies qui se sont produites dans les congrès ouvriers au sujet des changements a introduire dans l'organisation actuelle du travail, utopies dont le seul résultat a été de substituer à des sentiments de sympathie réciproque entre patrons et ouvriers, des éléments de défiance et presque d'hostilité. Quoique plus discutable, plus pratique, la solution de la question de l'association aux bénéfices doit être laissée aux intéressés. Quelques patrons l'ont spontanément résolue par l'affirmative ; nous applaudissons à leur généreuse initiative, mais nous repoussons vivement, dans l'intérêt même de l'ouvrier, toute réglementation légale des rapports du capital et du travail ; car c'est surtout dans le domaine industriel que la liberté des contrats est absolument nécessaire. Aussi n'hésitons nous pas à condamner la limitation par la loi, — sauf en ce qui concerne les femmes et les enfants — des heures de la journée de travail.

Par la même raison qui nous a fait déplorer les profondes perturbations économiques résultant des révolutions et des guerres, nous ne saurions trop engager les gouvernements à procéder, avec la plus grande circonspection, à toute modification dans les tarifs douaniers devant avoir pour conséquence la diminution du travail dans des branches considérables d'industrie.

L'expérience faite, jusqu'à ce jour, en France, de la loi qui a consacré la liberté des grèves, quand elles ne recourent pas à la violence, n'a pas été favorable aux intérêts des ouvriers. En même temps qu'elles sont devenues fréquentes, et leur ont infligé, ainsi qu'aux patrons, des pertes considérables, elles ont diminué notre commerce d'importation en obligeant l'étranger à confier à d'autres pays des commandes auxquelles le nôtre ne pouvait satisfaire. Que l'ouvrier discute librement son salaire avec le patron, rien de mieux; mais que, sur un mot d'ordre venu de meneurs qu'il ne connaît pas, il frappe d'interdit, subitement et sans provocation, toute une région industrielle, amoncelant les ruines autour de lui, au grand profit de l'étranger, voilà un fait grave et qui appelle toute l'attention du législateur.

Si nous condamnons l'intervention de l'Etat dans les rapports entre patrons et ouvriers, nous ne méconnaissons pas son droit d'améliorer la situation de ces derniers par tous les moyens qui ne touchent pas à la liberté des contrats. C'est ainsi que, pour adoucir les conséquences des chômages involontaires et imprévus, il pourrait — il devrait même, si l'initiative privée s'abstenait — créer des écoles d'apprentissage, où l'élève acquerrait des aptitudes industrielles variées, devant lui permettre, en cas de suspension du travail dans la branche de la production à laquelle il appartiendrait plus tard comme ouvrier, de s'occuper dans d'autres industries.

Quelques économistes ont prêché — hélas ! avec un succès très grand, trop grand en France — la doctrine que les époux doivent proportionner le nombre de leurs enfants à leurs moyens de les élever. Cette doctrine est surtout funeste au point de vue du sujet qui nous occupe, car plus sont nombreux les liens qui rattachent l'homme à la vie, moins il songe à y mettre volontairement un terme.

Ce n'est pas en limitant le nombre de ses enfants que l'ouvrier peut échapper à la misère, c'est, avant tout, par la pratique de l'esprit d'ordre et d'économie, c'est par l'abstention rigoureuse de toute dépense improductive.

Nous ne devons pas méconnaître, toutefois, que la misère ne saurait être toujours conjurée, même pour l'ouvrier que nous supposerons laborieux, rangé, habile, et participant aux bienfaits des institutions de prévoyance. Il y a donc lieu d'examiner, si, dans des cas de force majeure, l'assistance, telle qu'elle est organisée en France, peut suffire à tous les besoins. On sait qu'en Allemagne et en Angleterre, l'assistance par la commune est obligatoire, tandis qu'en France elle est facultative. Toutefois, bien que, dans notre pays, la commune ne soit pas obligée par la loi de secourir ses indigents, cependant elle considère comme un devoir de leur venir en aide, et elle les assiste, mais dans la mesure de ses ressources, trop souvent insuffisantes. Il n'est donc que trop vrai, qu'en France, l'indigent peut littéralement mourir de faim; seulement il s'agit ici de la conséquence, purement théorique et non réelle, de notre législation en matière de secours publics, la mort par l'inanition étant extrêmement rare chez nous, et n'ayant lieu que par cette fausse honte de l'indigent qui l'empêche de solliciter l'assistance privée ou publique.

L'Etat, d'ailleurs, dans les grandes crises, n'abandonne pas la commune à elle même; il intervient d'abord en multipliant les travaux publics pour son compte, puis en accordant des subventions aux localités les plus éprouvées.

Il y aurait lieu, toutefois, de faire des appels plus pressants à l'esprit de charité, qui est très grand en France, et de lui demander des sacrifices volontaires plus considérables. Ils permettraient d'assister plus efficacement les nécessiteux, et spécialement d'ajouter au nombre des établissements destinés à recevoir les vieillards sans ressources; n'oublions pas, en effet, que c'est aux âges élevés que le suicide atteint sa plus grande intensité.

La forme bureaucratique de l'assistance publique, en France, éloigne certainement un certain nombre de bienfaiteurs, qui préféreraient donner à des sociétés librement constituées et distribuant leurs aumônes avec de moindres frais d'administration. C'est surtout dans ce sens que les organes de la publicité devraient faire appel aux sentiments de générosité des classes élevées. Ils devraient les inviter à multiplier les associations charitables, dont les membres — le plus souvent des femmes — vont à la recherche des infortunes qui se cachent, et les assistent avec cette bienveillance, cette sympathie dans la forme, que n'ont pas, que ne peuvent avoir les agents salariés de l'assistance publique. Ce serait la réalisation d'un des moyens indiqués par le *Times* de prévenir un grand nombre de suicides.

Des causes de suicide que nous avons indiquées, il en est auxquelles nous confesserons qu'il est impossible de remédier. Les jeux de bourse, par exemple, ne peuvent être prohibés sans un préjudice grave pour le crédit de l'Etat et d'une foule d'entreprises financières et industrielles. Les jeux dans les cercles et dans les salons échappent à toute réglementation, à toute surveillance de la police, qui ne peut surveiller que ces maisons de bas-étage, hantées par des escrocs, auxquelles on a donné le nom de *tripots*. Mais les tribunaux pourraient être plus sévères pour ces liquidations d'affaires véreuses, qui ne présentaient aucune chance de succès et n'ont été que des spéculations au profit des fondateurs. La loi devrait en outre rendre plus réelle, plus efficace, la responsabilité des conseils d'administration. Enfin, ne serait-il pas possible d'ajouter aux moyens de surveillance des opérations des sociétés, par la constitution de comités représentant séparément les obligataires? La suppression de l'autorisation du gouvernement pour la création des sociétés anonymes, a donné certainement un vif essor a l'association des capitaux dans un intérêt industriel ou financier; mais elle a diminué la sécurité des intéressés.

Nous ne croyons pas non plus à la possibilité

d'arrêter le mouvement qui, depuis les facilités introduites dans nos moyens de transports, fait déserter les campagnes pour les villes. Ce mouvement, qui, d'ailleurs, est général en Europe, ne pourrait être conjuré que par des mesures en opposition complète avec les principes modernes en matière de liberté individuelle.

L'émigration, qui prévient tant de suicides en Allemagne et en Angleterre, serait vainement encouragée en France. Et d'abord, notre population s'accroît trop lentement pour qu'il soit utile d'en modérer l'essor. Puis, en dehors de l'Algérie, où ils ne vont qu'en très petit nombre, — en grande partie par suite d'une sécurité insuffisante pour les personnes et les propriétés, — nous n'avons pas de colonies qui puissent recevoir nos émigrants. Notre ignorance des langues vivantes, un défaut de suite dans nos idées, de persistance dans nos projets, enfin un vif, peut-être un trop vif amour du lieu natal, ne nous permettent pas d'aller à l'étranger.

Nous avons déjà dit notre pensée sur les conséquences de notre système d'instruction publique. Nous sommes d'avis que l'instruction primaire ne saurait être trop largement repartie ; mais doit-il en être de même de l'instruction secondaire ? Les conditions actuelles d'admission dans les établissements où elle est donnée, doivent-elles être élargies ? Le nombre des bacheliers désertant la profession paternelle pour solliciter les fonctions publiques, ou encombrer les carrières dites libérales, doit-il être indéfiniment augmenté ? Faut-il favoriser l'accroissement des ambitions déçues, des espérances avortées, des illusions évanouies ?

Ne serait-il pas préférable de fonder de nouvelles écoles professionnelles et de fournir ainsi au commerce, à l'industrie, à l'agriculture, les sujets d'élite qui lui font défaut? L'Allemagne n'est-elle pas redevable à ses *realschulen* de l'extension incessante de son commerce extérieur et du succès, à l'étranger, des nombreux jeunes gens qu'elle y envoie. Ne voyons-nous pas, en effet, le plus grand nombre de ces jeunes gens s'y créer, par leurs habitudes laborieuses, leur connaissance des langues vivantes et leurs aptitudes variées, d'excellentes situations ?

Notre justice criminelle appelle, entre autres réformes, celle qui consisterait à indemniser un inculpé quand, après avoir été enlevé à ses affaires, à sa famille, à ses amis, et placé, pendant une détention préventive plus ou moins prolongée, sous le coup d'une inculpation flétrissante, — il vient à être acquitté. Il est évident qu'il lui a été causé un préjudice grave, que souvent sa ruine complète a été la conséquence de la longue instruction dont il a été l'objet. Son acquittement ne le met même pas complètement à l'abri des sévérités de l'opinion, toujours disposée à l'attribuer à l'habileté de l'avocat, ou à une pression extérieure sur les magistrats ou le jury.

Des suicides ont été attribués à cette douloureuse situation, à laquelle il importerait de remédier.

En Angleterre, l'assurance sur la vie a pris, dans les classes aisées, des développements inconnus chez nous. Les bienfaits en sont tellement reconnus, que les pères de famille font aux fiancés de leurs filles l'obligation de signer et de déposer, en quelque sorte, dans la corbeille de noces, un contrat au profit de celle qui sera leur femme et de leurs enfants communs. Or, aux termes de ce contrat, dans le cas d'un suicide qui ne serait pas le résultat d'un accès de démence, il est annulé de plein droit, et les primes versées jusqu'au dernier jour appartiennent aux compagnies. De l'avis des moralistes anglais, cette disposition est un moyen préventif du suicide plus efficace que les pénalités dont nous avons parlé ailleurs (V. *législation du suicide*.).

Espérons un résultat de même nature en France, quand l'institution y aura jeté de profondes racines.

Nous avons signalé (chap. *Causes*) un fait économique d'une extrême gravité, et qui ne saurait être sans influence, s'il devenait définitif, sur l'accroissement du suicide ; nous voulons parler de la forte baisse du taux de l'intérêt. Cette baisse a provoqué une diminution notable des revenus, un grand nombre d'États, de villes, de compagnies, en ayant profité pour convertir des dettes contractées à des taux onéreux. Aujourd'hui, il n'est plus possible de tirer de ses capitaux, avec une sécurité suffisante, un revenu de plus de 3 3/4 à 4 0/0.

Les rentiers subissent donc une réduction sensible de leurs moyens d'existence, et précisément au moment où tous les prix, mais surtout ceux des denrées alimentaires et des loyers, s'élèvent dans de fortes et croissantes proportions.

Pour retrouver l'ancien intérêt minimum de 5 0/0, beaucoup de capitalistes font aujourd'hui une spéculation dont l'exagération très probable conduira à des pertes sensibles. Elle a pour objet l'achat de terrains et la construction de maisons d'habitation dans les grandes villes. Il est facile de prévoir que ces maisons, édifiées avec un grand luxe, et, par suite, exclusivement consacrées aux classes riches, finiront par devenir supérieures aux besoins et que les non-valeurs seront considérables. C'est ainsi qu'à Vienne et à Berlin des compagnies qui s'étaient formées, après la guerre franco-allemande, pour créer de nouveaux et splendides quartiers, ont du, faute de locataires, liquider dans les plus mauvaises conditions. Il est à craindre que les mêmes déceptions ne se renouvellent bientôt en France et ailleurs.

Existe-t-il un remède à cette situation? Le prix de l'argent renchérira-t-il? Les placements redeviendront-ils aussi rémunérateurs que par le passé? Peut-être; et dans ce cas, ce sera le résultat des extravagances commises dans les spéculations, non pas seulement sur les terrains et les maisons, mais encore sur les valeurs créées par d'innombrables compagnies financières et industrielles, pour la plupart sans avenir, sans éléments de succès. Quand les économies disponibles auront ainsi été absorbées, les nouveaux capitaux qui pourront se former, éclairés par une fâcheuse expérience, se montreront aussi réservés, aussi circonspects qu'ils sont confiants et imprudents à ce moment. A cette époque, l'argent s'étant resserré, et, d'un autre côté, étant devenu moins abondant, par suite de pertes que nous considérons comme inévitables, se fera payer plus cher. Nous raisonnons ici dans l'hypothèse très favorable de l'absence de toute éventualité fâcheuse dans le domaine de la politique intérieure et extérieure; car, en cas de guerre ou de révolution, le mouvement de renchérissement se précipiterait.

Dans quel délai se produira ce mouvement? c'est ce que nul ne peut dire. Sans nul doute, si la paix devait se prolonger, si les bénéfices de l'agriculture, de l'industrie et du commerce devaient se multiplier, il est évident que le taux de l'intérêt continuerait à baisser. Des économistes très autorisés ont admis cette hypothèse, que, pour notre part, nous ne croyons pas fondée.

Les exigences du luxe — d'un luxe supérieur aux moyens réels de le soutenir — sont, dans les classes élevées, une source de ruine. Se produira-t-il, à ce sujet, une réaction favorable? Le bon sens finira-t-il par faire justice de la ridicule prétention de lutter extérieurement, avec un revenu limité, contre des fortunes supérieures? Saurons-nous en outre, surtout avec un avenir politique peu rassurant, et en dehors des considérations de vanité, d'ostentation, réduire un bien être exagéré, dont la privation, en cas de malheur, serait, pour beaucoup, intolérable? En un mot, l'esprit d'ordre, d'économie, de conservation, que nous recommandons aux classes ouvrières, prévaudra-t-il un jour, ailleurs, contre l'esprit contraire? Ce sera peut-être la conséquence de cette forte éducation morale que les moralistes de l'école de M. Morselli rêvent pour les jeunes générations.

§ 3. *Moyens de l'ordre matériel.*

E ' possible d'édicter des peines contre le suicide ?

Les opinions sont partagées ; citons d'abord celles qui se sont prononcées pour l'affirmative. Grotius approuve la peine de la flétrissure infligée à l'homme qui s'est tué : « On ne saurait punir d'une autre manière, dit-il, ceux pour qui la mort n'est pas un supplice... En vain objecterait-on que *les morts n'ont aucun sentiment et qu'ainsi on ne saurait leur faire du mal, ni leur causer aucune honte;* car il suffit que, pendant qu'on est en vie, on craigne d'être traité, après sa mort, d'une certaine manière, pour que l'on soit détourné du mal par cette seule considération. »

Montesquieu ne s'est pas prononcé formellement pour ou contre l'utilité des peines contre le suicide ; il s'est borné à dire : « Il est clair que les lois civiles de quelques pays peuvent avoir eu des raisons pour flétrir l'homicide de soi-même. »

Jean Dumas a consacré tout un chapitre à l'examen de la question et il l'a résolue dans le sens de la valeur des lois pénales comme moyen préventif.

L'éminent moraliste anglais Hutcheson a dit, dans son *Système de philosophie morale* : « La société a le droit d'employer la force pour empêcher le suicide auquel certaines gens se portent par chagrin, par mélancolie et par désespoir, et ce droit, qui appartient à tout le monde, chacun a le pouvoir de le faire valoir par les moyens qu'il juge à propos d'employer. L'humanité seule donne à tout homme le droit d'interposer son autorité en pareil cas... Si les hommes étaient une fois persuadés que le suicide est le moyen le plus propre de se délivrer des maux de cette vie, beaucoup, dans l'excès du désespoir, et par une fausse bravoure, renonceraient à une vie qu'ils auraient pu rendre agréable pour eux et utile à la société. Celle-ci est donc en droit de s'opposer à de pareilles résolutions. »

Nous avons à peine besoin de dire que les traducteurs de Buonafede sont les partisans de la même doctrine.

En 1837, M. Faustin Hélie, dans un article de la *Revue de Législation* de M. Félix, sur *les suicides et leurs causes*, écrivait ce qui suit : « Le seul avantage qui pourrait résulter de la classification du suicide au nombre des crimes, serait d'édicter une haute leçon, un avertissement salutaire. En le flétrissant, la loi détournerait peut-être quelques esprits de le commettre. Mais il ne faudrait pas s'exagérer les effets d'une telle prescription ; ils seraient nécessairement fort restreints ; celui sur qui la vie pèse s'inquiète peu de la tache qu'il imprime à sa mémoire, et puis une peine qui ne consisterait que dans une flétrissure morale ne serait pas une peine ; ou elle ne ferait que confirmer l'arrêt de l'opinion publique, et alors elle serait inutile ; ou elle serait effacée par cette opinion, et elle n'aurait que des périls (1). »

Le docteur Debreyne est d'avis « que la loi civile, à l'imitation de la loi ecclésiastique, pourrait peut-être, sinon refuser la sépulture légale, au

---

(1) Plus tard, dans leur *Théorie du Code pénal*, MM. Chauveau (Adolphe) et Faustin Hélie ont pensé que l'inscription seule du suicide dans la loi pénale, comme un délit, serait déjà un avertissement et une leçon, et qu'il en serait de même si celui qui a prêté au coupable une simple assistance, aujourd'hui impunie, était aussi atteint.

moins y apporter quelque modification infamante et capable de faire une vive impression sur les esprits, comme, par exemple, l'inhumation clandestine d'un suicidé, moyen d'indiquer que la famille et la société ont eu à rougir de sa fin. »

Le docteur Lisle s'exprime ainsi : « Un grand fait nous frappe tout d'abord : c'est l'efficacité incontestable d'une législation dirigée contre le suicide, toutes les fois qu'elle a été aidée par de fortes institutions religieuses et par la croyance générale au dogme d'une vie future et d'un Dieu rémunérateur et vengeur. C'est, par contre, son peu d'utilité ou son impuissance, au moins relative, toutes les fois que les dogmes contraires ont régné sur les peuples, ou aux époques de doute, d'indifférence et de rénovation religieuse et sociale. Devons nous en conclure que les lois pénales contre le suicide seraient inutiles à l'époque actuelle? Nous ne le pensons pas. L'expérience du passé prouve évidemment le contraire... Les lois sur le suicide, antérieures à 1789 étaient efficaces... et l'on ne saurait trop regretter que l'Assemblée constituante les ait abolies sans compensation. Nous n'avons pas la triste prétention de vouloir ramener la confiscation des biens des suicidés et les cruautés exercées sur leurs cadavres ; mais nous croyons qu'en présence de l'accroissement si rapide des suicides, la loi ne peut ni ne doit rester plus longtemps indifférente. »

Le docteur Ebrard est du même avis : « On sait par expérience que ceux qui ne redoutent ni la douleur, ni la mort, craignent le déshonneur et l'infamie qui doit suivre leur trépas. « Il faut, comme dit Tacite, faire peur de la postérité et de l'infamie aux êtres pervers ». Cette sentence est aussi vraie aujourd'hui qu'au temps de son auteur... une punition exemplaire serait bien capable de retenir sur la pente fatale... Nous convenons volontiers qu'il faut user de prudence et de réserve aujourd'hui que la folie apporte un contingent si considérable au suicide; mais notre observation s'adresse aux cas plus nombreux des morts volontaires, où l'existence du libre arbitre ne saurait être mis en doute... Des lois comminatoires ont suffi, dans l'antiquité, pour faire cesser la frénésie des morts volontaires; pourquoi n'auraient-elles pas aujourd'hui le même pouvoir... pour mettre fin à ces faciles adieux à la vie, la société ne devrait-elle pas faire ce qu'on fait, à l'armée, contre les déserteurs? Ne suffirait-il pas de mettre sur la tombe de ces déserteurs de la vie : *Ci-gît un tel qui fut lui-même son bourreau?* Cette flétrissure en vaudrait bien une autre. »

Beccaria est le premier qui, dans son *Traité des délits et des peines*, ait vivement attaqué, alors qu'elles étaient encore en vigueur, les lois répressives du suicide. Sans l'approuver, il dit que c'est un délit qui ne peut être soumis à une peine proprement dite, puisqu'elle ne pourrait frapper qu'un corps sans vie ou des innocents. Dans le premier cas, elle ne fait aucune impression sur les vivants; dans le second, elle est injuste et tyrannique, parce qu'il ne peut pas y avoir de liberté politique là où les peines ne sont pas purement personnelles. Le suicide est un crime devant Dieu, qui le punit après la mort, parce que lui seul peut punir ainsi. Mais ce n'est pas un crime devant les hommes, puisque la peine, au lieu d'atteindre le coupable, frappe la famille innocente! « Si l'on m'appose, ajoute-t-il, que cette peine peut cependant détourner l'homme le plus résolu à se donner la mort, je réponds que celui qui renonce à la douceur de vivre, qui hait assez son existence ici-bas pour braver l'idée d'une éternité malheureuse, ne sera pas arrêté par des considérations beaucoup moins fortes et beaucoup plus éloignées. »

Fairet fait remarquer que l'on peut, jusqu'à un certain point, cacher aujourd'hui aux enfants qu'il y a eu un suicide dans leur famille; mais si l'on donne à ce suicide un certain éclat par l'exécution d'une loi rigoureuse, les enfants en auront infailliblement connaissance et cette douloureuse nouvelle ne pourra qu'augmenter chez eux une fâcheuse prédisposition.

Le docteur Descuret pense que l'accroissement du suicide ne saurait être attribué à l'abrogation des anciennes lois pénales. « Aucune de ces lois, ajoute-t-il, ne semble être en harmonie avec notre législation actuelle; elles ne feraient que revolter l'opinion publique et seraient impuissantes contre le suicide, parceque celui que ne peuvent arrêter ni l'horreur de la mort, ni les liens les plus chers de la nature, ni enfin les craintes d'une éternité malheureuse, ne saurait être retenu par des lois qui n'atteindraient que son cadavre. Mais, dira-t-on, s'il méprisait ces lois pour lui-même, il les redouterait du moins pour sa famille, sur laquelle rejaillirait l'ignominie de la peine infligée. Cette idée pourrait, en effet, dans quelques cas, désarmer la main du suicide; mais elle serait sans action sur la grande majorité des individus que des passions désordonnées ou l'ennui de vivre portent à se détruire; et leurs familles, déjà sous le poids d'un événement si douloureux, seraient encore victimes de l'injustice d'une punition qui ne frapperait qu'elles. »

« Que penser des peines comminatoires, dit M. B. de Boismont? Elles ne sont plus dans nos mœurs et frapperaient des innocents; elles auraient, en outre, pour résultat de porter à l'imitation les aliénés suicides, qui sont si nombreux, et ne pourraient qu'augmenter, chez les enfants, une fatale prédisposition. Quant a ceux qui croient que ces lois les détourneraient par égard pour leurs familles, ils ignorent complètement que, chez les fous, la maladie est constitutionnelle et que les sentiments affectifs sont souvent pervertis... Il est maintenant démontré que les fous apportent un contingent considérable au chiffre des suicides; il faut donc des preuves incontestables de l'exercice du libre arbitre pour user de sévérité envers le coupable. Cette observation est d'autant plus nécessaire, qu'on a eu plusieurs fois l'occasion de constater que la tentative du suicide était le premier signe d'une folie que jusqu'alors personne n'avait soupçonnée. »

Pour nous, la seule considération tirée de l'extrême difficulté, quand le suicidé n'a pas fait connaître les causes (les causes raisonnées et en quelque sorte admissibles) de sa résolution, de savoir si elle a été, ou non, exécutée dans la plénitude de ses facultés mentales — nous paraît concluante dans le sens de l'impossibilité d'établir une répression pénale.

Nous avons vu que l'alcoolisme tend à devenir une des causes les plus considérables du suicide. Il y a lieu de se demander s'il ne conviendrait pas de le combattre par des mesures plus efficaces que la loi de 1874. En fait, cette loi n'a produit aucun effet, parce que les pénalités qu'elle édicte sont insuffisantes, l'amende, et, en cas de récidive, un court emprisonnement, n'étant pas de nature à exercer, sur l'alcoolique, un effet préventif suffisant. Nous voudrions y joindre, après un certain nombre de condamnations, la perte des droits politiques et, plus tard, en cas de rechutes nombreuses, celle des droits civils. Il est évident que l'ivrogne n'est pas capable de gérer sa fortune, de diriger ses affaires, encore moins celles des autres, comme tuteur ou mandataire. Il y aurait donc tout intérêt, pour lui et les siens, de le frapper d'une complète incapacité civile.

Nous avons dit, ailleurs, que les résultats effrayants de l'alcoolisme, particulièrement en ce qui concerne la propagation de la démence, ont décidé un certain nombre d'États américains, (celui du Maine tout d'abord), a recourir à la mesure radicale de l'interdiction de la vente des spiritueux, tant dans la rue qu'à domicile. Nous ne sommes pas étonné d'apprendre que cette prohibition a produit une amélioration sensible de l'état moral des populations. Dans ceux des États où la vente des spiritueux est restée libre, les femmes, disons mieux, les plus hautes dames, ont pris l'initiative d'un mouvement d'opinion des plus énergiques et qui a produit d'excellents effets. D'autres membres de la grande confédération américaine ont recouru à la création d'hôpitaux spéciaux où l'alcoolique est traité comme un malade que l'on guérit en lui inspirant, par des moyens qui nous sont inconnus un dégoût profond pour les spiritueux. Plusieurs de ces établissements existent également en Allemagne et en Angleterre.

En France, des impôts énormes au profit de l'État et des communes à octroi, impôts supérieurs à la valeur même de l'eau-de-vie, n'ont pas empêché, comme nous l'avons vu, l'accroissement à peu près continu de sa consommation, en dépit, et peut-être en raison même de l'insuffisance, depuis l'invasion du phylloxera, de la production du vin. Son renchérissement a fait recourir, en effet, à l'alcool, non plus fabriqué, en très grande quantité, comme antérieurement, avec le produit de la vigne, mais avec la betterave, les céréales et les farineux, au grand préjudice de sa qualité, et, comme conséquence, de la santé publique.

Le vrai remède à l'alcoolisme, si remède il y a, est dans le progrès intellectuel et la moralisation des masses, puis dans la popularisation des institutions de prévoyance. Si, sous la pression de l'opinion et à l'aide de fréquentes conférences populaires, l'ouvrier était enfin convaincu de la nécessité de s'assurer contre les accidents, contre la maladie, contre les infirmités et la vieillesse, et d'éviter ainsi de tomber, un jour, à la charge des siens ou de la charité publique, il irait porter aux établissements qui couvrent les risques de cette nature, l'argent avec lequel il enrichit, aux dépens de sa santé et de son bien-être, le moins respectable des commerces.

BIBLIOGRAPHIE

Nous n'avons pas la prétention de donner une bibliographie complète du suicide, mais seulement l'indication des publications les plus importantes dont il a été l'objet en Europe, en remontant aussi haut qu'il nous a été possible. Les dates, à notre grand regret, nous ont manqué pour quelques-unes.

Nous continuerons à suivre l'ordre alphabétique des noms du pays.

Allemagne.

XVII° SIÈCLE. — *Rachelius*, De morte voluntaria, Helmstadt, 1659.

Praeterius, Der verdammliche Selbst- und Eigenmord, Dantzig, 1693.

XVIII° SIÈCLE. — *Reinhard Stürmer*, De cæde propria, Regiom. 1702.

Heumann, De autochiria philosophorum, Jena, 1703.

Marperger, Nothige Warnung für den verderblichter Selbstmord, Nuremberg, 1715.

Grentzken, Syst. philos, Hambourg, 1717.

Hecker, De autokeiria martyrum, Lips., 1720.

J. R. Calmaria-Suedi, exercit. philos. de morte voluntaria philosophorum et bonorum virorum, etc., etc., ouvrage revu et complété par J.-N. Functius, de Marbourg, Rintel, 1736.

Functius a publié une nouvelle édition, considérablement augmentée, de ce livre, à Marbourg, en 1755.

Formey, Mélanges de philos. (*Mémoires de l'Académie de Berlin*, 1754). On y trouve une dissertation sur le meurtre volontaire de soi-même (en français).

Anti-hegesias, Dialogue en vers sur le suicide, avec des remarques critiques et historiques. (Ouvrage publié en français à Hambourg en 1763).

De Merian, Discours sur la crainte de la mort, sur le mépris de la mort et sur le suicide (*Mémoires de l'Académie de Berlin*, 1763, en français).

J.-Ph. Albert Schreiber, de morte voluntaria, exercitatio philos. prima histor. polem. quam, in academia Fridericiana Erlangensi, ille publice defensit, 1765.

Millers, Fortsetzung von Mosheims sittenlehre der heil. Schrif., halle et helmstadt, 1765.

Less, Vom selbstmorde, Gœttingue, 1767.

Millers, Abhandlung von der tugendhaften Erhaltung des lebens, und der richtigen Beurtheilung der selbstmord, Leipsick, 1771.

Sailler, Von selbstmord, Munich, 1783.

Engel, Der philosoph fur die welt, Leipsick, 1787.

Gottfried Ernst Groddek aus Dantzig, Commentatio de morte voluntaria, Gœttingen, 1785.

G.-M. Block, Vom selbstmord, dessen Ursachen und Gegenmitteln, Aurich, 1792.

I.-F. Knuppeln, Ueber selbstmord, ein buch fur die Menschheit, Gera, 1690.

Meiners, Abhandlung ueber den hang mancher Volker zum selbstmorde, in der *Gœtting. histor. magaz.*

Funk, preliminarii de morte volontaria, dissertatio.

Gœthe, Wœrthers Leiden, Leipsick, 1787.

Gruner, De suicidio in foro non semper culposo, Jena, 1792.

Gruner, Comment. 4 de imputatione suicidi dubia, Jena, 1798-1799.

XIXe SIÈCLE. — *Hermann*, Dissertatio de autochiria ex philosophia et ex legibus romanis considerata, Leipsick, 1809.

Ossiander, Ueber den selbstmord, Hanovre, 1813.

Stàudlin, Geschichte der Vorstellungen und Lehren vom selbstmorde, Gœttin., 1824.

Casper, Beitrage zu medicin. Statist. und Staats arzneikunde, 1re partie, Berlin, 1825.

Heyfelder, Der Selbstmord in arzneigerichtlicher und med. physiol. Beziehung, Berlin, 1828.

Bernouilli, Populationistik, 1re partie, Ulm, 1840.

Frantz, Handbuch der statistik, Breslau, 1860.

Vappœus, Populationistik, tome 2, Gœtting, 1861.

Salomon Bromberg, Welche sind die Ursachen der in neuester zeit so sehr uberhand nehmenden selbstmorden? Bromberg, 1861.

Wagner (Adolph), Gesetzmassigkeit, etc. (1er vol.), Hambourg, 1864.

Œttingen, Die moral statistik in ihrer Bedeutung fur eine christliche social Ethic, 2e ed., Erlangen, 1874.

Dr *G. Mayr*, Die Gesetzmassigkeit in Gesellschaft leben, 1877.

G.-Fr. Kolb, Handbuch der vergleichenden Statistik, 8e edit. Leipsick, 1879.

B. Verstecle, die Statistik freiwilliger Handlungen und die menschliche Willensfreiheit, Francfort, 1868.

Baer, Der Alcoolismus, etc, Berlin, 1878.

Angleterre

XVIIe SIÈCLE. — *Biadavatos*, a declaration of that paradox or thesis, that self-homicide is not so naturally a sinne that it may never be otherwise, wherein the nature and the extent of all these laws which seems to le violated by this act, are diligenty surveyed, written by John Donne, London, 1644.

Pellicanicidium or the christian adviser against self-murder, together with a guide at the pilgrim-pass to the bond of living (1), Londres, 1655.

On trouve dans les *Miscellaneous Works* du poète Gildon, ami du suicidé Blount, une justification du suicide sous le titre (en français, nous ne l'avons pas en anglais) de *Les Oracles de la raison*, Londres, 1695.

(1) Ce livre est un essai de réfutation de la thèse soutenue par l'ouvrage précédent sur la légitimité du suicide dans certains cas.

XVIIIᵉ SIÈCLE. — *Watt*, Defense against the tentation of self-murder in sermons, discourses and essays on various subjects, Londres, 1755.

Essays on the suicide and the immortality of the soul, Londres, 1785 (ouvrage attribué à l'historien Hume).

Ch. Majore, A full enquiry into the subject of suicide, to wich are added two treaties on duelling and gaming, Londres, 1790.

XIXᵉ SIÈCLE. — *Forbes Winslow*, The anatomy of suicide, Londres, 1840.

Brown, On uniform action of the human will, as exhibited by is means results in social statistics, (*Assurance Magazine*, 1852).

Radcliffe, English suicide, medical critic, Londres, 1862.

Millar, statistic of military suicide (*journal of the statistical society of London*, juin 1874).

Belgique.

Quetelet, De l'homme, Bruxelles, 1835.

Du même, Essai de statistique morale, Bruxelles, 1866.

France.

XVIᵉ SIÈCLE. — *Montaigne*, Essays.

XVIIᵉ SIÈCLE. — *Du Vergier de Hauranne*, abbé de St-Cyran, Question Royale, où il est montré en quelle extrémité, principalement en temps de paix, le sujet pourrait être obligé de conserver la vie du prince aux dépens de la sienne, 1609.

XVIIIᵉ SIÈCLE. — *Barbeyrac*, Préface au *Droit de*

la nature et des gens, de Puffendorf, 1734, et Traité de la nouvelle morale des pères de l'Eglise, 1728.

Deslandes, Réflexions sur les grands hommes qui sont morts en plaisantant, 1732.

Montesquieu, 74ᵉ et 76ᵉ lettres persanes, Paris, 1721.

Rousseau (J.-J.), Nouvelle Héloïse, 3ᵉ partie, lettres 21 et 22.

Voltaire, dictionnaire philos., art. *Caton* et *Suicide.*

Mercier, Tableau de Paris, 1763.

Dr *Louis,* Mémoire sur une question anatomique relative à la jurisprudence, au moyen de reconnaître le suicide d'avec l'assassinat dans le corps d'un pendu, Paris, 1763.

Encyclopédie, art. *Suicide* (attribué à Diderot), 1765.

Mirabaud, Système de la nature ou des lois du monde physique et moral, Londres, 1770.

Jean Dumas, Traité du suicide ou du meurtre de soi-même, Amsterdam, 1773.

L'abbé Dubois de Launay, Dissertation sur le suicide (dans son *Analyse de Bayle*), 1782.

Bareuc, Dissertation sur la mélancolie anglaise, ou réflexions physiques et morales sur le suicide, 1789.

H.-C. Spiess, Biographies de suicidés, ouvrage traduit de l'allemand et augmenté de quelques réflexions philosophiques et morales, par J.-H. Pott, Lausanne et Paris, 1798.

XIXᵉ SIÈCLE. — Pour ce siècle, nous croyons devoir citer séparément, d'abord les ouvrages des moralistes et statisticiens, puis ceux des médecins.

MORALISTES ET STATISTICIENS

L'abbé Jauffret, Du suicide, 1801.

L'abbé Guillon, Entretiens sur le suicide, 1802 (2ᵉ édit., Paris, 1836).

Mᵐᵉ de Stael, Influence des passions, 1817.

De la même, Réflexions sur le suicide (œuvres complètes), 1820.

Regnault (Elias), Du degré de compétence des médecins sur les questions judiciaires relatives à l'aliénation mentale et des théories philosophiques sur la monomanie homicide, suivi de nouvelles réflexions sur le suicide, la liberté morale, etc., in-8, Paris, 1830.

De Guerry, Essai de statistique morale, Paris, 1835.

Faustin Hélie, Des suicides et de leurs causes, d'apres les documents officiels français (*Revue française et étrangère de législation*), 1837.

Tissot, De la manie du suicide et de l'esprit de révolte, de leurs causes et de leurs remèdes, 1841.

F.-S. de G. Le suicide considéré dans son principe et ses rapports avec l'état social, 1842.

St-Marc de Girardin, Du suicide et de la haine de la vie, (Cours de litterature), Paris, 1843.

Bourquelot. Des opinions et de la législation en matière de mort volontaire pendant le moyen âge, Paris 1843.

Dabadie, Les suicides illustres des personnages les plus remarquables de tous les pays, depuis le commencement du monde jusqu'a nos jours, 1re série, Paris, 1859 (ouvrage non terminé).

Le D' Des Etangs, Du suicide politique en France, de 1789 jusqu'à nos jours, Paris, 1860.

Hippolyte Blanc, Mémoire sur le suicide en France (*Journal de la société de statistique de Paris*), juillet 1862.

De Guerry, Statistique morale comparée de la France et de l'Angleterre (tableaux graphiques avec texte), Paris, 1864.

Eugène Gru, Les morts violentes, Paris, 1864.

E. Caro, membre de l'Institut, Du suicide dans ses rapports avec la civilisation (*Nouvelles études morales sur le temps présent*), Paris, 1869.

E. Douay, Le suicide ou la mort volontaire, Paris, 1870.

A. Legoyt, Le suicide en Europe, (*la France et l'Etranger*, 86e étude statistique), 1870.

Du Camp, Les mémoires d'un suicidé, 1853.

Th. Ribot, De l'hérédité, Paris, 1873.

Franck, Dictionnaire philos. art. *Suicide*.

Larousse, Dictionnaire, art. *suicide*.

MÉDECINS

A. Portal, Consid. sur la nature et le traitement des maladies de famille et des maladies héréditaires, etc., 3e édit., Paris, 1814.

Falret, Du suicide et de l'hypocondrie, consid. sur ces maladies, leur siège, leurs symptômes et les moyens d'en arrêter les progrès, Paris, 1822.

P.-G. Mongellas, L'art de conserver sa santé et

de prévenir les maladies héréditaires, Paris, 1828.

Broussais, De l'irritation et de la folie, 1830.

Prosper Lucas, De l'imitation contagieuse, ou de la propagation sympathique des névroses et monomanies, thèse, Paris, 1832.

Brouc, Consid. sur le suicide de notre époque (*Annales d'hygiène*), 1836.

Ferrus, De l'emprisonnement et des prisonniers, Paris, 1838.

Esquirol, Maladies mentales, Paris, 1838.
Du même, art. *Suicide* du Dictionnaire de médecine en 60 vol.

Marc, De la folie considérée dans ses rapports avec les questions médico-judiciaires, Paris, 1840.

Cazauvieilh, Du suicide, de l'aliénation mentale et des crimes contre les personnes, comparés dans leurs rapports réciproques, Paris, 1840.

Krugenstein, Du suicide (*Annales d'hygiène*), 1841.

Descurets, La médecine des passions, Paris, 1841.

Etoc Demazy, Recherches statistiques sur le suicide appliquées à l'hygiène publique, 1844.

Du même, De la folie dans la production du suicide (*Annales médico-psychol.*), 1844.

E. Gintrac, Mémoire sur l'influence de l'hérédité, Paris, 1845.

Bourdin, Du suicide considéré comme maladie, Paris, 1845.

J.-P.-C. Debreyne, Du suicide considéré aux points de vue philosophique, religieux, moral et médical, Paris, 1847.

Delasiauve, Lettre en réponse au dernier article du Dr Bourdin sur le suicide, 1847.

Lucas, Traité physiologique et philosophique de l'hérédité naturelle, Paris, 1847-50.

A. Chéreau, Considérations sur le suicide, ouvrage couronné par l'Académie de médecine en 1848, et publié dans l'*Union médicale* en 1849.

Petit, Recherches statistiques sur l'etiologie du suicide, thèse, Paris, 1850.

Dechambre, De la monomanie homicide-suicide, (*Gazette médicale*), 1852.

Lisle, Du suicide, statistique, médecine, histoire et législation, ouvrage couronné par l'Académie de médecine, Paris, 1856.

Louis Bertrand, Traité du suicide dans ses rapports avec la philosophie, la théologie, la médecine et la jurisprudence, Paris, 1857.

J. Luys, Des maladies héréditaires, Paris, 1863.

Brière de Boismont, Du suicide et de la folie-suicide, dans leurs rapports avec la statistique, la médecine et la philosophie, Paris, 1865.

A. Tardieu, Étude médico-légale sur la pendaison, la strangulation et la suffocation, Paris, 1870.

Leroy, Étude sur le suicide et les maladies mentales dans le département de Seine-et-Marne, avec des points de comparaison pris en France et à l'étranger, Paris, 1870.

Ebrard, Du suicide consideré aux points de vue médical, philosophique, religieux et social, Avignon, 1870.

Vaimi, De l'identité de quelques-unes des causes du suicide, du crime et des maladies mentales, Paris, 1872.

Moreau fils, (de Tours), De la contagion du suicide, à propos de l'épidémie actuelle, thèse, Paris, 1875.

Maudsley, le crime et la folie, Paris, 1875.

Lunier, De la production et de la consommation des boissons alcooliques en France et de leur influence sur la santé physique et intellectuelle des populations, Paris, 1878.

Lacassagne, Précis de médecine judiciaire, Paris, 1878.

Chevrey, Essai médical sur le suicide, considéré dans tous les cas comme le résultat d'une aliénation mentale 1816.

Calmeil, article Suicide du *Dictionnaire de médecine* en 30 vol.

Czafwoski, De la mort violente chez les peuples de l'antiquité, 18?..

Bousquet, Du mariage considéré comme moyen curatif des maladies, 1820.

Joussel, Du suicide et de la monomanie suicide, 1858.

Italie

Comte Passeroni, A philosophical dissertation upon death, composed for the consolation of the unhappy, by of friend of the truth, Londres, 1773. L'auteur a écrit et fait imprimer ce livre a Londres, n'osant ou ne pouvant le publier dans son pays.

Appiano Buonafede, Histoire critique et philosophique du suicide, 1762, traduit en français par Armellino et L.-F. Guérin, Paris, 1843.

C. Ravizza, Il suicidio, Milan, 1843.

Bonomi, Del suicidio in Italia, Milan, 1878.

Prof. E. Morselli, Il suicidio, saggio di statistica morale comparata, opera premiata dal R. Instituto Lombardo, Milan, 1879.

Pays divers

Danemark. — *Bastholm,* Betrachtninger over Selvmord, 1787.

Munter und Birch, Prøvefore losninger om Selvmord og sammer moralitaed, 1789.

Gamhorg, Om Selvmord, 1796.

David, Introduction à la statistique officielle du Danemark, Copenhague, 1860

Du même, Note sur le suicide en Danemark. *(Journal de la société de statistique de Paris),* 1860.

Etats-Unis. — *Brigham,* statistics of the suicide in the United States *(American journal of insanity),* 1844-45

Norwège. — *Kayser,* introduction à la statistique officielle du suicide en Norwège, Christiania, 1852.

Suisse. — *Dr Prévost,* Notes sur le suicide dans le canton de Genève *(Annales d'hygiène),* 1836.

Marc d'Espine, Essai analytique et critique de statistique mortuaire comparée, Genève, Neufchâtel et Paris, 1858.

TABLE DES MATIÈRES

Pages

INTRODUCTION . . . . . . I-VIII

PREMIÈRE PARTIE
Esquisse d'une histoire du suicide

CHAPITRE PREMIER — LES SUICIDES LES PLUS MARQUANTS TANT ANCIENS QUE MODERNES

§ 1. *Temps anciens.*
  Asie. 1-4
  Afrique. 4-6
  Europe. 6-21
§ 2. *Moyen âge* 21-22
§ 3. *Renaissance* 22-28
§ 4. *Temps modernes* 28-47

CHAP. II. — OPINIONS DES ANCIENS ET DES MODERNES SUR LA LÉGITIMITÉ DU SUICIDE

§ 1. *Temps anciens.*
  Asie. 48-50

		Pages
	Afrique	50-51
	Europe (Grèce et Rome).	51-66
§ 2	*Temps modernes*	

Opinions défavorables au Suicide

	France	66-84
	Italie	84-85
	Allemagne	85

Opinions favorables au Suicide

	France	85-96
	Italie	96-97
	Allemagne	98-99
	Angleterre	99
	Pays divers (Suède, Pays-Bas, etc.)	99

CHAP. III. — HISTORIQUE DE LA LÉGISLATION DU SUICIDE

§ 1.	*Temps anciens*	100-104
§ 2.	*Moyen âge.*	104-107
§ 3.	*Temps modernes*	107-111

DEUXIÈME PARTIE

Statistique du Suicide

CHAPITRE PREMIER. — DU MOUVEMENT DU SUICIDE ET DE SON RAPPORT AUX POPULATIONS RESPECTIVES

§ 1.	Causes d'inexactitude relative des documents officiels sur le suicide	112-114
§ 2.	Allemagne	116-120
§ 3.	Angleterre (moins l'Irlande et l'Écosse)	120-125
§ 4.	Autriche (moins la Hongrie)	126-128

		Pages
§ 5.	Belgique	128-130
§ 6.	Espagne et Portugal	130-131
§ 7.	France	131-133
§ 8.	Hollande	133-134
§ 9.	Irlande	134-135
§ 10.	Italie.	135-136
§ 11.	Russie d'Europe et Finlande	136-137
§ 12.	Scandinavie (Danemark, Norwège et Suède).	137-140
§ 13.	Suisse	140-141
§ 14.	Récapitulation	141-143
§ 15.	Pays hors d'Europe, (États-Unis, Brésil, République Argentine, Australie, Algérie).	143-145

CHAP. II. — SITUATIONS ET CIRCONSTANCES QUI FAVORISENT OU NEUTRALISENT LA TENDANCE AU SUICIDE

§ 1.	Sexe des suicides	146-153
§ 2.	Age des suicidés selon le sexe	153-166
§ 3.	État civil	166-175
§ 4.	Profession et condition sociale	176-192
§ 5.	Lieu de séjour (villes et campagnes)	192-199
§ 6.	Climat et race	199-200
§ 7.	Culte	201-206
§ 8.	Captivité	207-223
§ 9.	Endémicité du suicide.	223-236
§ 10.	Hérédité	236-246
§ 11.	Crises politiques et économiques	246-259
§ 12.	Température, heures de jour et de nuit.	259-285
§ 13.	Degré d'instruction	286-294

CHAP. III. — DES CAUSES GÉNÉRALES ET INDIVIDUELLES DU SUICIDE

§ 1.	Causes générales.	295-328
§ 2.	Causes spéciales ou individuelles.	329-359
§ 3.	Influence des lieux sur les causes du suicide.	359-363

Chap. IV — Des modes de perpétration du suicide

Pages

§ 1. Observations générales. 364-368
§ 2. Modes d'exécution sans distinction de sexes. 368-377
§ 3. Influence, sur le mode de suicide, du degré d'agglomération des populations . . . 377 381
§ 4. Les modes d'exécution du suicide dans leurs rapports avec le sexe . . . 381 388
§ 5. Influence de l'âge et du sexe sur le choix des modes d'exécution 388 397
§ 6. Influence des professions 397-402
§ 7. Influence des saisons. 403-407

Chap. V. — Moyens préventifs du suicide

§ 1. Observations générales. 408-411
§ 2. Mesures préventives de l'ordre moral. . . 411-429
§ 3. Mesures préventives de l'ordre économique 429-444
§ 4. Mesures préventives de l'ordre matériel. 444-452

Bibliographie. 453-464

FIN

RED.:

16

MIRE ISO Nº 1
NF Z 43 007

AFNOR
Cedex 7   92080 PARIS LA DÉFENSE

BIBLIOTHÈQUE NATIONALE DE FRANCE
CHATEAU DE SABLÉ

1997

www.ingramcontent.com/pod-product-compliance
Lightning Source LLC
Chambersburg PA
CBHW050243230426
43664CB00012B/1804